U0904214

中国社会科学院创新工程学术出版资助项目

王雪梅　著

儿童福利论

ON CHILD WELFARE

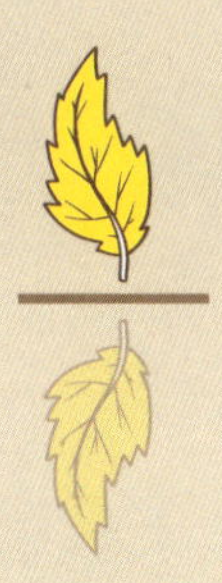

社会科学文献出版社
SSAP
SOCIAL SCIENCES ACADEMIC PRESS (CHINA)

序

儿童福利既是一种生活状态，也是一项制度，还是一种追求。

福利一词，英文为 welfare 或 well-being，表达“好生活”的意思。儿童福利涉及儿童生存和发展的一些最基本问题，包括健康的身心、良好的教育、环境安全、潜能开发、积极贡献、经济状况良好等，因此，儿童福利是一种好的生活状态，有论者也用“福利状态”来表示。

儿童福利作为一项制度，涉及与儿童福利有关的观念和理论，涉及法律和政策体系，还涉及儿童福利服务供给标准和机制，这些观念、理论、法律、政策、标准、机制等要素形成一种动态的发展，在这种动态的发展中，揭示儿童福利状况的不同样态和福利制度模式，而不同的福利制度模式不仅展示了儿童福利的不同供给主体——家庭、社区、社会组织、国家之间的关系，还对这些主体在儿童福利保障中功能的发挥做出安排。

儿童福利还是一种追求，是因为儿童福利状态给我们描绘了一个儿童生存和发展的理想图景，儿童福利不仅关照儿童物质需求的满足，还在乎儿童精神需求的满足，关注儿童在身体、精神、心理、社会等方面的全面发展，以及潜能的开发，值得我们去追求；还因为我们儿童生存的状况是那么的不尽如人意，儿童的基本生存、发展、安全等条件还不完善，甚至还很恶劣，困境儿童占到我国全体儿童的几乎 1/3，这些儿童需要国家、社会、家庭的帮助才能过上有尊严的生活，因此，我们有必要做出集体努力，追求儿童福利的实现。

我专注于儿童福利问题始于 2005 年拙著《儿童权利论》，在那之前更多地从权利的视角思考儿童问题。近十年来，我国儿童福利事业有所发展，但现实中的问题也很突出，机制不健全、法律不完善等结构性缺陷严重阻碍了儿童福利制度多元化、社会化的发展，而不断曝光的儿童遭受各种暴力、剥削等侵害事件，持续地警示我们：儿童的生存状况还很糟糕，需要从儿童福利保障体系上做整体思考，解决儿童福利保障不足的问题。

我们深深感到，这些结构性缺陷与儿童福利认识和理论研究不足有很大的关系，因此，我们在思考儿童福利服务的现实问题之前，对儿童福利的相关理论及其历史演进做了梳理；还因为儿童福利制度是社会福利制度中一个重要方面，在讨论儿童福利保障问题过程中，不可避免地会涉及社会福利的相关问题。在此基础上，我们还大胆地对不同语境下的儿童福利理论和政策模型作了分析和比较，对儿童福利保障体系、保障标准进行探讨，还重点对残障儿童、重症儿童、失依儿童、罪错少年的福利问题进行了探索，以期对我国儿童福利制度建构有所裨益，特别是对我国儿童的福利状态改善能有所帮助。

因儿童福利问题研究涉及社会学、法学、伦理学、心理学等多个学科，在思考和成文过程中，笔者常感力有不逮，但为了此书早些面世，不得不加倍努力，我们都知道，儿童不能等待，而事实上，我们的儿童已经等得太久了，自2006年《未成年人保护法》修改以来，儿童福利保障方面的进展十分缓慢，与国家经济的高速发展很不协调，因此，在本书即将付梓之际，尽管在内容、体例安排等方面还有很多遗憾和不足，但笔者还是感到有稍许的安慰，为了孩子我尽力了。

然而，我们也懂得，如果没有那些热心的老师、同事、亲友以及有关机构的支持，此书是不可能顺利完成的。我要感谢中国社会科学院法学所的刘作翔教授、田禾教授、薛宁兰教授、柳华文教授、张锦贵先生、蒋隽女士以及北京大学法学院的白桂梅教授，他们不仅在日常工作及研究中给予我很多的帮助，在申请出版此书中也付出了辛劳。我要感谢中国社科院哲学社会科学创新工程出版资助项目及那些认真的评委们，没有他们的支持，此书不可能顺利出版。我要感谢社会科学文献出版社的李娟娟、刘骁军女士以及其他为此书出版付出辛劳的人们，他们认真负责的工作使本书增色不少。我还要由衷地感谢那些为我提供资料和写作之便的师长和同事们。

王雪梅

2014年4月20日

目 录

contents

TABLE OF CONTENTS

引　言

在我们对儿童福利问题进行系统研究之前，有必要对儿童的生存状况及历史变迁做一个大致的回顾，这有利于我们对儿童福利制度建构中某些问题的理解。当人类历史进入新千年之后，社会的经济、文化、政治等综合因素的发展带来的要求、机遇、资源甚至各种挑战相互作用，形成了一种合力，不断影响着儿童及其家庭的福利需求，也就是说，儿童及其家庭的福利需求和需求满足总体上有赖于一个国家综合国力，但是，联合国关于儿童状况的研究显示，儿童的福利状况与国家经济发展并不是一一对应的，这其中，在市民社会发展不成熟的国家，统治者的治理意愿起到相当重要的作用；而在市民社会比较发达的国家，社会工作及其工作者的力量则更为突出。

透过历史我们看到，儿童及其家庭的福利标准的确是在不断变化的。特别是进入19世纪之后，调整儿童劳动关系和义务教育的法律的出台，意味着低廉甚至无偿地雇用童工的现象受到遏制，儿童教育被看作是基本需求。20世纪，家庭收入的增加使得儿童能够得到更多的家庭照料，同时，也有更多的社会问题需要解决，比如，儿童贫困及遭遇虐待、忽视和家庭暴力，儿童缺乏身心保健和得不到高质量的日托照料，儿童及其家庭缺乏适当的福利服务，等等。这些社会问题的解决，在发达国家，社会工作者除了自身发挥拯救儿童的作用之外，在要求政府制定相关政策法律以及制度建设方面也发挥了不可低估的作用。

对儿童福利的观察和思考，使我们获得了另外一种理解儿童保护问题的视角，从而更加实在地从儿童的立场考虑儿童的需求及需求的满足，特别是在儿童权利受到侵犯、福利得不到满足、社会保护儿童的能力羸弱的情况下。幼儿园虐童事件、贵州五名儿童闷死垃圾箱事件、长春婴儿“随车被盗”遇害案件、小学校长性侵学生案件以及山西儿童被挖眼案件……面对这些受害儿童的惨状再无动于衷简直就是一种罪过。原本，同情弱者并对其施予援手是人类的一种本能，何况是像儿童尤其是其中更加弱势的残障儿童、流浪儿童、孤儿、弃儿、身患重病的儿童等。根据弱势者的需求给予帮助和提供服务，就是包括儿童福利制度在内的福利制度的起因。就中国儿童福利现状看，长期以来覆盖面狭窄，缺乏政策法律的规制和引导，体系化、制度化建构还需进一步完善。

长期以来，我们总以一种狭窄和片面的观点看待儿童福利问题，以为使那些孤残儿童有个遮风挡雨的地方就有了“儿童福利”制度了，但“福利”当中除了基本的生存需求之外，还应当有“过有尊严的生活”的含义，还应当包括发展的需求。因此，儿童福利制度应当惠及所有的儿童，特别紧急的是满足那些处于困境中儿童的需求。儿童福利问题不仅与其父母、家庭息息相关，还与一个国家的发展状况有着密不可分的联系。救助儿童会的生殖健康顾问玛丽·贝丝·鲍尔斯在十年前就《世界母亲状况报告》会见记者时指出，“任何就要当母亲的妇女都不应该死于生育。不管是在冲突地区还是在和平而贫穷的地区，都应该具备基本的医疗保健条件”。[①]

母亲指数依据妇女和儿童的健康、教育和政治地位等十个因素，将十个工业化国家和98个发展中国家的母亲状况进行了比较。结果发现，母亲受教育的程度以及获得计划生育服务的程度与婴儿的存活和福利状况最为密切。在瑞典，99%的妇女有文化，而在尼日尔有文化的妇女只占妇女总数的8%。在英国，82%的妇女采取现代避孕措施，5100名母亲中只有一人死于分娩，1000名婴儿中只有6人在一周岁前死亡。几内亚的妇女只有4%采取避孕措施，七个母亲中就有一人死于生产，超过1/10的婴儿活不到一周岁。就儿童的福利状况而言，阿富汗排在末位，那里每千名婴儿有165人不到一周岁就夭折，71%的儿童没有学上，68%的儿童没有安全的饮用水。伊拉克母亲眼睁睁看着自己的孩子不满一周岁夭折的可能性是瑞典母亲的35倍以上。[②] 显而易见，儿童的生存和发展不仅和家庭经济利益直接相关，还与母亲的医疗保健、文化教育程度等密切相关，儿童福利保障涉及非常广泛的领域。

---

① 救助儿童会编《世界母亲状况报告》，2003。

② 救助儿童会编《世界母亲状况报告》，2003。

一 研究背景和方法

基于以上事实原因以及我国儿童福利保障状况，笔者几年前开始系统研究儿童福利问题。目前，“儿童优先”已经成为我国儿童保护的一项重要原则，“一切为了孩子”也不应当只是一句口号。在批准《儿童权利公约》、制定《未成年人保护法》之时对中国儿童许下的庄严的承诺应当一一兑现。中国有句老话“童叟无欺”，儿童优良品德的养成不是“抓”出来的，而是“做”出来的，不要小看成人社会的“榜样”作用。当然，为了履行国际公约和实施国内法，国务院制定了《中国儿童发展纲要（2001～2010年）》，该纲要已经执行完毕，但从纲要评估的结果看，并不尽如人意。目前我们又对儿童许下了一个十年承诺：《中国儿童发展纲要（2011～2020年）》，并将儿童福利作为一个主要的发展领域。希望在这个十年中，中国儿童福利制度的发展能有一个较大的跨越。

实际上，如果从广义的儿童福利概念来理解，新的儿童纲要中其他三个重点领域：健康、教育、环境安全也都属于儿童福利范围，或与儿童福利有直接的关系。从广义的儿童福利概念看，20世纪90年代开始，国家在政策层面开始重视儿童福利问题，表现在儿童教育、医疗、保护等政策法律的制定以及修改；但从实践层面看，儿童的福利状况并不是很乐观。儿童的福利一定是以儿童为中心，但福利的保障应当由政府和社会主导，这是由儿童的特点决定的。市场经济的发展把计划经济时代的一些有利于儿童的做法也都改掉了，比如，20世纪60、70年代，城镇有工作的家庭，只要每年交1元至5元互助金，儿童在当地看病是不用花钱的。当然，这种做法可能会带来城乡之间、就业者和非就业者之间的不平等，但追求平等的平衡点不应当是把有利于人类发展的做法废掉，而应当是将不利于人类发展的方面转化为有利的方面。教育也是一样，各种费用越来越多，儿童的课业负担越来越重，缺少自我发展的空间和机会是不是教育发展的正确方向？这些都是值得思考的问题。从狭义的儿童福利概念看，2010年政府建立孤儿福利金制度以及在《中国儿童发展纲要》中专列了弱势儿童福利问题，标志着政府为提高儿童的福利做出了进一步的努力。

儿童福利制度是社会福利制度的一个重要方面，是国家和社会为满足儿童福利需求相关的体制和政策的总和，包括一定的法律制度和社会政策。一方面，儿童福利是为儿童及其家庭提供必要的帮助，使儿童得到良好的照料和保护；另一方面，儿童福利机构或相关部门有必要采取预防措施，防止对儿童的照料不周，并在发现儿童处境危险时进行必要而合理的干预。因此，儿童福利制度的建构和完善对儿童福祉的意义是不言而喻的。

目前，国内学术界对儿童福利某些具体问题尤其是弱势儿童群体的保护制度的研究陆续出现，也针对具体问题和弱势儿童的保护提出了对策建议，但是，从广义的儿童福利保护的整体视角，根据儿童福利的实际发展情况，分析儿童福利制度的建构和完善的成果还不多见。而儿童福利服务不能仅限于某些困境儿童群体，应当惠及每个儿童；儿童福利制度建设也不能建立在未经考察的假设之上，而需要对现实状况深入的了解。通过深入了解，发现事实并客观地剖析儿童福利制度存在的问题，包括现存儿童福利法律政策构架存在的结构性问题。

基于以上的原因，加之长期对儿童保护问题的研究，我们还认为，儿童福利涉及儿童的切身利益和基本尊严，不像儿童权利和自由那样带有更多意识形态的色彩，因此，儿童福利不仅重要，而且要优先发展。我国对儿童福利问题关注面狭窄是由于在急剧的社会变迁时期，困境儿童的福利问题最为突出，对这些问题给予必要的关注是必然的，但是，建构儿童福利制度的根本目的在于保护所有儿童，使所有儿童都能得到充分发展，所以，需要整合儿童福利机制，建立覆盖所有儿童的福利制度体系。

本书的研究偏重于对儿童福利理论、体系和制度的研究，在近八年的思考中，笔者也曾赴某省对儿童福利状况做实地调研，因此，也会有些实证研究作为制度研究的佐证，但更加着重在地方儿童福利保障政策分析及模式选择的比较研究。同时还注意到，在以往的实证研究中，大多采取定性和定量研究的方法，但由于本研究涉及主体为儿童的敏感性，在研究中将尽可能多地关注质性研究的成果，特别是来自地方的、体现儿童自己的经验和价值观，这些经验和价值观或许和主流的传统的认知有差异，但这种具有草根性和效用性的不同的“知识”和“观点”正是它的价值所在。

当然，儿童福利的历史也告诉我们，西方世界比我们更早地关注困境儿童的生存和发展问题，因此，现代意义的儿童福利制度在西方有了更早的发展，这就不可避免地使研究者采取历史的、比较的以及类型学的方法进行相关研究。德国比较法专家康拉德·茨威格特（Konrad Zweigert）指出：“对于发展中国家的法律改革，比较法研究是极有用的，通过比较法研究可以刺激本国法律秩序的不断的批判，这种批判对本国法的发展所做的贡献比局限在本国之内进行的‘教条式的议论’（dogmatische gesprach）要大得多。”[①] 这里指的是中外法律比较研究，而福利政策类型学研究则突破了时间、地域、文化等限制因素，以超越定量和定性分析的比较社会政策研究为基础，通过对不同国家和社会制度下福利安排和经验的分析，考察福利制度的现实景象，既有助于理解不同国家福利制度的结构性特征，也有助于加深对本国相关制度的理解，从而发现存在的问题，进而调整相关的社会政策构架和福利服务体系。从西方发达国家儿童事业发展的历史可以看出，许多国家都很重视行动定向的研究。行动定向研究的目标指向是对政府行为发生影响，促使政府采取立法等形式推进相关实践的发展，而不局限于对研究内容的本质特征、发展规律等方面的探讨。这种研究的目的在于影响政府以促使其出台相关的政策和法律。在儿童福利保障研究中采取行动定向研究，也将会对该项制度建构发挥积极作用。因此，比较类型学研究方法和行动定向研究方法也是笔者试图尽量多地采用的研究方法。

二 理论构架、实践模式

早期福利国家的各项机制和政策多多少少都带有某种政治目的或出于社会管理的功利需要，例如，德国俾斯麦时期的《社会保险法》体现的不是劳动者的权利，而是统治者的权威；而早期英国《济贫法》及之前的《劳工法》等法律的制定，是因为政府认为劳动力短缺、人口流动、沿街乞讨等现象不仅相互关联，而且危及社会安定，需要加强管理；同时，英国扶贫机制的建立也是为了避免教会和世俗政权分庭抗礼。这种出于功利目的的福利是受益者作为劳动力市场的一员而享受福利待遇，诸如托儿服务、康复服务、医疗服务等待遇都将个人与劳动力市场相连接。当然，福利制度发展到晚近，特别是在瑞典等典型的福利国家，保障人权、追求平等成为福利制度建立的价值目标。儿童福利起始于被遗弃的儿童，其产生早期也带有一定的功利性，在西方社会，不管是中世纪教会主导社会生活时期还是后来的世俗政府，都

① 〔德〕K. 茨威格特、H. 克茨：《比较法总论》，潘汉典等译，法律出版社，2003，第23页。

通过一定的形式干预家庭生活，最主要的一个原因就是防止“非婚生子”的出世和夫妻离异后儿童的失养，避免承担对这些失依儿童收容和教养的责任。

由于对儿童及其特点认识的深化，儿童福利对政治的、社会管理需要的价值追求被打破。19世纪之后，人们更加清楚地意识到，儿童发展有其自身的规律性，儿童作为人的发展早期，其生存和发展状况关系一生的福祉。特别是在20世纪末《儿童权利公约》通过之后，儿童作为独立的权利主体的理念已经被国际社会所接受，尽管仍然有很多人还只是出于“儿童是国家未来建设者”的功利目的考虑儿童保护问题，但在世界范围内，儿童的权利主体地位获得了普遍认可，而需求又是福利理论的基础，因此，本书将采取儿童需求和儿童权利主体理论作为理论构架，分析儿童福利政策、制度以及机制体系的展开。在儿童福利政策、制度和体系建构中，国家和社会的责任不可或缺，除了资源和资金问题之外，还涉及儿童福利服务的提供等问题。这些问题涉及政府几乎所有的部门，特别是卫生、教育、民政、文化、社会保障、司法、财政等部门；涉及这些部门的中央及其地方对口部门之间，以及各部门彼此之间的分工合作；还涉及如何调动、管理和监督社会力量提供充分的高质量的儿童福利服务。

因此，儿童福利采取什么样的实践模式是牵一发而动全身的问题。众所周知，由于历史传统、政治资源、经济条件等不同，西方社会形成以补救模式为主的英美社会保障制度、以机制模式著称的德国社会保险制度、全民普及型再分配的北欧模式等几种福利模式。在这些模式的运行过程中，儿童福利及相关政策特点必然与整体福利制度相关联，比如，儿童福利概念的认识差异、国家在儿童福利供给中的关键作用、儿童特殊需求与福利服务的关系等，同时也带来一些共同性的问题。

我国的历史文化、政治经济制度、社会发展等方面均有别于西方，儿童福利采取什么样的实践模式既要立足于对其他国家儿童福利制度的分析，也要考察我国相关的制度、文化等具体情况，在借鉴他国和国际社会的儿童福利建构经验的基础之上，建立适合本国国情的儿童福利保障制度和实践模型。我国目前的状况是，国家和社会已认识到儿童福利对于儿童生存和发展的重要性，国家开始担当这方面的责任；福利服务对象由少数机构内的孤残儿童扩大到社会上的弱势儿童群体；福利服务手段由原来的补缺型向有限的普惠型方向发展；从基本的养育照料向养育照料、康复和促进儿童全面发展的方向努力；福利机构的类型、规模等都有所转变，国家责任和家庭责任相结合。

但是，一些基础的关键性问题依然存在，与儿童有关的发展理论和权利理论仍然未被社会所理解，尤其是一些从事儿童政策制定、儿童事务工作的人员；儿童福利建构和发展将向何处去依然还不明确，什么样的儿童福利政策、制度、机制最符合我国的实际发展状况，最能充分保障中国儿童福利的需求，这样一些问题还有待进一步解决。

三 基本内容

本书以儿童福利保障制度建构为基本追求，从法律和政策层面讨论了儿童福利观念、演进、理论、制度、机制、标准，以及它们之间的关系；阐述了儿童福利服务和社会工作，残障儿童、重症儿童和失依儿童的福利保障，少年司法与儿童福利问题；还涉及与儿童福利相关的几个关键性问题的现实性思考，笔者希望能从更加全面的视角探讨儿童福利的相关问题，为建构儿童福利保障体系提供深厚的理论依据。

第一章讨论了儿童福利观念、儿童福利演进及其区域性发展，试图从历史发展的角度展示儿童观对儿童福利产生和发展的影响，分析这种发展、社会变迁与不同国家和地区的政治形态、经济发展、社会文化之间特别是与法律文化的联系，从发展观的视角探讨中国对国际社会和其他国家儿童福利制度借鉴的可能性和可行性。

第二章探讨儿童福利理论、法律政策构架、儿童福利保障标准以及它们之间的关系。在厘清儿童需求和国家、家庭责任之间关系的同时，力图从社会福利理论构架出发，探讨福利思潮对传统福利模式理论的影响，分析社会福利理论对儿童福利基本理论、儿童福利法律政策及其范式选择的影响，并探讨了儿童福利保障的一般指标和评价。

第三章主要讨论儿童福利机制、福利服务体系以及在儿童福利实践中发挥重要作用的社会工作等问题。讨论由制度化的福利保障制度，专业化的社会工作体系，多元化的社会支持网络、公共福利和职业福利以及危机处理机制构成的一个完整的儿童福利机制系统；在此基础上，进一步探讨儿童福利服务体系中的专业社会工作，包括专业社会工作的价值、功能及其运作特点，儿童福利社会工作和一般社会保障中的社会工作的联系及其独特性等。

第四章阐述中国儿童福利状况的总体特征、趋势和变革的必要性。主要从儿童福利保障机制、立法和司法方面，讨论了与儿童福利有关的具体制度，包括家庭支持系统、医疗保健制度、教育和福利服务系统，分析了系统中存在的结构性缺陷等问题。

第五章和第六章分别讨论了残障儿童、重症儿童、失依儿童的福利保障问题，探讨了这些困境儿童养护的地方性经验，分析了这些困境儿童的特殊需求以及满足这些特殊需求的路径，还讨论了困境儿童的福利政策、社会支持系统和养护模式的战略转型等问题。

第七章讨论了社会生态和少年罪错的关系，罪错少年福利需求和少年司法等问题。

第八章从一种现实性思考的角度，讨论了与儿童福利保障有关的几个问题，带有总结性和补充性。包括与儿童保护政策有关的思考，收入分配与儿童福利制度建构问题，以及儿童福利服务本土化问题。

本书的结束语部分，集中讨论了中国儿童福利模式选择和以后可能的发展趋势。

针对我国儿童福利状况欠佳、儿童受到侵害事件频发的现状，制定并通过一部可操作的《儿童福利法》应当作为儿童保护的紧急事项，因此，在本书的附录部分提供了一个《儿童福利法》的建议稿，供有关部门参考。

第一章 儿童福利制度演进及区域发展

人类历史发展展示了这样一个事实，儿童生活与命运的点滴改善都与儿童观念及当时社会的道德准则、儿童的生态有着密切的关联。东西方儿童福利制度的发展绕不开对儿童、福利等这些基本观念的考察，也绕不开对儿童福利制度建构与文化、意识形态、社会实践之间复杂的互动关系的考察。非决定论者认为，观念与物质世界之间存在相互修正的互动关系，东西方儿童福利制度的发展印证了这样一种复杂的景象。

西方儿童福利制度的发展与演变呈现出与当时的社会状态、道德准则、文化、宗教等方面的联系，儿童福利制度设计和保障程度因福利国家模式不同而不同，而这些不同又与一国的儿童福利观念相关。

东方儿童福利制度的发展亦显示这样的特点，比如中国古代的“恤幼”理念在日常生活和法律中的体现。但是，这种理念又受限于当时的政治、经济、文化等社会发展状况，以及社会实践。儿童福利观念的认识和儿童福利制度的建构在某些地方经历了更加缓慢的过程，由于材料所限，东方儿童福利的参照仅限于日本、韩国和我国的台湾地区，而它们的儿童福利制度的建构都或多或少学习了西方的经验，因此，本章还将对儿童福利制度的借鉴和移植问题进行考察。

一 儿童福利制度建构及其追求

儿童福利制度的发展和建构有价值观念、宗教、风俗习惯等文化因素的影响，也受政治、经济等其他社会因素的影响。儿童福利历史的考察展示了这些因素和儿童福利制度建构之间的复杂关系，但在进行这种历史的扫描之前，首先应当明确为什么要为儿童这一群体建立福利制度，它的价值取向或追求又是什么，对这些问题的回答离不开对“儿童”概念本身的理解，还涉及人的道德本性问题以及人类发展史。通过历史的分析我们发现，随着人类社会和科学文明的进步，对“儿童”的认识越来越多面，也更接近它的真实。而同时，儿童概念的每一步深入理解，都与社会的政治、经济、文化等发展有着十分复杂的连带关系，也同时改变着儿童的法律地位。因此，在对儿童福利制度体系做长篇累牍的探讨之前，有必要厘清一些关键的概念。

（一）基本概念

我们发现，对“儿童”这一概念，在历史发展的不同时代、不同文化背景下，有着不同的认识和理解，特别是在远古时期，去“儿童”化的倾向十分严重，也就是儿童不仅被看作是“小大人”，甚至被看作是具有某种特殊实用价值的物件。例如，在母系氏族制存在的地方，人们发现了儿童作为动产的存在价值，毕竟，人口的增加是生产力低下时期人类发展的必要条件。在神学和哲学中，儿童也呈现出自身的重要性，其之所以受到人道的对待，是因为这个年轻的灵魂特别是男性将成长为一个作为父亲的男人，成长为一个对国家负有责任的人。

对儿童的认识还包含不同文化的冲突，事实上，每一个较进一步的认识阶段都经历了漫长的岁月，最原始的习惯总是对更进一步的认识和启蒙进行修正。例如，从生物学角度，有的地方把十三四岁作为儿童与成人的分界线，认为这个年龄的孩子在生理机能上已达到成年；再如，在《儿童权利公约》的讨论过程中，对儿童定义的争论就突出体现了各种文明之间的冲突，国际社会一度对儿童是从胎儿算起还是从出生算起、童年的终点到底在哪里、国际标准及各国成年年龄规定的差异之间的协调等问题争吵不休，实际上直到目前，这些争论还未休止。① 最终，联合国《儿童权利公约》规定儿童系指年龄低于18岁的人。这个公约几乎获得了全世界的一致通过，目前已经有193个国家加入或批准了这个公约，② 儿童的认定应当以该公约为准。

儿童的整个生命周期包括不同的发育阶段，一般认为，从生物医学和儿童生长、体质发育的角度看，0～1岁为婴儿期（infant period），1～6岁为幼儿期（early child period），6～12岁为童年期（child period），12～20

① 参见王雪梅《儿童权利论》，社会科学文献出版社，2005，第5～19页。

② 除了美国、索马里以及新成立的国家。

岁为青春期（adolescence）。儿童生长发育阶段与儿童不同教育阶段划分基本吻合，重要的是，这种阶段的划分意味着根据不同需求提供不同福利服务。另外，其他的一些相关概念，比如未成年人、少年和青少年等概念的使用及年龄界线，也是值得关注的，有些概念在国际文件和国家法律中不断出现。例如，英国刑法将14～18岁应负刑事责任者称为未成年人；德国少年法院法将14～18岁者称少年；[①] 我国《未成年人保护法》将18岁以下者均视为未成年人，与《儿童权利公约》中“儿童”有着相同的含义。这些概念尽管规定很不一致，但依据一些规范性文件和各国的习惯，可以在用法上做少许区分。“少年”虽不是确切的法律用语，但刑事司法通常有“少年司法”的提法，如联合国关于少年问题的三个规则，西方国家也多将处理少年案件的法庭或法院称为“少年法庭”或“少年法院”；根据《联合国少年司法最低限度标准规则》的规定，少年指按照各国法律制度，对其违法行为可以不同于成年人的方式进行处理的儿童或少年人。[②] 明确少年的含义是有必要的，因为国际条约和国内法的一些标准只适用于少年，而不适用于所有的未成年人。将18岁以下者均视为儿童，代表的是相当晚近的观点。基于国际惯例和本国立法都没有一个统一严格的界定，本书也不宜采用统一的称谓，特别是在引用一些文献的时候，为避免偏离词语原有的含义，在一般情况下用儿童、未成年人的称谓，但在涉及司法问题时，也沿用“少年司法”等习惯用法。

在讨论儿童福利及其体系概念之前，有必要明确“福利”的含义。福利（welfare）是西方文化的核心概念，基本含义是幸福、美好的生活，或理解为有尊严的生活。一般来说，提到福利一词时，大多是在表达“社会福利”的意义。社会福利也有广义和狭义之分，其广义理解见于很多学者的著作之中，比如，美国学者怀特科（W. H. Whitaker）认为，“社会福利的目的就是帮助人们在其社会环境中更有效地发挥作用，包含两层意思：①满足人们的基本生存需要（充足的营养食品，衣服，房屋，医疗保险，清洁的水和空气），②满足人们必需的心理、精神和社会交往的需要。除了满足人们的基本需要之外，社会福利还应包括以下内容：为使人们参与经济建设而提供充分的教

① 参见《英国刑法》和《德国少年法》。

② 笔者对《联合国关于〈公民权利和政治权利国际公约〉第10条的一般性意见》关于“至少在少年司法中，将18岁以下者均视为少年”的建议存有疑虑，至少把6岁以前的学龄前儿童也视为少年是有讨论的空间的。

育，提供咨询以认识并处理个人所遇到的困难，提供就业门路和其他社会活动”。[①] 我国也有学者认为，社会福利的含义较之社会保障的概念要宽泛和含糊得多，“一般指作为人类社会，包括个人、家庭和社区一种正常和幸福的状态。贫困、疾病、犯罪等社会病态是‘社会福利’的反义词。广义的‘社会福利’制度指国家和社会为实现‘社会福利’状态所做的各种制度安排，包括增进收入安全的‘社会保障’制度安排。狭义的‘社会福利’则指为帮助特殊的社会群体，疗救社会病态而提供的社会服务，它与‘社会保障’的制度安排同为促进人类幸福的制度措施”。[②] 狭义的理解是将福利理解为社会救济，或者社会保险和社会保障等。狭义理解常见于一些研究专门问题的论著之中，比如，专门研究社会保障制度、研究社会救助等问题的论述。介于广狭义之间的理解只将福利界定为物质性的满足，而忽略了精神层面，比如，有的学者从福利国家的视角认为，“福利国家不是社会保险，不是公费医疗，也不是家庭福利或社会救济计划。福利国家也不等同于社会保障或社会政策，而是它们的汇总”。[③]

与社会福利概念相对应，儿童福利概念也有广义、狭义之分。目前使用的儿童福利概念还仅局限于补缺型的一小部分范围，基本未在制度层面加以考虑；儿童福利服务的涉及面也只限于孤残儿童的救助，与儿童福利的理念与目标相距甚远，无法满足儿童身心健康与幸福成长的基本需求。就狭义的儿童福利来说，一种较为普遍性的观点认为，是指政府和社会为有特殊需要的儿童及其家庭提供的各种救助、支持、保护和补偿性服务。[④] 其服务目标限于那些处于困境中的儿童，比如，孤残儿童、流浪儿童、弃儿、受侵害儿童、行为偏差儿童，等等，而并不涉及全体儿童福利需要的满足。由此可见，狭义的儿童福利是补缺性或扶持性的福利，或者是为疗救社会病态而提供的服务。

本书将在广义儿童福利概念的语境下探讨儿童福利问题。主张儿童福利应当涉及全体儿童的普遍需求，这种需求不仅包括物质的基本满足，而且包括精神上的满足，是为促进儿童生理、心理及社会潜能最大限度地发展而进

---

① 〔美〕威廉姆·H. 怀特科、罗纳德·C. 费德里科：《当今世界的社会福利》，谢俊杰译，法律出版社，2003，第30页。

② 尚晓援：《“社会福利”与“社会保障”再认识》，《中国社会科学》2001年第3期。

③ 周弘：《福利国家向何处去》，社会科学文献出版社，2006，第1页。

④ 参见张向葵、蔡迎春《走向行动定向的儿童研究：国内外儿童福利政策研究及启示》，《东北师大学报》2005年第4期。

行的制度安排和提供的各种服务。因此，根据有些论者对社会福利所做的分析，儿童福利保障制度从纵向上看包括四个层面。一是目标体系，这是制度化的政府责任和社会责任。二是制度服务提供的对象。三是福利制度的项目体系。四是提供福利的资金和服务的提供体系。[①] 从横向上来看，儿童福利保障制度应当是整体社会福利体系的下位概念，也涉及相关的理念、道德责任、政策和制度实体等不同的层次。具体的包括儿童健康保健、医疗卫生、教育等政策和制度，还包括家庭福利、儿童福利服务和社会工作、儿童福利机构等方面的内容，还涉及专门救助、教育与感化的福利内容，特别包括对遭遇虐待、遗弃与照管不良少年的福利。国家和社会通过这些制度设计和安排，满足每个儿童为过上好生活而必需的物质和精神需要。广义的儿童福利制度的建构体现政府和社会对儿童的成长和发展所需的生活条件和精神需求的关爱与重视，是积极的，也是以发展为取向的儿童福利。我们也可以这样来理解儿童福利制度，即儿童福利制度是为了促进儿童达到福利状态而做的集体努力。作为社会福利的组成部分，儿童福利既可以理解为社会理念、社会价值及社会政策，也可以理解为社会机制和体系。

儿童福利根据不同的标准可以做不同的划分，最基本的是根据儿童福利制度的功能和作用而做出的划分，即分为补缺型和普惠型两种。也有论者将其划分为支持性、补充性、保护性和替代性四类。而又从儿童福利服务范围视角将其划分为家庭服务、社区服务、需要特殊服务的儿童与未婚妈妈的服务、预防少年犯罪与矫正服务、寄养家庭中儿童的服务、儿童福利机构儿童照顾和收养服务等。[②] 还有一种划分是根据主导社会福利项目的不同把现代国家分为“实际”国家（美国，福利供给原则是补缺型）、社会保障国家（英国，注重最低生活水平的保障）和社会福利国家（瑞典，除了保障最低生活水平，还最大限度地促进社会平等和政治参与）。这三种类型的划分也被看作自由的福利国家、保守或合作型的福利国家和社会民族类型的福利国家的具体化。[③]

值得注意的是，这些对福利类型的不同划分都是在福利国家层面上的认识，比如，就补缺型社会福利来说，原本是指为了疗救社会病态而给予社会弱势群体的帮扶和救助，但在整体福利国家的层面，儿童、妇女、老人等都

---

① 参见尚晓援《“社会福利”与“社会保障”再认识》，《中国社会科学》2001 年第 3 期。

② 参见刘继同《当代中国的儿童福利政策框架与儿童福利服务体系（上）》，《青少年犯罪问题》2008 年第 5 期。

③ 参见尚晓援《“社会福利”与“社会保障”再认识》，《中国社会科学》2001 年第 3 期。

是弱势群体，是应当得到特别福利关照的对象。因此，原理上来说，全体儿童或每个儿童都是补缺型福利制度的对象，具体到儿童福利领域，应当是每个儿童都享受福利服务，这也就是我们有时候所说的普惠型的儿童福利。但是，即便是儿童当中也有更加弱势的群体，或者我们说的困境儿童，他们应当优先得到福利服务和救助，这也是我们长期以来对孤残儿童施行的福利救助，也就是我们所说的补缺型的儿童福利。

关于儿童福利服务的理解，我们也须从社会福利的视角开始。有论者把福利服务理解为狭义的社会福利，指为帮助特殊的社会群体、疗救社会病态而提供的服务。其对象是“弱势群体”，这种服务在生活中的作用是“补缺”性质的。而从资金和服务的提供者来看，对弱势群体的服务从一开始就不是国家垄断的，宗教和慈善组织以及社区在其中扮演了重要作用，这在欧洲儿童福利发展的历史中得到了确证。[①] 因此，如果从这个角度来看，儿童作为弱势群体，为满足儿童的需求而采取的福利措施其实就是一种福利服务。我们也可以这样理解儿童福利服务，即它是为满足儿童基本物质和精神心理的特殊需求而提供的帮助和救助。那么，我们为什么不干脆把儿童福利就叫作儿童福利服务呢？因为，儿童福利保障制度不仅包括救助等服务的内容，还涉及更广泛的包括观念、机制、标准以及儿童福利政策法律等一系列的内容，而这些内容都无法纳入儿童福利服务的概念中。

儿童福利政策也是一项社会政策，是为了使儿童获得基本生存和发展条件所应遵循的行动准则。有论者把立法也看作是政策，这就从根本上混淆了政策和立法的区别。政策通常在大的宏观层面上影响一定人群，是国家在特定时间和区域具体行动的架构性指导，政策也能为相关立法提供方向性指导，促进立法的完善，但政策的实施往往需要相关立法作为后盾。本书更愿意把政策看作是立法的指导或方针，而把立法看作是制度的一部分。[②] 就儿童福利

---

① 参见尚晓援《“社会福利”与“社会保障”再认识》，《中国社会科学》2001 年第 3 期。

② 维基百科关于政策和制度的定义也有同样的旨趣。政策泛指政府、组织机构或个人为实现目标而订立的计划。包括一系列经过规划的活动。制度（institution）或称建制，从社会科学的角度理解，泛指规则或运作模式，用以规范个体行动的一种社会结构，这些规则蕴含着社会的价值。更形象点说，政策类似于钟表的指针，而制度则是钟表的整体。法律与政党的政策在产生的渠道、表现形式、调整的范围、实施等方面都有很大不同。虽然政策与法律有着密切的关系，在社会生活中能够产生巨大的影响，但政策这种社会调整措施，在明确性、系统性、普遍性、国家强制性、稳定性等方面都有一定的局限性。总之，正确认识政策与法律的关系，既不要把二者割裂、对立起来，也不要把二者简单等同。以政策代替法律的后果在法治发展中已经有过深刻的教训了。

政策的内涵和外延来看，有论者从两个视角进行了考察，从宏观上看，儿童福利政策更接近于国家的社会政策，指能够指引所有涉及儿童福利的活动、立法等所有措施的一切规则，包括医疗政策、教育政策、就业政策、家庭援助政策等，其中包含了部分社会政策；从微观上看，尤其是从儿童社会工作专业服务的角度来看，则指涉及儿童生存环境状况的、地区性的、针对儿童问题及需要而提出的有利于儿童成长与发展的政策保障。① 儿童福利制度的建构也有一个历史发展过程，其因不同的社会形态、制度性质、文化偏好等发生变化。从广义的视角看，儿童福利制度包括为促进儿童健康发展而制定的行动准则或行为规范，因此，从这个意义上说，儿童福利政策也是儿童福利制度的一个部分。除了儿童福利政策之外，儿童福利制度还包括与保障儿童福利实现相关的法律制度、为满足儿童普遍福利需求和特殊需求所采取的措施，以及各种服务和计划方案等。

儿童福利保障体系或制度体系涉及更加广泛的内容，除了相关的观念、道德、历史、文化等方面的内容之外，还包括制度化、政策化的儿童福利保障制度架构，职业化、专业化的社会工作体系，多元化、专门化的社会服务网络和社会支持网络，政府提供的公共福利和职业福利，危机处理机制，以及相关的标准和评价等内容。

在我们谈论儿童福利的同时，会自然地想到“儿童权利”，可以说儿童福利也反映了儿童权利的内容，但不是它的全部。儿童权利也是一个需要从多视角多维度理解的概念，我们可以把儿童权利看作是一种历史文化现象，也可以把儿童权利看作是一项制度或一种理念。从历史文化发展的角度理解儿童权利，可以看到它的动态发展，看到在这种发展中儿童权利的生成和政治、经济、道德、社会等因素之间的互动关系，一如儿童福利的演进过程。从制度角度来理解，它首先是法律制度，包括一系列具体的权利及其实现机制。儿童的权利既要体现国家社会对儿童个体权利的特别保护，又要体现特定文化条件下个人潜质的充分发展。联合国儿童权利委员会将《儿童权利公约》中儿童的权利归纳为生存权、发展权、受保护权和参与权。这四项权利在我国的《未成年人保护法》中也有明确规定。从道德意义上理解，儿童权利作为个体权利的理念是《儿童权利公约》确立的每个儿童都拥有的权利，从内容上看既包括儿童生存的权利，也包括发展的权利。

---

① 参见陆士桢、常晶晶《简论儿童福利和儿童福利政策》，《中国青年政治学院学报》2003 年第 1 期。

至于儿童权利和儿童福利之间的关系，如果从需求的角度来看，二者并无根本的区别，《儿童权利公约》所确立的权利也都是满足儿童的生存需求和发展需求所必需的，只是从具体操作层面上看，儿童福利中的需求更加具体和便于操作，通常体现为物质需求以及心理需求，在权利范畴内更多地涉及经济、社会和文化权利内容，根据一国的发展程度不同，这些福利内容获得满足的程度也不同，这也是国际范围不同文化背景国家对权利分类的一个争论点。在西方人看来，经济、社会和文化权利属于福利范畴，而公民权利和政治权利才具有普遍意义的人权的内涵，是人之所以为人的权利，因此，在《世界人权宣言》之后，出现了两个人权公约，一个是《经济、社会和文化权利国际公约》，另一个是《公民权利和政治权利国际公约》，这体现出不同文化之间对人权和福利理解的差异以及妥协。然而，我们看到，在《儿童权利公约》中并没有做这种区分，而是包括了经济、社会、文化、公民权利的所有内容，从这个意义上可以说，儿童权利内容包含了儿童福利的内容。

（二）儿童福利的价值取向

儿童福利的价值取向可以从两个层面来看，一个是应然，一个是实然。应然的层面是从现代的、道德的、价值的、社会发展的视角来看待儿童福利问题；而实然的层面是从历史发展和实践的视角看待儿童福利问题。因为福利本身既有理念的层面也有制度实体的层面，因此，儿童福利的追求或者说我们追求的儿童福利既包括主观方面的内容也包括客观方面的内容。主观方面的内容主要涉及儿童福利的理念或者认识，会因人、时代、国别不同而有所差别；儿童福利客观方面的内容是对主体物质和精神需求的满足，包括供给者的道德责任和制度安排。这方面的发展也有一个历史过程，比如，早期的儿童福利项目是为了解决“无人照管”儿童的安全问题，这既是为了儿童本身也是为了社会安全。从儿童本身而言，人类都有爱护弱小的天性，出于人道对无人照管儿童加以照抚也是人类文明进步的体现。从社会安全角度考虑，我们看到，一直到19世纪后半叶，社会对无人照管儿童的恐惧胜过了担忧，因此要对他们加以管教。从这点来看，早期的儿童福利针对的只是那些无人照管的流浪儿童，而且是要把他们管起来，不让他们在社会上惹事，并不是为了这些儿童的健康发展而给予帮助，追求的仍然是社会的安定。然而，随着社会发展，在物质水平提高的同时，人道主义精神也席卷而来，改革者们把儿童教育、家庭福利、健康、安全等看作是儿童能够正常生活的保障，特别是看到了教育在实现平等中的重要作用，并力图通过教育使得不同出身和社会地位的儿童能够获得均等的发展机会，儿童的平等健康发展就成为儿童福利所追求的目标。但在历史发展的不同时期，儿童福利的追求也不尽相同，在还不是很发达的社会，儿童福利的目标只能是满足儿童的基本生存和发展需求，特别是那些身处困境儿童的基本需求。

为了实现儿童福利的价值目标，满足儿童物质和精神的基本需求，国家无疑应当负主要的责任。当然，在儿童福利制度发展早期，民间的慈善团体和个人起到了重要的或主要的作用，特别是西方教会组织。但在市民社会不发达，民间力量不足的情况下，政府的主导作用是不可或缺的。儿童福利作为一项制度，既包括为实现儿童福利状态而设定的各种办事程序或行动准则，或者说为达到儿童福利状态而形成的体系实体，也包括为了这个目标而做出的各项集体努力的集合。这种集体努力不是自愿性或慈善性，而被看作是一种集体的责任。尽管从儿童个体福利实现的角度看，家庭或父母应当负有首要责任，但是，从整个社会福利的层面看，因其追求的规模效应，在大多数国家和地区，儿童福利被看作是一种“制度化的政府责任”。为实现这个制度化的责任，至少在安排责任目标、服务对象、项目体系、服务提供体系方面做出安排。

就整体社会福利来说，儿童本身就处于弱势地位，因此，儿童全体属于一种“补缺型”福利的服务对象。所谓“补缺型”就是在诸如家庭或市场缺位的福利服务缺位时，国家才出面提供救助或帮助，因此“补缺型”福利服务是有限的。此类型的福利是福利制度中最核心的内容，也是国家福利供给中最低限度的责任。而“制度型”的福利是把提供社会服务当作社会正常的和第一线的功能，把促进社会福利和针对整个人口提供的服务制度化了。作为制度化的儿童福利，其重要方面是建立儿童福利的目标体系。通常这个目标体系包括三个方面：①帮扶救助。我国长期以来对孤残儿童的救助就属于救助层次的儿童福利安排。②家庭资助。之所以将家庭保障看作是儿童福利的重要目标体系内容，是因为儿童福利状态取决于其监护人的收入安全。③儿童福利更高层次的目标是促进社会平等和为所有儿童发展其潜能提供条件，因此，这不仅包括儿童保护在内的生存安全和保障，还包括其家庭福利和社会收入的再分配制度。

从历史演进的视角考察儿童福利的追求，可以看到明显的阶段性不同。在前工业化时代，儿童几乎是不被关注的，抚养儿童基本上是为人类繁衍的目的，除非对处于特别困境的儿童，善良之人会伸予援手。比如，在英国，16 世纪之后，人们开始关注儿童福利问题，但其对象主要是贫困、流浪儿童，由一些教会和慈善组织满足这类特殊儿童基本的衣食需求或提供收养之类的慈善救助。那个时候儿童的价值还没有被人们所正确认识，在成人的眼中，儿童时期只是一个短暂的阶段，或儿童的责任就是尽快地进入成人社会，承担起维持生计的重任。在整个工业化时期，风靡整个欧洲的儿童“立身期仆人”或有论者也称为“学徒制”即是为了满足儿童将要进入社会的需要，但更多的是经济的考虑和家庭关系的原因，儿童的身份是雇佣劳动者，是为成为生产力做准备，这就是当时的儿童观。这种儿童福利理念是残缺的，其价值取向主要在于社会发展和稳定，而不是儿童的健康发展。到了19世纪，儿童的价值才为人们所认识，童年期本身的价值以及儿童对未来社会的价值受到重视，为了更好地承担社会责任，儿童需要更长的时间留在家庭中，以便为承担责任做充足的准备。随着儿童生理、心理特点研究的开展，儿童的特性得到关注，儿童的照料和培养方式也发生了变化。在儿童福利领域对困境儿童的照料方式和观念也随之有了转变。

二　西方儿童福利制度演进与社会变迁

（一）儿童福利制度的阶段性演进

儿童福利制度演进的历史，也与工业化、城镇化、民族国家化以及福利国家的形成有密切的关系。

从欧洲的历史看，在福利国家形成过程中，工业化变革和城镇化发展扮演了重要作用。工业化在改变人与人关系的同时，也改变了国家和个人、群体之间的关系。工业化以不同于农业经济的集体化面貌出现，便于政府管控。同时，工业化带来的伤残、失业、疾病等，迫使作为国家代表的政府不得不面对这些工业化共有的问题。[①] 工业化发展和战争的作用使人们对生命、人权、儿童等有了新的认识。在工业化过程中，儿童的福利问题也获得了前所未有的关注。一般认为，直到18世纪中叶，儿童都没有得到合法地雇用。18世纪突发的工业革命完成了现代工厂体制结构变革，随之而来的是对劳动力需求的变化。工厂追求廉价的劳动力，对童工就有了大量的需求。在工厂中，儿童受到的对待是最不人道的。19世纪上半叶，童工的状况仍继续恶化，尽

① 参见周弘《福利国家向何处去》，社会科学文献出版社，2006，第85~87页。

管这种状况已经受到关注，如英国通过法案限制童工的年龄和工作时间。但是，童工实际上是一种新的资源，借助这些资源企业才能负担沉重的赋税。与此同时，美国劳工状况和英国差不多。我们也看到，作为工业元素的儿童福利发展的同时，国家对儿童的责任也一同发展起来。

福利发展与民族国家的关系至少可以从两个方面看，一方面是人从权利客体成长为权利主体，另一方面是民族国家的出现及国家功能的转变，这二者存在十分紧密的关系。在欧洲国家社会功能世俗化的漫长过程中，经历了把“自然人”变成“个人”的过程，卢梭的“社会契约”思想转变了人们对国家权威合法性的认识，在这个基础上，又过渡到个人成为权利主体的阶段。而国家社会功能的转变更是和民族崛起、宗教脱俗、政治博弈、无产者贫困化等因素有关。这期间，对国家是目的还是工具的不同认识，产生了德国俾斯麦《社会保险法》，这被看作“福利国家”的起源，而之后在无产阶级争取权利的斗争中，迫使作为统治工具的国家不得不发挥社会调节的功能。①

从工业化开始到第二次世界大战结束，儿童福利发展进入了一个新的阶段。在这一阶段，不仅儿童被作为人看待，一系列立法和福利保障措施也得以建立。这些成就可以从国家和国际层面看到。比如，19 世纪之初的英国，除了制定《济贫法》之外，儿童保护的立法也走在了前面，其内容覆盖儿童教育、医疗等多个方面。1870 年的《初等教育法》已经注意到了教育机会平等的问题。1918 年《产妇幼儿福利法》首次将孕妇和 5 岁以下儿童健康纳入福利保障范畴，并成为以后家庭福利资助的基础。《学徒健康与道德法》和《预防虐待和忽视儿童法》则最早关注到了工作期间以及家庭中的儿童保护问题。1933 年，这些零散的立法被整合到《儿童及少年法》中，该法把少年福利置于最优先考虑的地位，被誉为继《大宪章》之后英国最重大的司法变革。《济贫法修正案》（史称“新济贫法”）肯定了家庭环境对儿童健康成长的重要价值，奠定了家庭是最佳养育环境的价值理念。但工业化带来的父母子女关系的重组，以及当时的社会经济发展，使得这一时期的儿童福利带有补缺性质，主要涉及遭受各种暴力侵害的儿童、家庭基本功能的维持等预防性和补偿性服务等。② 在国际层面上，饱受战乱之苦的人们开始重新思考生命价值

---

① 周弘：《福利国家向何处去》，《中国社会科学》2001 年第 3 期。

② 参见庞媛媛《英国儿童福利制度的历史嬗变及特征》，《信阳师范学院学报》（哲学社会科学版）2009 年第 4 期；吴允锋：《英国：防止虐童立法完备、高效》，《法制日报》2012 年 11 月 27 日。

等问题，特别是那些无辜受害者的命运，产生了专门保护儿童的文件，比如1924年的《联合国儿童权利宣言》等。

第二次世界大战结束之后，战乱的阴影时刻刺痛着人们脆弱的神经，人权意识得到高扬，在联合国范围内发布了《世界人权宣言》《公民权利和政治权利国际公约》《经济、社会和文化权利国际公约》等重要文件，这些成为20世纪末出台《儿童权利公约》的基础。《儿童权利公约》的诞生使儿童作为权利个体的理念得以确立，该公约也成为各国儿童保护和儿童福利的国际标准。

（二）儿童福利制度发展的关键性问题

从西方儿童福利制度的发展，可以明显地看到对儿童的认识与儿童福利制度建构、实践之间的复杂关系。儿童道德地位和法律地位的每一次提升都与对儿童的认识有直接的关联。19世纪之前，对儿童的保护基本是出于恤幼及宗教的博爱精神，对儿童的特点及儿童对未来社会发展的作用还未给予深刻的关注，而同时，外部世界却带来极大的刺激，包括战争、工业革命、家庭模式的变迁、妇女地位的变化等，这些都明显反映了儿童福利的发展与历史演进、社会变迁之间的深刻关系。纵览西方社会，儿童福利的发展与历史演进、社会变迁之间的关系突出了以下问题。

1. 儿童福利观念和政策之间的根本矛盾

众所周知，儿童福利制度发展和演进一定与国家的政治、经济、法律、政策、观念更新等因素有紧密的相关性，其中，观念更新是制度完善的思想基础，政策调整是制度完善的有机组成部分。无论是在美洲、欧洲还是其他地区，儿童福利的发展过程中都暴露出这样一种倾向，即儿童保护观念和现实政策常常不协调，甚至发生矛盾。从美国儿童福利制度的发展来看，19世纪之后，特别是美国第一个少年法院诞生之前的很长一段时间，美国社会对儿童关爱的信仰常常受到问题少年的挑战，这种矛盾心理一直左右着政府对儿童问题的政策及其实施。众所周知的美国实证主义哲学家、教育改革家约翰·杜威（John Dewey）关于儿童教育的宣言，“最好的父母所希望给予孩子的，应当成为社会所力图给予其所有孩子的”①，就突出反映了美国社会对教育儿童的良好愿望。但在实践这种良好信念的时候，问题少年又给人们当头一棒，使得关于儿童的福利政策进退维谷，人们在“儿童作为未来最有价值

---

① John Dewey, *The School and Society*, Chicago: University of Chicago Press, 1899, p. 3.

的资源”和“保护自身免遭这些不良少年的侵害”中左右摇摆。历史展示的这种理想和现实的复杂性，也指引并深化对少年福利制度建构中法律、政策的理解。儿童福利政策及相应的观念和实践的渐进变化与美国这个国家的发展相伴随，基于儿童有着特殊需求以及他们对父母和国家的双重依赖性，关于儿童福利的每次争论都会成为大众话题，而儿童福利政策作为解决问题的良策在不同的时期针对不同的情况进行调整，并指导儿童福利实践。这样，多层次的儿童福利制度体系便得以发展，并顺应历史的演进而呈现出不同的样态。

在美国，19 世纪前半叶，有两种关于儿童的观念并存，一是意识到环境对儿童发展和培养的重要性；二是儿童担负着将技能、知识和价值观世代相传的重任。[①] 儿童对未来社会发展的重要性成为社会和父母的信念，认为通过教育可以实现世代的发展进步。因此，培养儿童成为家长的首要责任，学校教育也被看作是一种普遍的而必需的儿童福利措施得到社会的普遍支持，但由此也带来了家庭自治和学校权威之间的争论，带来了教育公平信念与教育现实的冲撞。19 世纪后半叶到 20 世纪前期，美国儿童福利进入工业化发展时期，开始了儿童福利制度发展的新纪元。儿童福利制度在工业化美国获得了重新认识，人道主义第二次浪潮也把该制度推向深入，并掀起一场“拯救儿童运动”。与 19 世纪前半叶不同的是，新时期的儿童福利制度变革源自对儿童和家庭的重新理解。由于经济发展模式转变、家庭观念的变化、公立学校的创建，以及自愿和非自愿两种形式学徒制的弊端，学徒制度受到严重挑战，并揭示出美国儿童福利制度对下层民众的特别是黑人儿童、私生子等儿童群体的歧视。当然，在儿童和家庭新观念的倡导下，关于学徒制、私生子等政策得到修改，儿童福利制度也发生了重大变革，创立了专门儿童机构。其中最大的儿童福利举措就是创立公立学校，让所有美国儿童都得到普遍的教育。起初的改革者们认识到儿童应当受到保护，但对不良少年和家庭能力心怀芥蒂、有所怀疑，他们更信任公共或专业机构能够拯救儿童。这场拯救儿童运动不仅转移了儿童福利的焦点，还重组了家庭和国家之间的关系。1899 年伊利诺伊州创立的少年法院就是拯救儿童运动最突出的成果。但随着整个欧洲兴起的对儿童期的重新定义，拯救儿童运动不断推进，认识到缺乏正常成长环境的儿童需要治疗；与专门机构相比，儿童更需要自由和良好的家庭环境。

---

① 参见〔美〕玛格丽特·E. 罗森海姆等编《少年司法的一个世纪》，高维俭译，商务印书馆，2008，第 22 页。

对儿童心理和精神的进一步研究削弱了基督教原罪说的影响，要把儿童培养成为未来社会责任者的理念迎来了美国儿童福利的第一个时代，也得出了具有启示作用的法律用语——“儿童的最大利益”。19 世纪早期的法官和决策者们用国家亲权理念来诠释这一新的儿童观念，认为所有的法定权利都必须有助于孩子的真正利益和安全。与此同时，还催生了家庭隐私神圣化的“家庭理想”，将儿童问题作为私人问题而不是公共事务对待，这样，公权力只有在父母失败之后方能介入。“儿童的最大利益原则”和“家庭理想”将儿童福利与少年司法，家庭神圣不可侵犯和国家干预主义权威之间的矛盾制度化，这种制度化的矛盾至今未得到很好的解决。我们还可以看到，在 20 世纪前后，少年司法改革运动中暴露出的一些问题，更加突出了儿童福利观念和实践运作之间的对抗。例如，1904 ~ 1906 年，少年法院处遇的罪错儿童中有近 40% 的儿童是惯犯，这一现象减损了少年法院力图通过观护制度劝诫那些少年改邪归正的效力。因此，当时的首席观护官瑟斯顿呼吁，对于在观护期无意改过自新的少年，应当立刻送入专门机构接受矫治。①

但是，20 世纪以来，美国儿童福利制度中，尽管存在理想和现实的冲突，还是形成了儿童是具有社会意义的完整生命个体的新观念，儿童养护也不仅是家庭责任，而是整个国家的责任。在此观念的支配下，儿童福利政策由补缺取向适度普惠方向发展，儿童福利政策涉及儿童教育、儿童健康和医疗、家庭的心理辅导和训练、父母教养能力训练、针对困境家庭的居家服务和托儿服务、针对严重问题家庭的寄养和领养服务等诸多方面。②

在欧洲也是一样，现代儿童观的形成经历了漫长的过程，从宏观上看，相关的法律和政策措施也呈现出大致的阶段性。在现实中，在从儿童被看作家庭的主要是父亲的私产，到成为家庭的负担，再到权利享有的独立主体这样的演进过程中，儿童相应的法律政策地位也在提升。但是，从微观的层面，仍能看出儿童观和相关政策法律之间的博弈。这种博弈在现代社会体现为儿童权利或儿童福利实现中各种权利的冲突。

20 世纪形成了现代儿童观，不仅重视儿童的自身发展，也看到儿童之于社会和人类的贡献，认识到儿童和成人一样都是有能力的权利主体，因此儿童的权利应当得到尊重。同时儿童还是有别于成人的特殊个体，在涉及儿童

---

① 参见〔美〕玛格丽特·E. 罗森海姆等编《少年司法的一个世纪》，高维俭译，商务印书馆，2008，第 65 页。

② 参见姚伟、王宁《当代美国儿童福利政策的特点》，《外国教育研究》2011 年第 5 期。

的事务中要首先考虑儿童的最大利益，以达到儿童福利状态，促进其成长为有责任感的个体。但是，在儿童权利和福利实现过程中总是遇到这样那样的问题，包括各种权利冲突和利益冲突。比较突出的比如儿童自治和儿童权利实现问题，儿童权利和家庭利益以及父母权利冲突问题，儿童权利实现及各种文化价值冲突问题，等等。① 这中间还夹杂着政治、民族、种族等更复杂的问题。比如在美国，虽然倡导权利平等，但在对待有色人种贫困家庭和贫困儿童问题上则存有偏见，有些保守人士认为，“黑人的贫困是因为他们无能力和懒惰，而不是白人社会的不公待遇，因此采取不给予黑人孩子资助的政策”。② 法国略有不同，尽管他们也有一些人不喜欢外族移民，也反对给予移民儿童的资助，担心这类福利开支将影响经济发展，但法国人采取了更加务实的态度，他们懂得这些移民将成为法国的一部分，他们的未来无疑对法国的发展具有影响。③

2. 儿童福利法律政策与实践的互动

在儿童福利制度的演进过程中，不仅能看到儿童福利观念和相关法律政策的博弈，也能看到这些法律和政策与儿童福利实践之间的互动。如上所述，儿童福利法律政策都是促进儿童福利发展的方针或行动准则，这些法律政策的制定及其实施决定着整体儿童福利的方向。但是，这并不是说，儿童是法律政策的被动承受者。实际上，从西方儿童福利演进的历程看，儿童福利实践对儿童福利法律政策的形成具有极大的推动作用，儿童福利政策的更替反映了儿童福利实践的变化。儿童及其家庭以及社会热心人士为儿童福利所做的努力，一直都在拉动政策的方向性变化。这种互动关系说明，哪怕是最没有力量和地位的人都有影响他人的能力，这也揭示了儿童观念和儿童实际生活间的互动关系以及儿童福利观念的演化历史。

在英美国家的儿童福利发展过程中，都能看到儿童福利政策对儿童福利实践的影响。英国和美国儿童福利政策都经历了由补缺型向适度普惠制的发展。前工业化时期，社会发展水平不高，儿童福利政策是以一种补缺的方式对困境儿童特别是贫困儿童的救济性福利，而儿童的特殊需求往往通过社区、宗教慈善团体的帮助得到满足。然而，工业化带来了忽视儿童、虐待儿童以及少年犯罪现象，人们意识到，把孩子交给不负责任的父母以及不太安全的

---

① 参见王雪梅《儿童权利论》，社会科学文献出版社，2005，第 3 ~ 74 页。

② 张晓霞：《美法两国儿童福利制度的差异比较》，《社会》2003 年第 6 期。

③ 参见张晓霞《美法两国儿童福利制度的差异比较》，《社会》2003 年第 6 期。

社会是有问题的，国家必须负起责任来。因此在英国确立了“国家监护”理论，儿童福利开始从零散的补缺型向制度型过渡，面向每个儿童。以英国《济贫法》以及“国家监护”理论为基础，美国19世纪初期实现了儿童福利制度的飞跃，确立了公众责任的新理念，形成了一套独特的儿童福利政策和机构。对儿童问题的关注，引发了以儿童为中心的福利政策体系的建立。家庭作为儿童福利唯一提供者的地位有所动摇，而其他具有儿童福利性质的机构应运而生，特别是学校和矫正机构，包括少年管教所、少年感化院。同时，儿童福利制度也得以重新诠释，并伴随着对个体和父母、社会和国家角色的重新定位。这一时期对儿童福利体制的建构，以及儿童福利的观念、信仰和实践，为美国社会福利制度打上了永久的烙印，并影响后来的儿童政策和少年司法改革。

儿童福利实践对儿童保护政策的推进也在欧美儿童福利制度发展中得以展现。19世纪末叶，妇女地位提升、慈善机构及各类专业机构在社会生活中作用增强，加大了市民社会对儿童拯救运动的介入力度。这个时期，儿童福利制度发生变化，“国家监护”理论不仅适用于机构照料的儿童，还扩展到所有儿童。少年法院的成立、家庭法的实施、公权力对父母和儿童的监管等，推进了儿童福利政策的重大变革。在美国，最大利益理念成为儿童政策和措施的基本准则，一系列儿童保护措施得以建立。比如，预防残害儿童协会、“反暴力运动”、儿童局等。其中，预防残害儿童协会的创建代表了儿童福利政策的新进程，促使人们重新关注并思考虐待儿童的概念，并使这个概念成为儿童福利政策的恒久内容。反暴力运动促进了私人机构和警察部门的合作，该运动追究虐待儿童的父母，并在必要的时候将儿童从家庭中转出。

在美国儿童福利制度发展的历史上，1909年的白宫儿童会议是一个重要的转折点，其重要的两项成果是政府设立了儿童局和确立针对孤儿等困境儿童的津贴制度。这就意味着，儿童福利的实现有了组织保障和制度保障。联邦儿童局的主要职责就是对涉及儿童事务的事项做出调查和提交报告，包括关于儿童福利和生活的事项，特别关注婴幼儿死亡率、出生率、孤儿、少年法院、遗弃、意外伤害、疾病、就业，以及相关的立法。建立这样的机构不仅有利于对儿童权利的保护，还能促进对儿童保护问题的研究。这一时期的儿童福利改革更加关注儿童的教育和就业问题。除了强制实施义务教育法之外，儿童劳工受到重视，因此就有了最低年龄法令。与此同时，绝大部分工业化国家也都对儿童劳工进行了限制。童工改革揭示的是工人阶级家庭的困境和儿童福利理想之间的冲突。与此同时，儿童福利观念的变化还引起了相关制度革新。比如，母亲津贴运动，实践证明这是一项保持家庭完整、防止少年罪错的有效措施。除此之外，该时期儿童健康的公共责任标准得到了提升，健康福利成为美国父母和儿童可以主张的一项权利；婴幼儿死亡率的控制、哺育抚养儿童的知识普及、母婴保健工作及相关法令的制定等方面都取得了进展。但是，这些进展亦受到政策和实践的限制。

进入 20 世纪，少年法院获得较普遍的接受，儿童福利机构也获得了相应的发展。但是，无人照管儿童与虞犯少年之间的界线非常模糊，因此，在无人照管儿童机构中接纳虞犯少年或罪错少年并不鲜见。当时的儿童福利组织包括这样几种类型：①无人照管儿童看护机构；②需要照管儿童的援助机构；③提供临时收容家庭的儿童安置协会；④日间看护机构；⑤未婚妈妈及儿童之家。[①] 第二次世界大战结束时，寄养家庭对困境儿童的保护更优于矫治机构成为大家的共识。到 20 世纪下半叶，美国联邦家庭政策和财政支持也开始有所变化，联邦儿童福利委员会倡导重新定义儿童福利服务的概念，儿童福利新观念逐渐形成，着重提出了政府责任问题。

美国儿童福利制度从补缺型向普惠型的发展还表现在一系列儿童救助计划方面，这些计划也展现出儿童福利政策和制度实践之间的互动关系。以美国针对未成年人家庭补助项目“抚养未成年子女家庭援助计划”（AFDC 计划）为例，该计划实施之后几乎沦为单亲家庭的专项计划。单亲家长大多数无法就业或者就业不足，这样他们就没有领取失业保险的资格。而与此同时，如果能领取的可支配资助高于就业者的最低收入或者失业保险，就会使他们长期依赖救济，即出现所谓的“贫困陷阱”。到 20 世纪末，领取该资助的单亲家庭占到 92%。[②] 基于此种情况，美国联邦政府通过《贫穷家庭临时补助计划》（TANF 计划）对受益者提出条件和要求，迫使他们逐步自食其力，摆脱福利依赖。该计划体现了“以工作代福利”的思想，对个人和国家都有益处。但是，就实践来看，这两项计划的实施效果并没有达到预期的效果，部分贫困儿童依然得不到必要的补助。根据实际情况的变化，美国的儿童福利政策一直都在调整之中。

3. 国家和社会在儿童福利保障中的角色

对儿童福利政策的阶段性考察还能使我们清醒地看到家庭、国家和社会在儿童福利保障中角色的演变。统一的中央政府是福利制度最关键的要素之

① 参见姚伟、王宁《当代美国儿童福利政策的特点》，《外国教育研究》2011 年第 5 期。

② 参见薛在兴《美国儿童福利政策的最新变革与评价》，《中国青年研究》2009 年第 2 期。

一，是福利提供的基本制度保障。国家如何看待儿童福利问题影响该国儿童福利制度的发展。从人口再生产和社会发展的关系看，国家是儿童的主要监护人。政府责任主要体现在法律政策建构以及直接提供儿童福利服务和财政资金支持方面。国家和社会力量对儿童福利制度的主导作用在西方国家儿童福利制度的发展历程中清晰可见。

第二次世界大战之前，补缺模式一直是西方国家儿童福利制度的主导模式，而家庭也一直在儿童福利保障体系中负有首要责任。但是，由于失败家庭的增多，父母能力不足或失职，失依儿童增多，国家和社会不得不关注儿童福利保障问题，并在政策和行动层面做出努力，国家甚至成为提供儿童福利的主要力量。而伴随市民社会的发展，包括慈善组织在内的社会组织也在儿童福利保障中发挥重要作用。在美国，儿童保护的公、私关系的融合掀起了人道主义改革浪潮，也带来儿童福利政策的变化。当然，儿童观念与美国实用主义的结合使得儿童福利政策带有更多现实色彩，儿童福利政策在关照困境儿童的同时，也照顾整体经济发展和道德维护。到 19 世纪末，在社会经济飞跃发展的同时，权利意识普遍增强，人们开始反思国家权力的合理界限，并对国家和社会的作用进行重新评价。第二次人道主义浪潮的发起就是通过国家权威建构一个公正社会，以福利政府取代“守夜人”政府。在儿童福利领域，美国采取了一系列儿童福利保护措施，扩大了政府在儿童福利实现中的作用，建立了少年法院、儿童局、母亲津贴制度等。母亲津贴制度后来发展成为联邦政府基金会仅有的公共援助项目“对无人照管子女的家庭补贴项目”。到 20 世纪 30 年代，政府公共机构更多地关照罪错及无人照管儿童的观护。但是，对于政府在儿童福利中的角色也存有争议，儿童福利措施的变革也对父母、儿童和政府之间的权利配置提出了挑战。

即便如此，诸如福利政府的激进主张不仅影响了那个时代，也影响了之后的美国儿童福利制度的发展。当然，美国福利政府的提法与欧洲福利国家的概念有很大差别。在福利供给方面，美国依然实施补缺模式，其儿童福利制度也以强大社会力量的介入作为后盾。美国基本的福利方式是社会互助，随着福利制度的发展，福利组织也呈现多样化趋势，政府、非政府组织、国际机构、商业机构、宗教团体参与其中。福利救助手段多样化，美国以现金、所得税抵免、实物、服务、代金券等方式和手段进行救助。福利服务范围广泛，包括一般的医疗卫生保健、护理、家庭指导、儿童健康、母婴保健等。

欧洲的儿童福利则呈现出不同的样态。宗教力量的衰落以及工业革命的重大变革，带来政治经济结构转型、贫困人口及贫困程度增加，凸显了传统的补缺型儿童福利模式的不足，社会救济责任转向国家责任成为必然，政府对儿童福利的作用日趋重要。英国福利国家的形成基础起始于向工业化社会转型时期，正是此时，政府制定了多项儿童保护的法律和政策，担当起儿童福利保障的主要责任。第二次世界大战之后，政府更是通过立法和国家权威在儿童福利保障中发挥了积极作用，包括组建由医生、护士、警察、司法人员和社会工作者等专业人员构成的济贫法实施委员会，加大对儿童福利的投入，等等。同时，政府主导作用还体现在相关的立法和实施方面，建立了独立体系的儿童保护法律制度。另外，在宏观管理上，政府设有专门的儿童工作机构负责儿童事务，并协调教育、卫生、医疗、司法等部门，协同管理。政府承担儿童福利经费，不仅向民间组织、儿童福利服务机构提供经费，而且提供家庭津贴。政府还对各类儿童福利机构实施监督管理，对儿童福利机构的设施标准、服务内容、人员执业资格等做出明确规定。①

伴随西方国家福利制度的变迁，儿童福利制度的发展呈现四方面的特点：一是国家承担重要责任；二是社会福利与儿童专项福利计划相结合；三是福利形式多样；四是儿童福利制度在改革中得以发展。此外，儿童福利制度的发展还有一个重要的特征或趋势，根据联合国的一项调查研究，儿童福利状况与 GDP 的关系甚微，很多社会问题源于童年时期的生存环境变化。比如，捷克共和国的儿童福利整体状况比欧洲好几个富裕国家都好。报告显示，没有任何一个发达国家在保证儿童生活状态的各个方面都领先。从综合指标来看，排名最靠前的国家是荷兰、瑞典、丹麦、芬兰。② 所以，一个国家的儿童福利状况不仅在于物质的丰富，还取决于该国社会文明程度，取决于政府和社会对儿童权利和福利的认识程度。

（三）儿童福利制度比较

西方国家早期儿童福利制度的建构不仅体现了一种社会正义，也强化了家庭责任感和社会责任感。但因不同的历史、文化、政治风貌等因素，在对待儿童福利的态度，以及儿童资助的内容、广度与深度方面存在差异。除了国际范围儿童保护的努力之外，各个国家也开始了比较全面和系统的儿童权

① 参见庞媛媛《英国儿童福利制度的历史嬗变及其特征》，《信阳师范学院学报》（哲学社会科学版）2009 年第 4 期。

② UNICEF Report Card 7, Child Poverty in Perspective: An Overview of Child Well-being in Rich Countries, UNICEF Innocenti Research Centre, 2007, p. 2.

利保护和儿童福利的立法，开始了儿童福利的制度化和法律化进程，从而发展为各具特色的儿童福利保护模式。有的国家儿童福利制度比较完善，比如英国，英国是最早开始儿童福利救助的国家，其从补缺型发展到普惠型，关注每个儿童的福利状况，其全面性堪称典范。再如，北欧斯堪的纳维亚半岛国家的儿童福利制度，更是国家全面支持的儿童福利模式的代表，具有公共提供、平等普及等明显特征。总体来看，儿童福利制度发展和建构方面有以下一些特点。①

第一，儿童福利立法不断完善。立法作为儿童福利制度建构的一个重要方面在进入 20 世纪之后获得了前所未有的发展，也就是在这个阶段，最早关注儿童福利保障问题的英国，在儿童保护立法方面进入了又一个黄金时期，其立法内容涉及儿童健康、教育、收养和监护等方面，还在儿童保护的程序性立法方面获得了进展，尤其是《1989 年儿童法》，不仅内容丰富，而且确立了儿童至上的国家保护原则，并在立法中明确了儿童的生存权、发展权、参与权等权利，显示出与《儿童权利公约》相同的价值取向。作为大陆法系典型代表的德国，在儿童福利立法方面也显示出其成文法国家的优势，儿童福利规范完整，除了专门的儿童保护立法《少年劳动保护法》、《非婚生子女平等继承法》和《儿童宗教教育法》之外，儿童福利规范还分散于《德国基本法》、《民法典》和《社会法典》等法律之中。其中，《社会法典》规定了儿童法律地位的一般性原则，还涉及儿童福利的大部分内容，对儿童救助的任务、种类、执行主体、管辖与合作、费用、法律责任等做出了详细规定。位于欧洲北端的挪威、瑞典，形成了颇具特色的福利制度。在儿童福利立法方面，瑞典 1960 年制定的《儿童及少年福利法》，明确规定要对受虐待儿童进行强制性保护。1982 年修订的《社会服务法》吸纳了《儿童及少年福利法》和《儿童照顾法》的内容，对儿童教育及托儿服务等儿童福利内容都有所涉及。与此同时，美国儿童福利制度的发展却有着与欧洲大陆不同的特色，尽管它们有血统上的关联。美国儿童福利保障除了借助大量的项目（计划）

---

① 下文关于特点的论述参考了若干著述，为了叙述的连贯性，不再一一标注，在此一并列出。何玲：《瑞典儿童福利模式及发展趋势研议》，《中国青年研究》2009 年第 2 期；薛在兴：《美国儿童福利政策的最新变革与评价》，《中国青年研究》2009 年第 2 期；张晓霞：《美法两国儿童福利制度的差异比较》，《社会》2003 年第 6 期；姚建平：《儿童福利的三个世界——以流浪儿童为中心的考察》，《青少年犯罪问题》2008 年第 1 期；庞媛媛：《英国儿童福利制度的历史嬗变及其特征》，《信阳师范学院学报》（哲学社会科学版）2009 年第 4 期；姚建平、朱卫东：《美国儿童福利制度简析》，《青少年犯罪问题》2005 年第 5 期。

之外，还通过各种法案规范儿童福利问题，从这些法案和项目当中，我们可以了解美国儿童福利制度的总体构架。美国的儿童福利立法分为联邦和州立法两个层面，在联邦层次上，与儿童福利有关的法案超过100多项，涉及教育培训、社会服务、保健和收入补助等。

第二，体现儿童福利政策导向的儿童福利模式包括补缺型和普惠型。各国儿童福利发展历史不同，大多从补缺型发展为普惠型，但北欧国家不同，从一开始就实行普惠的儿童福利政策，而美国至今仍坚持福利的“补缺”性质。但现今的补缺型和普惠型在不同的国家也呈现出不同的特色，比如，欧洲的英国、德国和瑞典都实施普惠制，但侧重点不同。英国的社会福利实施“从摇篮到坟墓”的社会保障制度，在儿童福利保障方面，增加了项目，扩大了规模，提高了标准。惠及儿童的主要有国民医疗保险、家庭补贴制度、教育资助、社会服务等福利服务。而德国的儿童福利和社会福利一样都是建立在社会保险制度之上的一种制度保障。瑞典则形成了高福利与高税收并进的“瑞典模式”，政府负担儿童社会福利服务和家庭支持的主要责任，费用源于税收，实行专款专用。与欧洲国家不同的是美国，美国政府在儿童福利的实现中，仅发挥宏观协调的作用，对政府介入公民私生活领域非常谨慎，因此，美国儿童福利的发展一直都有“补缺”的特色。从美国关于儿童福利的定义和提供的服务也可看出其儿童福利的“补缺”性质。儿童福利是政府提供的一种服务，而这种服务的提供是以家庭或其他社会机构无法满足为前提的。因此，美国社会倾向于帮助人们通过自己的努力过上幸福生活，而不是依赖救助。但是，如何在减少福利依赖、增进就业的同时，保障儿童的福利不受损害？对这个问题的思考引发了专门针对儿童的补贴制。但在追求自由和自立的社会，政府的救助反倒使那些符合福利救助条件的儿童及其家庭被贴上标签并受到社会排斥，儿童对其父母也产生不认同感，这样不利于其树立自信及顺利地融入社会。

第三，儿童福利方式和类型的多样化。无论是实行补缺型还是普惠型福利模式的国家，其儿童福利方式和渠道越来越多样化，这些变化也体现出儿童观以及相应儿童福利政策的变化。以法国为例，法国儿童福利保障采取各种津贴补助方式，包括家庭住房津贴、新生儿津贴、幼儿托养津贴等。其中，家庭津贴在西欧国家比较普遍，是国家为保障儿童健康支出的最大一部分，一直会给到孩子满16岁。另外，法国有一套健全的幼儿托养制度，其公立幼儿园对3岁半至6岁的儿童免费，特别是对贫困儿童、少数民族儿童、弃婴实行免费照管，并对婴儿托养机构高额资助。除此之外，法国还有种类繁多的补贴。如对孕妇与新生儿的预防性资助，残障儿童的补贴等。再如，瑞典是典型的全民福利国家，不论老少，平等普及，每一个瑞典儿童都享受同等条件的社会福利。除了对儿童本人的福利服务之外，对父母和家庭的津贴和服务也是花样繁多，比如父母享有的带薪育婴假和各种亲职假，托育等家庭协助服务，家庭津贴等。还有低费用的儿童看护服务、教育、社会支持和医疗保健服务。为避免儿童福利享有上的地区差异，还采取“罗宾汉式”抽肥补缺的福利政策。加拿大在儿童福利保障方面也有自身突出的特点，因其地广人稀，更具包容性，其儿童福利覆盖加拿大的移民、难民中的儿童，还采取各种措施鼓励人口增长，想尽办法减轻家庭抚育儿童的负担，推出各种福利项目和各种津贴促进儿童福利状态的改善。仅津贴一项就包括家庭津贴、幼儿津贴、婴儿出生津贴、伤残儿童津贴、儿童托养费减免计划等。其中，家庭津贴和托养费减免计划是针对中低收入家庭发放的抚育子女和托儿服务的补贴。幼儿津贴是给不满 7 岁的儿童发放的特别津贴，随着加拿大物价指数的增长而提高。婴儿出生津贴是发给新生儿家庭的一次性津贴，从第三个孩子开始可领取五年的婴儿出生津贴。伤残儿童津贴是给身体有严重永久性的缺陷，需要采取特别治疗、护理或教育的儿童的特别津贴。美国则越来越倾向于对儿童及其家庭提供福利性服务，而不是支付现金，这既有利于满足儿童的实际需要，也有利于防止儿童津贴被挪作他用。

第四，儿童福利保障体系立体发展。从欧美儿童福利制度发展历史看，其保障体系除了各种政策措施和相关立法之外，在保障机制、民间参与、儿童自身能力的培育等方面都获得了发展，总体上呈现多层次、全方位发展的特点。比如在英国，20 世纪后半叶，儿童参与权观念被普遍接受，儿童成为福利保障体系的主体和中心。在这个体系中，政府发挥宏观管理作用，各类社会服务机构、学校以及社区等组织开展相关的儿童福利服务，形成了多层次、全方位的儿童福利服务网络，这个网络涵盖社会救济、社会保险、社会保障、基础教育、医疗服务等内容的儿童社会福利体系。而在美国，儿童福利服务体系也呈复合式的发展，从儿童福利服务类型来看，美国学者卡都兴（A. Kadushin）将其分为三类：支持性服务、补充性服务和替代性服务。支持性服务重点在于帮助提高父母和儿童的沟通能力，以缓解他们之间的紧张关系，同时还为受到侵犯的儿童提供保护。补充性服务主要是针对家庭功能不足的情况提供的帮助，如托儿服务等。替代性服务指临时或永久替代家庭功能的服务，包括寄养、收养服务等。[①] 美国儿童福利服务体系复合特点还表现在福利专门机构的全覆盖。其儿童福利事务也实行联邦与州分权管理，最高行政机构是卫生部，直属的职能单位是其所辖的儿童发展局；在各州都设有儿童与家庭福利科，重视州政府在儿童福利方面的责任与权力。而在政策法律实施层面，又多由私营的福利机构实施，类似于我们所说的政府购买服务的方式。

第五，儿童福利制度在困境中完善发展。在儿童福利制度的建构中，除了遇到一些哲理性矛盾之外，在实践层面也遇到过度依赖、国家财政困难、机构养育弊端等问题，儿童福利政策就是在这样的困境当中不断发展。以美国为例，在白宫儿童福利会议之前，政府介入有限，虽然关注孤儿问题，但儿童福利机构养育又存在很多问题。因此，在白宫儿童福利会议之后，美国放弃了“不干涉”原则，政府在儿童福利保障当中承担起主要责任。特别是“经济大萧条”以后，美国的社会福利思想发生了重大转变，在儿童福利方面，从强调社会安全到强调家庭取向再到重视儿童照顾及发展等预防性儿童福利政策。但政府的福利责任也不是绝对的，事实上，美国政府担当的角色一直在不断变化，其目的都是在保障儿童福利的同时，不妨碍社会正义和公平的实现。然而，儿童福利的社会效应和成本效应一直受到人们的质疑，在儿童贫困没有根本好转的同时，由于过于优厚的福利待遇而导致了福利依赖并丧失工作动机，这实际上不利于儿童福利状态的好转。因此，从 2013 年开始，对领取儿童福利金的夫妻的年收入进行限制，根据政府部门预计，约有 120 万家庭未来将失去儿童福利金。在其他国家也有类似的问题，比如在法国，优厚的儿童福利保障不仅降低了婚姻的稳定性，还刺激了贫困妇女的生育行为等，政府的政策针对这些实际问题也在不断改进。瑞典似乎是另外一种情形，20 世纪 70 年代以后，同其他西方国家一样，瑞典也开始社会福利制度的改革，1980 年提出社会福利支出紧缩法案。但是，出于对儿童发展重要性的信仰，对儿童福利的支出不降反升，覆盖率亦呈现上升态势。

三　亚洲儿童福利制度的发展

亚洲地域辽阔，是七大洲最大的一个洲，在地理上习惯分为东亚、东南

---

① A. Kadushin, *Child Welfare Service* (3rd. ed), NY: Macmillan Publishing Co., Inc., 1980，转引自曾燕波《儿童福利政策的国际比较与借鉴》，《当代青年研究》2011 年第 7 期。

亚、南亚、西亚、中亚和北亚。中国属于东亚国家，与东亚地区其他四国在生活习惯、历史发展、文化传统等方面最为接近，面临许多共同的问题。比如，环境污染、老龄化、医疗保障等。健康成为民众的普遍需求，特别是日本和韩国，处理社会需求和社会问题的应变力更为灵活，在制度安排和社会运行机制等方面也更加务实，它们的经验和教训对中国的福利制度变革更具有借鉴意义，因此，这里主要考察东亚的儿童福利制度的发展状况。

尽管中国与东亚其他国家，特别是日本和韩国在文化传统等方面有着诸多相似的地方，但是，在政治体制、产业结构等方面存在着较大的差别，而这些方面又在一定程度上对福利制度的建构产生影响，包括儿童福利制度的形成。①

（一）日本儿童福利制度及其特点

日本是福利制度极具特色的发达国家，国际上把日本的福利制度称作“日本型福利社会”模式。其福利政策极具东方传统儒家色彩，以“家庭功能的稳固充实”、个人自立为指向的福利政策理念。尽管日本的儿童福利模式继受于英美国家，但在与本国的社会文化融合的过程中，不可避免地形成自身的特点。②

第一，儿童福利工作机制完备。日本负责儿童福利事务的主管部门是中央的儿童和家庭局以及地方各级儿童福利部门；在中央还设有儿童福利理事会，负责调查、审议儿童福利状况。企业和社会组织也参与儿童福利的供给，具体工作包括就儿童相关问题提供咨询和建议，对儿童及其家庭的医疗、心理、教育、保健等方面进行调查评估，给予技术支持、指导和服务等。

第二，日本儿童福利模式由补缺型向普惠型发展。日本也具备其他国家福利模式发展的一般轨迹，即由补缺向普惠型发展。第二次世界大战之后到20世纪末叶，日本儿童政策目标是为贫困儿童及其家庭提供最低生活保障，表现为发放各种津贴。在立法上多以困境儿童为对象，比如，《感化法》、《儿童保护法》、《儿童扶助法案》和《生活保护法》。而到1998年前后，日本实行社会福利改革，儿童福利观念也随之发生转变，注重每个儿童的发展机会，

① 参见刘继同《中、日、韩健康照顾与社会福利制度结构性特征的比较研究》，《学习与实践》2007年第6期。

② 本部分参考文献包括王晓燕《日本儿童福利政策的特色与发展变革》，《中国青年研究》2009年第2期；邹明明：《日本的儿童福利制度》，《社会福利》2010年第1期；王海燕：《家庭福利政策的选择——转型期日本社会福利政策调整的圭臬》，《社会保障研究》2006年第2期。

儿童福利自此完成了向普惠制的转变。在立法上，对《儿童福利法》进行了大幅度的修改，在强调全体儿童福利的同时，还着重强调保护受侵害儿童的福利。相关主法包括对《少子化社会对策基本法》、《培育下一代支持对策促进法》和《儿童虐待防止法》等。

第三，强调以家庭为主体和政府、企业、团体等多元供给的福利政策模式。日本之所以采取这样一种福利政策，一方面是由于其传统文化深受儒家文化的影响，注重家族力量在个人和社会发展中的作用；另一方面吸取欧美高福利国家带来政府高负担以及造成国民福利依赖的教训，认为福利政策的出发点应当是帮助每一个人自立，而不是形成国家依赖。因此，儿童的社会福利由政府、公共团体、企业、民间社会团体、家庭等共同来完成，其中家庭自身、近邻和社区的相互帮扶应该成为福利保障的主导力量，政府并不直接承担供给的业务，只限于对委托事务的指导、监督、咨询以及部分国立儿童福利部门的规划和行政管理，这种福利模型也被称为“混合福利类型”，与欧美国家以市场为导向的福利策略形成鲜明对比。

第四，儿童福利的目标是促进儿童自立。在立法上，修订后的《儿童福利法》规定，进行儿童自立生活援助，包括日常生活的援助、生活指导以及就业指导等。法律还规定，针对残障儿童所具有的能力和适应性，相关部门要共同合作，帮助其自立。在实践中，日本设立有公私儿童自立援助机构，以帮助家庭环境恶劣的儿童在机构内过集体生活并从事劳动。

（二）韩国儿童福利状况及制度发展

韩国儿童福利制度的发展明显带有东西方杂糅的痕迹。韩国儿童健康状况在亚洲最佳，其儿童福利制度源于三个方面：一是从朝鲜王朝的继受，二是宗教的影响，三是西方的援助。1910 年之前的朝鲜王朝在儿童照顾方面，把重点放在了孤弃儿童的特别保护上；而其现代儿童福利思想则源于天主教儿童观，认为虐待、遗弃儿童、歧视女孩等行为是有罪的。而在第二次世界大战后，西方国家在儿童收养、创办儿童福利机构、社工培养等方面给予韩国极大的帮助。直到 20 世纪 60 年代，韩国才停止接受外援，儿童福利制度独自发展起来，并形成了自己的一些特点。[①]

首先，儿童福利制度有补缺型向普惠制发展的特点。其儿童福利制度是

---

① 本部分主要参考文献包括易谨《韩国儿童福利法律制度的历史发展与特色》，《青年探索》2012 年第 4 期；〔韩〕金成垣：《福利国家形成的韩国式经验——后发型福利国家化论之可能性》，张京萍译，《社会保障研究》2007 年第 1 期。

在整体福利服务由救济阶段转向社会福利基础上建构起来的。1961 年制定的福利法主要为贫困妇女儿童、残疾人等提供制度保障，相关立法有《孤儿收养特例法》、《儿童福利法》、《生活保护法》和《母亲和无父亲儿童保健法》等。在机构设置方面，保健福利部设有中央儿童福利委员会，负责调查研究有关儿童福利事宜。但是，韩国政府实行的“先增长后分配”政策，引起广泛不满，迫使政府关注社会发展，重视普遍的社会福利保障问题。除了修改宪法之外，在儿童福利制度建构方面，20 世纪 80 年代儿童福利立法也成为建构普惠型儿童福利制度的基础。1981 年修改的《儿童福利法》，规定以国家为主导向儿童提供福利服务，包括设立婴幼儿、收容流浪儿童的福利设施，保护儿童免遭侵犯，加强儿童保健工作等；同时，逐渐扩大儿童服务对象，从贫困儿童、弃儿、流浪儿童等弱势儿童扩展至所有儿童。1984 年，成立“幼儿福祉部”，将幼儿设施和幼儿教育划归该部主管。20 世纪 90 年代，《社会保障基本法》和《国民基本生活保障法》的制定标志着全面的普惠型福利制度的建立。而 2000 年对《儿童福利法》的修改，才在儿童福利领域确立普惠制，强调全体儿童的福利状态的重要性，其主要表现在下列方面：一是确立了儿童全面发展、家庭责任和儿童优先等儿童福利制度的基本理念，将《儿童权利公约》的非歧视、最大利益等一般性原则纳入《儿童福利法》。二是健全儿童福利保障机制，规定了儿童福利中心等九类儿童福利设施。除了提供一般社会福利服务外，还提供儿童家庭援助、受虐待儿童保护等服务。儿童福利行政机构整合，设立儿童政策协调委员会，儿童的所有事务均整合到保健、福利和家庭事务部主管。设立儿童家庭寄养中心，以保护有临时需求的儿童。三是更加关注儿童安全问题，在《儿童福利法》中增加了儿童安全内容，明确禁止青少年进入有害的娱乐场所，保护救助青少年免遭虐待与暴力，建立虐待儿童报告制度，明确教师、医疗工作者以及其他从事与儿童事务相关的人员都有义务向儿童保护专门机构报告儿童虐待事件。

其次，儿童福利法律体系趋于完善，形成了以《宪法》和《国民基本生活保障法》为基础，以《儿童福利法》、《青少年福利援助法》和《单亲家庭福利法》为核心，以及其他相关立法，如《母婴保健法》、《托儿法》、《中小学教育法》、《杰出儿童特别教育保护法》、《青少年保护法》、《流浪儿童保护救助法》和《多文化家庭援助法》等为依托的法律体系。这些立法对儿童福利的基本原则、管理机构、福利服务、津贴以及福利责任和处罚等做出了明确规定，其内容涉及儿童教育、保护、娱乐、特别保护、家庭环境等各个方面；还划定了在建构和完善儿童福利制度体系时国家、社会、家庭与儿童之间的相互关系，明确规定国家、社会、家庭在养育儿童方面的责任，特别强调国家在儿童福利法律政策制定、保护儿童免遭歧视和侵害等方面的主导作用，还强调儿童的监护人在照料儿童以及提供健康家庭环境等方面的重要意义；倡导有利于家庭稳定的儿童福利政策，规定将儿童福利纳入家庭福利体系当中，表现为托儿制度、早期儿童教育项目的实施等。

最后，儿童福利的目标为促进“自立”和“全面发展”，这一点和日本的儿童福利目标基本一致，可以看到东亚国家互相影响的关系。韩国政府认为，儿童的贫困不是个人的问题，也不是儿童家庭的问题，将会影响整个国家的发展潜力。因此，对儿童的投资就不仅是拯救儿童个体及其家庭，更重要的是培养儿童成为健康的自立的、而且是全面发展的对未来社会有责任心的公民，这是一种长远的视角。而从短期来看，对儿童投资得越早，更早地帮助儿童树立起自主地过正常社会生活的目标，将会更有效地预防和减少社会问题。基于这样的认识，韩国在立法以及相关措施方面做出了努力，通过制定相关法律和政策，帮助每个儿童充分实现创造力和价值。比如，《青年活动促进法》明确规定，政府要为青年发展提供机会；在《儿童福利法》中还规定要设置职业培训和自立援助设施，以帮助不得不住在该设施中的儿童得到自主生存而必须掌握的技能和知识，使这些儿童走入社会之后能够独立生活。另外，为了实现儿童自立和全面发展的目的，韩国政府还实施了各种帮助儿童自立发展的项目和计划，比如，“全面发展账户”项目，为低收入家庭儿童、儿童福利机构中的儿童和残障儿童提供1∶1配套储蓄资金。

（三）中国儿童福利制度发展及构建：移植或借鉴

中国属于“低收入国家”，在政治经济制度、产业结构及现代化程度上与欧洲国家和亚洲的日本、韩国都存在明显不同。中国贫富差距大，贫困问题严峻。在安全饮用水、安全食品、基本医疗和教育等这些福利供给方面距离人们的基本福利需求还有很大的差距。比如在基本的医疗保障方面，局限于“基本医疗服务”，基本的心理健康、社会功能健康和其他相关保健服务都尚待开发，远未达到“健康保障”的层次。这些都直接影响全面的健康照顾水平，特别是儿童等弱势群体的健康照顾水平。

通过与西方发达国家和东亚日、韩两国的比较，我国儿童福利状况令人担忧，儿童福利制度亟待完善。我们的儿童福利服务体系不仅范围窄，而且存在结构性缺陷，历史形成的城乡二元结构已经严重影响儿童福利享有和分配的公平性，制约了制度的建构和完善，包括法律政策的制定、福利的专业化和地方化的发展等方面。因此，我们要从世界儿童福利制度发展的历史中合理借鉴先进经验。但是，如何将别国先进的东西吸收或移植到中国的制度当中，我们的法律文化传统、政治经济、社会发展等方面对借鉴或移植的融洽度，决定着该项法律政策的进一步实施和完善，更决定着他国经验是否真正有利于我国儿童福利状态的改善，因此，有必要讨论法律的借鉴和移植问题。在讨论这个问题之前，还有必要简要考察我国大陆地区儿童福利制度的发展以及我国台湾地区的儿童福利制度。

1. 我国儿童福利制度发展

我国自古就有恤幼的传统，通过私学或官学对儿童进行传道、授业、解惑，还有孤儿收养活动等，其基本特点是以家族或宗族以及邻里之间的互助为主要形式。以社会手段推动儿童发展的儿童福利并不存在，其旨趣也与现代之儿童福利大相径庭，不外乎是为朝廷选拔有用之才、巩固统治地位、光耀门楣以及恤幼互助等，并不是为了儿童幸福考虑。以现代意义的儿童福利观念考察，我国儿童福利的发展可以追溯到晚清“宪政改革”。近代国家政治体制进入中国后，公民、权利、福利、慈善、平等、互助等现代社会思潮也随之进入社会生活。大体上，西方社会福利思想观念进入中国的路径有三条：一是外国人士主要是传教士带来了西方社会的福利理念，并在各地兴办福利慈善事业；二是通过翻译西学论著将西方的社会福利理论和制度介绍到中国；三是晚清以来留学人员等出国人士的见闻和经历。

我国现代儿童福利制度萌芽于20世纪初，受西方儿童福利理念的影响，制定一系列政策措施，建立了儿童福利救助机制，促进对困境儿童的保护。新中国成立后，通过的一系列法律，包括1954年《宪法》以及关于儿童卫生、妇幼保健、计划免疫、食品安全等政策法律中，都有儿童福利和保护的内容。另外在制度、设施等方面，比如农村五保制度、儿童福利院设施等，在儿童福利方面做了简单的制度性安排。

改革开放之后，随着儿童保护的日趋国际化，新的理念不断涌入，从儿童福利的普遍理念出发，综合考虑国家发展的长远利益，国家将儿童的健康、教育、保护和环境作为儿童发展目标和具体措施。一直以来，我国儿童福利的发展呈现城乡二元结构的特点，分为城镇和农村两部分。以儿童医疗保障为例，根据始于20世纪50年代的职工家属医疗保险制度和公费医疗制度，全民所有制的职工家属享受医疗报销50%的待遇。乡村儿童医疗保障则与农村合作医疗制度相结合。但是，自1998年国务院下发《关于建立城镇职工基本医疗保险制度的决定》后，包括儿童在内的职工家属享受50%报销待遇就没有了。2007年初，国务院正式将“全民医保”作为完善社会保障体系的目标，在农村合作医疗覆盖农村儿童的同时，将未纳入城镇职工基本医疗保险的城镇人口全部纳入。

台湾地区基于其历史的缘故，①传统与现代因素比较完美地结合起来。其儿童福利的发展不仅延续了传统的儿童保育、救助等工作，还因与英、日、荷、美的特殊关系，亦受到西方福利国家的影响，儿童福利较快进入制度化的发展。从1973年制定“儿童福利法”到1993年修订，最终于2003年将该法与“少年福利法”合并而为“儿童及少年福利与权益保障法”，其发展脉络也大致清晰可见。儿童保护由公权力的被动介入家庭私人领域向主动介入发展。1999年成立儿童主管机关，完善了儿童福利服务机制，儿童福利工作遵循最佳利益原则，将儿童福利服务重点放在家庭服务以及儿童保护方面，并在儿童福利服务专业化、制度化等方面逐渐发展，颇具特色。

首先，1993年修订的“儿童福利法”深受联合国《儿童权利公约》的影响，确立了儿童保护最大利益原则以及儿童权利的全面保护，其基本理念源自西方，认为儿童阶段是人生独特的发展阶段，应当得到特别保护和照顾。其“儿童福利法”开篇第1条就明确立法的目的在于“促进儿童及少年身心健全发展，保障其权益，增进其福利”；第5条明确规定，“政府及公私立机构、团体处理儿童及少年相关事务时，应以儿童及少年最佳利益为优先考虑，有关其保护与救助应优先处理”；该法特别重视尊重儿童，以及对儿童发展权、隐私权、人格权等各项权益的全面保护，其第27条就明确规定，“法院认可儿童收养事件，应考虑儿童之最佳利益，决定儿童之最佳利益时，应斟酌收养人之人格、经济能力、家庭状况及以往照顾或监护其他儿童之记录。满七岁之儿童被收养时，儿童之意愿应受尊重”。

其次，台湾地区儿童福利制度发展中，在具体措施上特别注重家庭福利支持以及预防性的儿童保健服务。在家庭福利支持方面，与《儿童权利公约》有着相同的旨趣，认为家庭是儿童接触最早也是儿童成长的最佳环境，对儿童的发展有着重要而又不可替代的作用。其地方政府担负的职责包括鼓励、

① 本部分内容主要参考了台湾地区“儿童福利法”“儿童及少年福利与权益保障法”“家庭教育法”；易谨：《我国台湾地区与日本儿童福利法律制度的特色与启发》，《青年探索》2012年第2期。为叙述的便利，行文中不再一一标注。

辅导、委托民间或自行提供支持及维系家庭功能的相关福利服务，包括对家庭提供咨询辅导服务、办理亲职教育、家庭生活扶助或医疗补助和儿童托育服务，以加强家庭功能、增进家庭融洽。对失依儿童以及其他困境儿童，相关部门有义务提供帮助，包括家庭功能评估等事项以及其他相关扶助及福利服务方案。其“儿童福利法”还规定了对于违反相关规定的父母、养父母、监护人或其他实际照顾儿童之人，主管机关应令其接受四小时以上之亲职教育辅导。关于儿童基本医疗保健，台湾地区建构有健康照顾服务体系，强化儿童生长环境的保健服务，卫生、教育、社会福利等部门联合家庭和学校构建儿童健康监测网络，形成儿童疾病预防体系。将 3 岁以下儿童纳入全民健康保险范畴，费用由政府和社会共同承担。其“儿童福利法”还确立了妇幼卫生保健服务、发育迟缓儿童早期通报及疗育服务、家庭咨询辅导服务等项制度。

再次，台湾地区儿童福利制度尤其关注各种侵害事件对儿童的巨大负面影响，因此确立通报制度等措施以保护受侵害儿童的权益。其儿童福利立法明确通报制度的责任主体是家庭、政府，以及社会相关机构和人员。比如，“儿童福利法”规定对发育迟缓儿童的早期通报制度，要求各类儿童福利、教育及医疗机构，发现有疑似发育迟缓儿童或身心障碍儿童，应通报直辖市、县（市）主管机关。另外，还规定任何人，特别是医务人员、社会工作者、教师等从事儿童事务的人员，发现有违反儿童权益的事件，有义务通知当地主管机关、警察机关或儿童福利机构。警察机关或儿童福利机构发现前述情况或接获通知后，应立即向主管机关报告，相关部门发现或接获通知后，应迅即处理。

最后，形成较为完善的儿童福利服务体系，除了立法体系之外，在福利服务供给方面，台湾地区形成了跨部门、跨专业体系的儿童福利服务网络。“儿童及少年福利与权益保障法”规定，主管机关应依靠各相关力量，协调、研究、审议及推动儿童及少年福利政策。还应建立整合性服务机制，鼓励、辅导、委托民间或自行落实儿童及少年福利措施。并负责制定各机构设施标准、成立条件，辅导、监督、检查、评监、奖励儿童及少年福利机构。

2. 儿童福利制度完善：移植与借鉴

文化在不同国度之间的流动与传播，随着社会经济和科学文化的发展变得越来越频繁，法律的传播和流动也是如此，一般论者把法律的这种传播和流动称作法律移植。关于法律移植是否可能，一直都存有极大的争议，这种争议的产生有很大部分的原因在于如何理解法律移植以及我们常常提到的借鉴。实际上，法律的移植和借鉴都涉及本国的政治、经济、宗教、社会因素，以及与本国的法律文化的适应性或融洽度问题，只不过法律移植更加原汁原味一些，而法律借鉴涉及的是改造过的东西，更加具有本土化特征，这也是为什么人们容易接受“借鉴”而排斥“移植”。但是，问题在于，不论是移植还是借鉴，一般是基于别国法律具有的先进性而进行的学习。可是，如果“借鉴”过来的东西失去了原来的精髓，基本上成为另外一种东西，那么，这种所谓的“借鉴”是否还有意义。当然，法律移植或许能更大程度地维持原貌，但是，即便是规则的移植也需要一定制度文化的配合，更遑论制度的移植或法律文化的移植了。然则，从实质上来说，不管是“移植”还是“借鉴”都是把别人的东西拿过来用，只不过拿来的程度和使用的程度不同罢了。

从上文儿童福利制度演进和传播的历史和现实考察中，可以看到规则移植、甚至制度移植的可能性。但同时我们也注意到，这种移植多多少少都受到了本国制度文化的改造，只不过与借鉴比较还保留了更多原来的精髓。东西方法律制度文化的确存在差异，有时候这种差异似乎还很大，但是，如果深究其本质，在很多方面其实并不存在根本的对立。从更加宏观层面考察，会发现东西方文化间其实存在一些共同的取向，特别是在前现代时期表现出来的义务本位、非理性因素、男权主义、团体主义等因素。

那么，这些共同点是否意味着东西方法律文化是可以互相移植的呢？特别是具体到儿童保护问题，正如有论者指出的，① 法律文化在宏观层面表现出来的一些共性的东西只是在逻辑上或理论上为法律移植提供了可能性，但是，现实问题是，法律移植一直都受到各种因素和条件的制约和影响。这种制约和影响不论是在传统中还是现代都表现出不同的样态：①当法律还没有从传统文化中剥离出来时，因法律制度移植的同时还需相应的文化及具体生活方式的支撑，从而加大了法律移植的难度。②是否有移植他种法律的内在需求，这种需求取决于移植国和被移植国法律文化、法律制度等相对的发达程度。③有趣的现象是，多元法律文化为法律的局部移植提供了充足条件，相反，在传统社会，尽管文化同质性极高，但局部移植难以成功。④尽管国际化交往成为法律移植的助推器，但不同层次法律文化间的差异，也阻碍了法律的

① 参见高鸿钧《法律文化与法律移植：中西古今之间》，《比较法研究》2008 年第 5 期。

移植。

但是，正如该论者在谈到法律移植与法律文化的关系时谈到，“当社会进入现代阶段之后，情形就变得不同了，一些普适性法律文化日渐脱离一般文化，其根基不再是特定的民族及其生活方式，而是基于交往理性的商谈及其共识。因此，这些现代法律文化是道德向度的法律文化，可以跨越不同的文化类型，为相互移植对方的法律提供了广阔的空间”。[①] 他接着还谈道，与这种具有普世性的法律文化相对接的法律制度也从这种文化中相分离，发展成为一种“相对自治的制度”，这种相对自治的制度比传统法律更加容易移植到其他现代国家中去，也更易于实现跨文化的移植而被接受，特别是包含其中的具有普世性道德向度的内容以及具有技术性实用向度的内容。现实中的确有法律移植较为成功的事例，比如日本对法国、德国和美国法律的移植。从全球范围来看，法律中这类技术性和道德性强的法律规则、原则等法律内容的确较早表现出国际化的趋势。比如，国际人权法中的很多内容、刑法中的罪刑法定原则等。当然，有些人更愿意把这种情况叫作“借鉴”。事实上，现代社会民族国家本身的文化也呈现多样化甚至多元化的发展，的确为法律移植提供了选择的空间。因此，该论者在总结现代社会法律文化与法律移植的关系时，认为其具体表现为以下两个方面：“（1）只要移植国与被移植国都是现代国家，都具备了现代法律文化，彼此移植对方的法律并不十分困难，在涉及道德向度的法律和实用向度的法律时尤其如此。而在不具备现代法律文化的土壤上，移植的法律制度无论多么先进，都难以落地生根。（2）现代的法律文化需要培植，在非西方国家法律现代化的过程中尤其如此。真心实意的法律移植会促进现代法律文化的形成和发展，因为现代的法律制度中包含现代的法律文化，而虚情假意的法律移植会阻碍现代法律文化的发展。”[②]

但是，论者同时还注意到，在前现代社会，民族国家的政治绝对地位使得政治因素在法律移植中取得了决定性的地位，特别是许多非发达国家在取得民族国家地位之后，在进行政治、经济、法律等现代化的改革中，在文化上仍然处于从传统向现代的过渡中，这种文化转型中的传统法律文化对新法律的植入仍然具有极大的制约作用。但是，现代社会国际化到来之后，很少有国家能置身于这种全球化的浪潮之外，文化对法律移植的决定作用相对减弱，而政治的、经济的现实需要开始成为制约法律移植的主要因素。同时，

---

① 高鸿钧：《法律文化与法律移植：中西古今之间》，《比较法研究》2008 年第 5 期。

② 高鸿钧：《法律文化与法律移植：中西古今之间》，《比较法研究》2008 年第 5 期。

与道德相联系的人类共同价值也对法律移植发挥越来越大的影响。[①]

中国正处在从传统向现代的过渡中，但已经不可避免地被裹挟到全球化的发展浪潮中。因此，一些人类共同的价值对法律的移植或借鉴提供了张力，但政治和文化的因素对法律移植的影响仍然不容忽视，在这种过渡转型当中，中国的儿童福利体系乃至法律体系呈现一种混合状态，其中杂糅了传统与现代、东方与西方的内容，有些移植或借鉴过来的规则、制度正在接受中国本土文化的洗礼。就儿童福利制度而言，其原本就来自西方，走在现代化路上的中国对源自西方的儿童福利制度的移植或借鉴，自然要有一个适合中国现代化和全球化要求的取舍。从上文关于法律移植的分析可以看出，中国不可避免地被卷入全球化现代化国家的发展道路，移植和借鉴别国先进法律是自然的，这种移植也因现代化发展的需求而具有了现实的可能性，特别是那些带有道德和实用性内容的法律。

实际上，我们在儿童福利制度建构中已经不知不觉地为移植和借鉴别国法律创造着可能性，具体表现在：①我国的儿童福利制度正在摆脱传统经济方式的影响，现代市场经济的发展为新型儿童福利政策模式提供了发展动因。②现代儿童观所传播的儿童福利保障的价值观念和价值目标，包括儿童最大利益、儿童参与、儿童权利等理念，刺激了国家和社会对儿童保护的责任感，而儿童福利制度的建构恰好是实现国家责任、保障儿童幸福的最佳途径。同时，发达国家的儿童福利制度更加成熟和先进，那么就产生了在借鉴基础上的儿童福利制度移植的内在需求。③发达国家儿童福利制度的发展告诉我们，在儿童福利发展从传统向现代的发展过程中，在有着不同法律文化和不同政治、经济制度的民族国家，政府在儿童福利发展中的角色也不尽相同，有的政府承担无限责任，有的政府在发挥有限责任的同时，辅之以更多的社会功能。④现代国家儿童福利政策模式、制度功能的发挥、从补缺型向普惠型的发展，无不带有他国儿童保护立法特别是国际儿童保护立法的印迹，特别是在联合国《儿童权利公约》实施之后，儿童福利法也都体现了现代儿童福利保障的共同价值目标。当今社会，想完全置身国际社会之外几乎是不可能的。⑤特别是儿童福利服务中那些实用性的内容，比如社会工作，无论是理念还是内容、方法，无不源于对外国相关制度的移植和借鉴。⑥儿童福利发展中传统与现代的决绝，也是借鉴发达国家福利制度发展的经验，以及福利法制

---

① 参见高鸿钧《法律移植：隐喻、范式与全球化时代的新趋向》，《中国社会科学》2007 年第 4 期。

全球化发展的结果。

然而，在儿童福利体系建构中，哪些内容是可以移植和借鉴的？实际上，通过上文的比较研究可以看到，任何一种法律的移植还是借鉴都不应该与本国的法律有价值上或政治上的冲突，但对一些在理念上、制度上对本国儿童福利制度建构具有极大的参考价值和启发意义的内容，不妨在做认真的研究和考察之后加以借鉴甚至移植，具体内容表现在以下几个方面。

（1）儿童福利制度的宗旨或目标在于促进儿童的幸福，保护儿童身心健康，更在于促进儿童的“自立”和“全面发展”，并充分重视家庭福利以及家庭在儿童福利实现中的作用，这在日本和韩国的儿童福利保障制度中有较为突出的表现。

（2）把儿童福利制度的发展提高到国家发展的战略地位，以儿童福利政策促进社会政策的发展，儿童福利可以优先发展。这种儿童福利政策与劳动政策配套的做法，是北欧福利模式存活的诀窍。

（3）儿童福利政策从补缺型向普惠型的发展，带来相关法律制度体系的变革，这几乎是东西方儿童福利制度发展的共同规律。

（4）儿童福利制度体系的多层次、立体化发展。这涉及三个方面的内容：一是法律政策体系的立体化；二是儿童福利服务机制的多层次化，从法律到行政、从中央到地方、从专业到非专业、从机构到个人等立体的服务体系；三是服务具体措施的多样化，包括各种津贴、补助方案和计划的灵活实施。

（5）儿童福利服务现代化，包括儿童福利服务的职业化、专业化、社会化发展。这类技术性非常强的措施，可以直接移植过来，以便尽快促进我国儿童福利事业的快速发展。

因此，要建立适合中国国情的儿童福利制度模式，在研究本土儿童福利制度的基础上，比较研究国外和国际相关制度和先进做法，在此基础上借鉴甚至移植是有必要的。

四　东西方儿童福利制度的比较分析

纵观发达国家儿童福利的演进，无不经历一个从单一向多维、从补缺型向普惠型的发展路径。在对东西方儿童福利发展历史的梳理中可以看到，家庭、社会和国家在儿童福利保障中角色的演变，还可以看到儿童福利领域的多样性、差异性和趋同性。这些问题在东西方的历史发展中表现出极其相似的样态，比如，儿童福利都呈现由补缺型向普惠型的发展，都源自对孤儿、流浪儿童的救助及对他们成长的关注等。因此，东西方儿童福利的发展其实都面临一些共同的问题。比如，亚洲国家对儿童问题的认识和有关儿童福利政策实践也存在着“哲理性矛盾”，这些矛盾体现出人类关于儿童问题的信仰与现实的冲突。一方面，作为权利主体的儿童在身心、智识等方面尚未发育完全，有与成人不一样的需求以及对父母和国家的双重依赖性，儿童又是未来最有价值的资源，因此，社会有责任给予特别保护，帮助其成长为有责任感的人；另一方面，实践中存在的诸如儿童犯罪等现象，迫使国家采取措施以避免那些在无知、无纪和无敬中成长起来的少年的侵害。这一矛盾常常使我们在制定儿童政策特别是儿童福利政策时进退维谷。

然而，不同的社会形态、制度性质、文化偏好等会产生不同的儿童福利观和制度，也会形成不同的儿童生态，儿童福利法律和政策作为解决“哲理性问题”的良策会在不同的时期针对不同问题出台，并指导儿童福利实践。这样，多层次的儿童福利制度体系便得以发展。一直以来，家庭都是儿童福利保障体系中的首要实体，但是，家庭能力不足使得国家政策和社会慈善等更多地关注失依儿童的福利问题，儿童保护中这种公、私关系的融合亦体现一些国家不同时期的儿童福利政策的变化。当然，儿童观念的转变也使得儿童福利政策不仅注重困境儿童，还关注整体经济发展和道德维护。统一的中央政府是福利制度中的关键要素，国家如何看待儿童福利问题直接影响该国儿童福利制度的发展。从某种程度上说，一国儿童福利状况取决于权威阶层的政治意愿，除了政府的直接干预之外，还取决于政府的热情和调动社会资源的能力。

联合国儿童基金会关于发达国家儿童福利状况报告显示，儿童福利需要公共政策多方面的关注。经济合作与发展组织成员国意识到，儿童正在受到一些不利于其健康发展因素的影响。很多影响国民生活质量的恶性社会问题，导致了儿童成长期社会生态的变化，这种变化降低了儿童的福利享有水平。因此，在儿童成长最关键、最脆弱的时期，理解发生在儿童身上的事情并施加一定程度的控制和指引，已经变得刻不容缓，因为儿童不能等待。

第二次世界大战后，亚洲新兴工业国家和地区的社会福利制度的发展引起了关注，其中日本福利保障的杰出表现格外引人注目。之后韩国、新加坡、以及我国的香港和台湾地区经济的高增长、低社会福利开支、低税率和相对平等的“健康发展”模式受到关注。有论者研究发现，这些国家和地区的社会福利制度有一些不同于西方国家的特点，亚洲国家和地区社会福利开支相对较低。尽管国家对社会生活的干预较多，但就福利供给来说，并不是直接提供福利特别是金钱，而是通过制定相关政策以及推行社会福利项目，提高福利服务的质量。亚洲国家和地区很少把福利作为一项“公民权”看待，鼓励自力更生，抵制依赖国家的懒汉思想，并期望公司、家庭等非国家机构在提供福利服务方面发挥较大作用。在这些国家和地区，社会保险措施有所发展，但这种保障措施仅对部分核心社会群体有利，这也导致了权利和地位的分化或分层。然而，从政府的作用上看，亚洲国家和地区的社会福利制度本质上还是“补缺型”的，家庭、社会组织和社区承担着提供社会福利的主要责任，政府在为弱势群体提供福利服务时只承担最后的责任。亚洲国家和地区文化宗教、政治制度、社会经济发展差异很大，儿童生态以及相关的福利制度也不尽相同。除上文的分析总结之外，还可以对东西方的儿童福利制度在以下方面做进一步的分析。

第一，东西方儿童福利制度的演进有力地验证了儿童福利制度形成的复杂性。政治因素、意识形态，以及权力结构等对儿童福利制度的政策模式选择、制度架构设计发挥着决定性的作用。而比较来说，经济状况并不能独立决定儿童福利状况，这一点也为联合国儿童基金会 2007 年的一份调查所证实。根据该调查而形成的《发达国家儿童福利状况的报告》显示，物质福利、健康与安全、教育、同伴与家庭关系、行为与危险、年轻人对幸福的主观感受这六大方面集中展示了各国儿童的生活状态，任何单一方面都不能代表整体。报告显示，没有任何一个发达国家在六个方面都领先。报告还显示，人均 GDP 与儿童福利状况不存在明显或稳定的关系。然而，长期以来，人们误认为经济发展水平决定福利发展水平，而对政治制度、意识形态、权力结构等对福利发展的影响缺少足够的关注，特别是在儿童权利和儿童福利保障领域。有时候，政治性因素对儿童福利制度有着深刻影响，而这种影响已经为其他国家和地区儿童福利发展所证明。实际上，我国儿童福利制度发展迟缓也有政治性因素的影响，也反映出政治与政府在儿童福利制度发展中的决定作用，并同时也验证了儿童福利制度建构和演进影响因素的复杂性。

第二，东西方儿童观与儿童福利发展的关系再次验证了社会价值、意识形态等因素对儿童福利制度形成和发展的重大影响。普遍的价值观念、主流意识形态、社会文化传统和风俗习惯在儿童福利制度建构中具有无形的力量。有什么样的价值观念、意识形态和文化传统，就会生成什么样的福利政策模式和相应的制度安排，这也是借鉴或移植其他国家和地区儿童福利制度规则的重要制约要素。

第三，东西方儿童福利制度的发展也验证和说明了社会发展与福利制度形成和发展之间的逻辑关系。从前文的比较分析可以看到，以日、韩为主要模型的“东业福利模式”和以欧美为模型的“福利国家模式”，尽管在制度发展的社会背景、演变过程、初始条件等方面存在差异，但有一点是相同的，即都与工业化、城镇化、现代化、国际化有关系，也可以说，工业化、现代化等与儿童福利制度进化有着逻辑上的必然联系。这也就意味着，“东亚福利模式”与“福利国家模式”在发展的进路上并无本质的区别，即都与社会发展有关，而这种社会的发展指的是社会的进化，包括政治的、经济的、文化的、道德的等复杂因素。在这些复杂因素当中，东西方儿童福利制度发展历史也显示出其儿童福利制度的特点。众所周知，欧洲福利国家体制实施国家、市场的二分法，国家通过福利制度进行社会管理和收入的再分配。而在东亚的福利实践中，福利则具有多元化、社区化、家庭化的特点，福利源于多种渠道，即国家、社区、家庭，甚至市场。就东亚儿童福利制度看，儿童的福利状态是福利制度最主要的研究对象，促进儿童的自立和全面发展是儿童福利制度的目标和宗旨。

第四，东西方儿童福利的发展历史也揭示了欧美福利国家模式和东亚福利模式的共同主题和共同目标，就是国家保障公民维持基本的有尊严的生活。这种“有尊严的生活”即意味着满足其物质和精神的需求，促进其幸福感的提高，也意味着帮助其自食其力。这在东亚福利模式中表现得尤为突出。也就是说，东西方儿童福利发展过程中，尽管文化制度不同，具体福利安排有异，但东西方儿童福利制度有着共同的旨趣：只有自立的生活才是幸福的和有尊严的生活。这种儿童福利观不受社会制度的影响，也不受福利的来源是国家还是社会的福利模式的影响，只不过，儿童福利制度发展中社会力量和家庭的介入，对儿童自立自主的养成以及全面发展更具现实意义。

第二章　儿童福利理论及制度架构

儿童福利理论和制度架构深受社会福利理论构架的影响，因此，在理解和分析儿童福利理论和制度之前有必要对社会福利理论构架做一番考察，以便对儿童福利理论和制度有更深层次的了解。对于社会福利制度可以从多种视角进行解释和分析，包括历史的、政策取向的、社会思潮的以及责任分担的视角，从中可以看到社会和政治思潮、价值取向等意识形态因素对社会福利的影响。儿童福利制度的建构也受到这些因素的影响，但因为儿童主体的特殊性，儿童福利理论又有着不同于社会福利理论的特点，核心是为了解决国家、社会与家庭在满足儿童福利需求中的责任分担问题。

儿童福利法律和政策也是为了厘清国家、社会和家庭各责任主体在儿童福利保障中发挥什么作用以及怎样提供服务，不同的儿童福利观和价值观会影响到儿童福利法律和政策的取向和范式选择，也会影响到儿童福利保障的标准以及相应的法律和政策指标。

一　儿童福利基本理论及模式分析

（一）社会福利理论构架①

通常情况下，有三套理论构架解释社会福利制度。第一套理论构架是根

① 本部分主要参考了以下文献。周弘：《福利国家向何处去》，《中国社会科学》2001 年第 3 期；周弘：《社会福利制度的理论框架》，《中国人口科学》2001 年第 4 期；郑秉文：《“福利模式”比较研究与福利改革实证分析——政治经济学的角度》，《学术界》2005 年第 3 期；〔丹麦〕考斯塔·艾斯平－安德森：《福利资本主义的三个世界》，法律出版社，郑秉文译，2003；Esping-Andersen, *The Three Worlds of Welfare Capitalism*, UK: Polity Press, 1996; Gaston V. Rimlinger, *Welfare Policy and Industrialization in Europe, Amarican and Russia*, NY: Wiley, 1971; Alexander Hieks, *Social Democracy and Welfare Capitalism*, Itacha & London: Conell University Press。

据社会政策的取向或起因，将社会福利制度划分为机制模式和补救模式，后者也通常被称为“补缺模式”或“残补模式”；第二套理论构架是根据社会思潮或政治党派的信念和主张，将社会福利制度划分为社会民主主义、自由主义和社团主义等模式；第三套理论构架是根据社会责任的分担情况，将社会福利的各部分责任分别由政府、市场和个人分担。这些概念有些是重合的，有些是交叉的，有些是对立的。①

从历史的维度看，有论者认为西方福利思想可以分为四个阶段。第一阶段为古希腊古罗马时期，这一时期的福利思想主要集中于城邦建立的目的中，提出将保障社会成员的幸福作为城邦的重要职能的整体福利的思想。第二阶段是欧洲中世纪。福利思想主要集中在基督教教义当中，早期的基督教明确表达了追求幸福的迫切愿望，这一思想表达奠定并强化了社会公平与社会互助等道德基础。第三阶段是欧洲向近代过渡时期，被看作是近代福利思想的源头，文艺复兴、宗教改革和启蒙运动打破了神学对人性的禁锢，使人们的目光从神的世界回到人的世界，为福利制度的建立提供了思想源头。第四阶段是近代社会福利思想发展阶段。工业革命时期最有影响的思潮有自由主义、人道主义、科学主义、理性主义，其中自由主义对社会福利影响最大。从亚当·斯密的古典自由主义到凯恩斯的激进自由主义以及哈耶克的新自由主义，反映了不同时期政府实施福利制度的不同价值取向，并将近代社会福利思想分成三个阶段：一是以个人责任和自由市场为核心的时期，古典自由主义对福利制度持反对态度。二是对国家和政府责任的不断加强时期。市场失灵，国家干预兴起，激进自由主义是现代福利制度的坚定推行者。三是20世纪70年代以来新自由主义产生的时期。福利国家危机的出现，新自由主义对高福利制度则持批评态度。②

就西方福利国家的类型来看，根据丹麦学者艾斯平－安德森（Esping-Andersen）的理论，西方福利国家明显地分为三种制度类型。第一种是盎格鲁－撒克逊模式，也有论者称为英国模式。在此模式中，公共福利的责任范围较窄——主要是针对穷人，大多数人主要依靠市场来获得保障，代表国家是美国和英国。第二种是欧洲大陆传统模式，也称为“德国模式”，其前提是就业和贡献相关联的公共社会保险计划，代表国家是德国。第三种是“社会民主模式”，主要是指北欧国家的福利制度。它的前提是普遍性和平均性的给

① 周弘：《福利国家向何处去》，《中国社会科学》2001年第3期。

② 参见刘礼聪《自由主义思潮影响下西方福利制度的演变》，《领导科学》2011年第35期。

付原则，既与特殊需求无关又与就业记录无关，而只与公民资格有关。[①]这三种福利模式中，在政府保障程度上，“社会民主”模式最强，欧洲大陆传统模式次之，英美为代表的盎格鲁－撒克逊模式最弱。也有观点把以日本福利制度为特色的福利模式称为“东亚社会福利模式”，这种福利模式深受儒家思想的影响，注重家庭、社区在福利供给和实现中的作用。

1. 传统模式理论

艾斯平－安德森在其《福利资本主义的三个世界》中首次使用“福利体制”（welfare regime）或称“福利模式”概念。[②] 传统的福利模式包括两种基本形态，即补救模式和机制模式。这两种模式分别从不同的角度确认政府在个人遇到社会风险时所起的作用。从奥古斯特·孔德到帕森斯（T. Parsons）的结构功能主义认为，工业化的进程产生了新需求，社会组织功能的变化导致传统的家庭、教会和慈善等机构支撑的保护机制衰退，而社会保护机制却相应产生，这种传统的社会保护机制就是我们所说的补救模式和机制模式。

补救模式以英国的《济贫法》为基础，把政府置于直接责任人的地位，其基础是社会救济和家庭补贴。该福利模式主要是在市场和家庭功能缺位时发挥作用，目的是向没有特权的人提供最基本的保障。补救模式的社会政策起始于向工业社会过渡初期，工业化产生大量剩余劳动力，为了生存而不得不离开原居住地去寻找机会，类似于我国改革开放之后大量农民工进城务工。为了防止“流民”在城市沦为“乞丐”，带来社会安全问题，英国政府对这类社会问题采取“补救”措施。在具体操作时，将这些人区分为无助的贫困者、失业的贫困者和游手好闲者三类，其中“无助的贫困者”是指由于年老、残疾和丧失父母而导致贫困的人，国家应当给予救助；而对其他两类，认为应当通过劳动实现其价值，而不应当享受政府的救助。英国通过《济贫法》《安置法》以及其他措施，控制大量人口流动的问题，而工业化的进程已经使这种趋势不可逆转。但是，地方公共土地税和自愿的捐助已经无法满足接济贫困的需求，于是国家不得不通过中央税收支付社会福利的费用，这就形成了初级的补救模式。深受自由主义经济原则影响的补救模式在一开始采取的是政府不干预经济的政策，认为市场经济能够自行调节解决社会贫困问题，除非无法参与社会生活或者被自由竞争的市场抛弃的人才需要政府的救助；

① G. Esping-Andersen, *The Three Worlds of Welfare Capitalism*, UK: Polity Press, 1996, pp. 20 – 23.

② 郑秉文：《“福利模式”比较研究与福利改革实证分析——政治经济学的角度》，《学术界》2005 年第 3 期。

即便政府对社会负有责任，也不意味着要代替市场，而仅是市场的补充，政府履行责任的手段主要通过行政和立法等措施。但是，这些认识受到现实的严峻挑战。建立于收入再分配之上的补救模式以需求为基础，与个人缴费确定救助资格的社会保险有着本质的区别。

机制模式以德国的《社会保险法》为主要代表，政府的角色是阶级利益的调和者，其核心是社会保险或社会保障，通过建立固定的再分配制度解决工业化带来的社会问题，因此，又被称为制度性再分配模式。该模式根据预支保险费的情况确定所有支付保险的人获得领取保险金的“权利”，而不是根据贫困或实际需要，是政府为社会造成的普遍“贫困”提供服务，更接近社会保障。享受服务被看作是公民的基本权利，这种模式将社会福利的支付制度化，其根据是把贫困看作是工业化的结果。

除了这两种模式之外，还有一种职业性的福利模式，这种模式本质上是一种效绩模式而非严格意义上的传统福利模式，因而易被忽略。一般是单位根据雇员的工作表现、生产效率等供给其相应的福利待遇，目的是提高工作积极性，提高职工对企业的责任感，并创造更大的价值。该福利不是为了满足基本需求也不是为了预防未来的贫困，不具有社会性，与传统福利有着本质区别。但在中国，通常我们所说的福利，事实上可能包含以上两个维度，既包括以经济效率为目标的职业福利，也包括以社会公平为目标的社会福利。在西方，这两种福利从职能范围、组织机构、资金管理等方面都不同，但都在各自领域发挥着作用，因此，这两种福利之间或存在某种互补关系。①

2. 福利思潮和模式选择

福利模式理论通过考察社会需求和社会组织功能的变化，一方面，解释社会政策的发展变化，尽管从中可以看到工业化发展过程中福利模式建构和发展的动因，但无法解释为什么有些国家采取补救型的福利模式，有的国家采取社会保险型的模式。另一方面，不仅社会需求和社会组织功能决定社会政策的制定和实施，社会成员对社会需求的理解也对社会政策发挥一定的作用；同时，社会成员信奉什么主义，采取什么政策以及倾向于什么道路，还影响到社会福利计划的设定。

如前所述，政治的因素在社会福利制度的建设和发展中也发挥着至关重要的作用。根据政治的意识形态的不同，艾斯平－安德森将福利资本主义分

① 这两种福利的区别参见周弘《分解福利——福利国家研究的角度》，《欧洲》1997 年第 4 期。

为三种福利体制。[①] 作为政治思潮，西方近代自由主义、社会民主主义和保守主义三大政治意识形态，反映了不同时期思想家们对政府实施福利制度的不同价值取向的影响，他们的福利理论主导着社会福利制度的发展，表达了不同的福利诉求，构成福利国家产生和发展的理论基础。

（1）自由主义福利思想及福利政策和体制选择。

自由主义有古典自由主义和新自由主义之分。前者的代表人物包括亚当·斯密、穆勒；后者的代表人物有霍布豪斯、哈耶克、弗里德曼。自由主义福利思想“反集体主义”，以个人主义为核心价值，主张市场经济的自由竞争，反对国家对经济和社会生活的干预，坚持人的自由是不可侵犯的权利。因此，它对制度化的社会福利持否定态度，主张实行剩余式的社会福利，突出市场与职业福利的作用。古典自由主义关于自由的观点深深影响了西方社会福利思想的基本内容，认为福利问题是个人责任，应该由自己解决而不是依靠社会和政府。这种思想对 19 世纪的济贫制和社会保险制产生了重大影响。到了 20 世纪前半叶，曾经减弱的“反集体主义”思潮再度盛行，20 世纪 30、40 年代新自由主义福利思想出现，一直到 20 世纪 70、80 年代，英美政坛的政策制定仍受其影响。新自由主义传承了古典自由主义福利思想的基本原则，认为人的自由不可侵犯，反对国家对经济和社会生活的干预，积极主张市场经济的自由竞争，反对国家福利与集体福利，提倡社会福利市场化与民营化。这些理念都成为当代西方福利制度改革的理论基础。

20 世纪 70、80 年代，以凯恩斯主义为主要根据的美国经济遭遇前所未有的经济衰退，面对财政赤字、政府收不抵支、老龄化、失业剧增，以及社会保障的支付危机等严峻挑战，反对国家控制、强调市场机制和自由企业的新自由主义思潮席卷而来。受此影响，1983 年，里根政府颁布了社会保障改革法案，推行一系列福利改革措施，包括：①降低货币供应增长率，减少政府开支，削减社会福利及各种补贴。②实行“新联邦主义”计划，将福利保障事业由联邦政府转入地方政府，以消除福利项目管理上的官僚主义，提高社会保障的效率。③推动私营福利事业的发展。[②] 里根政府的福利改革措施在缓解社会保障支付危机方面取得了成功，既是新自由主义福利观的一次实践，反对将

---

① 参见〔丹麦〕考斯塔·艾斯平－安德森《福利资本主义的三个世界》，郑秉文译，法律出版社，2003，第 18 页。

② 参见杨立雄、李星瑶、李超《从对立到妥协：民主社会主义和新保守主义福利思想的演进》，《当代世界社会主义问题》2007 年第 1 期。

一切福利的重担都压在政府肩上，推行志愿主义，突出市场和职业福利的作用；也是美国自由主义福利体制的典型政策体现，成为美国现代福利保障制度的“分水岭”，以提高工作能力和自救能力、强化社会保险为特征的美国现代社会保障制度的基本轮廓就此成型，政府在福利领域逐渐退缩，采取补缺型福利政策，以市场化、民营化为取向的社会福利体系形成。

自由主义福利体制可以追溯到英国“济贫法”传统。在该福利体制中，政府只承担有限的职能，并对社会问题进行有限的干预。这种福利模式的服务对象主要是低收入人群或完全依靠救助的人群，实际上属于“剩余式福利”制度。这一模式体制主要存在于美国、加拿大、澳大利亚、英国等。

（2）社会民主主义福利思想及福利政策和体制选择。

该思想的代表人物有马歇尔、蒂特马斯、布兰亭、维格弗斯等。从意识形态上看，社会民主主义介于资本主义和社会主义之间，其福利理念由于具有强烈的社会正义色彩，在当时是一种进步的改良主义。社会民主主义以平等、自由、互爱为基本价值，认为国家对公民的福祉承担着某种责任，提倡国家对社会与经济生活实施强有力的干预，政府的角色是为社会中有需要的个人提供资金和服务。在资源的再分配上，奉行平均主义以期达到社会公平的目的。政府应尽可能承担社会责任，采取有效的措施为全体公民建立充分的社会福利制度。

瑞典社会民主党的“人民之家”政策选择被看作是社会民主主义的具体实践。20 世纪 30 年代，瑞典工业化发展使得社会问题集中凸显。而在社会民主主义看来，贫困、失业等社会问题不仅是个人因素的结果，也是社会发展过程中缺乏有效社会控制的结果。瑞典社会民主党领袖汉森分析了社会发展历史与现实，结合社会民主主义福利思想传统，提出“人民之家”计划，该计划成为瑞典社会民主主义福利思想的具体政策体现。汉森批判资本主义运行机制，认为公民在社会中不是受尊敬的个体，没有得到充分的经济、生活、政治保障。因此，国家应当承担起对全体公民的责任，以“人民之家”保护所有公民的利益。该计划将国家比拟为家庭，没有特权阶层或者剥削者，只有平等、关怀、合作与互助。该计划的实质是在瑞典社会建立普遍福利，社会对民众提供疾病、退休、失业与生育等全方位的社会保障。瑞典社会民主党提出了年金、社会救助、医疗保障、教育等方面的激进改革方案。“人民之家”计划实践了社会民主主义福利思想的基本价值，成为 20 世纪 20、30 年代瑞典社会民主党的基本纲领，奠定了瑞典社会保障模式的基础。

社会民主主义福利体制源于社会民主主义福利思想的平等、公正、自由和团结的基本价值与平均主义的基本目标，政府通过再分配政策为全体公民建立充分的、普遍性的社会福利制度。它源于贝弗里奇的普遍公民权原则，因此，该种福利体制也被称为“普通主义”福利模式。与其他两种制度相比，该制度并不追求对最低需求的平等满足，而寻求达到一定水平的符合新中产阶级品味的平等标准的服务。该体制的“人民福利”理念和社会民主主义思想始终是社会改革与发展的推动力。政府是确保人民福利需要得到满足的基本机制，因此，该体制对应于“制度性再分配型”的福利模式。瑞典 1913 年的《退休养老金和残疾养老金法》最早地涵括了全体公民，体现出制度性福利模式的特点。[①] 该体制存在于瑞典、挪威、丹麦、芬兰等国。

（3）保守主义社会福利思想及福利政策和体制选择。

该思想的代表人物有弗里德里克·李斯特、古斯塔夫·施穆勒、阿道夫·瓦格纳等。保守主义福利观反对积极自由，主张消极自由；对自由放任思想持批判态度；认为市场中纯粹的货币关系不是经济效率的最好的保证。该思想将总体性和有机性作为价值取向。以集体为出发点，强调制度理性，强调个体对集体承担义务。保守主义社会福利思想的一个重要观点是实行“君主政体的福利国家”，使父权制和极权主义永久化是保守主义社会福利思想家的理想，认为“在协调国家、集体和个人利益时，一个权威的制度远胜于无序的市场”。[②] 保守主义认为一切世俗的政治统治，要想持久而稳固，必须获得一种超越的正当性。

19 世纪末德国俾斯麦政府建构社会保障体系的动机更多的是出于政治策略上的考虑，俾斯麦将建构社会保障体系视为“一种消除革命的投资”，声称“一个期待养老金的人是最守本分的，也是最容易被统治的”。封建家长之思想、保守主义传统与近代新历史学派福利思想的国家主义理论相结合，构成了俾斯麦政府社会保险立法的政策依据。俾斯麦在全社会范围推行社会保障的政策，第一次确立了公共社会保障计划，成为德国社会保险立法以及发展为“君主政体的福利国家”的政策基础。

保守主义福利体制的思想基础是保守主义“君主政体的福利国家”主张。在这种体制中，一方面国家通过“合作主义”模式取代市场作为福利供应者；

---

① 参见潘屹《普遍主义福利思想和福利模式的相互作用及演变》，《社会科学》2011 年第 12 期。

② 〔丹麦〕考斯塔·艾斯平－安德森：《福利资本主义的三个世界》，郑秉文译，法律出版社，2003，第 8 页。

另一方面传统的家庭关系在该体制中占有重要地位，家庭承担了提供福利的责任。该福利体制最早在德国产生，之后在欧洲大陆国家扩展，包括奥地利、法国和意大利等。

当然，这种将福利思潮与福利政策和体制做一一对应的安排只展示了一个大概的轮廓，不甚科学。实际上，一些思潮和意识形态对福利政策和体制的形成有着交互的影响。比如，凯恩斯主义从宏观经济学角度最早对社会福利制度进行实证分析和推理，深深影响了西方国家福利制度的建立。其精髓表现在“充分就业”的理论中，认为资本主义难以实现充分就业的根本原因是社会需求与新投资量的不足，不是供给不足；强调通过国家干预来弥补市场的缺陷，国家应当负起调剂国民经济的责任。从凯恩斯主义开始，社会政策的出发点开始从社会伦理角度转向维护整体现存制度方面，从此福利制度不仅是给穷人的“安全网”，也是现存制度的“安全网”。该理论为资本主义国家干预政策的实施提供了理论基础，也为资本主义国家社会保障与社会福利制度的发展，尤其是西欧福利国家的建立和发展做出了重大贡献。凯恩斯主义的福利思想充分体现在《贝弗里奇报告》中。[①] 该报告总结了社会保险经验，分析了英国社会保障制度的现状，制订了“一种维持国民生活标准的保险计划”。该报告以政府扩大干预为思想基础，以强制性保险为主、国家救济为辅，确保最低生活需要，将社会成员作为整体进行收入再分配，以调节经济、维持就业、稳定社会。该报告标志着英国福利思想的发展完成了从理论向政策的过渡。

事实上，不同的意识形态思潮在某个国家或地区发生作用时，都和当地的政治、社会、经济、文化传统等因素相结合。我们不妨对这些思潮对社会政策和福利体制的影响做一个简单的概述。

关于社会民主主义，1891 年，德国社会民主党的伯恩施坦提出，民主社会将把工人的社会地位提高到资产者或市民的社会地位。[②] 从这种观念出发，他们把通过资本主义制度改善工人的生存条件作为奋斗目标。继德国社会民主党之后，英国的工党和自由党于 1906 年联合组成了英国议会的多数党团，倡导社会改革，促成了《社会养老金法》、《国民健康法》和《失业保险法》

① 英国经济学家贝弗里奇 1941 年受英国战后重建委员会之托，就重建社会保障、社会福利计划提出方案，第二年《社会保险及相关服务》（《贝弗里奇报告》）出台。

② 〔德〕伯恩施坦：《激进的社会主义》，转引自〔英〕戴维·麦克莱伦《马克思以后的马克思主义》，林春、徐贤珍译，东方出版社，1986，第 39 页。

的出台。奥地利社会民主党第一次入阁时，把改革《社会保险法》和通过《失业保险法》作为它几乎全部的政治议题。社会民主主义运动激发的国家社会战略——社会保险法在西欧各国的通过，反过来左右了西方发达国家社会民主党的发展。因此有论者认为，社会民主主义的工人阶级运动，加上不同国家的政治条件，是早期福利国家形成的普遍根源。①

早期的经济自由主义反对建立机制模式的社会保障制度，当社会保障成为工业化社会的基本制度以后，自由主义的价值观念和政治主张就融入了社会政策，成为在整个制度中维护市场和个人利益的流派。自由主义主张在社会保险制度中突出个人的利益，反对国家干预经济和社会生活。现代经济自由主义是福利国家紧缩的积极倡导者，强调市场在社会保护中的作用。

社团主义是一种比较新的组织观念或思想，它与自由主义形成鲜明对照，不反对机制模式的社会保障，但更加重视自下而上的传统社会保护机制的发展，强调家庭作为风险分担机制的不可替代性，重视社区内的互助。福利国家由于沉重的财政负担，需要在国家和市场之外寻找其他的途径，因此，国家开始重新发现传统社会团体的潜力，开始重视家庭、社区和地方政府的作用。在社会政策层面，主张不要对社会上贫困的“剩余人口”进行救助，而是根据就业和缴费提供社会支付，并且在社会支付的过程中突出家长的作用，主张将福利支付给家长，通过个人的就业来解决全家的福利。在英国和澳大利亚的社会保障制度中，可以看到社团主义的影响。社会民主主义也重视家庭，主张通过家庭保护儿童。但是，自由主义的主张越过家庭，在排除了“无资格”的贫困之后，直接针对有资格的社会“剩余人口”进行补救。

以上的福利模式或体制除了在阶级基础、合作程度、阶层分化程度有不同之外，还在福利提供、就业路径、福利改革等方面存在差异。

3. 支柱理论

支柱理论关心的问题是谁是社会服务的提供者或支付者。这种理论强调的是社会活动中的行为者在福利提供过程中发挥什么功能以及承担什么责任。支柱理论将行为者分为政府、市场和个人，其核心就是这三类行为者在提供社会福利服务的过程中如何互动。因此，这三类支柱之间不是相互隔绝，而

---

① 参见周弘《福利国家向何处去》，社会科学文献出版社，2006，第80~81页。

是相互合作的。它们各自都在提供社会服务时发挥着作用。就政府支柱而言，可以利用税收以及各项政府政策，通过政府机构和公务人员提供福利和服务，建立社会保险制度。市场支柱是通过市场为个人提供享有福利的条件。个人支柱是通过家庭分担风险的方式实现个人之间的相互支持。政府既可以通过购买服务与市场合作，也可以通过鼓励性社会政策与家庭合作。在西方发达国家，政府通过提供各种服务渗透到家庭生活的多个方面；同样，对市场的干预也有多种渠道。

（二）儿童福利基本理论①

儿童福利的制度构建和相关政策同样受到主流福利思潮的影响，比如尊重个体价值、国家责任等。但同时因儿童这一主体的特殊性，在儿童福利政策和模式选择上，还要考虑儿童主体的特点，从而也形成了儿童福利保障的基本理论。因儿童观念的不同以及对儿童问题理解的差异，形成不同的理论，这些理论又反过来帮助理解儿童的生存状况。

1. 国家责任理论

国家责任理论在工业化之后发展起来，其基本假设和前提是对老人、儿童、残障人士等弱势群体，当资源分配不足以保障其基本生活，而他们欠缺独立生活能力的情况下，需要依靠他人帮助才能过上正常生活，因此，他们需要国家和社会的保护。在父权主义思想支配下，儿童需要父亲羽翼的庇护，而当家庭特别是父母保护缺位时，国家行使代替监护的职责，“国家亲权”理论出现，国家成为儿童的保护人。福利国家出现之后，国家责任理论发生重大变化，由充当父亲权威式的保护发展成为了儿童权益的保护，儿童福利被看作是儿童享有的基本权利，国家负有帮助儿童过上幸福生活的责任。

2. 家庭与父母责任理论

对儿童权利和儿童福利的实现来说，家庭和父母是第一责任者。这一理念体现在《儿童权利公约》当中。核心家庭的增多，大大强化了这一理论在儿童福利保障中的地位。该理论的基本假设是，家庭作为社会生活的基本单位，不仅承担人口再生产、照顾和教育子女的功能，而且还担负规范两性关系、体现社会地位、组织社会生活等社会功能。家庭结构和分工影响儿童福利的实现，保护子女健康成长是家庭和父母的基本义务。但是，当家庭和父母无力或者不愿意尽父母义务甚至侵犯儿童权利时，根据国家亲权理论，国

---

① 参见刘继同《国家与儿童：社会转型期中国儿童福利的理论框架与政策框架》，《青少年犯罪问题》2005 年第 3 期。

家有责任干预家庭生活，把儿童从不可靠的父母庇护下解救出来。因此，家庭支持成为儿童福利保障中必不可少的内容。

3. 儿童权利理论

儿童权利是人类文明发展的产物，儿童作为权利主体的认识与儿童观的发展有关。当儿童还被看作家庭甚至父亲私产的时候，其无权利可言；当儿童仅被看作小大人的时候，他们的独特性没有被充分认识的时候，也不可能成为享有权利的独立个体。儿童作为享有权利的个体的理念是《儿童权利公约》所确立的。儿童权利理论的基本假设是，儿童作为人的发展必经阶段有其独特性，这种独特性表现在儿童的能力、智识、经验等相较于成人还比较弱，还不能独当一面独立生存。因此，儿童需要保护，但是，这并不意味着儿童权利能力的欠缺。儿童也是人，也应当享有人所应当享有的权利。

4. 儿童渐进发展理论

该理论是心理学、教育学、医学等学科观察理解儿童的基本视角，也是社会学、法学等学科的基本参考依据。儿童渐进发展理论的基本假设是，儿童在其成长和发展的不同阶段，在体能、心理成熟度、认知能力、辨别能力等方面都有不同的发展特点，这个过程也是一个人逐渐成熟的过程。同时，在不同的发展阶段又面临不同问题，存在不同的需求。因此，在制定法律政策时，要考虑不同年龄阶段儿童的发育特点和行为能力的差异，采取不同的干预和保护措施，提供相应的服务。只有这样，才能满足不同发展阶段儿童的特殊需求，更好地帮助儿童健康发展。

5. 儿童需求和儿童福利理论

需求概念是西方补缺型福利理论的重要概念，是观察和把握福利制度安排和运作机制的最佳角度。需求是指人的生存、幸福所必需的物质、心理、文化以及社会等方面的要求。儿童需求和儿童福利理论的基本假设是，儿童作为人类一员，有着人类生存和发展的共同需求；同时，因其为儿童，处于人的发展的初期阶段，在辨控能力等方面处于弱势，而有着不同于成年人的特殊需求，需要得到父母、家庭、社会、国家的特殊照顾和保护，才能过上正常的生活，其能力和智识才能获得充分的发展，才能在未来社会中过有责任感的生活。充分满足儿童健康成长的需求，也就是儿童福利的基本内容，包括儿童的医疗、教育、家庭支持、福利服务以及困境儿童的救助等。

（三）模式分析①

国家社会福利政策的选择和制定，与占主导地位的社会福利思潮有很大关系，而福利模式和体制的建构，又与其实施的社会福利政策密切相关。福利理论的架构为我们理解福利制度产生、运行提供了多个场域，但是，如果单独使用某一理论架构来理解现代福利制度，特别是现代儿童福利制度，是不可能透彻地理解现代儿童福利保障体系的复杂性的。因此，有必要对福利理论模式进行分析，以便清理出最具支撑力的构建。

1. 传统理论架构分析

从传统理论构架来看，在模式理论中缺少了一个重要的成分——市场。现代福利理论已经意识到，市场将会被开拓为福利服务新的场域，特别是传统的补救模式和机制模式无法涵摄所有的社会政策领域时，市场模式的进入就成为必然。世界银行提出的三个支柱理论模式中，其中一个重要的支柱就是市场。应该看到，在一个市场极其发达的社会，政府的政策不得不借助市场才能得到充分实现。

体制理论也存在十分明显的局限性。现代社会，党派林立，各价值观和政治主张错综复杂、相互影响，都希望国家政策反映自己的价值观或政治主张，社会制度的政治属性也变得不甚明了，纯粹意义的自由主义社会制度或社会民主主义制度或其他主义的制度已经很难找到了。即使在北欧那些社会民主主义国家，也能看到带有自由主义和社团主义痕迹的社会计划。政制理论无法解释社会福利的诸多问题，社会福利的发展变化无法摆脱“路径依赖”，它始终被笼罩在过去政策选择的强大压力之下。

同模式理论和政制理论之间的关系相似，支柱理论在很多方面又和政制理论重叠，也具有一定的局限性。通常来说，自由主义强调市场和个人，社团主义强调家庭，而社会民主主义则主张依靠国家的力量发挥作用。在支柱理论中，国家是重要的一个支柱，但同时要求国家让出一部分权力，加强市场和家庭在福利提供中的作用，使三者在社会福利领域能够达到均衡。但是，在具体的福利模式构架中，要想了解国家、市场和家庭这三者是如何分工合作以及分工合作的条件等问题，则需要对社会福利政策的各种现象和问题进

① 本部分主要参考文献包括尚晓援《中国弱势儿童群体保护制度》，社会科学文献出版社，2008，第三章；周弘：《社会福利制度的理论框架》，《中国人口科学》2001 年第 4 期；周弘：《福利国家向何处去》，社会科学文献出版社，2006；黎昌珍：《从西方儿童福利范式的演进看我国农村孤儿救助制度的转型》，《学术论坛》2006 年第 12 期。

行持续的实证研究。

因此，单一的理论工具无法解释社会福利领域的多数现象。原因如下：一是理论工具本身有理想化和简单化的倾向，但社会不是理想的产物；二是社会的发展快于理论的发展。而当政策与现实脱节时，人们本能地会利用政策的空隙，实现自身的利益目标，以谋取其利益的最大化。比如，失业者可能会从社会保险领域转移到社会救助领域，如果后者受益更大；地方政府也可能设法将儿童福利的地区性服务转移到中央政府服务范围。

2. 儿童福利理论模式分析

有论者从单一理论构架的缺陷入手，通过对社会缴费和支付方式的具体分析，从一个新的视角了解社会福利计划的构成，进一步了解不同社会计划，或社会政策领域之间的转换关系。然后再通过对社会福利特别范畴的具体分析，将社会福利制度的三种传统理论构架带入整个视野，多层次和多角度研究复杂的社会福利制度的认识构架。① 这种复合的认识构架使我们看到了一个复杂的、多层的社会福利制度，尽管这个制度模式的某些方面已经出现了相互混合的状态而模糊不清，相应的政治主张和意识形态也比较混乱，但从这种复合的理论构架中，可以看出社会福利制度的逻辑共性和经验共性。因此，这种复合的认识架构对儿童福利制度的理解和认识也具有启发意义。

通常来说，观念的变化会引起社会福利政策和目标功能等问题的重新定义和理解，而福利模式的变化又会带来福利提供方式的改变。西方国家儿童福利发展至今，形成多种理论模式：补救模式、发展取向模式、社会保护模式、福利国家模式、社会参与模式等。② 这些模式的转变不仅是观念的、理论的变化，也表现为与政策模式相关的方法、标准等的改变，并因此而形成独特的理论范式，为观察分析儿童福利理论和实践问题提供分析的模型。值得注意的是，这些儿童福利模式或者范式之间并不存在先进与落后的差异，各个国家根据自己的文化传统、政治经济生态、社会发展等采取了不同的儿童福利模式。有的也可能多种福利模式并存，比如，日、韩等东亚国家，就采取了发展取向模式、社会保护模式、社会参与模式多种形式。

（1）补救模式。这是儿童福利发展早期的一种模式。最初表现为宗教团体和慈善组织对儿童的救助，后来，社会和国家也加入了补救模式主体。该

① 参见周弘《社会福利制度的理论框架》，《中国人口科学》2001 年第 4 期。

② 参见黎昌珍《从西方儿童福利范式的演进看我国农村孤儿救助制的转型》（《学术论坛》2006 年第 12 期）一文对儿童福利制度模式的论述。

模式是基于这样的认识，即家庭是儿童成长的最佳环境，父母是儿童的最好照顾者，况且照顾子女原本就是家庭和父母的责任和义务。国家的救助具有残补性质，而对于困境中的儿童，各社会团体、社区、邻里以及儿童亲属，可以提供“类家庭”或替代性福利服务。因此，这种模型是消极的，是对儿童问题的被动回应。尽管补救模式的儿童福利供给层次低，但其历史最悠久，目前仍有相当的普遍性。重要的是，这种剩余价值取向和狭义的儿童福利观念，决定了儿童福利服务仅能惠及少部分困境儿童，而服务的内容和方式也都受到极大的限制。

（2）发展取向模式。这种儿童福利模式表明儿童福利的供给已经扩展到全体儿童，儿童福利政策的宗旨是儿童发展。价值基础是儿童社会化、健康和发展。其基本假设是，工业社会的到来和复杂的现代社会，使得在封闭的家庭环境中无法实现福利的自给自足，需要得到社会、国家的帮助和支持来完成养育子女的重任。儿童发展包括生理、心理、精神、道德和社会的全面发展，每个儿童都有发展的巨大潜能，儿童福利的目的就是帮助发掘儿童的最大潜能，以使其在未来社会中过有责任感的生活。20 世纪 90 年代中期后，西方国家实施了一系列包括儿童教育、服务的新政策，被称为发展型的福利政策。投资儿童、支持家庭是发展型福利政策的核心。在支持家庭方面，则是从预防的角度为普通的非贫困家庭提供帮助。

（3）社会保护模式。工业化和城镇化的进程，带来各种社会问题，特别是家庭结构和社会经济结构变迁。权利意识的加强，使得儿童受虐待、忽视、剥削等问题越来越引起社会的关注。根据社会责任理论和国家亲权理论，这些问题是社会进化带来的弊端，国家和社会有责任保护因此而受到伤害的儿童。其反映出权利保护和尊重儿童人权的价值观。该模式的基本假设是，现代家庭和社会结构的快速变迁是儿童受到虐待和忽视等侵害的主要原因之一，儿童因其弱势而易于受到各种伤害，特别是来自家庭和学校教师的伤害，因此，保护儿童免遭伤害是国家和社会不可推卸的责任。

（4）福利国家模式。儿童是国家福利的主要对象，政府是提供儿童福利的主体。西方社会福利的核心特征就是政府取代家庭和慈善团体成为儿童福利的主要提供者，其儿童福利政策也经历了一个由补缺型向普惠型发展的轨迹，20 个世纪中叶，经济高速发展的西方福利国家政府在福利提供当中发挥越来越重要的作用，典型的如北欧国家。

（5）社会参与模式。该模式是福利多元化和社会化的结果，无论是整体社会福利还是儿童福利都越来越倾向于福利服务设计和提供的多元化和社会化发展。该模式与西方国家私有化改革有着直接的关系，私有化改造和市民社会的发达使福利提供多元化和社会化成为可能，使社会力量包括儿童自身更多地参与到福利制度的运作中来，包括市场的导入。比如，政府通过购买服务的方式，将公共部门的公益目标与私人组织的专业化和高效率结合起来，提供更有价值的福利服务产品。但是，福利的公共性质并没有因此而改变，政府仍然是社会福利投资的主体。社会参与福利模型中，儿童不是消极被动的受益者，而是积极主动地参与家庭和社会生活，以更好地实现自立和全面发展的儿童福利目标。这种福利模式在以日、韩为代表的“东亚福利模式”中已有所体现。

二　儿童需求与家庭和国家之关系

儿童福利的基本价值是所有儿童都有权获得一个安全的、永久的、幸福的家庭，他或她是独立的个体，而不是家长的附庸。《儿童权利公约》出台后，这一理念在世界各国的儿童福利工作中得到确认并实施。其中安全是指保护儿童免遭各种虐待和忽视，以及其他侵犯儿童的行为；永久是指儿童应当获得稳定和持续的生活条件，稳定的家庭关系和社区联系；幸福是指家庭有能力满足孩子的基本生活需求，儿童有受教育的机会，能够获得与其能力相当的成就，以及满足儿童身体和精神的需求。儿童要过完整家庭生活的权利是家庭的社会价值以及防止国家过多干预家庭生活的反映。但需注意的有两点：一是在许多国家儿童福利系统中，教育需求与精神需求得到特别的关注；二是过于强调儿童的家庭联系或者过于强调儿童的社区联系都是有失偏颇的，儿童与家庭和社区之间的互动对其成长具有同等重要的作用。

（一）儿童需求

儿童需求包括物质需求和精神需求，他或她的这些需求能否获得满足，怎样获得满足，各个国家由于经济、政治、社会等方面发展的不平衡，不仅认识上有差异，做法也不尽相同。在北欧福利国家，儿童福利得到了较高水准的满足；而在发展中国家，儿童福利就差一些。但这也并不能够证明儿童福利就一定与国家经济发展水平息息相关，联合国一项调查显示，经济发展水平高的美国，在儿童福利 6 项指标评价中，其综合指标排到 21 个国家中的第20名。[①]

儿童福利哲学或思想源于这样的假设，即儿童作为一个个体的人，就应当享有一个人所有的权利，最基本的权利就是对其需求的满足，尽管这种需求的满足因为儿童的幼小、能力和智识尚未发展充分而需要依赖父母等而受到限制。正如有论者指出，儿童的实体权利不仅包括需求的满足，还包括权利的尊重。从儿童权利的角度看，社会正在消除那种孩子属于其父母私产的偏见。因此，当家庭不能履行保护儿童责任的时候，国家就要干预以保护儿童并使儿童的需求得到满足。

在儿童福利政策中，儿童的需求通常涉及儿童的安全、养育和指导等方面。儿童安全和积极发展的条件由儿童的父母、社区机构、代表国家履行责任的机构，以及少年或家事法庭等提供。儿童最基本的需求包括食物、住所、安全、养育和指导，这些方面对儿童成长十分重要，以至得到了包括联合国在内的整个国际社会的关注。儿童贫困问题是联合国儿童基金会长期呼吁解决的一个重要儿童发展问题。特别是对那些从失败家庭中移居出来的孩子以及流浪儿童、孤儿等，他们的基本需求在较早的时候靠机构供养。但是，人们逐渐发现，机构供养对儿童的身心健康和发展均存在不利因素，养育儿童的机构不管是公立，还是私立，有时甚至成为伤害儿童的危险场所。因此，家庭寄养和收养得到发展。在养育和指导儿童方面，父母的信仰与社会标准也常常发生冲突，这涉及儿童福利标准问题，也就是为儿童提供什么样的养育和指导最有利于他或她的发展。对儿童阶段性渐进发展特点的正确认识意义重大，理论学家已经认识到，在儿童成长过程中，儿童的身体、感情、认识能力等方面在不同阶段将获得不同的发展，并逐步构成一个完整的积极发展过程。还有一个重要方面就是儿童需求的满足还要与父母的权利和整体家庭福利相结合来考虑。父母有责任创造优良的环境，以帮助儿童最大限度地实现他们在身体、智识、心理方面潜能的发展。

可以看出，儿童基本需求满足最关键也是最复杂的问题还是儿童的看护人，这个看护人通常是父母，他们要提供儿童成长所需的一切。20世纪50年代，儿童发展专家首次提出了婴儿缺乏激励、缺乏母性看护以及信任感丧失将带来严重后果，这些都是儿童情感发展的基础，当这些方面出现问题时，儿童的发展将陷入混乱。这些研究成果为西方社会儿童福利政策的制定提供

① UNICEF Report Card 7, Child Poverty in Perspective: An Overview of Child Well-being in Rich Countries, UNICEF Innocenti Research Centre, 2007.

了依据，引起大量儿童看护机构的关闭。在这些成果的指引下，国家更倾向于发挥家庭培养儿童的作用，不能待在原初家庭的儿童以及孤儿和流浪儿童尽力安排在寄养家庭中，让每个儿童都有家成为国家儿童福利政策的基本基调。儿童福利满足的一个棘手问题是那些从原初家庭移出儿童的身份认同，在和他人交往的过程中，寄养或收养儿童易于把自己看作次要地位的人，这种状态对他们的成长很不利，儿童的这种心理紧张需要通过收养家庭及儿童自身与原初家庭保持适当的紧密联系来缓解。

（二）家庭福利之于儿童

儿童需求的满足首先寄希望于家庭。儿童福利与其他社会工作的价值体系有联系也有区别。儿童福利的社会服务或社会工作贯穿了“儿童最大利益”原则，根据儿童的最大利益，他们最优的成长条件是家庭生活。但是需要注意的是，监护人的福利直接关系儿童健康成长，这个理念贯穿于儿童的福利政策和实践，这就是儿童福利服务区别于其他社会服务的关键。因此，儿童福利研究必然包括儿童家庭福利的内容。

尽管工业化之后，家庭模式从扩展家庭向核式家庭转变，家庭规模倾向于减缩，但在儿童福利领域的研究中人们发现，大家庭中的每个成员与儿童的福利都有牵连，尽管最紧密的是一起生活的父母。因此，家庭的概念逐步扩张，在思考儿童福利问题时不再局限于核式家庭，扩展家庭的成员成为儿童成长的有利资源，特别在核式家庭出现问题的时候，扩展家庭的其他成员对受害儿童提供持续性的保护，而儿童仍然能够生活在这个大家庭中以维持儿童的家庭纽带不被中断。

家庭之于儿童的重要性似乎是无须证明的，即便是在儿童地位被认识、父亲对子女具有绝对的权威时期，但是，相较于在社会中游荡，家庭依然是幼小儿童的避难所。特别是自 17 世纪开始，西欧的宗教改革派就指出了父母对子女的义务，子女在家庭中的生活与从前大不相同了，父母对子女在抚养、教育、纠正、示范方面要发挥作用，比如法国，儿童入学成为 14 世纪到 17 世纪教育史上重大的事件。在此之后，对越来越多的儿童来说，行为与知识的入门教育更多地从学校而不是家庭中获得。18 世纪，在西欧，人们对子女已经有了新的看法，家庭倾向于以子女为中心。到 19 世纪前后，伴随人们对儿童认识的深入，以及社会整体的变化，包括工业化、人口结构、宗教改革、医学的进步、立法、儿童保护运动的兴起，儿童在家庭中的地位随之提升，儿童的安全、教育、养育等福利受到越来越多的关注。

承认儿童的权利不是降低家庭的重要性，而是提升家庭成员的尊严和对他们的尊重。对儿童的保护负有首要责任的是父母，《儿童权利公约》并未对“父母”做出解释。通常来说，和儿童关系最为密切的应当是有血缘关系的父母，所以，姑且把公约中提到的“父母”理解为生物学意义上的父母。那么，在父母履行养育子女的责任时，国家应当充当什么样的角色呢？国家、家庭和儿童三方的关系的确有点复杂。可以采取两种方法考察儿童、家庭和国家间的关系。第一种是历史的方法，把家庭看作是缩小的国家，在这个“国家”中，父母对孩子有绝对的权威，并排除社会控制，古代中国就是这种状况。这种三方关系进一步捍卫了家庭的隐私，阻止国家对家庭成员的地位进行规范，也就产生了《公民权利和政治权利国际公约》中的隐私和家庭生活条款。这样可能导致国家出台对家庭不干预的政策，而把脆弱的儿童留在家中遭受可能的虐待；同时，把家庭看作纯粹私领域的不妥之处还在于，这样可能会对国家责任构成挑战，而国家责任在国际法律保护中是基本的要素。第二种是比较现代的方法，把家庭看作是一个由拥有特定权利的个体组成的共同体，认识到儿童处于天然的弱势，需要得到特别的照料。尽管在养育儿童的过程中，儿童的愿望有时候要服从父母的判断和管理，但在道德上他们是平等的。这种认识更加突出了儿童、家庭和国家三者的利益和冲突，这种冲突也体现在现代国际法中。一方面，国际法尊重家庭成员的隐私；另一方面，当儿童遭遇家庭成员虐待或伤害的危险时，国家负有保护儿童不受侵害的责任。这必将导致国家对家庭的适当干预，这种干预要通过合法程序进行，这样，就带来了儿童权利、父母权利、隐私、责任以及国家权威等一系列的复杂关系。《儿童权利公约》第 5 条试图谨慎地厘清这种复杂的关系，规定“缔约国应尊重父母或于适用时尊重当地习俗认定的大家庭或社会成员、法定监护人或其他对儿童负有法律责任的人以下的责任、权利义务，以符合儿童不同阶段接受能力的方式适当指导和指引儿童行使本公约所确认的权利”。该条反映了国际法要求缔约国尊重父母给予儿童指导和保护的权利，确定了儿童权利保护的家庭本位，同时也强调了儿童保护是父母双方的共同责任。

因此，国家有义务保护儿童享有完整家庭的权利。家庭对儿童个性的塑造和儿童权利的实现发挥着至关重要的作用。国家有责任保证家庭的完整，以避免儿童与家庭分离情况发生，保障儿童家庭的完整也就被当作一项权利提了出来，这样，确定家庭的概念对维护儿童权利也就变得重要了。因为，儿童生活的一些基本方面将依赖于家庭，包括如果因父母的缘故造成儿童与家庭分离时，要通过其他家庭成员与儿童取得联系。为了有效地保护儿童，从国际法的角度上，必须根据不同的家庭、社会结构和价值给定一个较为灵活的家庭范围。家庭是社会基本组成部分，社会的未来公民将在这里社会化并在这里形成个性、走入成年生活。有人把家庭看作是一切社会制度中最基本的社会制度，是社会的基石。还有人把家庭看作是群体或团体，认为家庭或是自主的人的联合体，或是服从更高规则的人群，这个更高规则是为了保护对抗性主张而制定的。历史上经历了四种家庭模式：单亲家庭、核心（式）家庭（小家庭）、多偶婚式家庭和扩展家庭（大家庭），其间还夹杂一些不太典型的核心家庭和扩展家庭模式。多数人认为，在国际法上，家庭的范围应该包括上述所有的家庭模式。当然，家庭的概念还是应该由具体国家根据本国的文化确定。

《儿童权利公约》也强调了家庭完整对儿童生存和发展的重要性，规定"对于儿童或其父母要求进入或离开一缔约国以便与家人团聚的申请，缔约国应以积极的人道主义态度迅速予以办理"。除非必要的分离是儿童最大利益所必需，包括父母对儿童有虐待、忽视等家庭暴力行为等情形。公约还指出，即使有必要分离，也应该尊重儿童和父母的联系，除非这种联系违背儿童的最大利益。"父母居住在不同国家的儿童，除特殊情况以外，应有权同父母双方经常保持个人关系和直接关系。"把"联系"作为一项儿童权利起始于20世纪60年代的美国家庭法院，而把"联系"作为儿童权利在20世纪70年代更加突出，这大概是国际交往增多的缘故。1975年澳大利亚《家庭法法案》可能是当时唯一确认儿童联系权的法律。"联系"的重要性取决于其对儿童的重要价值。大量研究显示，和父母保持联系对儿童有着意义，因此，有关机构在父母和儿童暂时分离时，应当做出"适当的努力"以帮助父母和儿童保持联系，包括对父母的探望给予适当的指导。

（三）国家责任

对儿童健康成长来说，家庭养育是第一位的，除非家庭不能为儿童提供一个安全的成长环境，政府才可以介入。对儿童福利的提供来说，国家是不可或缺的重要主体，除了国家为儿童健康发展和自立成长提供教育、医疗、文化、福利等各种设施和服务之外，政府对家庭福利的支持主要表现在：①促进父母就业，提供各种家庭津贴、育儿津贴以及包括失业保险在内的各种津贴和保险。②向家庭提供福利支持，帮助家庭改善为对儿童友好的环境，如果效果不佳，有可能将儿童带离家庭。为了儿童持续健康成长，通常需要一个临时安置地点，一种安置地点是儿童福利机构，另一种是临时看护家庭。如果儿童原初家庭经过一段时间仍没有改善并便于儿童返回，就需要为儿童找一个长期的收养家庭，同时保持与原初家庭的联系。③为家庭提供各种福利服务，包括托儿机构以及儿童福利社工为家庭提供的心理帮助和咨询服务等。

对家庭的福利支持方面，国外有很多成功的例子。比如德国，社会福利覆盖面非常广，大部分家庭用不着为自己的孩子担忧，家长为孩子购买商业性意外险的热情并不高。在一个家庭中，如果主要收入者参加了法定医疗保险，那么孩子将跟随在他的名下，免费享受医疗保险。再比如美国，几乎所有儿童福利服务项目的设计都涉及贫困家庭，充分体现了“穷人靠国家，余下的人靠市场”的制度设计原则。在美国的各种家庭援助计划中，比较有名的是《抚养未成年子女家庭援助计划》（AFDC），这个计划的宗旨在于帮助父母一方丧失劳动能力、死亡，以及长期离家出走或失业家庭的孩子。除了直接现金给付之外，政府还通过所得税抵免（ELTC）政策、各种食品营养计划，为低收入家庭提供补助。在医疗保障方面，医疗援助计划是美国最大的为穷人提供的医疗保险计划。在教育方面，美国政府对儿童基础教育的资助非常大。美国的公立幼儿园是最大的政府资助项目，其功能主要是为儿童上学做准备。此外美国还有一种专为贫困家庭孩子设立的幼儿园。[①]

在很多发达国家，政府为了鼓励和支持家庭对儿童的养育，一般都会发放各种货币补贴或者实物补贴，从而提高儿童的家庭福利待遇。然而，在我国，儿童福利主要是针对孤残儿童的特殊性福利，没有普适性的家庭福利计划，所采取的一些措施也带有一点家庭帮助的意蕴，但效果非常有限，包括一些专项的补贴性福利，如独生子女费、住校学生的住宿补贴、某些机关和事业单位发放的入托补贴。

现代儿童福利制度确立了国家对儿童福利实现的无限责任，儿童由家长的私有财产转变为国家最重要的财富。首先，慈幼和保护儿童是现代民族主权国家最基本的责任之一；其次，儿童身心发育特点决定其健康成长需要国家和社会的关爱，为儿童提供必需的保护、照顾、良好教育，将为儿童发展和在未来社会过有责任感的生活奠定基础；最后，儿童生存和发展的实际困

① 参见姚建平、朱卫东《美国儿童福利制度简析》，《青少年犯罪问题》2005 年第 5 期。

境迫使国家承担应有的社会责任。[①]

基于儿童主体的特殊性，在儿童成长的过程中，不仅需要家长的精心呵护，还需要社会的支持和国家的帮助，国家和家庭对儿童生存和发展的责任和义务明确规定在《儿童权利公约》以及各国儿童保护和儿童福利立法当中。那么，具体到儿童福利的保障和供给，国家应当承担哪些责任，在履行这些责任时与公民个人的权利发生冲突时应当如何处理，国家介入公民私领域的界线在哪里等问题，都是国家在履行保护职责的时候无法回避的。总体而言，国家对儿童福利保障的责任或义务可以从两大方面来看，一个是积极的方面，一个是消极的方面。就积极的方面来说，正如《儿童权利公约》所明确规定的，“缔约国应采取一切适当的立法、行政和其他措施以实现本公约所确认的权利”，也就是国家通过制定与儿童福利相关的立法、司法以及其他行政措施，确保儿童福利得以实现。从消极的方面看，当儿童的直接责任者——家长不能履行养育儿童的义务时，国家有义务承担监护人的责任，保护儿童免受侵害，也就是一般所说的儿童受保护权的实现。

1. 国家的积极义务：立法等制度建设确保儿童及其家庭的福利

国家对儿童的保护义务包括尊重的义务、保护的义务和实现的义务。义务的实现又包括促进、提高和救济。国家义务不仅在于对人权的尊重，还在于确保个体人权受到国内司法的保护。儿童福利的基本内容在《儿童权利公约》中都有所体现，包括儿童生存权、发展权、受保护权和参与权，这些都是保障儿童过有尊严生活的基本保障。联合国《经济、社会和文化权利国际公约》确认了国家有责任对负责照顾和教育未独立儿童的家庭，给予尽可能广泛的保护和协助。国家对《儿童权利公约》义务的履行，主要是通过立法和行政措施。为保障儿童福利，国家有责任制定儿童福利法以及相关配套法律，建立完备的儿童福利制度体系，确保儿童福利法律的实施。

国家或社会对家庭的干预程度问题就是国家对儿童的责任有多大的问题。国家干预过多会带来若干不利的后果，例如，减轻父母的责任，会使他们对培养孩子失去兴趣和信心，损伤孩子和父母间应有的亲情，造成双方的隔阂和疏离，而这种亲情对培养儿童的个性又是非常重要的。所以，不管父母教养是好还是坏，都应尽量减少国家的干涉，以确保儿童在有亲情的环境中成长。当然，并不是所有的父母天生对孩子都有一种责任感，父母和孩子之间

① 参见刘继同《儿童健康照顾与国家福利责任　重构中国现代儿童福利政策框架》，《中国青年研究》2006 年第 12 期。

也不总是充满亲情。从儿童发展的苦难历程可以看到，孩子最初不过是性满足的结果，后来才成为不可推卸的责任，这种责任是国家强加的，并不是父母的心甘情愿。比较现代的观点是，养育孩子不仅是父母的责任，还是父母的天然权利，把培养孩子和家庭生活完全看作是私生活领域的事情，因此，反对国家的过多干预。

通常来说，国家是在父母和家庭缺位的情况下才介入家庭事务，比如儿童受到暴力侵害。但从国家积极义务方面看，国家有责任对家庭进行援助以帮助儿童更好地健康成长，具体体现在教育、卫生保健、营养、最低生活保障、托儿服务等方面的法律政策制定以及相关监管、服务等。就教育来说，大多以公共教育为主流形式，而以私立教育作为补充。通常来说，要求家庭送孩子接受一定时间的义务教育是有必要的，这一点已经得到联合国《儿童权利公约》的确认，除非该国的教育理念及教育方式对儿童造成普遍的伤害，比如不合理的考核和考试制度对儿童的伤害等。这虽然在某种程度上突出了法律家长主义的倾向，但是，如果儿童不接受相应程度的义务教育对其个人、家庭乃至国家都是毫无益处的。对贫困家庭提供最低生活保障更能显示国家积极干预的必要，贫困对儿童及其家庭的影响毋庸讳言，尽管大量对贫困家庭的财政援助项目和计划没能从根本上消除贫困，但也在一定程度上保障了大部分贫困儿童及其家庭的基本生活，使成千上万的家庭为儿童提供了最低限度的住所、食物和衣物。

因此，国家在尽积极义务的同时，也有义务采取适当措施，尊重父母的权利和家庭隐私。关于政府和家庭的关系，英国政治思想家洛克（John Locke）认为，尽管教育的目标在于训练幼童逐步成长、他日可作好公民，但教育是私事，统治者不应干预。[①] 维护个人自由最迫切的，是限制政府权力、保障个人权利。

国家对儿童福利保障的积极义务还体现在儿童福利服务的提供以及动员社会力量满足儿童福利需求方面。联合国儿童基金会的报告显示，儿童福利服务水平高与儿童的贫困率低有着某种联系。因此，儿童福利的提高与国家的经济发展、社会进步等都有直接的关系。

2. 国家的消极义务：司法、行政等措施保护儿童免遭侵害

政府干预家庭、保护儿童的权威一方面源自政府固有的保护弱者的力量，

① 参见〔美〕纳坦·塔科夫《为了自由——洛克的教育思想》，邓文正译，生活·读书·新知三联书店，2001，第2页。

另一方面来自保护儿童不受虐待和剥削的警察力量。国家保护儿童免受虐待和忽视是以警察力量出现的国家权威的重要部分，例如，在美国，尽管人们认识到不适当地将父母和子女分离是十分危险的，但同时也认为，在特殊情况下，需要有这样的机构帮助收养处于危急状态的儿童。这种紧急收养是在一个短时期内，让危难儿童停留在一个临时处所，如果因为等待案件的解决，需要孩子长期停留在保护处所时，社会工作者必须征得司法机构的同意。当发生儿童暂时或永久地脱离家庭环境的情况，根据《儿童权利公约》第 20 条规定，国家有义务为儿童提供特别的保护和协助，并要求各国确保此类儿童根据本国法律的规定得到其他方式的照顾。

当然，家庭作为一个独立的自治体对儿童的健康成长是非常重要的，为使儿童能充分和谐地发展其个性，家庭这个自治体应该充满幸福、爱和谅解的气氛。然而，当这个自治体出现了暴力，当父母对儿童有虐待或忽视行为时，家庭的自治就要受到限制，有关当局为了受侵害儿童的最大利益就要强行介入。这种理论在多国的法律和判例中得到体现，如在 1980 年美国《收养援助和儿童福利法案》（*Adoption Assistance and Child Welfare Act*）中就有所体现。在这种情况下，最大利益标准就要求在对家庭干预和不予干预之间达到适当平衡。

为防止对儿童的虐待与忽视等家庭暴力行为，有时候，要对父母权利进行限制。在西方国家，儿童福利服务的一项重要内容是保护儿童安全，当一个家庭无法提供儿童成长所需的安全环境时，国家就会介入，要么帮助家庭恢复家庭功能，要么把儿童从一个彻底无法恢复家庭功能的家庭中带离。但是，问题又出来了，什么情况下家庭对儿童造成了何种程度的侵害是社会无法容忍并需要国家强力介入的；如果儿童被带离家庭，什么样的临时或永久措施更有利于儿童成长。虐待儿童作为一个社会问题的历史，是人们认识到虐待是一项罪过的过程，也是辨别伤害的技术能力不断提高的过程。毫无疑问，父母有生育和培养孩子的权利，孩子的出生是以父母有责任、权利和本分为先决条件的。西方法律传统保护父母有组织家庭、养育后代和不受非法侵扰的权利。但是，父母对儿童培养的权利却不是绝对的，这些权利必须与儿童应当享有的基本的生存权利、充分的发展权利、不受侵犯的权利相结合。

国家对父母权利的限制可能通过以下两种方式：一种方式是通过规定父母的责任而对父母的权利加以限制；另一种方式就是当父母未履行养育儿童责任时，对父母权的剥夺。我们不妨把家长的责任看作是成人 - 儿童关系的组成部分，这种责任对父母的自治将形成一种紧迫感。父母对儿童的责任也是父母应践行的道德义务，洛克认为，家长权利本该关乎幼童权利——之所以要有家长权利，纯是为了幼童的福祉，因而它必须以幼童最终能有自由、平等、能与父母建立起友情为依归。[①] 父母的责任主要体现为提供一个健康安全的家庭环境，禁止对儿童的虐待和忽视。环境安全是儿童生存的基本条件。

家庭对儿童的虐待、忽视和剥削体现了儿童、父母和国家之间最为尖锐的问题。对儿童的虐待包括精神和身体方面，还包括性虐待。儿童的虐待和忽视是一个世界性的问题，自 20 世纪 60 年代开始，西方国家逐渐认识到对儿童虐待和忽视这一现象的普遍存在，并开始重视防止虐待和忽视儿童的问题，对受虐待儿童福祉的保护是儿童福利发展最早关注的问题之一。在欧美儿童福利制度发展早期，许多国家逐渐建立了处理和防止儿童虐待与忽视问题的专门组织和机构。1977 年，国际预防儿童虐待与忽视协会成立，标志着这一问题受到世界各国的普遍关注。20 世纪 80 年代以后，越来越多的发展中国家开始关注儿童忽视现象，并采取了相应的对策。欧洲、美洲、亚洲等许多国家，以及我国台湾地区，先后通过儿童福利法律，将儿童的虐待和忽视问题纳入法制轨道加以解决。

“虐待”的定义，在很大的程度上取决于文化的因素，同样的举动，在不同的国家、不同的文化背景，甚至不同的时代，都有不同的诠释。从心理学的角度看，当一个小孩因周遭人的故意、长期、重复地行为，而造成自尊心受损，都可以称为虐待。所谓精神虐待是指危害或妨碍儿童情绪或智力发展，对儿童自尊心造成损害的长期重复行为或态度，如拒绝、批评、隔离或恫吓，最常见的形式是辱骂或贬低儿童的人格、使孩子变得情绪低落和感到羞辱的心理和情感虐待。人们提起虐待孩子时，往往认为对身体的侵犯才算虐待，而忽视了精神上的虐待。研究显示，精神虐待的危害甚于肉体上的虐待，因为情绪和心理的虐待是隐性的，不像肉体虐待那么容易证明。精神虐待会对孩子造成很深的精神创伤，而一个自尊心从小就受到挫折的人，可能会出现很多心理与行为上的障碍，诸如自我否定、缺乏爱心、焦虑等心理疾病，难以适应社会，甚至走上犯罪的道路。性虐待不仅包括乱伦，还包括可能伤害到儿童性健康的家庭内部成员间的性表露。所有这些对待、行为或惩罚都是《儿童权利公约》禁止的，这些禁止行为不仅限于父母，而且扩展至所有对儿

---

① 参见〔美〕纳坦·塔科夫《为了自由——洛克的教育思想》，邓文正译，生活·读书·新知三联书店，2001，第 92 ~ 94 页。

童有照料义务的人。

家庭中的“儿童忽视”问题本身就是一个容易被忽略的问题。由于文化、习俗的不同，不同国家对忽视的定义也不尽相同。普遍接受的观点认为，儿童忽视是父母或主要照看者持续性地没有为儿童提供其所必需的、与年龄相适应的照料、教育、监督等，导致儿童的身心健康和正常成长受到伤害的现象，包括对儿童的身体、情感、心理、教育、安全、医疗等方面的忽视。身体忽视是指照看者没有满足儿童必要的生活需要，如住所、服饰、食品、睡眠等。具体包括：抛弃儿童，不照顾儿童，未为儿童提供基本的营养需要，把儿童逐出家门或不允许回家，没有适当地监督儿童，没有提供安全的生活环境等。情感和心理忽视是指照看者没有满足儿童对爱、接纳、关注、尊重、自我实现等心理或情感的需要。具体包括：经常当着儿童的面吵架或实施家庭暴力；鼓励或纵容儿童吸烟、酗酒、攻击等不良行为，即使发现儿童有此类不良行为也不干涉；吓唬儿童，无理训斥指责儿童；发现儿童情感或行为偏差（如自杀、严重抑郁等）时不求助心理专家或拒绝提供专家建议的服务等。教育忽视是指照看者因故意或疏忽导致儿童的教育需要没有被满足。具体包括：到了法定年龄却不让儿童入学，允许或无视儿童长时间逃学，不提供基本的教育资讯，不为儿童做适当的教育安排等。医疗忽视是指照看者有经济能力却不为儿童提供适宜的健康照料。具体包括：没有提供儿童所需的医疗保护，有病不及时治疗导致病情恶化等。忽视会对儿童的生理、心理和精神造成严重的隐性影响，妨碍儿童的健康成长和正常社会交往等能力的培养。例如，导致儿童发育过程中不良的社会或情感反应，造成心理、行为的失常或变态。

国际文件对儿童虐待和剥削问题给予了应有的重视，《儿童权利公约》第9条、第19条、第34条、第36条都涉及保护儿童不受任何形式的虐待、忽视和剥削问题。公约第19条第1款规定：“缔约国应采取一切适当的立法、行政、社会和教育措施，保护儿童在受父母、法定监护人或其他任何负责照管儿童的人的照料时，不致受到任何形式的身心摧残、伤害或凌辱，忽视或照料不周，虐待或剥削，包括性侵犯。”值得注意的是，该条规定超越了虐待的狭隘含义，明示其包括任何形式的身心摧残。在2006年儿童权利委员会《第8号一般性意见：儿童受保护免遭体罚和其他残忍或不人道形式惩罚的权利》中，明确将各种形式的体罚即身心摧残列为家庭和其他负责照料儿童机构人员的禁止行为。

此外，应保护儿童免遭一切形式的有损于儿童健康成长行为的侵害，包括机构中和社会上的对儿童的歧视、肉体摧残和犯罪等。

三　儿童福利法律政策取向及范式选择

（一）儿童福利法律政策取向①

儿童福利政策的内涵，一般认为可以从广义和狭义两方面来理解。广义而言，它涵盖一切影响儿童福利实现的行为规则。从狭义上，尤其是从社会工作专业服务的角度看，儿童福利政策主要是指经社区认可，针对儿童的问题及需求提供服务的规则。本文认为这种理解混淆了法律和政策的根本区别，其直接弊端就是造成以政策代替法律的后果，破坏了法律的稳定性和明确性的基本特点，对法治发展是不利的。但上述儿童福利政策的狭义解释又过窄，因此，我们认为狭义的儿童福利政策是指一套谋求儿童幸福的方针或行动准则，其目的在于促进所有儿童的身心健康发展。当然，法律又是政策的固定化，一项长期实行的政策往往都会升格为法律，从而更具规范性、指导性、稳定性和强制性，并在更高层次、更大效力范围得以实施。与法律相比，政策更具灵活性、先导性和时效性。

从总体上看，政策在一个国家或地区发挥效力，并在特定的时间与范围内具有导向作用，在宏观层面上影响着特定的人群。政策可以促进相关法律的完善，同时，完善的法律又能推动相关政策的实施。儿童福利法律政策内涵反映出主流价值观对儿童、家庭和国家的定位，也反映了国家如何看待父母权利和儿童权利之间的消长。因此，儿童福利法律和政策的制定及实施决定了一个国家儿童福利事业的发展方向及发展程度，对儿童福利事业的发展起到关键性的作用。在儿童福利问题上，国家、社会、家庭和父母的责任划分是法律和政策取向的关键要素。随着家庭结构和社会结构的变迁，家庭和父母对社会福利的需求越来越迫切，但与此同时，政府和社会如何提供福利服务、这种福利的供给是否侵犯家庭和父母私权自治、国家对父母权利的制约等问题也引起广泛的讨论，这些问题引导我们从不同的层面上认识儿童福利法律政策的取向。从观念形态上看，儿童福利法律政策呈现的价值取向体

① 这部分内容参考了陆士桢、常晶晶《简论儿童福利和儿童福利政策》，《中国青年政治学院学报》2003 年第 1 期；王雪梅：《儿童权利论》，社会科学文献出版社，2005。

现为四个方面，即自由放任主义、国家责任主义、强调家庭完整权利、尊重儿童权利的取向。而在自由主义、责任主义、普遍主义等思潮的影响下，儿童福利法律政策的现实取向又表现为从补缺型向普惠型发展、儿童福利多元化发展、儿童自立型的儿童福利取向。从价值取向和现实取向这两个维度来思考儿童福利制度，不仅有助于全面地理解儿童福利制度，还可以看到这两个维度之间的紧密联系。

1. 自由放任主义的儿童福利取向

这种取向强调政府应尽量避免介入家庭事务，又被称为最少干预主义，认为家庭和父母是照顾儿童的天然主体，政府应当尽量避免涉足家庭事务，应当尊重孩子与家庭成员之间的隐私权和私密性。这种取向的法律政策在今日的福利制度中仍依稀可见。有论者把这种取向的福利制度与父权制结合起来看待，认为这种取向的福利制度前提是成年男性在家庭和社会生活中的绝对优势，在这种理念下，父亲的角色被界定为工具性与任务性取向的，属于公共领域。因此，这种体系是以男性在家庭和社会中详尽分工体系的存在为前提的。这也就是为什么有人同意对受到家庭暴力的儿童给予特殊安置，但仍坚持家庭与政府角色的分离，坚持认为国家照顾儿童应当遵守两个原则：一是最低干预原则，越是有为的政府越应尊重家庭的自主性与个人的自主权，这对政府与家庭都是有益的；二是父母对养育子女的方式有充分的决定权，政府的介入弊大于利。[①] 那么，在儿童正处于某种危难之下、确需政府介入的情况下，政府介入的限度应当以儿童的最大利益为第一考虑。这种干预有别于国家干涉主义的取向，在安置儿童问题上，仍然强调尊重家庭自主性、保障父母权的原则。

2. 国家责任主义的儿童福利取向

这种取向要求国家积极承担保护儿童的责任，主动介入家庭事务，保护儿童免遭各种不当照顾甚至暴力伤害，以儿童的最大利益为优先考虑，并通过立法及国家强力对儿童加以保护，因此，也被看作是儿童保护主义。这种取向与19世纪末工业化发展到一定阶段后，儿童受到暴力侵害的事件增多，国家不得不介入家庭事务才能保护儿童免遭持续的暴力侵害有着密切关系。这种观点强调公权力介入家庭的合理性，政府对儿童教养的监督和干预更为积极主动。坚信国家高品质的看护可以代替父母的照顾，特别是对父母无法

---

① 参见陆士桢、常晶晶：《简论儿童福利和儿童福利政策》，《中国青年政治学院学报》2003年第1期。

照顾的儿童以及受到父母不当照顾的儿童来说更是如此。这种观点首先把儿童看作是国家的，父母不过是受托者的角色，必须以儿童福利为取向，一旦父母不能提供适当的照料，国家可以收回委托而将儿童交给更加适合的人照顾。这种观点看似更加有利于对儿童的保护，使儿童获得法律及国家权力的保障，但忽视了儿童对亲情的需求，亲权的剥夺对儿童的健康成长必定带来不利影响。

3. 强调家庭完整权利的儿童福利取向

这种取向强调家庭完整对父母和儿童的重要意义，因此，应当尽量维系亲权关系，而不要破坏这种关系，哪怕出于善意的目的。这种观点与第二次世界大战后福利国家的产生和扩张有关。这种取向对家庭的态度有别于自由主义和国家责任主义，政府对于家庭的态度不是完全割裂的也不是对立的，而是友好合作的，是尽量维系和培育家庭的健康发展的。因此，尊重父母和儿童亲情，重视父母子女生理和心理联结的价值，在尊重父母养育子女权利的同时，重视彼此间情感的需求。所以，即使政府在不得已的情况下，需要介入家庭事务，对受到侵害的儿童提供替代性照顾，也要尽可能地帮助儿童保持与家庭的联系，并同时帮助家庭改善环境和功能，促进儿童尽早地回归原来的家庭。因此，政府有必要对那些低收入家庭、单亲家庭提供帮助，并开展托育服务等，更好地支持并维系家庭功能。这在“东亚福利模式”的日本和韩国的福利制度中有较为显著的体现。日本受其传统文化中儒学思想的影响，认为确保儿童幸福是家庭和父母的天职，因此，强调以家庭为主体的福利政策，在儿童福利的实现中，政府仅提供帮助，家庭成员、亲属、社区的互相帮助以及企业的扶助才是儿童福利的中心。

4. 尊重儿童权利的儿童福利取向

这是晚近出现的一种观点，集中体现在联合国《儿童权利公约》当中，认为儿童也是享有权利的独立个体。儿童作为享有权利的独立个体的理念意味着，儿童在权利能力方面和成人一样，首先是人，其在道德上和法律上是有独立地位的，儿童的观点和看法应当得到尊重，因此，儿童应当享有参与权。但是，儿童在辨别和控制能力上的特点又决定了不能把儿童完全等同于成人，因此儿童有行为能力的限制，家庭和国家有义务帮助儿童增强自主的能力，在处理涉及儿童的事务时，将儿童的最大利益作为首要考虑，并促进儿童生存权和发展权的实现。

在具体的儿童福利制度建构中，这些儿童福利的价值取向，或多或少地不自觉地影响该国的法律和政策的制定以及具体实践模式的形成，因此，发展出了不同的法律和政策实践模式，反映了不同的儿童福利现实取向，这在上文的论述中多少有所涉及，此处仅做简要的梳理。

第一，由补缺取向发展为普惠取向。这是从儿童福利历史发展的角度考察得出的结果。不论是东方还是西方，不论是外国还是中国，儿童福利制度实践似乎都走着或者正在走向这样一条路径：从补缺型到普惠型的取向。这种福利发展取向在欧洲福利国家和美国表现得最为明显。在这些国家，早期工业化时期，儿童福利政策适应了当时的社会发展水平，以补缺型为取向，儿童福利对象是少数困境儿童，具有救济性质。进入 20 世纪特别是 20 世纪下半叶，受国家责任主义和尊重儿童权利价值观的影响，对儿童的弱势地位、儿童的特点以及儿童作为权利享有者的认识使得如下观点得到广泛传播：每个儿童的发展对未来社会的发展都是有意义的，他们都要在未来过有责任感的生活以及为社会做出贡献，每个儿童都有物质和精神的需求，其福祉不仅是家庭的私事，也是国家和社会的事。普惠型的儿童福利要求福利的供给惠及每个儿童，并同时满足困境儿童的特殊福利需求。与补缺型儿童福利相比，普惠制儿童福利在对象、服务领域、范围、方式等方面均有所发展。以美国为例，尽管其总体社会福利政策仍然倾向于补缺型，但儿童全体作为弱势人群，儿童福利政策取向是普惠的，福利服务涉及儿童教育、饮食健康、医疗、心理辅导、家庭教育、困境儿童特殊服务等诸多方面。①

第二，儿童福利实现的社会参与取向。② 这种儿童福利取向深受福利多元主义的影响，提倡福利的供给应当由多部门采取多渠道共同完成，同时，国家在福利供给中的作用应当逐渐减弱，重视家庭、企业、非政府组织以及其他团体的作用。儿童福利社会参与或者多元化的基本认识是，儿童福利制度的最终目的不是要由国家供养儿童，而是帮助儿童及其家庭提高独立生活的能力，进而不再依靠国家的福利，这样不仅能减轻国家的负担，还能从根源上解决儿童及其家庭的问题。因此，要促进儿童及其家庭与社会、企业及社会专业组织之间的互动，形成有利于儿童健康成长的良性环境，使福利国家向福利社会转型。美国和日本儿童福利供给都体现了儿童福利实现的社会参与取向。比如，日本的儿童福利采取了地方政府、地方公共团体、企业、民

---

① 参见姚伟、王宁《当代美国儿童福利政策的特点》，《外国教育研究》2011 年第 5 期。

② 本部分内容参考了姚伟、王宁《当代美国儿童福利政策的特点》，《外国教育研究》2011 年第 5 期；王晓燕：《日本儿童福利政策的特色与发展变革》，《中国青年研究》2009 年第 2 期。

间团体等多元化供给的福利模式，即儿童的社会福利由政府、企业、民间社会团体等共同提供。国家的作用只限于对委托事务的指导、监督、咨询以及国立儿童福利部门的规划和行政管理。委托地方公共团体、福利事务所、保健所等机构具体提供服务，各企业等也同时参与儿童福利的供给。

第三，“儿童自立生活援助”作为儿童福利目标取向。这种取向在东亚福利模式中有着突出的表现，是以儿童赋能为导向的儿童福利政策。例如，日本不仅在儿童福利法中明确规定了儿童自立生活援助的内容，而且在儿童福利保障机制方面也有相应的安排。日本各地都分布着公立和民间的儿童自立援助之家等机制，目的就是为了在机构内的儿童以及机构外有需求的儿童利用这个机制，培养对未来社会的适应性和独立生活的能力。这种儿童福利取向体现了日本受传统的以家庭为中心理念的影响，形成了以家庭为基点、个人自立为指向的福利政策理念。认为“健全的社会”是以个人的自立、自助为根基；儿童福利是要“帮助儿童生活自立”，是要保证每个儿童都享有人格尊严、享受正常的社会生活。这也是日本以儿童为本位的社会保障制度的基本原则。①

（二）中国儿童福利法律政策和范式选择

1. 儿童福利法律政策取向

1949 年以来，我国儿童福利法律政策取向和基本模型基本上还是狭义的儿童福利补救模式，仅限于对儿童福利机构中孤残儿童的养护，而对于一般的儿童，即便是困境儿童中的流浪儿童、违法犯罪儿童，他们的福利基本被相关的法律政策所遗忘。1992 年，中国成为《儿童权利公约》的第 110 个批准国；2010 年为了履行公约义务，也是为了回应社会中越来越多的儿童权利侵害事件，国家开始考虑从这种狭窄的补缺型向适度普惠制儿童福利制度转变。值得注意的是，在我国条块分割的行政管理体制下，儿童福利制度也分化为狭义和广义。狭义儿童福利主要由民政部门负责，建立专门性的儿童福利院，为弃婴和孤残儿童提供国家性社会保护；广义的儿童福利制度是国家为一般儿童建立的公共服务体系，包括健康照顾、基础教育、家庭福利等，以满足全体儿童健康发展的需要。

从新中国成立之后的儿童保护和儿童福利发展历程看，我国儿童福利事业的发展受到国内和国际政治、经济的严重影响，儿童福利发展的不同时期

---

① 参见王晓燕《日本儿童福利政策的特色与发展变革》，《中国青年研究》2009 年第 2 期。

都有相对应的社会问题以及儿童发展问题，相应的儿童福利法律政策表现出不同的特点。把儿童福利放到中国社会发展的大背景下，可以看到儿童福利事业的发展深受整体社会福利制度体系的影响，也受到我国政治经济发展和社会转型的影响，从这个角度看，我国儿童福利可以大致分为计划经济时代、社会转型过渡期、社会快速发展时期三个阶段。

（1）计划经济时代我国儿童福利发展特点和取向。从 1949 年新中国成立到十一届三中全会确立改革开放目标期间，儿童福利发展尚处于萌芽和初级发展阶段。儿童福利发展还带有计划经济的特征，福利供应高度集中，体现出社会主义制度对儿童关怀的基本价值取向和制度安排。尽管儿童福利发展水平还较低，但已经覆盖劳动就业、医疗卫生、教育、伤残等救助救济制度。在以集体主义为中心的指导下，儿童福利主要体现为家庭福利，也就是通过劳动保险、职工困难补助等方式帮助家庭实现养育子女的基本功能。在城乡二元社会结构下，当时的社会福利体系的对象主要是城市居民，城市居民基本处于“生、老、病、死有依靠”的福利保障体系中。在“国家——企业运行模式”下，国家承担了城市居民包括儿童的基本福利保障。随着土地集体所有制的确立，农村逐渐实行以集体保障、家庭保障和国家救济相结合的社会保障体系。这时的儿童福利观念薄弱，与儿童福利有关的内容也分散于基础教育、妇幼保健、婚姻家庭等法律政策中。在儿童福利服务方面，儿童的日常生活照顾得到国家一定程度的关注，托儿育儿服务有所发展。

（2）社会转型过渡期儿童福利政策特点和取向。1978 年到 20 世纪 90 年代中期，中国从计划经济向社会主义市场经济转型，政府和社会作为福利责任主体发挥了重要作用，以最低生活保障为主要内容的社会救济制度开始确立，城乡分隔的二元社会结构在改革开放与市场经济冲击下开始发生变化，家庭结构和功能也发生转变，核心家庭增多并成为主流的家庭模式，家庭对福利需求增多，困境儿童和“问题儿童”大量涌现，儿童福利保障仍然以救助困境儿童的单一模式为主。《未成年人保护法》和《预防未成年人犯罪法》的通过并没有改变儿童福利供给上的补缺取向。同时，在儿童保护方面，“青少年工作模式”取代“儿童福利服务模式”。在立法和政策上侧重于政治思想教育和意识形态的宣传，而对儿童的教育、医疗、健康等福利保障相对较弱，儿童福利服务理念与实践发展缓慢。

（3）社会快速发展时期的儿童福利政策取向。20 世纪 90 年代中期开始，我国社会进入快速发展时期，儿童的生存和发展问题开始成为国家公共政策与社会政策的核心议题，儿童发展的国家级行动方案与发展规划制定并实施，《九十年代中国儿童发展规划纲要》提出将儿童发展置于社会发展的优先领域，开启了中国儿童福利时代的航程；《中国儿童发展纲要（2001～2010年）》基本搭建了中国现代儿童福利制度框架与儿童福利政策框架；《中国儿童发展纲要（2011～2020年）》明确将提升儿童福利水平，提高儿童整体素质，促进儿童健康、全面发展，以及推动儿童福利由补缺型向适度普惠型的转变作为发展目标。我国儿童福利制度开始向现代儿童福利制度迈进，2010年民政部和财政部出台《关于发放孤儿基本生活费的通知》，标志着我国儿童福利理念和认识的变化：机构内的养护扩展到机构外，儿童福利津贴制度开始确立，政府承担起全体孤儿的主要经济责任。尽管仍然局限于孤儿这个困境儿童群体，但可以看到在儿童福利服务方面的转变：儿童福利理念的转变、服务对象范围扩大、服务项目增加和儿童福利机构的功能转型。但是由于长期以来儿童福利与儿童保护隶属于不同的主管部门，儿童福利服务分隔化特征明显。在狭义儿童福利和广义儿童福利观念指导下的儿童福利服务之间缺乏必然联系，这种分隔化突出反映在价值和政策取向上，也反映在具体服务的服务对象、内容及行政管理等方面。在儿童福利价值取向上，儿童福祉和儿童自立的福利目标尚不明确；在实践价值上，儿童福利多元化、社会化、专业化发展还没有提上议事日程。儿童福利服务中国家、社会、家庭的角色和责任尚待进一步明确。

2. 儿童福利范式选择

从上文对儿童福利不同发展阶段的特点和取向的梳理，我们可以清楚地看到，从广义的儿童福利概念来看，中国儿童福利价值取向和现实取向依然是补缺型的模式，从国家福利功能角度而言，儿童福利实践主要还是以救助为主、狭义的社会保护为辅，家庭承担了儿童养育的基本功能。儿童福利发展和演进的历史已经告诉我们，儿童福利的供给完全依赖国家和完全依赖家庭都有弊端，前者造成福利依赖、父母子女亲情疏离等；后者造成社会不公的延续，甚至贫困的代代相传，特别是对父母不适格、单亲家庭等困难家庭，儿童福利更是无从谈起。

儿童福利演进的历史表明，儿童福利发展受到很多因素的制约，包括以下突出的方面：一是社会整体的价值取向。先进的儿童发展观和儿童权利观是儿童福利的思想基础。毫不夸张地说，有什么样的儿童发展理念，就会产生什么样的儿童福利政策。二是经济发展与劳动人口的比率。这个比率能在一定程度上反映生产效率，也会影响儿童福利的提供水平。三是社会整体性建设。儿童福利需求的满足涉及儿童的生理、心理、情感、精神和社会等多个方面，对这些需求的满足也依赖于国家的儿童福利政策和运行机制的整体性建设。

应当看到，经过几十年的发展，我国儿童福利制度正在进入改革和发展阶段，确立了从补缺型向适度普惠型的发展方向，这种儿童福利范式的选择不是简单的他国经验的复制或路径依赖，是符合我国基本国情的选择，其基本假设：一是父母有养育子女的天职，这既是我们的传统观念也是《儿童权利公约》确立的父母责任精神的延伸，家庭环境是儿童健康成长的首要条件；二是儿童的天然弱势，容易受到来自社会、家庭的伤害，甚至来自父母的虐待等暴力侵害，这已经为儿童发展历史和现实无数次证明。因此，传统的补缺模式仅涉及机构内的孤残儿童的政策取向显然存在不足。每个儿童的健康成长不仅是其发展的需求，也是对社会的贡献，因此，国家的法律和各项政策应当关注每个儿童的生存和发展，从这个角度考虑，儿童福利的普惠模式应当是我们的选择。同时应当注意的是，在政治经济和社会发展的一定阶段，在社会不公还非常普遍的环境下，平均式的普惠制将又强化社会的不公，这也是一些国家采取“需求”取向的儿童福利模式、用儿童福利服务代替现金支付、对福利享有制定各种条件进行限制的原因，这些限制也利于家庭自立、强化父母责任。尽管儿童福利普惠制还处于探索性发展的阶段，但这种探索为我们确立了儿童福利的发展方向，即惠及每个儿童的普惠型儿童福利模式。

四　儿童福利保障的标准：法律和政策指标

儿童福利制度在发展过程中形成了某些普遍性、结构性规律，这些规律成为普遍性的衡量标准和国际惯例，成为观察、分析和评价特定国家儿童福利制度发展阶段与水平的重要参照标准，成为考察哪些制度是本国特色、哪些是国际通则、哪些是普遍规律、哪些是特殊规则的衡量标准。这些规律包括儿童福利政策选择从补缺型向普惠型的发展，采取放任主义的儿童福利模式、尊重家庭和儿童自主权利的模式，以及政府为主导的儿童福利模式等。特别是那些已经载入《儿童权利公约》以及其他得到大多数国家认同的法律规定，为各国儿童福利法律政策制定和实施提供了国际标准。在我们讨论儿童保护的国际要求和标准之前，有必要对国际上通行的福利评估和相关标准的理论做一点讨论，以便更好地理解国际标准及各国在儿童福利保障方面与国际标准的差异。

（一）衡量儿童福利状况的一般指标①

福利涉及资源的分配和再分配，福利资源配置深深地受到社会分层的影响，传统福利标准重效率而轻公平的特点恰是反映了这一理论的影响。吉尔伯特（Neil Gilbert）的“目标定位”标准②也体现了福利分配与社会分层的紧密联系，根据目标定位政策，要将有限的福利资源分配给最需要的人。这就要求对福利目标群体进行筛选来决定哪些是最需要的人，以此减少福利开支，缓解经济危机。这样一来，筛选出一个界限分明的受助群体，社会分层与福利制度的关系就明确了。这种观点也揭示了社会福利的另外一面：原本福利是为了缩小贫富的差距，但在社会福利建构过程中，层析出一个低层群体，造成了对受助者人格尊严的损害，助长了社会两极化发展，这种现象在建立补缺模式的福利制度初期尤为明显。

社会分层是一种复杂的社会分化现象。国内外很多学者在研究社会福利问题时都涉及社会分层问题，皮埃尔·布迪厄提出从经济资本、文化资本和社会资本三个视角衡量社会福利的分层理论，他认为不同阶层对社会福利的态度和行为是不同的，这也就是所谓的社会福利制度可以营造出一定的“生活习惯”进一步强化阶层的存在。③ 也就是说，社会权利的不平等导致资源配置、福利分配、就业等方面的不平等，这种福利享有的不平等又加强了阶层的分化。而处于分层底端的人，由于拥有的经济资本、社会资本较少，因此对社会福利的享有也处于较低的水平。与此相伴随，分层底端家庭中的儿童在福利享有方面也得不到充分的满足。儿童在教育、居住、健康等方面的需求和生活品质的提高主要依赖于家庭，处于分层高端的家庭，各种资源充足，向儿童分配的资源充裕，儿童需求能得到充分的资源保障，处于分层底端的

---

① 本部分参考了陈晨《社会分层视野下的儿童福利制度解析》，《少年儿童研究》2010 年第 22 期；刘新亮、雷海潮：《国外儿童发展与福利状况综合评价研究的最新进展》，《医学与社会》2007 年第 11 期；宋宝安、李艳艳：《论社会分层与社会福利制度的关系》，《社会保障研究》2009 年第 1 期。

② 〔美〕尼尔·吉尔伯特编《社会福利的目标定位——全球发展趋势与展望》，郑秉文译，中国劳动社会保障出版社，2004。

③ Pierre Bourdieu, *Distinction: A Social Critique of the Judgement of Taste*, translated by Richard Nice, Harvard University Press, 1984, pp. 114 - 124.

家庭则无法满足儿童福利需求。因此，家庭的政治、经济和社会地位直接影响儿童福利的供给预期。

然而，用分层理论的三项指标衡量儿童福利状况也不是十分全面，也就是说，衡量儿童福利状况的标准或指标不仅限于经济、文化和社会资本，一些综合性的衡量儿童福利状况的评价指标受到人们的关注。不仅是在各个国家，就联合国来说也倾向于采取综合性的评价指标来考察儿童的发展状况，除了以往重点关注的儿童生存、健康指标外，更偏重于从综合性的视角考察儿童发展与福利状况。比如，联合国儿童基金会在对经济合作与发展组织（OECD）国家的报告《富裕国家儿童福利纵览》中就是根据六个维度或指标来衡量儿童的福利和发展状况的，这六个维度或指标包括：物质生活、健康和安全、教育质量、家庭和同辈关系、行为和风险、幸福感。① 可以看出，其在关注儿童生存和发展指标的同时，还强调儿童的生活品质和精神福利，这种对儿童福利状况的综合指标无疑是儿童福利法律和政策制定的重要工具。这些评价指标和工具都深受联合国《儿童权利公约》的影响。

在中国，明显的大分层就是城乡二元分立，这种分层有经济、社会、文化的因素，更多的是政治的因素。这种分层决定了中国各个方面的整体风貌，也决定了儿童福利发展的基本特征。乡村儿童相比于城市儿童，在经济、社会、文化资本方面都更加匮乏，更加难以享受基本的教育、医疗等福利资源。因此，在制定儿童福利标准的时候，应当考虑乡村儿童和城市困境儿童的状况，对他们设定较高的保障标准，这样才能缩小因社会分层带来的不平等。比如，民政部和财政部联合下发的《关于发放孤儿基本生活费的通知》就将孤儿生活费按东、中、西部地区分为三个标准等级，这起到了缩小地区差距作用。但从总体上来看，我国急需制定一部《儿童福利法》以及与此相配套的儿童福利保障标准，以保障全体儿童的福祉，促进其健康发展。

（二）国际标准和综合评价

儿童保护和儿童福利保障的国际标准体现在与儿童有关的国际文件中，特别是国际公约当中，这些公约中的指标无疑对各成员国具有约束力。但同时我们还注意到，联合国儿童基金会等国际组织关于儿童福利状况的报告采用的指标体系比相关的公约和议定书更加详细和具体，这些报告也是

---

① UNICEF Report Card 7, Child Poverty in Perspective: An Overview of Child Well-being in Rich Countries, UNICEF Innocenti Research Centre, 2007, p. 2.

我们考虑儿童生存和发展状况时的重要参考。当然，国际文件确立的指标一般是缔约国长时间博弈的结果，因此提供的大多是最低标准，更常见的是一些基本原则和规范准则。如何实施这些原则性、规则性的标准则需要各缔约国根据本国的具体政治、经济、社会发展状况，在不违背国际公约的前提下，制定本国的履约标准。比如，1973 年国际劳工组织关于《准予就业最低年龄公约》、联合国《少年司法最低限度标准规则》（《北京规则》）等文件在我国的实施情况。我国已经批准了《准予就业最低年龄公约》，公约中的标准对我国相关政策和法律具有约束力，其第 1 条规定，“凡本公约对其生效的会员国，承诺执行一项国家政策，以保证有效地废除童工并将准予就业或工作的最低年龄逐步提高到符合年轻人身心最充分发展的水平”。第 2 条第 3 款规定，“根据本条第 1 款规定的最低年龄应不低于完成义务教育的年龄，并在任何情况下不得低于 15 岁”。也就是说，我国的相关法律政策规定的就业年龄应当是 16 岁以上。而对于少年司法标准，尽管《北京规则》不是一个具有法律约束力的文件，但目前《北京规则》已经得到国际社会的普遍认可，某种程度上具有国际习惯法的效力，也是我们制定少年司法相关法律政策的重要参考。

当然，从《儿童权利公约》制定的过程中我们也看到，儿童生存和发展国际标准的制定受不同文化、政治、宗教等因素的影响，反映了各种不同儿童观甚至国力的对比、斗争和妥协。当这些经过争斗妥协达成的最低保护标准适用于各国时，又要受到国内各种条件的限制。为了执行国际标准，我国制定了《未成年人保护法》《预防未成年人犯罪法》，以及各项儿童福利政策，这些国际标准比较具体地体现于国家层面的三个儿童发展纲要以及各部门发布的发展规划和纲要中。

1. 儿童发展与福利标准的基本理念

1989 年联合国大会通过的《儿童权利公约》具有里程碑意义，该公约所确立的儿童保护基本理念和基本原则成为各成员国①儿童保护和发展的基本指标和标准，也是联合国儿童权利委员会评价成员国儿童发展状况的基本指标。世界上许多国家根据《儿童权利公约》颁布了本国儿童保护法律，并据此制定了本国儿童保护标准，根据要求定期向联合国儿童权利委员会提交本国儿童保护和儿童福利发展情况的报告。除此之外，联合国以及相关非政府组织，

---

① 批准和加入《儿童权利公约》的国家在 2009 年达到 193 个国家。参见联合国儿童基金会编《世界儿童状况：特别专刊》，2009，第 2 页。

也根据《儿童权利公约》等文件开发一些评价指标，对世界儿童状况以及各国儿童发展状况进行评估。比如，2012年救助儿童会发布《儿童发展指数》（*Child Development Index*）报告，[①] 该报告以联合国《人类发展指数》为参照，通过对儿童福利领域的三个指标进行监测和评估而得出的，这三个指标分别为：卫生（5岁以下儿童死亡率）、教育（未入学的小学适龄儿童百分比）和基本需求。这里的"基本需求"是指儿童的营养状况（即5岁以下儿童低体重的百分比），而不是指个人平均收入。但值得注意的是，不管国家采取什么衡量儿童福利的指标体系，都受到《儿童权利公约》等文件的相关精神、理念、原则指导，包括该公约所确立的儿童作为权利主体的基本理念，该公约确立的最大利益、非歧视、尊重儿童、保护儿童生存权和发展权原则等；再如，联合国儿童权利委员会《关于缔约国根据〈公约〉第44条第1（b）款提交的定期报告的形式和内容的一般准则》中考察儿童状况的八个方面，包括实施措施、定义、基本原则、公民权利和自由、家庭环境和替代照料、基本保健和福利、教育文化和休闲、特别保护措施。所以，儿童福利状况的评估体系是一个综合的评价体系，涉及儿童发展的各个方面，各个标准和评价指标设计既要有分类标准和指标，也要有综合的评估。缺少任何一个方面都不能全面反映儿童发展的整体状况，也无法考察儿童福利分类指标的状态以及不同状态下儿童福利之间的差距。《儿童权利公约》的重大意义远不只在立法领域。它也使得对待儿童的态度发生转变。事实上，公约确立了童年条款，概述了所有18岁以下的个人在被对待和照料、生存、发展、保护及参与等方面权利的最低标准。

2. 综合评价的指标及其权重

儿童发展与福利状况涉及多个领域，《儿童权利公约》和生命质量理论的综合评价一般都采用较复杂的指标体系。因此，联合国儿基会每年发布的《世界儿童状况》因涉及面太广，每次发布的报告都会有一个倾向性主题，比如，青少年发展、妇幼保健等。而其在《富裕国家儿童福利纵览》中将儿童福利指数分为六个维度或指标：物质生活、健康和安全、教育质量、家庭和同辈关系、行为和风险、幸福感，这六个指标项下又分为若干个小项，通过几十个评价指标反映总体状况。其在设计统计指标时遵循了以下原则：①采用以儿童为观察单位的指标体系。②采集最新的数据。③注意数据来源的一

---

① 参见救助儿童会编《2012年儿童发展指标：进步、挑战和不平等》，救助儿童会内部出版，2012，第8页。

致性。④数据指标的代表性，即要求每项指标要有75%国家的数据。[①]

相比之下，发展中国家建立的评价指标体系则相对简单，儿基会在测算这些国家的绩效差距时也仅从“5岁以下儿童死亡率”、“小学5年巩固率”和“5岁以下低体重患病率”三项指标衡量其儿童基本状况。实际上，儿童发展和福利状况的衡量标准和评估指标一直是在不断变化当中的，这从联合国儿童权利国际标准的演变过程可以窥见一二，也可以从联合国和各国评估指标设定的差异上有所了解，可以说，不管衡量的标准是什么、指标量有多少，都不可能做到全面，但是，只要一些重要的指标得到准确的展示，就不会妨碍我们了解儿童发展和福利状况的大概。当然，各种指标对儿童发展和福利状况的说明性或者指标意义是不同的，比如，儿童死亡率指标和低出生率指标对儿童福利状况的说明意义就不同，这也就导致了各种权重分配的处理方法的出现，有学者采用“客观赋权法”和“主观赋权法”，还有的采用“等权重处理方法”。后者认为虽然给不同指标赋予不同权重在理论上是合理的，但实际分配权重时很难找到客观的权重分配依据。等权重处理法的长处是：“（1）计算过程简单明了，增加了结果的可信度以及其他研究者验证测算结果的可能性。（2）在权重分配标准存在争议时，等权重遇到的反对阻力是最小的。（3）等权重处理虽然有些武断，但儿基会认为，测算方法对所有研究对象来说是公平的，不妨碍结果的可比性。”[②] 救助儿童会也采用了等权重方法，2012年《儿童发展指数》即通过计算各时间段的平均分数对健康、营养、教育等指标进行汇总，也就是说这三项指标在评分中具有相同的权重。《儿童发展指数》所使用的数据源自世界银行、联合国以及各国官方发布的数据，并按1995～1999年、2000～2004年及2005～2010年三个时期进行划分，每个时期的数值取平均值。[③]

关于综合评价指数的计算也有不同的方法。综合评价指数是要将各指标数值按照一定计算方法汇总成各维度的指数，再将各维度的指数汇总得到综合评价的总指数。研究者根据研究目的不同，采取不同计算方法，包括效绩差距法、归一化法、基年法、Z值法。这里没有一一介绍的必要，而且因为

---

① UNICEF Report Card 7, Child Poverty in Perspective: An Overview of Child Well-being in Rich Countries, UNICEF Innocenti Research Centre, 2007, p. 2.

② 刘新亮、雷海潮：《国外儿童与福利状况综合评价研究的最新进展》，《医学与社会》2007年第11期。

③ 参见救助儿童会编《2012年儿童发展指标：进步、挑战和不平等》，救助儿童会内部出版，2012，第8页。

每种计算方法各有利弊，有的已经不再使用，比如，效绩差距法及其衍生指数存在明显不足，联合国自 1997 年已经停止对该指数的发布。

3. 综合评价研究的主要结果

儿基会在 1997 年放弃国家绩效差距的计算方法之后，采用“5 岁以下儿童死亡率”对各国儿童健康状况进行排序，以此激励死亡率较高的国家采取措施。救助儿童会的儿童发展指标也采取了同样的指标来衡量儿童健康状况，另外，还采取中度或重度体重不足的 5 岁以下儿童的百分比衡量儿童营养状况，以及采取未入学的小学适龄儿童的百分比衡量教育状况。[①] 根据联合国儿童基金会在《富裕国家儿童福利纵览》中的研究结果，可以初步得出结论，在经济发展水平差距不是特别大的国家之间，国家经济发展水平对儿童福利状况的高低没有决定性作用，而更多的影响可能来自统治者的政治意愿、人口的整体素质等。在这个评价中捷克的儿童发展和福利状况排名在法国、澳大利亚、美国和英国之前就是个例子。[②]

儿童发展与福利状况综合评价的结果至少有如下一些效用。一是既能从总体上了解儿童发展和福利状况，也能了解具体维度指数的状况，如健康维度、教育维度等；二是能够作为研究儿童发展政策的重要工具；三是以值得信任的数据，对儿童福利相关的法律和政策制定提供参考。

---

① 参见救助儿童会编《儿童发展指标：促使政府为儿童为福利尽责》，救助儿童会内部出版，2008，第 11 页。

② UNICEF Report Card 7, Child Poverty in Perspective: An Overview of Child Well-being in Rich Countries, UNICEF Innocenti Research Centre, 2007, p. 2.

第三章　儿童福利服务体系①

一　儿童福利服务保障机制

有论者认为，社会福利是以政府及社会为主体，以全体公民为对象，以制度化与专业化为基础保证，以保障性与服务性为主要特征，以社会支持网络为主要构架，以物质资助和精神支持为主要内容，以解决社会问题为目的，旨在不断完善和提升公民的物质与精神需求，提高社会生活质量的社会政策和社会制度。② 儿童福利作为社会福利的下位概念，儿童福利体系架构与社会福利体系具有同构性，因此，可以利用社会福利体系的分析模型对儿童福利体系架构进行分析和整合。

现代儿童福利体系虽然具有若干显著的制度特征，但其涉及的范围要大于儿童福利制度架构。体系是指若干有关事物或某些意识相互联系的系统构成的有特定功能的有机整体。而制度是为了实现某种功能和特定目标的社会组织乃至整个社会的办事规程或行动准则。可以说，儿童福利制度是儿童福利体系的一个组成部分，后者在内涵和外延上都要大于前者，具体表现在这样一些方面：①责任主体。儿童福利保障体系构成主体涉及政府、社会、社

---

① 本部分主要参考文献包括周沛《社会福利体系研究》，中国劳动社会保障出版社，2007；周沛：《社区工作中的社会支持网络建构及其意义》，《社会科学研究》2003 年第 6 期；刘继同：《中国特色儿童福利概念框架与儿童福利制度框架建构》，《人文杂志》2012 年第 5 期；刘继同：《儿童健康照顾与国家福利责任　重构中国现代儿童福利政策框架》，《中国青年研究》2006 年第 12 期；王晓燕：《日本儿童福利政策的特色与发展变革》，《中国青年研究》2009 年第 2 期；何玲：《瑞典儿童福利模式及发展趋势研议》，《中国青年研究》2009 年第 2 期。

② 参见周沛《社会福利体系研究》，中国劳动社会保障出版社，2007，第 7～8 页。

区及慈善人士等多元化的主体；而儿童福利制度的建构主体是政府。②内容。儿童福利保障体系涉及福利的设计、提供等一系列功能的实现系统，具体福利内容涉及物质、精神及文化层面，涉及社区和专业化提供福利服务的价值系统及理念或观念架构，这些理念来自对政策的准确分析、实践智慧及对社会条件的研究；而儿童福利制度主要包括制定一系列政策、法律等行为规范，促进、保障福利提供和服务的实施。③实施方式。儿童福利保障体系实施方式有多样性的特点，包括儿童福利保障制度、社会工作介入、社会化服务及网络化支持，相较之下，儿童福利制度实施则通过行政执法和司法方式实现。另外，儿童福利体系还包括儿童福利实践。实际上，在儿童福利实践中，儿童福利是通过国家和社会组织两个渠道提供的。

现代儿童福利体系具有普及性、综合性、连续性和系统化的特征，服务对象涉及全体儿童，服务内容包括家庭福利、医疗保健、基础教育与福利服务。重要的是，由于儿童期是儿童生理、心理、人格、道德和社会发展的关键时期，在物质上、精神上和情感上都有特殊需求，需要根据儿童的需求，建立较为完备的由卫生保健、教育、家庭照顾、福利服务等共同组成的福利体系。

儿童福利保障体系作为一个有机的系统，具有自己的体系特征：①它首先是一个保障儿童基本生存质量，促进儿童健康发展，提高儿童福利水平的有机整体。②体现社会正义和平等。儿童是社会的弱势群体，对儿童的保护首先就是社会公平的体现。不仅如此，它还能够通过制度化、政策性、专业化、职业化的多元化手段，最大可能地为所有儿童提供公平的机会和生存空间，使弱者不仅能够得到基本的生活保障，还能不断提升生活质量和福利水平，享受社会发展的成果。③儿童福利保障体系的对象是全体儿童，具有普惠性。④服务的非营利性和服务性，是以利他主义价值理念为取向的。因此，儿童福利保障体系应当是儿童社会生活最后的安全网，是其生活满意度的推进器。[①]

从纵向上看，儿童福利保障体系可以分为五个层面：①制度化、政策化的儿童福利制度构架（法律制度，司法制度，独立的儿童保护机构，儿童及其家庭救助，优扶）；②职业化、专业化的社会工作（个案社会工作、社区社会工作）；③多元化、专门化的社会服务网络和互助式的社会支持网络（社区或机构的儿童服务、心理辅导、邻里互助等）；④政府提供的公共福利和职业

① 参见周沛《社会福利体系研究》，中国劳动社会保障出版社，2007，第35～36页。

福利（公共产品提供和维护，如教育、医疗等）；⑤危机处理机制（儿童保护）。从横向上看，各项制度建设和服务体系涉及的内容，包括救济方式、法律政策构架、社会福利服务所包含的福利内容，这就涉及儿童福利模式以下几个方面的问题：是补缺型，还是普惠制；是仅包括孤残儿童救助、被虐待儿童保护，还是涉及全体儿童及其家庭的福利、儿童教育、医疗等内容；涉及福利规模小大、福利内容多少、服务水平高低；是仅包括对儿童物质帮助，还是也包括精神福利内容。从历史发展的眼光看，儿童福利制度体系不仅由于文化、制度、社会发展不同而有所不同，还有传统和现代的差别。那么，从实然的角度分析，我们讨论儿童福利制度体系应当以现代的视角，参考发达国家儿童福利制度体系，对儿童福利制度体系架构做出合理分析。儿童福利保障体系的形象表示如下所示。

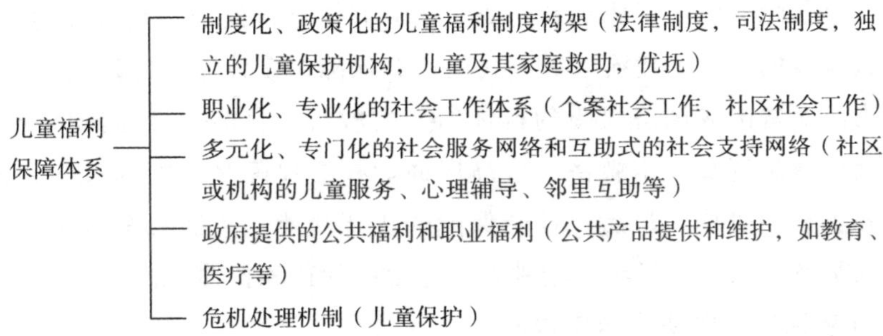

（一）制度化、政策化的儿童福利保障制度架构

一个国家儿童福利制度是建立在政策化、制度化基础之上的，带有“官方”和“强制福利”的色彩，是儿童福利体系得以建成和运行的基本保证。其完善需要这个国家的法律政策、政治经济和社会发展、观念更新等多方面的有机配合，还与国家的整体社会福利和社会保障制度密切相关。其中，观念的更新是法律制度完善的思想基础。在前文已经对儿童福利观念及儿童福利价值追求做了较多的论述，此不赘述。这里主要从制度架构上考察儿童福利制度建构的诸多方面，大体涵盖如下几个方面：国家主导的儿童福利法律制度，包括立法、司法和执法；独立的儿童保护机构建设；国家的宏观管理，包括专业机构和民间的福利服务，还包括国家对儿童及其家庭的救助和优扶等。总之，儿童福利制度是要通过法律、政策等建构一个由政府、社会组织、家庭及儿童自身等多个主体参与的工作机制，建立一个多层次、立体式、全方位的儿童福利服务体系。儿童福利保障制度离不开整体社会保障制度的发展和变革，因此，有必要先对社会保障相关问题做一下梳理和探索，以便接下来对儿童福利制度相关问题进行研究。

尽管社会保障与社会福利不一样，社会保障的基本目标是保障公民的基本生活需求，而社会福利是提高社会成员的生活水平与生活质量，但还是可以从社会保障的特征、内容中分辨出它的福利功能。首先，社会保障具有经济福利的功能。社会保障主要是通过经济性给付和补偿达到保障的目的。比如，失业保险、医疗保险、社会救助等保障措施，这些经济措施显然为那些无法自己解决物质生活需求的群体提升了生活质量，也是一种福利供给。其次，社会保障有社会性福利的功能。社会保障有促进社会公平的一般功能，在落实保障措施的过程中，能够使收入水平、健康状况、工作状况、劳动就业状况等不同的群体之间的关系得到最大程度的协调，社会成员从公正的机会和结果之中获得满足感，对处于弱势地位的群体也是一种社会性的福利。再次，社会保障的弱势群体福利功能。弱势群体是指处于不利地位的弱势者，包括无人抚养的儿童、残疾人等。我国社会保障制度体系最底层的社会救助，是对无力应对贫困或经济风险的群体给予的救济。目前，最为典型的是城乡最低生活保障制度及灾难救济。最高层面的社会保障是政府为孤儿、残疾人兴办的各类福利机构。最后，社会保障的优抚功能。指针对军烈属及有特殊贡献的人员及其家属在经济、精神及服务上的优待和抚恤。

1. 儿童福利政策法律制度构架

儿童福利政策是社会政策的一种，社会政策是政府为了直接影响社会福利所制定的政策；是政府社会福利方面措施的最高指导原则、指导方针；是一种系统解决或预防社会问题、协调社会关系、革新社会制度的施政方针与具体的行动路线。社会福利政策属于公共政策的范畴，为政府选择从事或不从事与民众生活福祉相关之任何行为。儿童福利政策构架是国家与社会有关儿童福利与儿童保护政策与服务的集合体。政策构架又称政策性结构，是有关相同主题的政策与服务的总称和集合体，核心是国家与社会所有有关特定议题政策与服务之间的关系模式。儿童福利政策可以从纵横两个方面看待，纵向的包括国际范围、外国、本国的儿童福利政策，横向的主要涉及政策内容。

随着社会的整体发展，儿童的福利需求水平也在提升，这就要求对儿童福利政策做出相应的调整。儿童福利政策通常是以儿童的需求满足、权利保障和儿童保护为取向的一系列谋求儿童幸福的方针或行动准则，具体涉及医疗健康、教育、家庭福利及儿童保护政策等，其中的儿童社会工作等儿童福利服务是儿童福利提供的保障。儿童福利政策一般应体现和规定一些最基本的方面，比如，政府的主体地位和主导性作用、职能部门的责任和义务、社会责任、儿童福利保障的基本原则、家庭与父母责任、促进儿童全面发展等。

从欧亚发达国家儿童福利发展历史看，各个国家的儿童福利制度形成与整体社会福利形成的关系各异，有的要比整体社会福利形成晚，比如英国、德国，1834 年英国新济贫法出台，贫困儿童的救助才有了实质意义；而有的国家则基本同时形成，如瑞典。日本儿童保护福利制度早先移植于欧洲儿童福利制度，其本土特色的儿童福利保障制度形成并确立于第二次世界大战以后。进入 20 世纪之后，各国都明显地跨入了现代儿童福利制度建构的新阶段，表现出儿童福利制度的当代特点。

首先，儿童福利模式不断变革，法律制度不断完善。绝大多数国家儿童福利模式都由补缺型向普惠型发展。比如，英国在反思传统儿童福利制度的同时，将新的儿童福利制度发展为针对全体儿童的制度型机制，其儿童福利遵循的总原则是“每个儿童都重要”和促进所有儿童身心的全面发展；在日本，第二次世界大战后通过大幅度修改儿童福利法，特别是 20 世纪 90 年代，其儿童福利制度体系发生关键性变化，儿童福利政策模式转变为“普惠型”。美国的情况则不同，其儿童福利至今仍有明显的补缺特色，这应当和美国儿童福利观的不同认识及美国政治体制、文化等因素有关。而韩国的儿童福利制度体现出发达国家儿童福利制度特色的混杂。

儿童福利法律制度的建构涉及相关的立法、司法和执法。从全球来看，第二次世界大战的结束既是包括儿童权利在内的人权发展的关键时期，也是儿童福利制度建构的大发展时期，因此，20 世纪也被称作是“儿童的世纪”。在国际范围，《世界人权宣言》、人权两公约、《儿童权利公约》等重要国际文件确立了儿童应与成人一样享有权利的主体理念，明确了儿童权利包括生存权、发展权、受保护权和参与权。在国际社会的影响下，很多国家进入儿童福利制度的转型期。比如，英国迎来了儿童保护立法上的第二个黄金时代，制定了《儿童监护法》、《收养照管法》和《儿童抚养法》等，特别是 1989 年《儿童法》确立了儿童福利至上的原则，对儿童权利的保护做出了明确规定。瑞典儿童福利法制发展逐渐推进，随着社会发展不断地修改和完善。主要包括《带薪亲职假法案》、《儿童及少年福利法》、《儿童照顾法》和《学前教育法》等。进入 20 世纪之后，随着对儿童状况和儿童特点的认识，美国推行了一系列改革运动，并制定了一些相关法律，包括《社会保障法》、《预防虐待儿童及处理法案》和《未成年人独立法案》等。进入 21 世纪，伴随经济的发展，日本对儿童福利制度进行了结构性调整，政府为了从社区、家庭、学校等多方面为儿童提供系统的、可操作的儿童福利政策，相继出台了《儿童虐待防止法》《学校营养午餐法》等，并修改了《儿童福利法》，形成较为完善的儿童福利法律体系。

其次，儿童福利内容越来越丰富，全方位的儿童福利体系逐步形成。儿童福利的内容从注重对受伤害儿童的保护到关注儿童教育、医疗、福利服务，包括儿童家庭福利多个方面。以欧洲为例，英国儿童享有的福利包括：享受除牙科手术、视力检查和配眼镜以外的一切免费医疗，家庭各种补贴和津贴（产妇津贴、生育补助、儿童津贴、儿童特别津贴、儿童监护津贴、单亲津贴等），免费中小学教育（课本、文具、午餐一律免费），福利服务（社区儿童之家为无暇照顾孩子的家庭提供帮助并收留照顾孤儿、弃儿）。[①] 瑞典政府为促进儿童的全面发展，推行父母保险、家庭津贴、儿童津贴、各种医疗保险和福利服务，创造了儿童友好型和母亲友好型的环境和福利政策，不仅利于提升儿童及其家庭福利，也促进了女性就业率与生育率的提高。在儿童福利内容不断丰富的同时，儿童福利体系也呈现立体式的发展，进入 20 世纪之后，在很多国家，儿童越来越居于社会发展的中心地位，儿童参与家庭生活、文化生活和社会生活受到重视。同时，在儿童福利服务体系中，政府更加偏重于发挥宏观管理的职能，而包括慈善团体、非政府组织等社会力量也在各自领域开展儿童福利服务，形成了一个政府主导、部门协作、社会参与的多层次儿童福利服务网络。

最后，形成政府为主导，家庭为中心，政府、企业、社区、学校共同分担责任的儿童福利服务模式。政府为主导不是政府对儿童福利的所有事务大包大揽，也不意味着政府对家庭事务的强行干预，而是政府在儿童福利保障中扮演的角色重要，养育和保护儿童不仅是父母的责任，也是国家的责任。国家通过立法及国家权威对儿童加以保护，各种类型的儿童福利服务机构、社区服务、专业人员的服务、家庭养育等都受到政府的监管和指导。这在北欧福利国家更加明显，比如瑞典强调儿童照顾及培育优质国民是国家的责任，认为“瑞典年轻一代的命运决定了瑞典的命运”，其儿童福利政策采取国家干预的方式，基本上由政府承担儿童照顾及家庭支持的责任，包括法律政策的制定、儿童福利经费支付、儿童教育等服务的提供等，都紧紧围绕儿童的最

---

① 参见庞媛媛《英国儿童福利制度的历史嬗变及特征》，《信阳师范学院学报》（哲学社会科学版）2009 年第 4 期。

大利益设计和运行，其儿童福利政策表现出公共提供、平等普及、充分配合父母工作需要等明显特征。在日本则呈现儿童福利家庭中心的特点，其儿童福利整体构架中始终贯穿“以家庭为先导，推行地方政府、企业、社区多元化治理”的福利政策理念。这是日本在反思欧洲儿童福利过分依赖政府而导致高税收、高福利、高负担所带来的弊端的基础上的理性选择，因此，日本儿童福利制度建构强调父母的自觉养育是确立国民道义的根本，而同时，这种对家庭责任的强调，并不意味着国家、企业和社会力量可以对儿童福利不尽责任，相反，日本社会形成了企业与家庭生死与共的观念，许多企业都将儿童福利作为员工福利的一部分。这种儿童福利政策将家庭责任与职能发挥到极致，形成了以家庭为中心，社会力量、企业、政府提供必要援助和指导的儿童福利服务构造。

2. 儿童保护机构建设

设立专门的儿童保护机构是《儿童权利公约》所要求的，世界发达国家都设有专门的儿童保护机构，其中经常被提到的是挪威的儿童监察专员办公室和美国的儿童福利局。

联合国儿童权利委员会一贯建议设立独立的儿童监察官、委员会或专员，或者在人权委员会设立儿童事务联络办公室。挪威是世界上第一个设立为儿童利益而工作的监察官的国家，其提供了一个儿童可以就权利侵犯进行申诉的机制，因此，该办公室是一个权利救济性质的机构。儿童监察专员的职位和其他监察官的职位大不相同，儿童监察专员不处理与特定法律领域有关的申诉，而是担当儿童利害关系的代言人。儿童监察专员作为儿童权利代言人及作为儿童权利保护者的制度安排，适用于挪威儿童立法涉及的所有领域。其主要职责包括：儿童的独立代言人；为提高儿童生活质量发表意见；有权自行决定并处理其专业领域的优先事项；有权查阅政府处理儿童有关的所有事项的文件，有权访问所有儿童机构。1997 年，来自十个欧洲国家的独立儿童人权机构在挪威成立了欧洲儿童监察官系统（ENOC），这个系统致力于改善欧洲儿童的生存状况，其权限包括：鼓励《儿童权利公约》的实施；支持向全欧洲的各类机构争取儿童权利的努力；共享与儿童有关的信息、方法和策略；为各个监察官办公室意见沟通提供平台；推动和支持儿童权利独立机构的发展；确保国家在有关儿童的积极政策上集体行动；监督儿童生存和发展状况及政治经济发展对儿童的影响。

就独立的儿童机构的设立，儿童权利委员会对一些问题长期表示担忧：

一是儿童机构的独立性，是否易于受到政府或利益集团的操纵；二是儿童的申诉程序是否对儿童友善，儿童易于进入并广为儿童所知；三是儿童机构进行有效监督的权威性、有效性和信息来源。

美国联邦儿童福利局由第一次白宫会议所建立，以便对儿童生活的所有阶段和福利进行调查和报告。受美国政治司法体制的影响，儿童福利局也有联邦级和州级的两级建制。大体上，美国儿童福利局人员包括接线员、紧急行动员、调查员、社工、审核员、宣传辅导员、法律工作者、高级管理人员和其他人等，他们的职责包括：①通过热线接受案件。②对处于人身危险状态的儿童做出安排。③调查员负责调查有关虐待的报案是否真实，并决定儿童福利机构是否要采取下一步行动。④跟踪儿童成长，并通过家长培训和家庭救助等方式与儿童及其父母经常打交道。社工还是在儿童安置程序中就如何保护儿童最大利益提供建议的人。当一个虐儿案件被证实或者儿童福利局已经采取了紧急行动，这些案件就会被分配给不同社工，由社工代表儿童的利益介入接下来的处理程序。⑤招募、审核和培训寄养和收养家庭，以确保那些父母被剥夺监护资格的儿童能够找到一个合适的替代家庭环境。⑥对那些危险家庭（可能会虐儿的家庭）提供一些专门服务（如开设父母班）；提高父母关于儿童虐待与忽视问题的认识，提供相应的预防措施；并就如何识别虐待与忽视迹象，培训教育工作者、外科医生和其他相关人员。⑦负责起诉那些虐待与忽视子女的父母，就儿童父母、亲属或偶尔也有的儿童代理律师提出的反驳或辩解进行应诉，协助法官对虐待与忽视案件事实真伪做出裁决。⑧雇用精神健康专家、外科医生、家庭和儿童生长发育专家等为儿童福利局工作。①

3. 儿童福利行政②

儿童福利行政是指，在儿童福利保障体系构架内，按照一定的组织构架和分工，运用专业技术手段，对儿童福利供给、社会工作、儿童福利服务、

---

① 参见〔美〕William Bowen《美国儿童保护法律制度综述 3-5》，张文娟译，载《中国律师与未成年人权益保障》2006年第2期、第3期。

② 儿童福利行政部分参考内容包括林胜义《儿童福利行政》，台湾五南图书出版公司，1995；付士成、卢超：《福利行政之组织内部协调——美国福利行政组织改革掠影》，载胡建淼主编《公法研究》（第八辑），浙江大学出版社，2010；周沛：《社会福利视野下的发展型社会救助体系及社会福利行政》，《南京大学学报》（社会科学版）2012年第6期；王思斌主编《社会工作概论》，高等教育出版社，2006；陆士桢、任伟、常晶晶：《儿童社会工作》，社会科学文献出版社，2003；罗英：《美国福利行政正当程序模式研究》，《行政法学研究》2011年第1期。

困境儿童救助等工作进行的行政性事务管理。[①] 其主要目的是协调各系统之间的关系，发挥政府职能部门的效能和作用，以及非政府组织的积极性，最大限度地发挥儿童福利保障体系的功能。

儿童福利行政是社会福利行政和公共行政中极其重要的一环，是所有福利行政中的一项基础性工作。因此，凡是重视儿童福利的国家，都将儿童福利行政作为政府推进社会福利工作的首要行政。西方发达国家在中央政府大都设置一个强大的行政机构，有组织、有系统地推进儿童福利工作。比如，美国早在 1912 年即在联邦劳工部设置儿童局，负责全国儿童福利政策的制定与管理业务，1964 年划归当时的卫生教育福利部社会安全署，1966 年扩充为儿童福利局。英国政府在中央设立社会安全部，作为儿童福利行政的最高主管机关。法国的儿童福利行政中央主管机关是卫生及社会事务部。在瑞典，由社会事务部负责全国儿童福利政策的统一规划与经费拨付。日本则在厚生省设立儿童与家庭局，掌管各种儿童福利行政事务。总之，西方发达国家均在中央政府设立儿童福利行政的主管机关，充分表明了对儿童福利的重视。不仅如此，西方发达国家为加强儿童福利行政的推进，在主管儿童福利行政的各政府部门，均加大对儿童福利经费的投入。

这也告诉我们，儿童福利法律和政策仅停留在文本层面是不够的，法律政策的实施有赖于一整套机构及其完善的运行机制。有论者指出，社会福利行政又称社会行政或社会工作行政，一方面，它是指政府为发挥政府福利工作的功能，完成国家福利工作的职责，根据其制定的一系列社会福利政策及社会需求状况，实施的一系列促进社会福利的措施和活动。另一方面，社会工作行政也是社会工作中的一种专业方法，是为了实现社会福利的目标，通过行政程序确保服务功效的发挥。[②] 根据福利行政这两个方面的要素，我们可以把儿童福利行政理解为：政府部门或与之有关的社会团体为保障儿童基本生活、促进儿童健康发展、实现儿童福利状态而开展行政工作的过程。因此，儿童福利行政包括三方面的内容：一是儿童福利行政的主体是政府及相关的各类社会力量，具体体现为各种儿童福利机构，其中有政府机构，也有民间团体。二是儿童福利行政的目标是增进儿童福祉，达到儿童福利状态。因此，其也被看作促进儿童发展的手段，更加突出福利享有的公平性。三是儿童福

---

① 参见陆士桢、任伟、常晶晶《儿童社会工作》，社会科学文献出版社，2003；陆士桢、常晶晶：《简论儿童福利和儿童福利政策》，《中国青年政治学院学报》2003 年第 1 期。

② 参见林胜义《儿童福利行政》，台湾五南图书出版公司，1995。

利行政必须保持一种动态发展，这也是儿童福利需求不断得到满足的需要，儿童福利行政的过程应当是系统内的对人力、物力资源的利用及不断提高的服务供给，以及协调满足儿童需求与系统外关系的不断调整的动态系统。儿童福利行政的高效运行必将促进儿童福利功能的发挥。

可见，儿童福利行政是用来满足儿童福利需求的手段和程序，儿童福利的实现和获得离不开儿童福利行政。有论者根据美国社会福利学者华德·弗兰德（Walter A. Friedlander）的社会福利工作的程序构架，将儿童福利行政的基本程序归纳为下列若干项：[①] ①确立符合儿童需要的社会服务的方向和目标；②决定达成儿童福利目标的最佳途径，包括儿童福利总体目标的分解，对具体儿童福利项目的设计等；③统筹儿童福利社会资源的分配；④建立儿童福利的组织结构与工作分配机制，划分职能范围，形成儿童福利的有效运行机制；⑤部署儿童福利机构工作人员，这是对儿童福利工作者的组织和指挥，它是实现儿童福利目标的关键步骤；⑥督导与控制有关儿童福利的人事及经费，检查与评估是保证行政运行高效率的重要手段；⑦记录与结算；⑧供给财源，争取尽可能多的政府支持和社会资源的支持。

就组织结构来说，社会福利行政一般包含四项要素，即人事行政、财务行政、行政组织和行政方法。[②] 儿童福利行政管理中也包含这四方面的要素。第一，儿童福利人员管理的专业化，要求在儿童福利中建立完善的行政组织，目的在于合理地安排与管理人、事、时、地、物等各种行政要素，促进各项儿童福利政策的高效实施，而行政人员的专业化是现代儿童福利行政发展的重要趋势之一，专业化包含着专业的理论、专业的权威、社区的认可、共同的守则、专业的文化等项特征，这一直是儿童福利在人事行政上追求的重要目标。第二，财务行政在儿童福利行政中作用突出，因为儿童福利的实际效果依赖于大量的金钱辅助和服务。第三，儿童福利行政需要讲究方法，一定的行政方法与技术是提高公共行政效能的重要因素，儿童福利行政也不例外，除了组织、人事、预算等项目外，儿童福利行政方法还包含计划、领导、协调、报告等各项内容，在儿童福利行政中，订立妥善的可行性计划尤为重要。报告是在儿童福利行政中，将从事工作的性质、内容、成果等向各种负责机关及社会大众加以说明的一种行政方法，在儿童福利行政的实际运行中特别重要。这是因为儿童问题关系到千家万户，而且儿童福利的资金有赖于社会

---

① 参见陆士桢、王玥《青少年社会工作》，社会科学文献出版社，2005，第175~177页。

② 参见王思斌等主编《中国社会福利》，中华书局（香港）有限公司，1998，第189~203页。

的募捐，涉及儿童福利的重大事项必须及时报告，包括向上级机关、社会大众、出资人报告等。第四，儿童福利行政要重视协调和技巧，如鼓励员工间直接协调，对参与协调者应授予适当权限，对协调所得结论应予以支持，尽量进行早期协调，协调时要全面衡量各种相关因素等。

（二）职业化、专业化的社会工作体系①

社会工作是儿童福利制度中不可或缺的重要组成部分，是在利他主义理念指导下专事帮助他人的专业和职业，是网络化社会服务的基本条件。社会工作是将福利发送到受益群体手中的中介，从这个意义上看，社会工作是一个福利发送体系。专业化和职业化的社会工作同样是儿童福利保障体系中的重要子系统，缺乏这个子系统，将严重影响儿童福利保障体系整体功能的发挥。社会工作是一项为他人谋生路、求发展的专业化和职业化的工作方法和制度。因此，社会工作具有天然的“福利”性质，其福利性表现在助人性的服务，社会工作的职业化保障儿童福利体系稳定地发挥作用。

社会工作不仅是单一的物质层面的帮助，还包括精神层面的介入和辅导，为服务对象提供心理的支持和帮助，提供精神心理层面的福利。作为专业化和职业化的社会工作，主体是社会工作者和受助者双方，在利他主义理念的支配下，对受帮助者进行具体的直接的社会援助，帮助受助者摆脱困境、解决问题。其中重要的是解决其心理问题，对其进行“能力建设”“助人自助”，提高他们自己解决问题的能力，是一种“赋能”的帮助，解决人的发展问题。这主要是从社会工作的服务形式、专业方法及特别功能角度理解的。一方面，社会工作的专业服务形式是一个建构过程。社会工作是在行动过程中发现问题和解决问题的，经过长期的发展，已经形成一套经验性的过程模式：求助和会谈——接案——签订协议、确认工作目标——解决问题——评估——结案。这种过程是工作者和服务对象在变动的社会情境中通过持续的互动解决问题的过程，这一建构过程有着非单一物质救助工作的特征，是人的互动及人和社会的互动过程，在这些互动中，网络性的社会支持和精神性的疏导是社会工作的重要内容。另一方面，社会工作的专业方法也有其独特性，包括个案社会工作、小组社会工作、社区社会工作。个案社会工作是以科学知识和专业技巧为基础，通过一对一的专业关系，帮助受助人处理其与

---

① 本部分的参考文献包括：〔美〕W. 法利等：《社会工作概论》，隋玉杰等译，中国人民大学出版社，2005；〔美〕查尔斯·H. 扎斯特罗：《社会工作与社会福利导论》，孙唐水等译，中国人民大学出版社，2005；陆士桢、王玥：《青少年社会工作》，社会科学文献出版社，2005。

社会环境之间的关系，增进受助人的社会福利。小组工作以两个以上小组中的成员为对象，通过小组互助过程，使小组成员获得经验、行为的改变及社会功能的恢复与发展，达到个人、小组、社区及社会的共同发展。社区社会工作是以社区及其成员整体为对象的介入手法，工作者通过其专业知识和技巧，与其所服务的社区民众一起，通过组织社区民众的集体行动，解决社区问题，满足社区需要，推动与这个社区民众福利有关的社会行动和方案。

专业社会工作功能发挥的必然结果是增进和提供社会福利，这些功能包括：一是对个体和群体的治疗功能——解决困难和问题；二是对社会问题的特殊预防和解决功能；三是促进受助人的能力建设和人的发展。

（三）多元化、专门化的社会服务网络和社会支持网络

儿童福利立法和机构设施是儿童福利政策顺利实施的制度保障，普惠性的政策取向是为了惠及更多的儿童及家庭，但这都不是儿童福利的最终目的。儿童福利法律和政策的最终目的是在满足儿童基本生存和发展所需的同时，给儿童及其家庭赋权或赋能，帮助他们自立，最终能不再依赖国家福利，过上自强独立的生活。这一目标的实现显然不能仅仅依靠政府，而需要社会、企业、家庭、个人等力量的共同参与和努力。在这一方面，典型的是日本福利制度。而在美国，一直奉行国家不干预的政策及受福利多元理论的影响，越来越重视家庭、企业和其他非正式组织的作用，提倡社会共同参与，使福利国家向福利社会转型。福利多元主义强调通过福利多元组合，将国家提供所有福利转变为社会多个部门共同提供福利，在多部门合作下，化解福利国家的危机。

多元化和专门化的儿童福利服务网络是儿童福利保障体系的重要系统，在这个系统中，包括政府、社会、社区、各种组织和机构等多元化主体；包括物质、精神等多元化服务内容；服务的形式也具有多元化的特点，而所有的服务都以社会支持网络为基点，从其他国家和地区的成功经验看，社会服务网络和社会工作及社区工作是紧密相连的。

在儿童福利保障中，发展一个多元化、专门化的儿童福利服务网络成为必要，这也是儿童福利需求所决定的。比如，儿童的食品卫生，需要基本的食品生产、加工、输送等设施，这都超出了家庭的能力。所以，应当加强公共服务，这也就意味着国家责任的加强。但是，只有国家一方责任主体尚无法提供足够的儿童福利服务，特别是涉及照顾、教育、心理支持等需要专业化、专门化服务项目的时候，社区的、专业社会工作者的力量不可或缺。因此，需要在政府主导下，由政府与社会组织开展合作，建立国家、社会、家庭一体化的儿童福利服务体系，满足儿童基本生活、健康、医疗、教育、救助、社会服务等发展需要，并同时促进儿童自立和能力的提高，才能真正实现儿童生存和发展的宗旨。

儿童福利服务目的的实现还在于对社会支持网络的建构，首先，社会支持网络通常考虑以一定范围的社区为基础；其次，网络支持的内容提供物质、精神、心理等方面的支持，通过这种支持实现儿童福利服务具体事项的目标；最后，社会支持网络因其与社区工作的紧密联系，其建设和发展离不开社区工作者的配合和努力，同时，也离不开社区民众个体、群体和一定组织之间的互动。社会支持网络化发展符合人类生存和发展的一般规律，人不仅是一种群居动物还是一种社会动物，人本身就具备社会化的冲动，加上现代社会的发展，人们日常生活和工作方式逐步社会化，所面临的问题也以社会化的形式出现，这样，通过社会层面上的互动解决现实问题就成为必然。特别是对于老人、儿童、残障人士等弱势群体，在风险社会中，更加需要一个较为稳固的社会支持网络以解决他们的生存和发展问题，一般首先体现为社区照顾，即由专业性的社区工作者组织包括家人、邻里、朋友、志愿服务者及有关组织对社区内的老人、儿童、病人、残疾人等进行护理和照顾。[①] 因此，较为稳定的社会支持网络对儿童福利服务的实现意义重大。此外，专业化社会工作的介入，社区群众的积极参与，政府的支持，等等，都是社会支持网络必不可少的要素。

（四）政府提供的公共福利

所谓的政府提供的公共福利就是“国家福利”，包括教育、医疗、劳动安全保障、就业、集体福利等。国家福利有时候也称“政府福利”，因为政府在社会福利中居于责任主体地位，亦即政府有广泛的税源，掌控国家财政，只有政府能够用行政等手段调动社会财力，调动和运用整个社会资源，进行财富和资源的再分配，从而很好地解决社会的福利供给问题，因此，公共福利是大多数国家政府所必须提供的，即便像美国这样的非福利性国家及一些穷国。前面谈到的福利供给的多元化并不是淡化政府的责任或转变政府在福利服务中的角色，在儿童福利服务领域尤其如此，尽管福利服务趋向多元发展，但政府的责任和作用依然是主导性的。

---

① 参见周沛《社区工作中的社会支持网络建构及其意义》，《社会科学研究》2003 年第 6 期。

政府作为福利供给主体的重要性在风险社会中尤其明显。当社会分化加剧，社会问题不断增多，不管是社会的风险还是市场的风险都是个人乃至家庭所无法承担的。在这种情况下，政府必须积极干预以保护弱势群体基本的生存权和发展权。比如，政府通过合理的资源配置，运用政府的强力为弱者提供就业、住房、教育、医疗等福利资源，这同时也是政府的责任。

政府在福利供给方面的主导作用并不是说任何一项福利服务都要由政府包办，福利发展的多元化、社会化和专业化也说明福利服务的供给不可能完全由政府承担。一般来说，政府在福利供给中的责任主要体现在以下三个方面：一是进行法律和政策的制定等福利制度建设；二是给予福利供给财政支持；三是对福利服务进行监督。福利国家的发展经验也证明，采取有限政府的形式，政府既有所为也有所不为，通过有效的引导，调动个人、家庭、社会、企业等各方的力量提供福利保障，对政府和受益者都有好处，这样既可以避免政府人力和财力负担过重，也可以避免受益者过分依赖国家福利，造成新的社会不公。因此，通过制定相关的法律政策来建立和完善福利制度的运行机制是福利国家普遍的做法。国家福利的主要内容既包括现代公共财政体系，也包括议会对政府的监督及政府对社会福利机构、慈善机构的监管，政府与非营利组织的分工合作，政府向非营利组织购买服务，以及政府对这些组织的必要资助，等等。①

（五）危机处理机制（救助机制）

这里的“危机处理机制”主要指儿童受到各种伤害之后，对受害儿童的保护、安置等一系列设施、措施等。这里的“危机”类似于日常所说的“紧急事件”或“紧急事态”，涉及非常广泛的范围，大致包括：①各种意外伤害，如烫伤、烧伤等；②各种自然灾害，如地震等；③家庭暴力和机构暴力，如家庭和福利院中的虐待、忽视、体罚等；④各种犯罪，如拐卖儿童、性侵犯；⑤公共突发事件，如食品中毒事件及非典等公共卫生事件。当儿童在家庭、学校、福利机构等环境中，受到不当对待或陷入危险、需要外界力量介入才能使其免遭持续侵害或解除危险时，国家应当采取紧急措施及其他相关措施。如果把儿童受害事件危机处理作为一个机制来看，还应当包括对一些相关概念的理解，比如，虐待、忽视、不当对待，以及后续的对儿童家长的考察、培训，对侵害人的责任追究，儿童收养等措施。总之，既涉及制度安

---

① 参见周沛《福利国家和国家福利——兼论社会福利体系中的政府责任主体》，《社会科学战线》2008 年第 2 期。

排，又涉及方法、手段等。

在处理父母虐待、忽视和剥削儿童的事件中，父母的利益应该被排除在司法程序之外。《儿童权利公约》也对这种情况予以肯定，那些帮助别人的职业者，如社会工作者、律师、医生等应该懂得如何把握儿童利益和父母利益之间的界限。应特别注意在这种情况下，父母利益和儿童利益的不平衡。虐待、忽视和剥削儿童的事件一旦发生，缔约国就有责任提供适当的措施确保儿童的身心康复及社会复归。

在儿童的危机处理机制中，对儿童家庭暴力问题的处理，必然涉及剥夺父母权利或对父母行使某些权利加以限制。如果父母未恪尽抚育培养之责，甚至对儿童有虐待和忽视的行为，对儿童的生命安全和健康成长构成威胁，这种情况下，经合法程序可以剥夺父母的权利，这也是导致父母和儿童分离的情况之一。经由国家干预导致儿童与家庭的分离是极端情况下的极端做法，因此，这种分离应当有法律依据，比如上文提到的父母有虐待或忽视儿童行为。当不同国籍的夫妇离婚时，可能会发生父母一方将孩子带到另一个国家不让孩子返回原籍国，并且还不允许另一方父母探望的情形。转移儿童的父母一方，其情绪可能是复杂的，也许是出于爱，或是恨、担心、嫉妒、剥夺等，不管是什么原因，这种转移均违背了儿童的最大利益。这种转移突然改变儿童的全部生活环境：家庭、居所、学校，以及亲属朋友关系等，可能对儿童心理造成影响。因此，《儿童权利公约》对此种行为是持反对态度的，规定“缔约国应采取措施制止非法将儿童转移国外和不使返回本国的行为”。但是，遗憾的是，这样的事件仍在不断地发生，其中一个主要原因是对国际儿童转移事件，无论在预防转移方面还是在确保这些儿童安全返回方面，都缺乏有效的保护机制。

关于儿童危机处理，国外有很多经验可以借鉴。在美国，处理儿童家暴案件时采取以下步骤：举报、调查、儿童保护措施、家庭外照料安置措施以及诉诸司法程序。①

（1）举报。应当说任何人发现儿童受到父母及其他监护人虐待等暴力伤害，均有义务向有关机关举报。美国大多数州要求“有理由相信”或“有理由怀疑”一个儿童受到了虐待或忽视时要举报。但出于对家庭隐私的尊重，可能会发生儿童在家庭中受到虐待没人管的情形。因此，美国各州的举报法

---

① 参见白桂梅、王雪梅主编《人权知识未成年人权利读本》，湖南大学出版社，2012，第84～85页。

通过强制举报制度规定一些特定的人员有举报的义务，否则有可能会承担法律责任。这些人包括医生和其他医务工作者、教师和其他教育工作者、处理儿童事务的工作人员、行政执法人员等。尽管我国也规定了公安机关、教育部门、未成年人保护委员会等在接受报告和协调处理方面的职能，但在实际操作层面，尚未建立起强制报告制度和及时有效的报告处理程序。

（2）接受报告与调查。负责接受报告和调查的机构是儿童福利局，前文已经介绍过，美国儿童福利局是处理儿童事件的政府职能部门，在收到儿童处于危险的报告后，其有权迅速采取行动以保护儿童，包括代理儿童向法院提起诉讼。另外，面对儿童受到侵害事件，美国还建有强制报告制度，一些特定的人，比如医生、教师、警察等都有义务向儿童福利局等有关部门报告儿童受害事件。有的州要求向警察报告儿童受到暴力侵害的案件；还有的州要求由独立检察官、警察和儿童福利官员共同处理接到的举报。如果接到举报的人员认为报告符合介入标准，便会将案件转给调查员。调查员在第一次访问该儿童和其家人时就要做出两个重要决定：一是报告是否真实；二是是否需要将儿童带离家庭。

（3）对儿童的保护性安置与永久安置措施。在美国，如果社工感觉儿童在家中正面临紧急危险，他们可以将儿童带离家庭，将儿童送到机构和寄养家庭生活，但如果没经过司法程序，带离的时间不能很长。调查结束后，社工对儿童家庭风险状况进行评估，可能有以下三种处理结果：终结案件、提供服务、提起儿童虐待与忽视诉讼。目前我国很少采取将儿童直接带离家庭的方式，主要是因为没有一个专门机构负责为儿童提供寄养和照料。

（4）司法程序。美国的情况是，当政府把一个儿童虐待和忽视的案子起诉到法院后，法院可以决定这个儿童是否继续被寄养。法院通过若干次庭审决定儿童是否能回家，或被永久地安置在别处。法院还可以颁发儿童保护令、要求父母履行义务的命令等。在父母虐待或忽视儿童的案件中，法院有权命令儿童的父母接受审查评估和接受治疗，并将根据审查和治疗的结果判定儿童是否需要永久离开家庭。这些程序都属于民事程序，与父母虐待、忽视行为相关的刑事程序是分开的。我国法院对虐待、遗弃、故意伤害事件的处理还仅限于构成刑事犯罪或构成民事损害赔偿的情形，对暴力受害儿童的救济属于事后补救性质。

关于儿童受害事件的处理，除了强制报告制度外，较有特色的做法还有“终止父母权”制度，有时候也称为“剥夺监护权”。在美国，法院做出终止父母权决定，根据论者介绍，需要具备下列情形之一：①父母对孩子有遗弃行为；②父母有对孩子生命、安全、福利、身体、精神或心理健康构成威胁的行为；③法院达成协议后，父母仍继续虐待、忽视或遗弃孩子；④父母使孩子陷入更加严重的暴力、性犯罪或虐待中；⑤父母对孩子实施了谋杀或重伤行为，影响到家里的其他孩子；⑥因对孩子实施暴力而事实上已经终止了父母权利的情形。[①] 美国对受害儿童的安置也呈现多样性，孤儿院、福利院已经不再是首选，寄养家庭成为安置选择的主要方式。另外，集体照顾、机构照料作为一种补充手段仍然存在，具体包括庇护所，临时集体家庭等。对一些因身体或精神状况等原因不能采取家庭寄养或一般集体照顾的儿童，可以安排到特殊的照料机构中，以便在照料生活的同时实现治疗的目的。

二　儿童福利服务体系中的专业社会工作[②]

社会工作在发达国家和地区的发展已经有一百多年的历史，在我国港台地区也得到社会和政府的认同，在中国大陆自 20 世纪 80 年代以来也获得了发展。社会工作是一门专业性和职业化的助人工作，为社会问题的解决和预防发挥了很好的作用，是社会福利体系的重要组成部分。社会工作是适应近现代工业社会的需要而发展起来的，是解决城市化、工业化过程中社会问题的重要手段。社会工作的定义很多，现代意义上的社会工作是指以利他主义为指导，综合运用社会工作专业知识和方法，为有需要的个人、家庭、群体和社区提供专业性社会服务，帮助其舒缓、预防和解决社会问题，恢复和发展社会功能的职业活动。在有些国家和地区，社会工作被称为社会服务或社会福利服务。在欧美各国及我国香港、台湾地区，社会工作不仅是一门专业、一个学科，还是一项职业。社会工作的职业化为专业性社会工作实务的开展

---

① 〔美〕William Bowen：《美国儿童保护法律制度综述 6》，张文娟译，载《中国律师与未成年人权益保障》2006 年第 3 期。

② 本部分参考文献包括周沛《论社会工作中的社区保障》，《江海学刊》2003 年第 2 期；周沛：《社会工作和社会保障的同源性及其在和谐社会建构中的重要意义》，《江苏社会科学》2006 年第 2 期；周晓焱、李精华、郑克岭：《价值分层视角下的社会工作价值观本土化分析》，《西北工业大学学报》（社会科学版）2010 年第 1 期；〔美〕查尔斯·H. 查斯特罗：《社会工作与社会福利导论》，中国人民大学出版社，2005；徐道稳：《论社会工作的价值取向》，《求索》2002 年第 6 期；陆士桢、王玥：《青少年社会工作》，社会科学文献出版社，2005。

提供了良好的平台，使社会工作者有了用武之地。

有论者将“社会工作”定义为，根据一定的价值观如利他主义、人道主义等，以科学知识为基础，运用专业化的技术和方法所进行的助人自助及社会服务活动。[①] 从这个定义可以看出，社会工作是一种专业性和知识性很强的职业化助人活动，其不同于一般的慈善活动，也不是一般地参与社会事务，有其专业性的特点，所以社会工作能够有效地解决社会问题。社会工作是以帮助人为职业取向，其基本职能就是对有困难者和有需求者提供有效的专业性服务。这种帮助需要借助心理学、生理学、护理学、社会学等知识与方法，提供专业的帮助与辅导，其帮助的内容既包括物质性的也包括精神心理上的，帮助的对象包括儿童、老人、残障人士、罪错者等。因为社会工作的这些独特性，社会工作已经成为现代社会中解决问题的专业化方法与手段，并逐步发展成为促进社会健康发展的社会制度。

社会工作和社会福利具有相同的起源但不同的发展路径，而功能上又存在互补性。根据论者的研究，二者的“同源性”或“同旨性”表现在：①社会福利（社会保障）和社会工作都从早期的济贫活动分化出来。英国旧济贫法强调被救济者要尽可能通过自己的劳动来获取救济，还规定在救助活动中要协调社会资源，调动社会力量，这就为专业社会工作职责范围的确定提供了实践基础。因此，旧济贫法的颁布既建立了社会救助制度，又初步奠定了救济工作实施的方法，是社会工作与社会保障制度的共同起源。到近现代社会，二者都是解决社会问题的手段或方法，是帮助困难人群的有效机制。另外，二者在终极目标上也有一致性，都是以专业性和制度化为保障，从物质和精神、问题介入和心理疏导等方面为人们解决实际问题，提升其生活质量与福利水平。②社会工作和社会保障对象的同一性。社会工作和社会保障所服务和保障的对象都是那些通过自己的力量无法摆脱困境的社会弱势人群，需要帮助才能维持基本生活。专业性的社会工作以“助人自助”和“以人为本”为基本理念，采取个案的、团体的及社区的专业方法帮助案主解决问题。而社会保障制度则在社会政策指引下，以法律为依据，对因失业、年老及疾病等不能依靠自己的力量生活的公民，给予一定的保障，以保证公民的基本生活水平。社会工作和社会保障从不同的角度，以不同的方法服务于相同的社会群体，因此，二者的对象是同一的，但又不是完全重叠的。社会保障的

---

① 参见周沛《论社会工作中的社区保障》，《江海学刊》2003 年第 2 期。

对象是全体公民，而社会工作只是把“有需要”的人作为帮助对象，那些有制度化保障的群体，就不是社会工作的对象。社会工作是把在社会保障制度安全网下还不能解决问题，特别是把有帮助需要的人作为特定对象。③社会工作和社会保障的同旨性。二者的宗旨都是为了解决社会问题、缓解社会矛盾、维护社会稳定、促进社会和谐发展。社会工作自形成之日起，就充当着社会福利制度代理人的角色。早期的社会工作主要是对贫困者和弱势群体展开，工作的地点通常是福利院和贫民区。后来，随着社会进步和社会福利制度的建立健全、社会工作专业化的发展，其工作领域延伸到了医院、学校、司法机构等社会部门，服务的范围也由贫困产生的社会问题扩展到精神健康、行为矫治、人际关系调适等。同旨性进一步说明，二者是社会福利体系和社会支持网络中的两个重要部分。④社会工作和社会保障的功能互补性。社会工作和社会保障以不同的方法，从不同的方面，为社会的稳定与和谐，为社会福利的确立和提升起着专业化和制度化保证作用。作为一门助人的专业，社会工作是社会福利体系中必不可少的一个组成部分，是完成社会服务、实现社会控制和社会发展目标的重要手段。社会保障制度的直接目标是通过国民收入的再分配，为广大民众免除和解决后顾之忧，为社会良性发展构建一张安全网，直接推动社会福利的确立与提升。可以认为，社会工作和社会保障是社会福利体系的两个不同方面，有着相辅相成的密切关系。

社会工作和社会福利虽出同源，但二者发展方向或路径却发生了分化，也就是有论者提出的“异轨性”。随着救助过程中专业化和职业化手段的逐步形成及国家责任主体的确立，社会救助活动逐渐出现了分化与分工，形成了两条不同的发展线索：一是通过国家和政府的力量，以立法为基础，逐步形成了政策性与制度化的社会保障体系。社会保障逐渐形成了以社会救助、社会保险为核心的发展主线。二是依靠民间的力量，在“受薪专业工作者”的推动下，形成了专业化、职业化的社会工作。因此而使社会工作与社会福利分属于不同的领域，其差异性具体表现在：[①] 其一，两者关注的重点不同。社会工作关注社会工作实施过程中的问题，特别是个案工作的方法，如父母虐待儿童的处理方法等。社会福利工作更多地关注制度问题和政策制定问题。其二，社会工作处理和解决社会问题，服务被边缘化被遗弃的人群，同时也帮助有需求的人们，如提供青少年的活动场所和组织各项适合他们的活动，

---

① 参见周沛《社会工作和社会保障的同源性及其在和谐社会建构中的重要意义》，《江苏社会科学》2006年第2期。

以帮助他们顺利走入社会。社会福利范围则广泛得多。

（一）专业社会工作的价值、功能及其运作特点[①]

1. 社会工作的价值

曾有人提问：社会工作是一门专业吗？社会工作发展到今天，毫无疑问已经成为一门科学性、专业性很强的独立学科，它既是一门以实践为基础的社会科学，又是一种强调伦理约束和道德准则的专门职业，其价值基础蕴含了对社会正义和公平的不懈追求。社会工作的价值有多种解说。

美国社会工作先驱庞弗里（Ralph E. Pumphrey）早就指出，[②] 社会工作是一个“满载价值的职业”，他把社会工作价值分为核心价值、中介价值和工具价值，并对这三个层次的价值进行了比较详细的梳理。我国有学者将社会工作价值归纳为宏观价值、中观价值和微观价值，大致与庞氏的相当。[③] 庞弗里所说的核心价值是指那些概括性的、抽象的、具有普遍指导意义的价值，是社会工作专业价值的根基，为社会工作专业指引方向。社会工作的核心价值体现了近代以来对人自身价值认识的深化。中介价值主要是规范了社会工作者对社会工作实践中一系列基本问题的态度。工具价值往往表现为社会工作者应当遵循的伦理守则和职业道德，回答和解决社会工作过程中“应当如何做”及“如何才能做得更好、更合理、更有效益”的问题。[④]

1996 年美国发表的《全美社会工作者协会伦理守则》集中体现了社会工作的工作使命和价值追求，该守则明确指出，社会工作专业“促进人类福祉，协助人类满足其基本人性需求，尤其关注弱势族群、受压迫者及贫穷者的需求和增强其力量”的使命植根于一套核心价值（终极价值），包括服务性、社

---

① 本部分参考文献包括江娅《社会工作中的伦理困境和价值冲突》，《中国青年政治学院学报》2007 年第 1 期；夏学銮：《社会工作的价值体系》，《中国社会报》2007 年 1 月 29 日，第 3 版；周晓焱、李精华、郑克岭：《价值分层视角下的社会工作价值观本土化分析》，《西北工业大学学报》（社会科学版）2010 年第 1 期；范燕宁：《社会工作专业的历史发展与基础价值理念》，《首都师范大学学报》（社会科学版）2004 年第 1 期；《美国社会工作者协会伦理守则》，资料来源于“百度文库”，网址：http：//wenku. baidu. com/view/3d7f6ac10c22590102029d87. html，访问日期：2014 年 3 月 24 日。

② Ralph E. Pumphrey，Heritage of American Social Work：Readings in Its Philosophicaland Institutional Development，1959，转引自周晓焱、李精华、郑克岭《价值分层视角下的社会工作价值观本土化分析》，《西北工业大学学报》（社会科学版）2010 年第 1 期。

③ 参见范燕宁《社会工作专业的历史发展与基础价值理念》，《首都师范大学学报》（社会科学版）2004 年第 1 期。

④ 参见范燕宁《社会工作专业的历史发展与基础价值理念》，《首都师范大学学报》（社会科学版）2004 年第 1 期。

会公正性、人的尊严和价值、人际关系的重要性、诚信、能力。有论者解释道，“价值一，服务性，社会工作者主要目标是帮助有需要的人以及解决社会问题；价值二，社会公正性，社会工作者应当向社会不公挑战；价值三，人的尊严和价值，社会工作者尊重人的与生俱来的尊严和价值；价值四，人际关系的重要性，社会工作者认识到人与人之间的关系是改变现状的原动力；价值五，诚信，社会工作者要有值得信任的行为举止；价值六，能力，社会工作者要在其专业能力范围内履行职责，提升专业知识和技能”。①

还有论者认为，社会工作作为一种助人的活动，其价值取向可以分为“尊重人的价值”和“满足人的需要”两大类。② 第一类：尊重人的价值。论者认为，人的价值有两层含义：一是人对人的意义，强调人的价值的社会关系性质和实践意义。在这个意义上，人的价值是指人基于其自身状态而利用他人（客体）满足自己需要的能力。因为自然和社会存在不同，人与人满足需要的能力也不同，所以其价值也不同。社会工作承认人的价值的差异性，但这种差异仅表现为量的大小，而非质的不同。二是人之所以为人的本质属性，这层含义的价值尤其要引起社会工作者的重视。每个人的禀赋、社会地位和社会环境确有不同，其实现价值的途径、面对的困难也会有所不同，但其作为一个“人”却具有相同的本质，社会工作的任务就是通过个案工作、团体工作、社区工作等助人活动，帮助人们满足基本的生活需求和增强人们的福利，尤其是要关注弱势人群如儿童、妇女、老人、残疾人、贫困人口的基本需求，促进他们形成实现自身价值的条件，以达到尊重人的价值的目的。因此，尊重人、依靠人的无限创造力是社会工作的最高价值取向。第二类：满足人的需要。随着法治国家的建立和人权思想的传播，满足人的需要已成为现代社会工作的基本价值取向。在社会分工日益精细的现代社会，人的需要的社会性决定了满足需要方式的社会性，这与社会工作服务方式的社会性不谋而合。社会工作作为一项制度，其价值还反映了人们对一定制度在社会生活中所产生的积极影响的预期。社会工作作为一种社会福利制度，其基本价值取向体现了秩序、正义、效益三项原则。秩序是制度性社会工作的基础价值，社会工作的其他所有价值都是以秩序价值为基础。社会工作承认分配差异和地位差异的既定事实，但强调分配的原则必须是公正的。作为一种社会福利制度，社会工作致力于减少乃

---

① 参见〔美〕查尔斯·H. 查斯特罗《社会工作与社会福利导论》，孙唐水译，中国人民大学出版社，2005，第641~645页。

② 参见徐道稳《论社会工作的价值取向》，《求索》2002年第6期。

至消除社会分配领域中的差别。社会工作的效益价值是指社会工作能够使社会或人们以较少的投入获得较大的产出，以满足人们的效益需要。

实际上，对社会工作价值的不同理解也反映出社会工作不断发展演变的过程，特别是在社会工作国际化和本土化过程中，其价值诉求也在逐渐发生变化，下列图表清晰展现了社会工作国际化发展的道路。

国际范围社会工作的展开道路①

发展阶段及内容	交流的主要范围及特点	价值取向	服务模式
第一阶段：1880 年代～1930 年代 早期的先驱； 慈善组织会社的睦邻运动； 弗洛伊德的影响； 费边主义影响	欧洲到美洲； 单向性； 美国社会工作的领先地位	家长主义； 民族中心主义	社会控制； 慈善； 博爱主义
第二阶段：1930 年代～1970 年代 职业化、专业化； 帝国主义	美洲到世界其他地区； 非中心的	家长主义； 民族中心主义； 殖民主义； 普济主义	修复； 治疗； 危机导向
第三阶段：1970 年代～1990 年代 概念重构和本土化	一定范围内； 世界范围； 向心的	区域化； 两极分化； 分离； 地方化	发展中国家开发； 西方工业国家修复
第四阶段：21 世纪 国际社会发展时期	国际网络	全球化； 跨文化的或融合的； 民主的、社会的、文化的和道德的互换	世界范围内城乡之间发展

2. 社会工作的功能

社会工作功能的发挥离不开社会工作者等这样一些基本要素，因此，在考察社会工作功能之前，有必要对社会工作的基本要素稍加了解。

社会工作的基本要素包括：② ①案主。案主是社会工作服务的对象。可以是个人、家庭、团体、组织机构或社区等。20 世纪 70 年代后，宏观的社会系统成为社会工作的对象，社会政策、社会福利行政也可以是社会工作的特定

① Karen M. Sowers and Catherine N. Dulmus, *Comprehensive Handbook of Social Work and Social Welfare: The Profession of Social Work*, John Wiley & Sons, Inc., 2008, p. 349.

② 参见周沛《社会工作和社会保障的同源性及其在和谐社会建构中的重要意义》，《江苏社会科学》2006 年第 2 期。

对象。②社会工作者。社会工作者是指受雇于公立和私立社会福利机构或设施、从事社会工作职业活动的专业技术人员，简称“社工”。主要活动领域包括社会福利、社会救助、社会慈善、残障康复、优抚安置、医疗卫生、儿童服务、司法矫治等社会服务领域。一名合格的社会工作者应该是受社会工作价值伦理的约束，具有社会工作专业教育背景，具备社会工作资格，以及将社会工作视为一种职业生涯的人。③资源系统。人都生活在一定的社会环境和社会网络中，需要从社会获得各种资源。社会工作是以个人及其环境互动所形成的社会关系为切入点展开工作的，主要为个人或群体提供社会资源以增强个人或群体的社会功能。④社会环境。社会环境是与人的生存和发展有关的社会物质、精神条件的总和。广义的包括政治、经济、文化及社会生态、人际关系等环境。社会环境对人的生存和发展具有深刻的影响，社会工作者就是要掌握案主所处社会环境的特点，帮助案主解决问题。⑤专业关系。这是社会工作的灵魂，这种关系发生在社会工作者与案主之间。通过社工与案主的工作关系解决案主的问题与困难，开发案主解决问题的潜能。社会工作有职业的服务性、利他性、客观性、协同性的特点，还有崇尚专业的伦理精神，讲求助人自助与民主参与，运用社会环境资源及重视个人与环境关系等特点。

社会工作的主要功能是解决人与环境互动过程中所产生的社会问题，提高人的社会功能，使人能够公平地获得生存和发展的机遇和条件，以增进个人和社会的福利，促进人的发展和社会的进步。一般认为，社会工作的功能体现在这样几个方面：[①] ①解决问题，助人自助；②发掘资源，促进人与社会的进步；③发现问题，预防社会功能失调；④维护公平，维护社会稳定。其中，助人自助、促进社会进步和维护稳定是社会工作的基本功能和最高境界。社会工作的功能实现对进入21世纪的风险社会尤其具有意义，在风险社会中，各种难以想象的危机和风险时刻影响着人们的基本生存和发展状态。比如，意外伤害、重大灾难、经济危机、精神失调等，特别是处于社会边缘的弱势群体，包括残疾人、老人、儿童等。这些风险状态和困境如果不能通过科学的、专业的知识和方法及时解决，将会引起或带来更大的社会风险和社会问题，从而危及社会当中的每个成员。因此，社会工作利用各

---

① 参见下列论著的相关部分，周湘斌、田绪永：《中国社会工作》，河南人民出版社，2002；〔美〕W. 法利等：《社会工作概论》，隋玉杰等译，中国人民大学出版社，2005；周沛：《社会福利体系研究》，中国劳动社会保障出版社，2007。

种资源对遇到危难或困难的个人和群体实施救难与解困，帮助他们增强应付各种挑战的能力，促进人的共同发展，既是对他人的帮助也是对自己的帮助。

3. 社会工作运作特点

社会工作作为一门“助人自助”的具有专门知识的行业，其解决问题、促进全面发展的工作取向，决定了社会工作运行主要体现为专业化、职业化、社会化、社区化及多元化发展的特点。

（1）社会工作的专业化和职业化。社会工作运行过程中专业化和职业化的特点集中体现在其奉行的一系列工作原则中，这些原则包括：个别化原则、接纳原则、自决原则和职业道德原则。其一，个别化原则是针对不同的个体给予不同对待的方法，集中体现了社会工作尊重个体的价值取向。个别化大致源于 19 世纪早期，英国牧师查默斯看到慈善救济只能解决经济上的暂时困难，无法解决贫困者的根本问题，反而损害了贫困者的自尊心、进取心和道德意识。于是他提出了了解、激励、自助的济贫准则，强调个案分别处理以提供有针对性的救助。个别化原则推进了个案工作模式的发展，并为后来的社区工作所接受。其二，接纳原则意味着对案主的接受、相信和尊重，但值得注意的是，这种接纳并不是对案主的意愿、判断、要求等全盘接受，而是一种容忍的了解。由于社会工作的对象构成非常复杂，常常遇到一些有别于常人的案主，他们的行为方式、价值观念、心理特征等都与社会工作者存在差异，都会给理解和接纳带来困难，所以，接纳原则是社会工作实践中最难付诸实施的原则之一。其三，自决原则与接纳原则有直接的相关性，“自决”就是社会工作者和案主就面临的问题进行协商，并提供解决问题的方案或建议，但应当承认和尊重案主有自我选择和自我决定的权利和需要，案主有最终的决定权。当然这也并不意味着对案主的决定和选择听之任之，如果这样就失去了社会工作的意义。案主行使决定权必须满足两个前提：一是案主有自决的意志和能力，二是后果对案主无害。其四，职业道德原则是遵守社会工作者从事专业活动的伦理准则。《美国社会工作者协会伦理守则》在如下六个方面做出了职业规范要求：社会工作者的行为举止，对当事人的伦理责任，对同事的伦理责任，对雇主的伦理责任，对社会工作专业的伦理责任，对社会的伦理责任。

尽管社会工作是一门专业性很强的工作，但是，如果没有职业化做保障，社会工作的助人自助、稳定社会、促进发展等功能的发挥就将会受到限制。

社会工作的发展历史也证实了这一点，在欧美及我国香港、台湾地区，社会工作不仅发展为一门专业、一个学科，而且还是一种职业。其职业范围涉及社会服务、康复服务、个案管理、儿童照顾、行为矫治等。社会工作的职业化为专业性的社会工作实务开展提供了良好的平台。①

（2）社会工作的社会化和社区化。福利社会化带来社会工作的社会化和社区化，福利的社会化有赖于社会工作的社区化来实现，社区概念被广泛用于社会学、政治学等学科中，在不同的学科中对社区概念也有不同的理解，一般的理解是，社区是组成社会的基本单元，是一个“地方社会”。而为了不同研究需要，社区概念不仅被理解为一个地域性的概念，也有从功能主义出发，将社区理解为一个由共同的利害关系人组成的社会群体，② 类似于马克思的“市民社会”的概念。还有论者结合了地域和社区的功能性，认为社区是以一定地域为基础，由相互联系、共同交往、具有共同利益的社会群体、社会组织所构成的一个社会实体。③

基于福利社区化提供模式，有论者提出“社区保障”的概念，这一概念突出了社会工作“本土化”的特色。然而，尽管几十年前我国就引进了社区概念，但作为一门学科，作为专业化和职业化的工作还是在起步阶段。目前我国面临的很多社会问题都需要社会工作的专业知识加以协调和解决，比如，社会保障、社区矫治问题等。因此，利用社会工作的社会化和社区化特色，了解我国城乡面临的各种社会问题，才能解决好社会现实问题。另外，“社区保障”的概念也扩展了社会工作的内容。我国不同于发达国家，社会保障不仅要通过国家的立法来推行，一些社会保障的项目还需要社会工作者的社区工作来实施或补充才能实现。此外，“社区保障”的概念还可以弥补社会保障的不足。社会福利作为一项制度，不可能面面俱到，社区内一些具体的问题，比如儿童照顾、心理疏导等临时性、突发性社区问题，需要社会工作的社区化服务加以解决。④

（3）社会工作的多元化发展。社会工作的多元化发展是福利多元化发展的重要工具或手段，其具体表现为主体、客体、内容和方法或手段的多元化。社会工作的服务对象、服务内容和方法手段都在实践中不断扩张，比如，其

① 参见周沛《关于社会工作发展中的几个问题》，《江苏社会科学》2003 年第 3 期。

② 参见王刚义等《中国社区服务研究》，吉林大学出版社，1990，第 25 页。

③ 参见周沛《社会福利体系研究》，中国劳动社会保障出版社，2007，第 244 页。

④ 参见周沛《论社会福利的体系建构》，《社会保障研究》2007 年第 6 期。

服务对象早期是那些慈善救助对象，而经过发展，几乎所有人都可能成为社会工作的服务对象；社会工作的内容更是从社会救助扩展到社会保障、行为矫治、心理疏导、安全控制等；而其采用的方法和手段更是涉及了社会学、心理学、生理学、医学、犯罪学、法学等学科的方法和工具，以便有效地解决各种各样的社会问题。

（二）儿童福利社会工作的独特性①

儿童社会工作是儿童福利服务进行的基本形式，因此，有论者将儿童社会工作和儿童福利服务等同看待。儿童福利社会工作是一般社会工作的重要方面，正如社会工作一般概念的多层次性一样，儿童社会工作也可以从不同层次理解。儿童社会工作以儿童为工作对象，由于儿童群体的特殊性，儿童社会工作也有不同于成年人社会工作的特殊性，这也就导致了儿童社会工作内容的不同，这些内容包括针对儿童的学业辅导、青春期辅导、心理咨询、职业培训、矫治服务等。儿童社会工作的工作过程和特征及采用的工作方法和手段也具有独特性。从这个角度来看，儿童社会工作应当是根据儿童的身心状态、特长、生活环境、智力发展等实际情况，通过个别或集体辅导，启发其才能和志趣，促进其健康发展。

儿童社会工作的理解也分为广义和狭义两个方面，狭义是指一种事后补救性工作，是消极的社会工作，是指对那些发展方向上有偏差或困难的儿童，通过多种服务手段和方法，帮助儿童矫治偏差，促进其健康发展。具有“治疗”和“补救”的特点。广义的儿童社会工作包括儿童生存和发展的多个方面，特别是为促进儿童身心发展和社会适应等方面而采用的措施。

儿童的本质特征是发展性，因此，儿童社会工作的核心目标就是要激发儿童潜能的开发，促进其自我发展，这与社会工作的核心价值具有一致性。儿童的发展是多层面的，包括身体的、心理的、精神的、智识的、社会的全面发展。儿童期的发展是质变的，儿童身上蕴含着发展的无限潜能，儿童社会工作要充分发掘儿童身上的潜力，通过多种方法促进他们最大限度的发展，帮助他们朝着自我实现的方向奋进。

1. 儿童社会工作的根据

儿童社会工作是生产力细化的结果，是整体社会工作的一部分，又与国

---

① 本部分参考文献包括：陆士桢、王玥：《青少年社会工作》，社会科学文献出版社，2005；张柳清、成海军：《社会工作在儿童福利机构中的功能和作用研究》，《首都师范大学学报》（社会科学版）2012 年第 4 期；童小军：《社会工作在儿童福利机构中的作用》，《社会福利》2013 年第 2 期。

家的教育系统、行政系统和生产领域有着密切的交叉关系。在资本主义发展过程中，对资本的无限追求使儿童过早进入生产领域并对儿童形成过度剥削，身心疲惫的童工及无人照管的儿童内心充满了矛盾但又无法得到缓解，不仅导致少年人的心理和精神健康问题，还带来社会问题，极端的表现就是青少年犯罪。当儿童问题成为社会问题、危及资本主义生产的发展时，国家就必须出来解决问题。此时，社会性的、政府行为层面上的指向儿童的工作才会出现。社会关系的变化，特别是家庭结构和功能的变化及儿童社会化的快速发展，是儿童社会工作的关键因素。依靠大家族的关系解决儿童问题的可能性日趋减少，家庭生活的社会化也要求寻求一种社会性的方式解决儿童的问题，儿童社会工作因此而产生。此外，儿童自身精神和心理的发展，也对儿童社会工作具有催化作用。儿童家庭和自身的特点及由此产生的社会问题都是儿童社会工作产生的事实根据。

除了关于儿童成长及发展的相关理论和事实根据之外，在少年中出现的问题，特别是社会问题也是儿童社会工作的重要根据之一。少年社会问题与少年社会工作关系密切，社会工作的目的之一就是解决社会问题，促进社会整体福利的提高。在解决社会问题的同时，促进个体成长和社会发展成为社会工作的主流。少年社会问题包括少年生态逐渐恶化，少年健康安全、教育等方面的问题，以及少年的人际交往、价值观等社会发展问题。当今，少年成长环境不容乐观，最突出地表现在贫困、吸毒、艾滋病等问题上，这些外部的问题都将直接影响少年自身的发展，而且还会影响少年的家庭和社会的发展。对少年的影响具体表现在学习障碍，成长受挫并在应对挫折中产生紧张状态和情绪反应，对于性问题的矛盾心理，人格障碍，代际冲突，少年自杀和犯罪等问题。

2. 儿童社会工作的内容

儿童社会工作作为专门针对儿童发展和赋能的工作，其生成的根据具有不同于一般社会工作的特殊性。发展是儿童的本质，可以从儿童的生理学、心理学、社会学及文化学的不同视角看待儿童的发展问题，各种发展理论是儿童社会工作理论基础的核心内容，是指导儿童社会工作者专业行为的基础性理论。生物学的基本理论很多，在诠释儿童发展方面，主要是运用进化论、遗传学等观点，解释说明儿童发展的进程和状态，这种理论重视生物性力量对儿童个体成长的影响，强调自然法则和生理遗传对儿童心理和行为的作用，把儿童的成长看作个体适应环境的一种现象。心理学理论也是儿童社会工作的基础性学科，是儿童社会工作者必须清楚掌握和灵活运用的学科，特别是关于心理发展规律的理论是了解儿童心理发展过程，帮助儿童健康全面成长的重要指导理论和应用工具。儿童社会工作者有责任帮助儿童了解自己的内心冲突，认识自己的内在矛盾，对这些矛盾和表现出来的冲突有一个正确和深入的认识，从而有助于从根本上解决问题。儿童也是社会的一部分，在社会中儿童也有着自己独特的地位和作用，并同时受到社会的影响。儿童的生理和心理发育问题都与他们所处的社会环境有着密切的关系。社会学理论帮助社会工作者更多地认识儿童与社会的关系，并能够通过积极的工作，发挥促进儿童正向发展的社会功能。其中，默顿的越轨社会学理论及科塞的冲突理论都对儿童社会工作有重要的参考价值。儿童在逐步走向成熟的过程中，总会与周围的人和群体发生冲突，有的是正向的冲突，有的则是负向的，怎样面对并看待这些冲突及如何解决冲突，需要家长、教育工作者和社会工作者给予帮助。另外，儿童在成长中，不可避免地会发生一些越轨行为，特别是青春期的少年。少年反社会行为及少年犯罪都可以看作一种社会越轨行为，对不同越轨行为，应当具体分析其产生的原因，提供了解其个人价值体系和其所处的经济政治背景、了解他们达到生活目标及达到目标的手段的可能性，并从一个较深的层次上了解越轨的原因，帮助其从反社会的消极状态中解脱出来。社会化的理论也告诉我们，儿童的成长也是一个不断社会化的过程，而在这个过程中，家庭是最重要的社会化机制之一，家庭与儿童的关系极为密切，家庭有经济功能、自身再生产功能、情感支持功能、性的需求和满足功能等。儿童正是在家庭中建立信念、学习规则、亲历各种关系，少年的很多问题常常源于家庭。了解这样一些知识，有助于儿童社会工作的顺利开展，并有效地帮助儿童在家庭这个最初级的社会群体中寻求支持和帮助。[①] 儿童社会工作是针对儿童的社会福利服务活动，面向儿童的活动都有一个共同的目的，那就是为了儿童的健康和全面发展，开发儿童的潜能。儿童社会工作以儿童为服务对象，儿童社会工作者的行为、工作内容及方式都受制于儿童社会工作特有的一套规范和价值体系。特别是儿童社会工作的内容有着严格的规定性和固定的分类。儿童社会工作或儿童福利服务的内容从不同的视角可以做出不同的分类，可以从社会工作所采取措施方法的属性进行分类，可以从社会工作与全体儿童社会发展的关系及与个体案主的关系考察社会工作的

① 参见陆士桢、王玥《青少年社会工作》，社会科学文献出版社，2005，第88页。

内容，可以从福利服务提供者的属性进行分类，还可以从儿童福利服务体系角度考察儿童社会工作。

首先，从服务的提供者角度看，作为社会工作内容的儿童福利服务，包括公立和私立机构所提供的服务，特别是基于社区的服务。儿童福利服务有两项作用，一是为儿童及其家庭提供必要的帮助，使儿童能够得到良好的照顾。这就要求有一个专门的儿童福利机构关注儿童的生活状况，当父母不能履行责任时，例如，因为忽视和虐待儿童或者因为其他原因无法照料儿童，福利机构可以采取强制手段进行干预。二是儿童福利部门应当采取预防性措施，一方面防止对儿童的照料不周，另一方面也防止儿童自身出现行为问题。现代社会中，很多儿童生存的环境都有可能会给儿童带来危害，比如，学校、儿童游乐中心等，因此，专门的儿童福利机构必须与其他部门合作，对儿童所有的生存环境加强监督。另外，儿童福利服务除了要遵循社会工作的一般工作原则之外，还特别要遵循包容原则和便利原则。前者指儿童福利服务要包括所有儿童，特别是那些在家庭、社区和其他场所处于不利地位的儿童。后者是指为儿童提供的各类服务应当尽量靠近其家庭，使儿童比较容易获得这些服务。所以，儿童福利服务的基本内容应当包括各级政府的责任，社会机构的责任，福利服务措施等内容。政府关于儿童福利服务的责任在于对儿童福利服务的重视和参与，这是保障全社会重视和参与儿童福利工作的前提。政府设立的儿童福利机构还有权力对其收到的有关儿童情况的报告进行调查，以确定是否有必要对儿童采取必要的措施。同时，国家儿童福利机构还要加强与其他公共机构和自发组织的合作，保证儿童利益的实现。有的国家设立的是儿童福利中心，有的国家设立的是儿童福利局等，这类机构实际上担当了各部门协调人的作用。其他与儿童福利相关的社会部门包括日托机构、学校等，它们的首要责任在于预防儿童受到伤害。

其次，从儿童福利服务与儿童整体社会发展以及与个案儿童问题解决的角度看，可以从宏观和微观两个层面观察儿童社会工作的内容。就宏观方面来说，涉及以下内容：儿童社会工作的计划制订、实施、管理和监督等，推动与儿童有关的立法、为政府提供关于儿童问题的咨询和建议，维护儿童健康成长的社会环境，促进儿童家庭建设，推动儿童发展及维护儿童权利等。立法方面，只有把儿童福利的需求及其满足通过法律形式固定下来，才能使福利的实现和获得具有法律的根据，才能真正保护儿童的健康发展。这些法律规范是社会工作的行为标准和依据，法律能够促进儿童社会工作向专业化的方向发展，为儿童提供专业化的儿童福利服务。我国目前关于儿童保护的立法有《未成年人保护法》《预防未成年人犯罪法》《义务教育法》等，其他关于儿童教育、医疗、家庭关系等儿童福利政策的规定散见于其他相关的法律法规及政府规章。儿童社会工作的重要内容还包括推动与儿童福利有关立法的完善、法律体系的建构及法律的实施。儿童保护法律法规的实施同样是一个复杂的过程，包括让公众知晓法律内容，法律在各级儿童福利服务系统的执行，以及该项法律执行意见的反馈，对于法律规范的修改和补充等。在儿童社会工作中推动儿童立法，一是通过对儿童及其特征、福利需求等进行调查和研究，为立法者提供决策的可靠依据。二是对儿童特点及其社会问题进行调查研究，为立法者提供解决已经发生的社会问题以及预防潜在的社会问题的理论根据。三是还可以对国外的相关做法进行比较研究，为我国儿童立法提供借鉴。儿童社会工作还可以通过儿童福利行政来进行，有时候，专业的儿童社会工作者还兼具立法顾问的角色。儿童专业社工除了在法律政策的制定及其实施方面的工作之外，就宏观的内容来说，还为政府提供儿童相关的资讯和建议。其中为政府提供儿童有关的信息和建议是儿童社会工作者的重要任务，有利于政府了解儿童的基本状况、福利需求、少年社会问题、影响儿童福利的各种因素及对儿童福利总体状况进行评估，对政府的儿童政策法律制定具有重要的参考意义。同时，儿童社会工作还可以直接帮助儿童促进其健康成长和发展、推动儿童教育的发展、维护有利于儿童发展的社会环境、促进家庭建设、维护儿童权益等，儿童社会工作者还可以成为儿童的代表，以帮助儿童健康成长和社会化。

再次，从微观的儿童社会工作角度看，其内容还包括儿童的成长发展辅导、学业辅导、心理健康辅导、人际交往辅导等。成长发展辅导包括生理健康辅导、性健康和性卫生辅导等；学业辅导包括激发儿童的学习积极性、改善学习习惯、扩展学习视野、解决学习困惑等；心理健康辅导包括促进自我意识的健康发展、情绪的发展等；人际交往辅导包括一般人际交往的行为礼仪辅导、异性交往辅导、团体交往辅导等；价值观辅导包括世界观、人生观的辅导，还包括社会性别角色和个人理想的追求等方面的辅导。除以上内容外，还有一些儿童在成长过程中需要特别关注的问题，包括儿童社会化辅导、职业培训和就业辅导、婚姻恋爱辅导、贫困儿童救助、不良行为辅导、自杀及犯罪行为矫治、儿童家庭服务、残障等困境儿童救助等。其中，对贫困儿童救助既是儿童福利的重要内容，也是儿童社会工作的重要领域。如果得不到有效的帮助，这些贫困儿童连基本生活都无法保证，更不用说健康发展了。儿童社会工作对贫困儿童的救助就是要通过各种途径建议政府尽快完善社会保障体系，加大对困境儿童的保护，调动各方力量帮助贫困儿童及其家庭摆脱贫困的处境。另外，对不良行为儿童和犯罪少年的辅导也是儿童社会工作的一项重要内容。儿童的不良行为、自杀行为和违法犯罪行为都是社会适应不良的表现，包括对家庭生活、学校生活、社区生活等日常生活环境的不适应，具体表现为不诚实、懒散、蔑视权威和规则、具有攻击性等。儿童成长是一个不断适应社会和不断发展的过程，其间出现这样那样的问题不足为奇，但如果得不到及时的帮助和矫治，对他们的发展将会产生极其严重的不良后果。对这样一些行为和心理遇到障碍的儿童，需根据个体的具体情况来给予专业上的干预和矫治，通常的矫治和干预包括生活社会环境的改善和自身心理素质的加强，还包括心理辅导及新技能和新知识的学习等，具体的措施包括心理情绪疏导、行为习惯矫治、生存技能培训、周围环境建设等。

最后，从儿童福利服务采取的措施和方法上看，福利服务措施大致可以分为两类：预防措施和救助措施。儿童福利服务中一个重要发展趋势是福利部门更多地将注意力放到了增强父母抚养儿童的能力上，这种情况下，福利部门实际上充当了支持者和辅导员的角色。另外，福利部门还协助进行父母管理培训和多系统治疗的工作。这些措施都是预防儿童免遭各种侵害的预防性措施。就帮助措施而言，主要包括日托中心安置儿童及个人的支持性接触等，或者进而将儿童安置在寄养家庭、儿童之家、临时救助站及其他的福利机构。寄养措施和福利机构安置是比较常见的做法，我国目前对孤残儿童、弃儿、流浪儿童的安置就采取了后一种做法。

3. 儿童社会工作的方法

传统的儿童社会工作方法有三大类：儿童个案工作、团体工作和社区工作，这三大类方法的掌握和运用是儿童社会工作的必备条件，同时，基于儿童对象及其家庭等方面的特点，也形成了儿童社会工作的一些不同特征。

就儿童个案工作来说，是以儿童个体及其家庭，特别是遇到困难的儿童及家庭为服务对象，目的是帮助儿童及其家庭解决困难和问题，防止新问题的产生，因此，有时候，也会以儿童整个家庭作为个案工作对象。在个案工作中，无论与儿童还是其家庭都需要建立彼此信任合作的关系，尽可能调动儿童及其家庭的潜能和积极性，共同探讨儿童及其家庭所遇到困难或问题的根源，运用儿童及其家庭本身的资源，帮助儿童适应环境，增强独立解决问题的能力。儿童个案工作与一般社会工作有着自身的特点，总体上看，儿童个案工作的工作对象，有着群体上的不同。因此，儿童社会工作必须建立在多门学科基础之上，除了专业的社会工作学科之外，还有心理学、儿童学、社会学等各种相关理论。在工作过程中还需结合具体的工作特点及实践经验，才能做好儿童社会工作。儿童个案工作的具体的特点还在于：①工作对象有较强的差异性和复杂性。儿童的个体差异很大，儿童群体自身也存在非常复杂的结构，因此，在工作中不能简单地以公式化的方法对待儿童个案，要采取多样化的方式帮助儿童群体。②工作更加讲究方法上的科学性。儿童发展的多样性也就要求工作方法的科学性和技术性。③本质上更加强调儿童潜能的发掘。儿童个案工作注重儿童个体生理和心理的成长，儿童的成长是一个自我的、多样化的发展过程，特别是处于青春期的少年，更加希望自己解决问题，对灌输和训诫等教育十分反感，因此，儿童个案工作要把重点放在促进儿童自尊和自立方面。④工作过程要有系统性和扩展性。儿童问题往往是多方面的原因导致的，这就要求社会工作者运用系统论的思想，从各个方面分析原因，并深入了解儿童的父母、学校等方面的影响等。

另外，团体工作和社区工作也是儿童社会工作的方法。儿童团体同成人团体一样，有正式和非正式之分，一般指由三人以上的儿童所组成的小团体。通常，正式的团体有一定的组织性，在组成方面也有规律性，比如少先队、共青团、学校班级和小组等；而非正式的团体则较为多样，有的是出于共同的兴趣爱好，有的是邻里间的伙伴、学校里要好的同学等小团体。儿童团体在儿童成长过程中有着不可替代的作用，对儿童的社会化发展通常具有积极作用。这种作用往往源于个体对团体的认同、依附、信任等感情。因此少年团体也往往具有复杂性。团体工作就要运用儿童团体的力量，使团体中的儿童达到社会性的发展，实现儿童个体和社会的和谐发展，进而促进社会的发展。儿童社会工作中团体工作的理论基础是把儿童团体作为一个系统看待，通过改善这个团体也就是系统来达到团体中个人问题的解决，与此同时，团体中个体问题的改善和解决也能够给整个系统带来正能量，这就是实践中经常碰到的伙伴关系的重要性。同时，在团体中，团体和伙伴关系对儿童良好行为习惯的习得和养成无疑会产生重大的影响。另外，社会工作者还可以通过专业的服务，帮助儿童个体在团体中学会与人相处的技巧，获得自信及提高适应社会环境的能力，同时，通过团体化解儿童个体内心的焦虑，促进儿童顺利地社会化。儿童团体工作目的是通过一系列工作模式实现的：互动模式、治疗模式、社会目标模式。这些模式注重个人问题的解决与社会变迁的关系，倡导儿童参与社会活动，并通过团体提供儿童参与社会的机会，培养儿童个体社会责任感，提高儿童素质。

第四章　中国儿童福利状况及制度变革[①]

一　儿童福利发展的总体特征和变化

选择何种福利模式，与国家的发展阶段、文化价值观念、经济基础、人口规模等多种因素相关。就中国现有的政治、经济、社会、人口等发展状况看，建立类似于西方的福利国家还需一步一步推进。但是，在现有的条件下，通过各种形式，优先发展儿童福利事业是可行的。从儿童权利和福利的普遍国际理念出发，儿童福利体现社会正义，促进社会和谐，强化家庭和社会的责任感。从国家发展的长远利益考虑，儿童福利保障体系建构应当作为紧急的社会发展事项。从政策层面看，我国儿童福利已经形成了比较完备的政策体系，从国家社会政策到国务院和政府各部门规章和具体行动方案，内容涉及儿童的抚养、教育、医疗、保护等各个方面。这些政策对推动我国儿童福利事业的发展产生了积极作用。但儿童福利政策还存在一些问题，比如，与儿童福利相关的政策尽管涵盖范围较为广泛，但相对分散，未能形成全国统一的、目标明确的国家儿童福利制度体系，可操作的政策内容不足；政策落实的行政管理体制不顺，多头治理，缺少整合、协调和问责机制；社会提供儿童福利服务的机构发展不足，家庭福利发展缓慢；针对孤残、流浪等特殊儿童的政策层次低。《中国儿童福利政策报告（2011）》统计了我国弱势儿童群体的数量，建议政府优先从儿童大病、残疾、学前教育三大方面展开制度

① 本章的主要内容源于王雪梅、孙萌执笔的中国社会科学院国情调研重点项目内部结项报告——《A省儿童福利状况调研报告》，2012。其中，儿童家庭福利和儿童健康医疗福利部分的撰写主要由孙萌完成，在此谨致谢忱。

建设，该报告通过测算，认为投资600亿元即可启动上述三项儿童福利制度。

从儿童福利制度体系角度看，我国儿童福利大致由三部分组成：一是以公共政策与公共服务为主的社会基础设施体系，它们是儿童福利服务体系的制度基础与前提。二是社会福利当中与儿童福利服务体系密切相关的部分，例如母婴保健、食品营养、健康照顾、公共住房等，也可以算作是儿童福利的组成部分。三是以家庭服务、儿童福利服务为主的纯粹意义上的儿童福利服务体系，是儿童福利服务体系的核心组成部分，例如，义务教育、孤残儿童的福利服务等。

但是从这种体系性的视角还是很难理解我国儿童福利概念，也不容易了解我国儿童福利的基本状况。可以说，我国目前对儿童福利的认识还存在很大分歧，尽管国家提出儿童福利模式将从补缺型向普惠制发展，但对儿童福利概念和制度的理解仍然存在局限性，我们对儿童福利概念的认识还局限于狭义的理解，儿童福利服务对象仍局限于少数孤残儿童。进入21世纪，我国儿童福利发展进入变革和重构阶段，从儿童福利制度的角度来看，大致包括以下几个方面。

第一，儿童权利保护是我国儿童福利的基础。这既包括儿童权利理念的建构，也包括儿童权利和儿童福利法律政策宣传与实施，还包括儿童权利保护相关制度的建设。儿童权利保障几乎涉及社会生活所有领域。进入21世纪，对儿童相关的一些法律的修订，更加突出了儿童保护和福利建构的内容，比较突出的有《义务教育法》、《未成年人保护法》、《收养法》、《母婴保健法》、《婚姻法》、《刑法》和《刑事诉讼法》等。“儿童优先”作为儿童工作的重要原则，渗入儿童保护的各个领域。2006年修订的《未成年人保护法》确立了儿童的生存权、发展权、被保护权、参与权，肯定了父母对儿童养育的义务，明确了儿童受教育权以及对儿童安全的保障等内容。特别是三份《中国儿童发展纲要》，对儿童福利发展的各项指标做出了具体规定，包括儿童卫生医疗保健、教育、安全、福利服务等，涵盖了儿童福利几乎所有内容，成为儿童福利发展的重要政策依据，也是儿童福利立法的重要指标和参照。

第二，教育是我国儿童福利的核心。我国已经形成了较为完善的教育法律政策体系，包括《教育法》、《义务教育法》和《中国教育改革和发展纲要》等，还有教育部等部门发布的规章。《关于进一步推进义务教育均衡发展的若干意见》《关于进一步做好进城务工就业农民子女义务教育工作的意见》等，强化了对贫困地区和弱势儿童群体教育倾斜的政策取向，为教育公平、均衡发展提供了依据。另外，教育作为儿童福利的内容之一，除了义务教育、中等教育及职业教育外，托幼服务也属于教育福利，包括幼儿教育在内的学校卫生与校园环境安全问题都是儿童福利与儿童保护服务体系的核心内容。托幼服务是儿童福利的基础部分，儿童对集体生活的适应，同伴之间的相处，校园人身及食品安全等方面都对儿童社会化产生重要影响。义务教育部分，国家也出台了相当多的政策，帮助儿童完成义务教育，比如，2007 年施行"两免一补"政策，免除义务教育阶段的学费和书本费，向免费义务教育迈进了一步。在教育福利方面，就业和生活技能培训也是重要内容，就业培训、职业技术教育、就业支援服务与生活技能训练主要是针对少年和大龄儿童群体的服务。2005 年国务院出台《关于大力发展职业教育的决定》，确立了职业教育在经济社会发展中的战略地位。

第三，健康医疗是我国儿童福利的重要组成部分。儿童的医疗健康工作一直以来得到全社会的普遍重视，包括出生缺陷干预与围产期保健、母婴保健与妇幼保健、免疫接种与儿童健康、食品营养与体质发育服务等。妇幼保健与儿童健康面临的主要问题是：妇幼保健城乡差别显著，地区发展不平衡，贫困问题与妇幼卫生，乡级医院的服务质量，流动人口妇幼保健和基本医疗服务问题，等等。另外，小儿麻痹等四项传染性疾病的儿童免疫工作也在逐年推进，科学育儿的知识进一步普及，儿童总体健康状况不断提高。

第四，困境儿童的救助是我国儿童福利最基本的底线。我国的儿童福利服务基本上局限于对儿童福利机构中孤残儿童的福利服务，近几年扩展到对其他困难儿童群体的保护，比如，流浪儿童、机构外孤儿等，但尚有困境儿童没有纳入国家儿童福利政策议程和保护服务体系。比如，包括残障儿童的家庭补助等在内的儿童福利政策体系，对特殊儿童的教育，特殊学校和随班就读措施的推行，基本满足了残障儿童的受教育需要，但农村残障儿童仍有较高的辍学率。另外，针对有不良行为少年的专门学校（也称工读学校）教育仍然存在诸多问题。对流浪儿童的救助取得了显著成效。《流浪儿童救助管理办法》颁布实施后，民政部等 19 个部门出台了《关于加强流浪未成年人工作的意见》，政府建立了 130 家流浪未成年人救助保护中心和 1026 家救助管理站，流浪儿童服务体系初步建立。对孤残儿童的教养也取得了一定成效。儿童福利院相关法规的颁布，标志着全国儿童福利院的工作走上法制化的轨道，特别是《收养法》等法律的实施，使相当一部分孤儿进入了正常家庭。各地福利院在学习和借鉴外国经验的基础上，创建了各具特色的养育模式，如长期在华北地区实行的“养娘”寄养模式，将孤儿院里的孩子分别送往有抚养能力的农户家，孤儿院提供基本生活费用，孤儿仍归属孤儿院。这种救助模式颇具中国农村社会特色，强调了儿童与家庭的密切关系，保证了儿童生存必备的情感环境。比较典型的儿童教养基本模式还有北京模式、上海模式、昆明模式等，这些模式都追求儿童健康成长的环境。

第五，文化娱乐是我国儿童福利必不可少的内容。在娱乐中学习是儿童的需求，现代国家总是通过制定和实施关于儿童娱乐的法律法规，开展儿童娱乐工作，保护儿童娱乐利益。改革开放以来，我国逐步形成了具有中国特色的全面保护儿童的法律法规体系，《关于安排好中小学生节假日休息和活动的通知》《青少年科学技术普及活动指导纲要》等一系列关于儿童娱乐的法律法规就是这一体系的重要组成部分。

第六，家庭福利和儿童保护是儿童福利服务的重要内容。我国一直实行对家庭的少干预政策，家庭作为私生活领域担负着儿童的基本生存和发展责任，但是由于现代家庭津贴和家庭收入稳定性的普遍缺乏，家庭对儿童的保护及对家庭的福利服务非常有限，家庭生存质量堪忧。在儿童保护方面，儿童保护和儿童意外伤害是儿童福利服务体系的新内容，提出了儿童生存环境安全问题。目前，儿童意外事件越来越多，已经成为儿童意外死亡的第一杀手，这对儿童的生存和发展提出了严峻的挑战。怎样建立一个安全的儿童友好型社会成为促进儿童健康发展的关键议题。同时，儿童保护还涉及对儿童的身心保护问题，包括针对儿童的家庭暴力、校园暴力等。

总体看来，尊重儿童的权利和促进儿童健康成长发展是中国儿童社会福利的根本目的，从内涵上则包括儿童需求的满足、儿童权利的保障及儿童工作。从儿童福利事业发展状况上看，有论者将中国儿童福利特征总结为四个方面。①

第一，当代中国人的儿童观，具备历史性和现代感双重特色。将儿童看作未来接班人和独立个体的统一，是中国人对儿童的基本认识和态度，这也是中国儿童福利的社会伦理基础。

第二，政府重视儿童工作，实际社会效果日益显著，但由于人口基数大、经济基础制约等原因造成的儿童福利支出不足，影响了整体福利水平的提高。一方面，国家对于儿童福利的投入不足，提高弱势儿童生活质量存在一定困

① 参见陆士祯《中国儿童社会福利研究》，《社会保障研究》2006 年第 2 期。

难；另一方面，贫困地区发展经济的任务较重，一部分地方领导受不良政绩观的左右，对儿童福利事业缺乏正确认识，加上经济落后地区往往社会观念滞后，儿童权利的观念缺乏社会影响，在某些地区，儿童福利的实际水平较低。

第三，福利政策相关法律法规日益健全，但系统性、条理性不强，原则性、基本性的法规较多，实际的、可操作性的内容不足，执行效果的有效性、差异性较大，特别是发展不平衡造成的儿童发展问题日渐突出，有中国特色的儿童福利体系尚未完全建立。

第四，随着社会发展进步，儿童福利服务发展迅速，福利服务组织在增多的同时也日渐规范，但从整体上看，儿童社会福利服务严重滞后，专业化进程较慢，不能应对当前中国儿童发展的多元状态，儿童的发展性福利需求满足程度低。

另外，从大的儿童福利制度设计和政策安排上看，我国儿童福利的发展呈现城乡二元结构的特点，分为城镇和农村两部分。拿儿童医疗保障为例，2007 年年初，国务院正式将“全民医保”作为完善社会保障体系的目标，在农村合作医疗覆盖农村儿童的同时，将未纳入城镇职工基本医疗保险的城镇人口全部纳入。各地都在着力推进以农村卫生、社区卫生为重点的医疗卫生服务新体系，但水平依然很低。同时，社会的改革与发展，催生了全民性福利制度、基本医疗保障制度、最低生活保障制度、医疗救助制度和公共住房制度，这些公共福利也为儿童福利制度和城乡一体化儿童福利发展奠定了制度基础。在儿童受教育方面特别是义务教育阶段，提出了城乡一体化、教育均衡发展的思路。如何改变城乡分隔与城乡二元儿童福利制度的现状，建立覆盖全体儿童的普及型儿童福利制度等，已经成为儿童福利发展所面临的极其紧迫的问题。长期以来，由于计划经济体制、户籍制度、城乡差别发展和城乡二元社会福利制度，城市儿童享有儿童健康照顾、优质基础教育和较好生活环境，乡村儿童则较少具有享受儿童福利服务的社会环境、机会和条件，生活状况与福利服务水平明显低于城市儿童，这种城乡二元分立的儿童福利制度模式，带来了选择性、结构性、制度性的社会不平等。

在社会快速转型过程中，儿童对生存和发展的需求也在迅速变化，如何改造不平等的儿童福利体系结构，建设有利于儿童生存和发展的儿童福利保障体系，成为儿童福利保障的基础性议题，特别是儿童福利服务体系建设有着战略的紧迫性。我国儿童福利保障正呈现这样一种发展态势：一是从补缺型向适度普惠制发展；二是从依附于总体福利发展向儿童福利优先发展迈进；三是政府和社会在儿童福利供给中承担更多的责任；四是城乡分立的儿童福利服务模式正在破冰；五是儿童福利模式和服务方式多样化发展。但同时我们还看到，儿童福利观念和制度建设还在初创阶段，对社会力量还缺乏明确法律政策的引导，儿童福利服务的社会化、多元参与渠道尚未打通，专业化、职业化的儿童福利社会工作模式还在建设当中。随着我国政治和社会的进步、经济和文化的发展，我国儿童福利保障体系的发展方向必然是一种普惠的，以政府为主导的，由家庭、企业和其他社会力量等共同参与的，真正促进儿童健康、自立发展的儿童福利发展模式。

二　儿童福利基本状况及相关制度

对一个国家和地区儿童福利基本状况和相关制度的描述是了解其儿童福利发展的基本路径，可以通过这种描述展示该国家和地区儿童福利保障体系的基本风貌，从而对儿童福利制度建构、相关法律政策的制定及儿童福利模式的选择提供基本素材和参考。本部分对我国儿童福利状况和相关制度的梳理基于笔者对A省的调研素材，故能够就地方性的观念和经验进行考察，这种考察对儿童福利制度的建构具有实践价值。

（一）家庭支持系统

儿童福利要通过家庭支持得以实现已经成为国际社会的共识，在很多发达国家，政府为了鼓励和支持家庭对儿童的养育，一般都会发放各种货币补贴或者实物性补贴，从而提高儿童的家庭福利待遇。在我国，还没有建立一种针对所有儿童的，以健康、卫生保健、教育、福利服务等为福利内容的，对儿童家庭给予支持的家庭福利计划。各个省市给予儿童的家庭福利基本相同，主要包括一些专项补贴性福利，包括独生子女费、住校学生的住宿补贴、某些机关和事业单位发放的入托补贴。除了农村基础教育实行“两免一补”政策之外，还有各种形式的助学金和奖学金用以补贴儿童的教育费用。其中，对独生子女的奖励，不仅包括货币补贴还包括免费体检等福利。除此之外，还有对贫困家庭儿童的一系列特殊照顾。

1. 贫困和孤残儿童的补贴性福利

贫困和孤残儿童的福利性补贴并不是全面性的家庭福利，而主要是针对教育和医疗的专项补贴。在医疗保障方面，低保家庭和残疾人免交医疗保险费的福利可以惠及贫困家庭的儿童和孤残儿童。在全国各省市的城镇居民基本医疗保障制度和新型农村合作医疗保障制度中都对这类儿童的保险费予以免除。除此之外，还实施向贫困儿童提供免费教育的种种优惠政策和“希望工程”“春蕾计划”等项目以资助贫困儿童接受教育，支持其家庭帮助孩子完成学业。

2. 母亲生育保健

孕妇体检及健康档案的管理对优生优育和儿童健康具有巨大价值和意义。产假和产假工资对产妇和新生儿具有重要的意义。对产妇的照顾直接关涉儿童的权利，母婴健康保健既是母亲的一项福利也是婴儿的一项福利，是否享有带薪产假是影响妇女生殖健康和儿童权利的重要议题。另外，根据国家防治艾滋病“四免一关怀”政策，各地方也制定了相应的艾滋病防治条例，向感染艾滋病的孕产妇及新生儿提供母婴阻断等免费医疗服务。艾滋病孕产妇在孕期体检，生产，产后母子体检、保健等方面一律享受免费待遇，从而为艾滋病产妇及新生儿提供最大的医疗帮助。

对孕妇提供免费体检，或为其体检提供便利和服务及建立健康档案管理等都属于家庭福利范围。各级妇幼保健机构正在逐步建立对辖区内孕妇在围产期的健康跟踪手册，还辅以产后访视等制度，以指导产妇对新生儿的科学喂养及产后恢复等问题。同时，对流动人口中的孕妇也逐步建立了健康跟踪记录，以监护这一孕妇群体的健康。但是对产妇是否能够在围产期间得到定期的检查，则依据家庭条件、孕妇的健康意识、所在地区经济的发展水平、工作单位或者社区的福利保障，体现了个人之间和地区之间的差异。孕期体检对优生优育具有至关重要的影响，不仅影响胎儿的健康、新生儿的死亡率，更加关系到儿童的发育。计划内生育住院费用基本纳入了城镇职工医疗保险和新型农村合作医疗保险，有的孕妇所在工作单位或者社区还发放福利性或者救济性的补贴。带薪产假及产假工资是给予孕产妇和儿童的家庭福利。

根据在 A 省调研的情况看，妇女保健有几个较为突出的问题。第一，农村尤其是在家务农的妇女由于其工作性质而没有法定的产假，这导致农村妇女在产后应有的休息权得不到基本保障。农村妇女能否在生产后得到适当的休息取决于家庭和所在村庄的经济状况、家庭关系和风俗道德等诸多条件。第二，农村妇女不像企事业及机关单位的女职工享有产假工资，其在生育后的休息期间没有任何的经济保障和支持，这就不得不迫使农村的产妇尽早地参与生产和家务劳动，因此，不利于产后身心健康的恢复。第三，城乡妇女没有享受法定产假和带薪产假的人数占绝大多数。在500个受访者中，仅有164人享受过带薪产假，占32.8%。

3. 家庭教育

儿童的教育和培养不仅依赖于学校，还植根于家庭，为了向家长提供科学的育儿辅导，全国妇联和教育部联合制订了全国家庭教育工作计划，提高家长培养身心健康儿童的能力。目前，正在制定家庭教育法，各地方也采取措施，比如，开办家长学校和家庭教育网站，开展家庭道德教育理论研究，编写出版家庭教育教材及培训家庭教育骨干，建立家庭教育基地等，以期实现家庭教育知识的普及和提高。但是，如何进一步加强家长学校的实际功效以切实提高家庭教育的质量成为有待解决的关键问题。家长学校一般设立在中小学校，但还存在针对中职学校在校学生的家庭教育的盲区。而设立在学校的家长学校一般都没有固定的办公室，在某些学校，家长学校的活动流于形式，而没有实质的内容。家长学校有时只是通过召开家长会的方式或者观看有关教育节目来开展家庭教育工作。教育内容有限，场地也受到限制。因此，家长学校的实际功效的发挥还有待采取进一步措施，以使其成为家庭教育与学校教育结合的桥梁与纽带，切实发挥家庭教育在儿童身心发育中的特殊重要作用。

（二）医疗健康保健

现行儿童健康照顾与妇幼保健服务体系、制度安排与政策构架基本属于传统模式。社会的现代化发展迫切要求传统儿童健康照顾模式实现转型，建立与现代社会相适应的儿童健康照顾制度。确切地说，中国儿童福利制度和儿童健康照顾服务体系正处于转型过程中。这种转型过渡的性质意味着儿童福利制度和儿童健康照顾服务体系处于一种混合的状态。儿童福利模式中传统因素逐渐弱化衰退，现代因素日趋强化。

儿童医疗保健服务关涉儿童最基本的生存和发展问题，因此，也是各福利国家在建构福利制度中关心的重要议题。根据世界卫生组织的定义，健康的概念是："完全的身体、精神和社会安康，而不仅仅是没有疾病或衰弱。"健康权是生命权的一部分，也是行使其他人权的一项基础人权。每个人都有权享有能够达到的、有益于体面生活的最高标准的健康。《经济、社会和文化权利国际公约》将健康权规定为："人人有权享有能达到的最高的体质和心理健康的标准。"《儿童权利公约》第24条规定：

（一）缔约国确认儿童有权享有可达到的最高标准的健康，并享有医疗和康复设施，缔约国应努力确保没有任何儿童被剥夺获得这种保健服务的权利。

（二）缔约国应致力充分实现这一权利，特别是应采取适当措施，以：

1. 降低婴幼儿死亡率；

2. 确保向所有儿童提供必要的医疗援助和保健，侧重发展初级保健；

3. 消除疾病和营养不良现象。包括在初级保健范围内利用现有可得的技术和提供充足的营养食品和清洁饮水，要考虑到环境污染的危险和风险；

4. 确保母亲得到适当的产前和产后保健；

5. 确保向社会各阶层、特别是向父母和儿童介绍有关儿童保健和营养、母乳育婴优点、个人卫生和环境卫生及防止意外事故的基本知识，使他们得到这方面的教育并帮助他们应用这种基本知识；

6. 开展预防保健、对父母的指导以及计划生育教育和服务。

（三）缔约国应致力采取一切有效和适当的措施，以期废除对儿童健康有害的传统习俗。

（四）缔约国承担促进和鼓励国际合作，以期逐步充分实现本条所确认的权利。在这方面，应特别考虑到发展中国家的需要。

据此规定，健康权并不限于卫生保健的权利，健康权还包括多方面的社会经济因素，促进人民可以享有健康生活；包括各种健康的基本决定因素，如食物和营养、住房、使用安全饮水、得到适当的卫生条件、安全而有益健康的工作条件和有益健康的环境。它还与其他人权相互依赖，关系密切。因此，健康权不应狭义地理解为身体健康，还应包括自由和权利。自由包括掌握自己健康和身体的权利，也包括性和生育自由及不受干扰的权利。权利则指平等地享有可达到的最高水平的健康的机会和条件。

中国的儿童健康照顾与妇幼保健议题萌芽于20世纪20年代。近代儿童健康照顾服务是伴随西医传入中国的，基督教传教士和教会医学都发挥了重要作用。总体来说，改革开放以前，中国儿童健康照顾服务体系的制度性构架基本确立，但是，由于经济社会发展水平限制，儿童健康照顾停留在较低水平上。

1. 儿童健康和医疗状况

儿童健康照顾范围扩大、服务日趋多样、专业化程度不断提高，许多新型服务成为儿童健康照顾的基本内容。例如有关青春期发育、中小学生的行为指导、心理咨询和学校心理教育服务，学校健康教育包括学校生活技能教育、预防艾滋病、青春期教育，学校卫生标准，青少年危险行为防治等内容。儿童健康照顾服务体系的现实状况，充分反映目前中国儿童的社会经济地位与儿童福利服务体系的发展、成熟程度，反映中国特色儿童福利制度安排与政策构架的取向。首先，儿童健康照顾的发展历史比较短暂，人们对中国儿童生长发育的基本规律、结构特点和发展趋势等认识还很初级。其次，长期以来，儿童健康照顾依附于妇幼保健服务，形成"妇幼保健"的传统与"妇女儿童"的工作模式，因此，其独立性和专业化服务分化程度尚待提高。再次，在儿童健康照顾体系中，社会、政府与家长普遍重视婴幼儿医疗服务，特别是小儿急性传染病防治和预防接种服务，有效遏制严重危害儿童身体健康的脊髓灰质炎、麻疹、百日咳、白喉、流脑、乙脑等急性传染病，极大降低孕产妇和婴幼儿的死亡率。儿童健康照顾的医疗化和预防接种化趋势集中体现在儿童医院和妇幼保健院的机构设置中。儿童健康照顾的某些基础性服务领域亟待开发，例如生殖健康中的性教育、性伦理和性道德，生殖健康服务、性骚扰和性侵犯，困境或弱势儿童的保护。最后，儿童健康照顾的行政管理体制呈现行政化和综合化趋势，专业化和系统化程度有待提高，儿童健康照顾分散在不同的领域，儿童生长发育、食品营养与膳食、预防接种和计划免疫、医疗服务与临床治疗、学校卫生与健康促进等服务，分别由卫生、教育、体育、妇联和共青团等不同的政府或准政府部门来管理，管理主体多元。

儿童保健随地域发展显示出极其不均衡的状况，城市与乡村，中东部地区和偏远地区儿童健康状况差异很大。比如，A省作为老少边穷地区的典型，儿童福利状况一直受到国家的重视和国内外非政府组织、慈善机构及学者的关注，包括儿童死亡率和孕产妇死亡率等几个硬性指标逐年得到明显改善。由于得到"世界银行贷款综合性妇幼卫生保健项目（卫Ⅵ项目）"、"对孕产妇死亡、儿童死亡和新生儿出生缺陷的三网监测项目（三网监测项目）"和"降低孕产妇死亡率和消除新生儿破伤风项目（降消项目）"等各类项目的支持，A省某些贫困地区的儿童健康状况得到了迅猛的提高。尽管如此，由于A省多数地区属于贫困山区，交通和经济条件相对落后，儿童的健康状况与全国平均水平相比还是存在较大差距，省内的儿童健康状况与妇幼卫生事业发展状况也不均衡，城市好于农村，一般农村好于贫困农村，项目支持的地区又好于其他地区。[①]

就儿童医疗保健来说，相对于人口数量，优质医疗资源依然非常稀缺，特别是在农村地区。而新型农村合作医疗保障制度侧重于对就诊医疗费用的报销，基层医疗机构的缺乏尚不能为儿童提供完善和配套的就医支持。因此，新型农村合作医疗保障制度补偿规定的实现仍旧面临挑战。儿童专科医院及拥有儿科专业治疗能力的医院、卫生所及保健院的建设在短时间内更是无法得到突破。根据这种医疗机构的建制，儿科专业治疗主要是附属于医疗卫生条件好的大型综合医院，而乡村两级医院和卫生室的儿科建设和医疗诊治水平都有待完善，妇幼保健院的建立也仅能够覆盖到县级。因此，儿童能够享有的医疗资源特别是优质医疗资源非常有限，生病的儿童能够得到儿科专门治疗的机会较少。调查结果表明，15%的儿童在生病时会在本村买点药进行治疗，65%的儿童会在村卫生所或在乡卫生院治疗，只有20%的儿童前往区县级及以上级别的医疗机构就诊（而农村儿童前往县级医疗机构就诊率更低），生病的儿童能够得到专科治疗的人数比例极低。此外，根据“A省儿童福利状况调研”项目组走访和调查问卷的反馈信息，教育系统医疗卫生机构的设立也不完善。关于儿童免疫和体检情况，各地方对卫生防疫以及免疫工作尤为重视。从20世纪50年代的季节性疫苗接种，到70年代的预防接种、80年代的计划免疫，发展到现在接种14种疫苗对15种疾病的防控，免疫工作一直被放在卫生工作的重要位置。但是免疫工作在新时期却遇到了发展瓶颈。这些问题的解决需要各级政府对有关卫生政策的贯彻和落实。目前各级卫生院需要实施新型农村合作医疗保险，还担负“三类九项”[②] 其他保健工作，面临业务人员匮乏的困境。此外，免疫工作主要依靠村级卫生人员予以

---

① A省B市C区的孕产妇系统管理率2008年和2009年分别为84.18%和87.16%。其中，城市孕产妇的系统管理率2008年和2009年分别为84.62%和87.7%；农村孕产妇的系统管理率2008年和2009年分别为83.74%和86.74%。C区的孕妇入院分娩率2008年和2009年分别为86.49%和93.9%。其中，城市的孕妇入院分娩率2008年和2009年分别为90.35%和94.8%；农村的孕妇入院分娩率2008年和2009年分别为82.62%和93%。参见《2009年B市C区妇女儿童发展规划监测统计表》。

② 第一类项目是针对全体人群的公共卫生服务任务，包括健康档案的建立和健康知识的宣传。第二类项目是针对重点人群的公共卫生服务，包括儿童保健、孕产妇的保健及老年人的保健。第三类项目是针对疾病预防控制的公共卫生服务项目，包括预防接种、传染病预防、慢性病管理和重性精神疾病管理。

实施，但是对免疫人员的经济补助却往往落实不到个人，大大降低了基层工作人员的工作积极主动性。

体检和健康管理档案的建立是保障儿童健康的重要方法和措施，但据调查，各学校尚不能为学生提供每年一次的常规体检。根据《学校卫生工作条例》（1990 年）第 14 条规定，“学校应当建立学生健康管理制度。根据条件定期对学生进行体格检查，建立学生体质健康卡片，纳入学生档案。学校对体格检查中发现学生有器质性疾病的，应当配合学生家长做好转诊治疗”。据了解，0 ~ 7 岁儿童健康档案的建立和管理是随着卫生保健服务的发展，在最近几年确立和推广开来的一项保健制度，它对维护儿童，尤其是学龄前儿童的健康具有重要的意义。但是这项制度在 A 省的发展和推广程度根据不同地区而有所差异。儿童体检和健康档案记载着儿童成长的每一个脚印，儿童处于迅速发育的时期，通过定期体检跟踪监测儿童的身体状况，能够及时发现成长当中的异常情况，并给予及时的对症治疗和干预，使儿童免受疾病的侵害，为儿童的生长和发育打下良好的基础，对塑造儿童的健康体魄具有重要意义。

安全卫生的饮用水及干净卫生的厕所等卫生设施是维护儿童健康的基本条件。根据全国《农村饮水安全工程水质卫生监测技术方案》要求，为了改善农村卫生环境和安全饮水环境，很多地方开展了改水改厕试点项目。但是由于项目资金不足，居民及水源点分散、改水改厕器材及运输成本较大、宣传和培训不到位、水源消毒等问题及供水设施老化和严重不足等原因，项目并未取得预期效果。卫生安全的饮用水及适当的卫生设施是儿童享受健康生活环境的重要条件，它对改善儿童罹患腹泻等疾病的状况具有积极作用。因此，提高安全卫生的饮用水及干净的卫生设施的普及率能够直接改善儿童的健康状况。

在偏远的农村地区，特别是在少数民族聚居的山区，由于食物品种匮乏，食物供给不足，儿童营养不良的状况令人担忧。营养不良是严重危害儿童身心健康的常见病，是由于热量及蛋白质供应不足而引起的一种营养缺乏病，直接影响儿童的正常生长发育，严重者可导致儿童生长发育障碍和智力低下，因此，防治儿童的营养不良是儿童保健工作的重点。除此之外，在一些经济状况相对发达的地区，儿童的肥胖及儿童的营养状况同样令人担忧。调查表明，A 省的儿童肥胖率尽管低于北京市和大连市，但是肥胖症的问题同样困扰着当地儿童。肥胖症发生率逐年上升的趋势，已成为 21 世纪严重威胁我国儿童健康的疾病。

生理卫生教育和心理健康辅导是儿童健康教育当中不可或缺的重要组成部分，这有助于儿童正确认识人体方面的生理知识，了解人的生理过程，建立良好的卫生习惯，积极预防疾病，对儿童的身心健康发育具有积极意义。儿童的健康不仅是指生理、身体方面，还应包括心理方面。加强心理健康辅导，提高学生的心理素质是学校的重要任务之一。心理辅导不仅能够促使儿童的人格得到健全地发展，提高心理素质，还能增强其对社会的适应能力。对有心理障碍的儿童，适当的心理辅导能够排除他们的心理困扰，矫治不良的心理倾向，恢复和重建儿童的自信心，同时，心理辅导也具有一定的预防心理疾患的作用，从而帮助儿童更加快乐地成长和发育。但是无论从全国的情况来看，还是从A省的情况来看，中小学校甚至是高等院校对生理卫生和健康心理这两项教育和辅导，普遍不够重视，表现为生理卫生课授课方式死板，内容浅显，现有的授课方式基本没有达到传播健康性知识的作用。而这种教育方式与开放的社会和儿童的性早熟的趋势相脱节。对艾滋病预防知识的普及宣传也存在同样的情况，尽管儿童对性与艾滋病的传播关系略知一二，但是却不能够将其与个人的日常行为结合起来预防艾滋病。因此，如何进一步推进这两项教育不仅是家庭和学校的任务，也是政府和社会的责任。

2. 儿童健康医疗保障制度

儿童的医疗保障制度是保障儿童健康的通行证，对儿童的生存和发展至关重要，为儿童提供医疗保障制度是关系国计民生的现实问题。长期以来，与我国“二元”经济结构相适应的医疗保障体制也是“二元”的，分为城镇和农村两部分。在农村，原有的儿童医疗问题主要是通过农村医疗合作制度解决。该制度建立于20世纪50年代，它是以集体经济为基础、以医疗保健站为依托的医疗保障制度。这种由党的“群众路线”和广大农民“自发创造”相结合的医疗制度创造性地解决了农民的就医问题。进入20世纪80年代，随着“家庭联产承包责任制”在我国农村全面铺开，家庭成为农村的基本生产单位，集体经济逐渐解体，农村合作医疗失去了依托，到1985年，农村合作医疗覆盖率降至5%。20世纪90年代初期全国“仅存的合作医疗主要分布在上海和苏南地区”，农村医疗保障制度在90%以上的农村地区成为空白。到1997年年底，合作医疗的覆盖率也仅占全国行政村的17%，农村居民参加合作医疗的比例仅为9.6%。

在城镇，原有的儿童医疗保障主要是跟随父母享受部分数额的公费医疗。

这主要是指新中国成立以后所建立的覆盖城镇儿童的医疗保险制度。这种城镇儿童医疗保障制度主要是仿照苏联的“国家保险”的模式建立的，尽管在这种制度下，国家或企业仅承担城镇儿童医疗费用的一半，而且就当时的经济和医疗水平而言，城镇儿童只能在较低层次上享有医疗保障，但是它确实为儿童抵御疾病风险发挥了重要的作用，同时也为以后城镇儿童的医疗保障制度打下了基础。但是自20世纪90年代以来，随着改革开放逐渐深化，城镇儿童医疗保障制度随着公费医疗制度的解体而被逐渐淘汰。原有的儿童医疗保障主要依靠家长所在单位报销，或国家直接给予救济。但是，随着社会主义市场经济的建立，部分国有企业在经济大潮中退出竞争的舞台，外资企业的进入及劳动人事制度的改革和发展使原有的公费医疗制度已经向社会医疗保险制度演进，现有的社会保险制度旨在保障在职人员或者离退休职工的医疗问题，而不能覆盖其子女。因此，原有的儿童医疗保障制度依存的物质条件和制度不复存在，儿童医疗保障制度出现了巨大的真空地带。原有的城乡间普遍实行的儿童医疗保障制度已经不符合新时期经济社会发展的需求，并最终退出了历史舞台。

在全国医疗保障制度改革的推动下，正在建立新的儿童医疗保障制度。1992年，中国批准了《儿童权利公约》之后，通过了《未成年人保护法》及《九十年代中国儿童发展规划纲要》，确立了儿童医疗保障制度的基础。1995年颁布的《母婴保健法》明确规定国家发展母婴保健事业，提供必要条件和物质帮助，使母亲和婴儿获得医疗保健服务。针对农村的医疗保障问题，2003年3月1日起施行的修订后的《农业法》明文规定：“国家鼓励、支持农民巩固和发展农村合作医疗和其他医疗保障形式，提高农民健康水平。”至此，发展和完善农村医疗保障制度终于有法可依。根据这一法律，我国逐步建立了由政府补贴和个人缴费相结合的新型农村合作医疗制度及城镇居民和职工医疗保障制度。

新型农村合作医疗制度对儿童医疗保障的相关规定涉及以下几个方面：①参保对象。行政辖区内拥有当地农村户籍的儿童均可参加新型农村合作医疗保险，包括外出打工、经商、上学的农村儿童，因城市和小城镇建设占用土地导致家庭失地少地的而又未能参加城镇居民医疗保险的家庭或者持农转非户口的儿童。但是，新型农村合作医疗保险是以户为单位进行投保而非针对个人。该制度并没有将儿童列为独立的参保对象。②费用缴纳。根据各地经济发展水平的不同，个人需要交纳10～20元的保险费用，其他费用由中央、省、市、县、乡，甚至是村委会共同补贴和筹集。③补偿范围、标准及限度。主要包括门诊和住院费用的补偿。关于补偿的标准，儿童患者在乡和村两级医疗机构就诊的，门诊医疗费用分别按 35% ~40% （乡）和 40% ~45% （村）的比例给予现场减免，封顶线为每人每年 100 ~200 元。除此之外，各地新型农村合作医疗保险还规定了慢性病的特殊门诊补偿，门诊费用按 35% ~40% 的比例报销或者参照住院报销比例进行补偿，但每年最高不得超过 1000 ~2000 元。患者住院的补偿标准在各地差异较大。在新型农村合作医疗保障制度中，儿童与成人的保险费和补偿范围、金额完全相同，没有任何特殊照顾。根据《关于开展提高农村儿童重大疾病医疗保障水平试点工作的意见》，有的地方也优先选择几种严重危及儿童生命健康、医疗费用高的重大疾病开展试点，以此提高对儿童重大疾病的医疗保障水平。

城镇居民医疗保障制度主要由两项制度组成：一项是城镇居民医疗保险制度，另外一项是城镇居民大病保险制度。包括：①参保对象。对城镇居民中的儿童参保对象，一般分为两类：第一，仅规定本辖区内的儿童可以参保。第二，非当地从业人员及其子女也可以参保，但是参保费用全额自负。具体而言，能够投保城镇居民医疗保险的儿童主要是指不属于城镇职工基本医疗保险制度和新型农村合作医疗制度覆盖范围的大、中专院校学生，及未入学的儿童。②费用缴纳。根据当地经济水平，缴费水平也不一样，一般来说，学生按每人每年不低于 80 元的标准筹集保险费。城市儿童是独立的参保人员，其筹资水平低于成年人，平均每人每年 10 元参保费，比某些地区的农村儿童所要缴纳的保险费少 50% 。③补偿范围、标准及限度。关于门诊统筹报销，由于筹资水平有限，在最初的城镇居民医疗保障制度当中并没有设计对门诊费用的补偿，只限于对特殊疾病费用的补偿。对儿童来讲，由于各地区发展情况不同，相同的筹资水平却没有得到相同的医疗保险待遇。

我国儿童医疗保障制度还存在下列问题：①尚缺乏针对儿童体质特点的医疗保障。儿童体质脆弱，属于各种疾病的易感人群，门诊就诊率高；患慢性病和重大疾病需要住院治疗的儿童明显少于中老年人。因此，尽管儿童也需要医疗保障中的住院补偿，但是相较而言更亟须门诊补偿。在目前侧重于住院补偿的医疗保障制度当中，儿童实际上并没有获得应有的医疗保障。因此，应该考虑在不降低住院报销金额的前提下，逐步提高儿童门诊医疗报销的补偿比例。门诊救治看似并非针对重大疾病的治疗，但是延误儿童疾病门诊治疗，同样会损害儿童的健康，因此，医疗保障体系需要做出相应的调整，对现有的医疗资源进行重新配置，使其更加符合儿童的特点，使儿童能够真正地享受到医疗保障所带来的利益。②农村儿童的医疗保障权利没有得到平等的保障，这种不平等源于城乡二元分立的体制结构，同时，在制度设计上，新型农村合作医疗保障制度中也存在着不利于农村儿童享有医疗保障的规定，与城市儿童相比，乡村儿童医疗保险费补贴低，而且有些情况下，却要缴纳比城市儿童更多的保险费用。这些问题可能带来如下后果：一是导致农村贫困家庭儿童陷入因无医疗保障而无法得到适当救治的风险之中。二是在乡村儿童患重大疾病的情况下，家长往往陷入在医疗水平低但便宜的医院就诊还是选择医疗水平高但是费用贵的医院就诊的两难境地。③流动儿童的医疗保障问题。在城乡二元分立的体制下，如果儿童医疗保险不能跟随儿童转移，或者在城市和农村儿童医疗保障仍然有所区分的情况下，流动儿童的医疗保障非常有限。④其他直接影响儿童健康的规定：比如，在生殖健康权和生育权方面对妇女的歧视影响到女童的健康利益。城镇医疗保险中不包括生育补偿，这严重忽视了一个现实问题，即一些未婚生育的年轻妈妈及其婴儿的医疗保障问题。还有一个问题就是，医疗保障制度排除对有责任方的儿童意外事故的医疗报销的做法对儿童的生命和健康产生特别不利的影响。其结果可能导致受害儿童因得不到及时治疗或得不到充足的救治而饱受折磨进而致残、致死或者致贫。这实际上是将治疗的经济成本从国家转嫁到责任人个人身上。

（三）受教育状况

教育很多时候被看作个体和社会发展最为重要的条件。教育除了提高人们的经济、社会地位，增进人权与民主等作用之外，还能开悟心灵，提高人口的素质。教育的基本方式有两种，家庭教育和包括学校教育在内的社会教育。随着私立学校和住校生的增多及社会的飞速发展，更多的父母没有时间教育子女，学校教育越来越成为培养儿童个性、增长儿童才智的主要方式。同时，受教育权还是一项人权，也是实现其他人权不可或缺的手段。因此，国家对每个儿童教育权的实现都负有三个层面的义务：尊重义务、保护义务、落实义务。保障儿童教育权首先要求我们根据国际标准在立法上尊重和保护儿童的这项权利，包括在立法中明确相关的权利、教育原则、教育目的等方面；但法律上的确认并不意味着权利的真正拥有，还要通过司法和执法确保教育权的实现，包括权利受到侵犯时的救济。唯有如此，才能说儿童真正拥有了这项权利。

1. 儿童受教育权实现的国际国内标准

儿童受教育权实现的国际标准源于多个国际公约，包括我国已经批准的

《经济、社会和文化权利国际公约》《儿童权利公约》等。《儿童权利公约》第28条、第29条确立了儿童有受教育的权利，并就教育的目的做出了具体规定。该条还要求缔约国实现全面的免费义务小学教育、发展不同形式的中等教育、尽量普及高等教育，并对职业教育和降低辍学率等问题做了规定。同时，敦促缔约国尊重儿童的人格尊严，促进和鼓励有关教育事项的国际合作，并应特别考虑发展中国家的需要。国际社会要求各国有义务尊重、保护并落实受教育权的各项“基本特征”，并在运用这些基本特征时，首先考虑儿童的最大利益。这些特征包括：①可提供性。要求缔约国尊重教育的可提供性，不关闭私立学校，设置能够运作的教育机构和方案，包括教育教学所需的物质设置、教学材料、图书馆、信息技术设施、培训师资、教师待遇等。这是对教育权实现的基本物质保障。②可获得性。要求缔约国保障人人都能够利用教育机构和方案，不受任何歧视。包括三个因素：不歧视（特别是弱势群体）、实际获得（教育必须在安全的物质环境中进行）、经济上的可获得性（初等教育一律免费）。③可接受性。教育的实质内容和形式应当得到学生和家长的认可，不得违反国际文件规定的教育目标和最低教育标准。④可调适性。教育必须灵活，适应社会的变化，满足各种环境中不同学生的需求。同时，各国教育，特别是基础教育还应当遵循这样一些原则：免费教育、义务教育、教育机会平等、规范学校纪律。

教育立法是依法治教的基础，没有教育立法，依法治教就成为一句空话。从国内目前的教育立法情况来看，教育领域已经不能说是无法可依了，自20世纪80年代开始，教育立法进入了一个快速发展时期，教育法律体系构架逐步形成并不断完善，包括《学位条例》、《教育法》、《职业教育法》、《高等教育法》、《民办教育促进法》、《义务教育法》及其实施细则、《教师法》和《幼儿园管理条例》等十多部相关的法律法规。为了进一步实施这些法律法规，2009年，教育部制定了《国家中长期教育改革和发展规划纲要》（2010～2020年）。但是，和整个社会经济的发展相比，教育领域的变革显得拖泥带水，和社会发展不相协调，并带来一系列法律问题，比如，政府与学校的关系及学校的法律地位，教师的法律地位与学校的管理体制，学生的法律地位及权利保护，教育公平和教育资源分配，职业教育与职业培训规范化，义务教育与农村教育的持续发展等。

教育权实现的国内标准集中体现在若干教育法律法规和政策文件中，特别是为了执行法律所制定的“纲要”和“规划”中。2011年至2020年的

《中国儿童发展纲要》，作为实施《儿童权利公约》的行动计划，对教育发展的具体指标和采取的具体措施做出了规定，指出教育发展下一个十年的考查指标集中在：早期教育、学前教育、义务教育、高中教育、中等职业教育、教育公平、学校建设、教育质量等方面。

2. 教育发展的基本状况

从全国范围看，与儿童的卫生保健、医疗保障、儿童福利服务方面相比，儿童教育工作，从20个世纪80、90年代就开始提上了国家议事日程，发展得相对好一些。但是，现实情况与国际和国内的标准相比还是有些距离。我国教育资源的分配依然不均衡，特别是学前教育和小学教育，除了教育设施、环境等硬件设施之外，特别突出的是教育师资水平的差异。如何提高教师的素质和教学水平，吸引有教学经验的优秀教师到乡村任教是实现教育平等的一个关键环节。另外，职业教育普及力度仍然不够，家庭教育还没有向社会服务化的方向发展。义务教育在贫困地区的普及率仍需加强。入学率和师生比地区差别较大，教育资源均衡发展有待加强。特别是广大农村、民族和贫困地区，由于教育教学质量不够高，阻碍了中小学教育的发展。

关于幼儿教育和学前教育问题。我国0～6岁的儿童多达1.3亿，占世界同龄儿童的1/5。[①] 要开展儿童早期教育，除了提高父母科学养育的知识和技能外，对早教老师的培训也是关键。学前教育全国入园率是50%。根据国家“两免一补”的政策，住校的学生有寄宿补贴，但是，学前班的学生没有补贴。各地都把解决幼儿教育问题列入了本地区社会经济发展的规划。幼儿园有公立和私立，很多地方私立幼儿园多于公立幼儿园。社会力量办园正逐步上升成为主体，国家、集体、个人一起办园的局面基本形成，为更多的学龄前儿童提供了接受教育的机会。但是，私立幼儿园存在的问题比较多，比如，费用高，教师欠缺且教育方法欠科学，幼儿园发展不均衡、特别是农村中的私立幼儿园条件差。对私立幼儿园进行管理涉及多个部门，包括民政、质量技术监督、卫生、妇联等。幼儿教育发展不平衡突出反映在如下几个方面：一是入园率差别大；二是师生比差别大；三是办学条件和费用差别大，特别是城乡幼儿园之间的差别明显。国家大力推进幼儿教育和学前教育，要求建立并完善0～3岁儿童教育管理体制。合理规划并办好教育部门举办的示范性幼儿园，同时鼓励社会多渠道、多形式发展幼儿教育。积极探索非正规教育

① 参见于冬青《幼儿教育事业发展现状分析及相关建议》，《学前教育研究》2005年第8期。

形式，满足边远、贫困地区及少数民族地区幼儿接受学前教育的需要。就目前调研地的情况来看，幼儿学前教育存在一系列问题。一是幼儿教育师资及其待遇问题。幼儿教师是人的第一位老师，对培养幼儿健康心理具有突出重要的意义。二是将政府教育发展资金放在学前教育这里。普及两基后，学前教育基本没有增加投入，师资、校舍设施等并未得到改善。三是幼儿园教师的职业素养亟待提升，幼儿园教师虐待幼童事件时有发生，包括打骂、羞辱，甚至无故喂食药物等，严重影响幼儿身心的健康发展。

关于义务教育，需要解决好两个问题：一是学生寄宿问题，二是学生交通问题。很多地区义务教育投入逐年增加，一些地方也在开展义务教育均衡发展改革试点，探索建立城乡一体化义务教育发展机制，促进公共教育资源均衡配置，逐步实行区域内教师交流制度。组织实施中小学校舍安全工程、农村义务教育校舍维修改造、农村初中工程、学校布局调整等教育改革发展重大项目，促进义务教育学校办学条件逐步达到国家基本办学标准，推进区域内义务教育均衡发展。

国家关于小学教育的目标是小学适龄儿童净入学率达到99%左右，小学五年巩固率达到95%左右。由于大量农民进入城市，农村小学生和初中生减少，以往校点分散的状态和义务教育改革不相适应，因此，近几年“一师一校”逐步合并到规模相对大的学校，但也带来偏远地区儿童接受教育的困难。辍学现象依然存在，在有的地方还比较严重。贫困和厌学是辍学的主要原因，还有师生关系、同学关系，以及读书无用论影响等原因。

初中阶段教育问题，国家指标要求毛入学率①达到95%左右。深化农村义务教育经费保障机制改革，全面免除农村义务教育学校学生的教科书费，对贫困寄宿制学生提供生活费补助。通过实施农村寄宿制学校建设、农村中小学现代远程教育工程、西部农村初中校舍改造工程和部分农村中小学校舍危房改造工程，农村学校办学条件得到进一步改善。特别是在撤并校点之后，大部分学生都能住校。但撤并之后也会带来问题：学校的责任加大，学生和家庭之间的亲情阻断，学校对乡村文化的影响减弱。

高中和中职教育问题。高中教育的国家目标是高中阶段毛入学率达到80%以上，大中城市和经济发达地区普及高中阶段教育。通过建立中职学生资助制度，对农村家庭经济困难、涉农专业、城市低保家庭的学生实行免费，

---

① 毛入学率指某学年某级教育在校生数占相应学龄人口总数的比例，标志教育相对规模和教育机会，是衡量教育发展水平的重要指标。

90%以上在校学生获得资助，职业教育吸引力显著增强。

关于教育公平和弱势儿童的教育。《中国儿童发展纲要（2001～2010年）》明确指出，切实保障残障儿童、孤儿和流动人口中儿童受教育的权利。使残障儿童与其他儿童同步接受义务教育；贯彻落实孤儿就学的有关优惠政策；完善流动人口中儿童就学制度；根据国家推进城镇化的要求，做好教育规划，满足农村适龄儿童向城镇转移后的就学需要。教育公平，是指国家对教育资源进行配置时所依据的合理性的规范或原则。这里所说的“合理”是指要符合社会整体的发展和稳定，符合社会成员的个体发展和需要，并从两者的辩证关系出发来统一配置教育资源。教育公平的缺失有很多表现形式，从宏观上表现为：城乡、地区、阶层、配置等方面的公平缺失。

教育质量与素质教育。《中国儿童发展纲要》认为，对于提高教育质量，着重在于教师素质问题，指出要提高教师素质和能力。提升教师学历合格率和学历层次，重视中小学校长和教师的在职培训和继续教育。加强师德建设。要求学校、托幼园所的教职工爱护、尊重儿童，维护儿童的人格尊严，不得歧视、体罚或变相体罚儿童。中、小学校不得随意开除学生。学校纪律、教育方法应适合学生身心特点。关于素质教育，一般的做法是放在学生的德育教育方面，但是，素质教育不仅是德育教育，《儿童权利公约》关于教育的目的能给我们很好的启发，素质教育应当是全面的做人的教育。

家庭教育问题，是指在家庭生活中，由家长首先是父母对其子女实施的指导和帮助。而按照现代观念，家庭教育既包括日常生活中家庭成员包括父母和子女之间相互的影响和教育，也包括聘请专门从事家庭教育的教师对子女的教育。关于家庭教育，《中国儿童发展纲要（2011～2020年）》提出要发挥学校、家庭、社会各自的教育优势，促进学校教育、家庭教育、社会教育的一体化。强调要重视和改进家庭教育。加强家庭教育知识的宣传和理论研究。办好各类家长学校，帮助家长树立正确的保育、教育观念，掌握科学的教育知识与方法。家庭教育的重要性，至少表现在以下几个方面：①家庭教育是教育的起点和基点；②良好的家庭教育是造就人才的必要条件；③良好的家庭教育是优化儿童心灵的催化剂。良好的家庭教育不仅可以增强儿童的自信，还对其顺利社会化具有促进作用。家庭教育工作具体由全国妇联承担，试图通过在全国各小学设立家长学校的方式开展家庭教育服务，但实施过程中，学校的家长学校往往流于形式，没有充分发挥其应有的作用；另外，家庭教育和社会教育结合也很不够。实际上，家庭教育完全可以和社会工作相结合，采取多种形式达到服务于家庭和儿童的目的。

3. 教育中存在的问题

教育既有普遍性问题，也有特殊性问题，包括基于地方性特征而产生的问题。就普遍性问题来看，其前提是人们深信所有的儿童都应当受到教育，且教育应当平等，但是差别却一直存在，且深深根植于国家体制之中。改革开放之后，大量乡村流动人口涌入城市更突出了儿童受教育的问题，农民工子女的教育问题、留守儿童的教育问题、偏远地区儿童的教育问题成为人们普遍关注的话题，这些孩子不仅缺乏接受教育的均等机会，也缺乏在课堂中获取成功的技巧。同时，由于长期根植于中国传统观念中的性别歧视，当教育资源不足时，女童首先成为辍学的牺牲品，由此加强了教育中的性别差异。尽管如此，学校教育仍然是一种必要的、普遍得以接受的儿童福利措施，国家的教育改革也主要围绕学校教育进行。

尽管中国教育改革取得了巨大的进步，但要实现《中国儿童发展纲要（2010～2020年）》确立的教育目标，还需要对教育中存在的一些问题给予足够的关注：①总体上，教育还存在总量不足、结构不优、基础不牢、质量不高等问题。②国家应进一步推动教育法律体系的完善，加快教育法律的配套法规、规章的制定。例如，制定学校法、教育投入法等保障教育发展的关键性法律，并根据社会的发展变化，对一些过时的法律法规适时修订。③“两基”国家标准是一个较低的标准。尤其在边远地区、少数民族地区和贫困山区，“上学难”的问题依然还存在。要进一步解决好群众“有学上”的问题、教育资源配置不均衡的问题。④学生食宿设施配套、助学金覆盖面、远距离学生的交通问题、低年级学生的生活管理、学校饮食安全等。⑤教育评价体制改革。为什么我们国家讲一个减轻中小学生负担的问题讲了几十年，发了几十个文件，负担没有减轻反而加重了。根源在教育评价体制的导向作用。⑥办学体制改革。倡导有教无类。实现公办、私办教育平等，增强教育的活力。教育的普及、公平、优质“三大目标”还远没有实现。⑦农村教育中，以县为主管理模式存在问题，学校内部管理模式落后，教师队伍状况急需改善，经费投入不足，辍学现象有所反弹，教育评价问题多，发展非均衡性问题突出。针对这些问题的对策包括：全面实行义务教育管理体制改革；建立教育投入的保障机制；建立教师队伍管理体制。⑧学前教育还是各类教育中的一个薄弱环节，突出表现在“入园难”。义务教育统筹均衡发展问题存在，城乡、区域、校际间还有差距。⑨弱势儿童教育问题也很突出。家庭经济困难学生接受义务教育难的问题依然存在。民族地区享有公共教育资源不足，尤其是对八个人数较少民族、四个深度贫困民族和藏区。“国门学校”建设有待加强。特殊教育学校和师资问题严重，随班就读学生少。⑩高中阶段，还有相当一部分初中毕业生未能接受高中阶段教育。接受中等职业教育的学生85%以上来自农村和城市低收入家庭。职业教育师资、教学内容和课程设置应当体现地方特色，注重增强职业教育服务“三农”、推动地方优势产业发展的能力。⑪义务教育的落实仍然不够理想，未成年人享有的接受义务教育权利的实现仍然与现实的要求有一段差距。应当在立法中增加政府的责任，保证儿童教育权的真正的实现。

下面以A省为例，考察教育权实现中的地方性问题。就调研点的情况看，由于A省地理、文化、经济原因，非政府组织活动频繁。在A省一些偏远的少数民族地区，基础教育仍存在不少亟待解决的问题，比如，很多儿童因为家庭贫困在小学或中学阶段被迫辍学。这些问题除了贫困、厌学等因素外，当地民族文化的影响也不可忽视，另外，当地非政府组织对其基础教育也发挥了一定作用。下面通过两个实例加以说明。

实例一：某国际非政府组织与A省教育厅于2000～2009年在A省25个县开展为期十年的基础教育项目。这十年中，该项目做了以下工作：①教师培训。让小学教师掌握“以学习者为中心”的参与式教学方法，提高课堂教学的趣味性和启发性，让学生在轻松、快乐的课堂气氛中成为积极主动的学习者。②社区参与教育。旨在促进社区积极有效地参与和基础教育相关的计划和决策，提高基础教育质量并推动社区各项相关事宜的发展。③营养、卫生。让教师、学生了解营养卫生和艾滋病预防等知识，并提高他们对这些问题的重视。④职业培训。开展多项符合本地及学生需求的职业培训课程，如花卉种植、食用菌种植、茶艺、商业技能等，增强在校学生的谋生能力。⑤全纳式教育。让残障儿童及有特殊学习需求的儿童顺利入学接受教育，如协助两所特殊教育学校为聋儿设立了手语—双语教学实验班。

实例二：某地信奉小乘佛教。一般孩子十二三岁前后，要到庙里去念经，他们叫“转房”，30岁以上的人要到庙里住一年。该民族家长对孩子一不打二不骂，把所有的希望都寄托给学校，有的家长连自己的孩子是哪个班的，哪个年级的都不知道。另外，该民族家长很少干预孩子，让孩子自由发展，但缺乏如何正面引导孩子的意识。调研了解到，该民族特别是乡村地区，孩子在入学前都讲民族语言，但是，一上学就要讲汉语，但孩子又不太会，这样从一上学，孩子就受歧视，他的灾难也就开始了。有的孩子在初中开始就离开了学校，大部分能拖到初中毕业都基本离开了学校，因为考不上高中，只好回家。但是，这些在初中阶段就回家的孩子，因长期在上学，农活也不太会干，回到农村找不到自己发展的定位。他们又很向往城市的生活。有些就跑到附近的城市，无所事事，飙车、喝酒、谈恋爱。多数在学校学习不好的孩子都要面临学习和家长的双重压力，老师把学习不好的情况反馈给家长，家长和孩子原本就交流不顺畅，遇到孩子成绩不好根本不知道怎样指导和沟通。没有共同话题，在家里，即便是看电视，孩子和家长也找不到共同感兴趣的内容，形成强烈的文化反差。有的地区经济状况好一些，但比较宠爱孩子。该民族全民信教，由于宗教原因，他们认为，每个人天生就是一个独立的个体，这种理念与《儿童权利公约》的精髓暗合，但又导致家长过于宠爱孩子，对孩子缺乏正确的引导。

从以上两个实例中，我们获得了以下地方性的经验：一是一些社会团体或组织利用他们掌握的经济和信息知识等资源，与当地政府合作，在当地开展教育福利项目，的确很有成效，不仅带来了先进的理念，而且在工作方法、技能等方面都对当地的学校、教师、学生、家长，甚至对社区和政府产生了积极的影响，促进了当地儿童福利服务水平的提升。但是，在调研中，我们发现很多非政府组织在各地的项目活动的经济上的可持续性已经成为问题，而就理念上和方法上的可持续性、普及性来说，也颇值得研究。表面上看，一个项目持续十年，已经是一个不短的时间，但是，一种理念、一种做法要想具有持续性、普及性，就要成为一种习惯、一种传统，这样才能够使得之前的努力不会付之东流。二是民族的宗教文化对教育福利的作用，这也可以看作传统与儿童福利或儿童权利实现之间的冲突问题。新西兰学者布林（Clarie Breen）关于儿童最大利益和传统的论述或许能够给我们启发。[①]具体到实例二，可以看到，其民族传统和文化对儿童教育福利的实现还是产生了一定影响，该民族所信奉的传统宗教奉行儿童独立个体的理念。但是，这种独立

① Claire Breen, *The Standard of the Best Interests of the Child: A Western Tradition in International and Comparative Law*, Martinus Nijhoff Publishers, 2002, pp. 1 – 7, 281 – 287.

是人格的独立，当地人忽略了儿童在辨别和控制能力上的有限性，认为儿童的“独立”就是放任不管，甚至是溺爱，其直接结果就是孩子缺乏正确的引导，正确的人生观和价值观在其成长中没有形成，以至于义务教育结束后成为没有价值追求的人而无所事事。另外，该实例中还涉及汉族和少数民族的关系问题，具体说就是孩子对本民族的语言和文化是否需要加以传承的问题。从实例中可以看到，当地的民族孩子实际上分属于两个文化和传统维度，一个是在家庭当中的民族文化和传统，另一个是学校中的汉族文化和传统，大多数民族孩子之所以最终无法考入更高等的学校，实际上是有十几年的时间受到这两种文化和传统的挤压，使他们逐渐迷失了自身民族属性，也未能融入汉族文化，从而失去了继续努力的信心和勇气，所以，这些民族儿童的结局是家长、学校双方合力的结果。

（四）儿童福利服务

1. 儿童福利服务的国家目标

我国儿童福利服务经过了曲折的发展过程，从新中国成立之初儿童福利服务的萌芽阶段到目前儿童福利服务进入比较快速发展时期，伴随我国儿童福利对象、内容及措施等整体状况的复杂化，家庭抚养功能开始弱化，大量人口流入城市所带来的乡村儿童成长问题，已成为中国社会福利政策与社会发展的重要议题。从传统的补缺模式角度看，我国的孤儿收养、家庭寄养、机构集中供养、院舍照顾、模拟家庭和社会助养等问题都还在探索之中。儿童福利发展历史已经证明，机构的集中供养存在许多结构性与体制性弊端，不利于儿童身心健康成长和适应社会，因此，家庭寄养、模拟家庭和社会助养模式逐步发展。

儿童福利制度发展是儿童福利服务体系完善的一个重要方面，其中除了出台专门调整儿童福利的法律之外，还包括设立专门负责儿童福利事务并实施儿童福利法的执行机构。世界上许多国家不仅有专门的儿童福利服务机构，还有规范儿童福利的专门立法，以及其他涉及儿童福利保障的综合性法律和政策，这些法律政策和儿童福利服务机构都在儿童福利服务提供方面发挥着关键作用。

中国还没有一部专门的《儿童福利法》，更没有一个专门处理儿童保护和福利事务的机构。当然，《未成年人保护法》等法律法规中已经有很多条款涉及了儿童福利的内容。此外，《中国儿童发展纲要（2010～2020年）》，把儿童福利作为考察儿童保护水平的一个重要领域，并确立了具体的实现目标和策略措施，作为我国未来十年儿童福利工作的指南。纲要确立的儿童福利服务的主要目标包括：①扩大儿童福利范围，推动儿童福利由补缺型向适度普惠型转变。②保障儿童享有基本医疗卫生服务，提高儿童基本医疗保障覆盖率和保障水平，为贫困和大病儿童提供医疗救助。③基本满足流动和留守儿童基本公共服务需求。④满足孤儿生活、教育、医疗和公平就业等基本需求，提高孤儿家庭寄养率和收养率。⑤提高0～6岁残障儿童抢救性康复率。⑥减少流浪儿童数量和反复性流浪。⑦增加孤儿养护、流浪儿童保护和残障儿童康复的专业服务机构数量。全国地级以上城市和重点县（市）建立一所具有养护、医疗康复、教育、技能培训等综合功能的儿童福利机构和一所流浪儿童救助保护机构。⑧保障受艾滋病影响儿童和服刑人员未满18周岁子女的生活、教育、医疗、公平就业等权利。

为实现这些目标，在儿童福利服务领域要采取的具体策略措施应当包括：①制定一部《儿童福利法》，成立儿童福利保障专门机构，以负责儿童福利有关的所有事项；②提高儿童福利服务供给能力和水平，增加投入；③建设一支专业化、职业化的儿童福利社会工作者队伍；④保障儿童基本医疗，提高儿童医疗救助水平；⑤提高儿童基本教育水平，切实保障素质教育的实施；⑥增加对家庭福利的支持，增强家庭和儿童本身的自立；⑦扩大儿童福利服务内容和范围；⑧建立健全孤残儿保障制度，调整孤儿养育和服务模式，完善残障儿童康复救助制度和服务体系；⑨加强流浪儿童救助，完善流动儿童和留守儿童服务机制；等等。

2. 儿童福利服务实际状况

从补缺模式的角度来看，我国儿童福利服务主要集中于机构内对儿童的养护，2005年在修改《未成年人保护法》及准备第三期、第四期《儿童权利公约》履约报告过程中，对儿童权利和儿童福利的认识有了新的探索，采取更多服务措施，以提高儿童福利服务水平。比如，2006年民政部实施蓝天计划，每个州县建立一所儿童福利机构，由民政部和国家发改委共同支持。2010年每个州市都开始探索并建立对孤儿和弃婴集中供养模式，对分散供养的孤儿进行救助。集中供养一般是机构内供养，分散供养包括家庭照料、寄养等。2008年民政部下发《儿童福利机构基本规范》，对儿童福利机构及其拨款方式、福利机构专门人员、受助儿童医疗等问题做出了规定。而对分散管理的儿童，基本纳入了城乡救助体系，享受低保待遇。对分散供养儿童，民政部门与供养家庭签订协议，责权利明确。另外，为了更好地掌握孤儿情况和监督管理儿童福利机构工作，在福利院中生活的儿童的医疗保险由公益基金、明天计划支出，看病费用全部由福利院支出。从实际效果看，儿童关爱中心模式得到国家民政部和联合国儿基会的关注，民政部于是决定开展儿童福利示范区项目。

2009 年民政部出台的《关于进一步加强艾滋病影响儿童福利保障工作的意见》及其他有关儿童福利政策，是儿童福利示范区项目的政策指引。从 2010 年开始，民政部启动了一个为期六年的“中国儿童福利示范”项目。第一批选取了 5 个省市自治区的 20 个县（州）进行示范，建立了北方山西煤矿孤儿、河南驻马店、四川大凉山、新疆伊犁、云南德宏（瑞丽）等儿童福利示范区。该项目除了推进孤残儿童的保护之外，实际是向普惠型儿童福利制度发展的一个实验，并逐步推进我国儿童福利制度化发展，因此，可以说对我国儿童福利保障具有划时代的意义。

示范项目面临的挑战是：福利服务不足、标签化和不公平申报程序、申报时间长等。

示范项目的总体目标：探索与示范儿童得到惠及所有儿童的集预防、治疗、康复为一体的儿童福利做法，为国家计划和基层操作提供依据和借鉴。指引我国儿童福利服务从目前的补缺型向适度普惠型过渡。

示范项目的基本思路：促进所有儿童受益，建立儿童脆弱性监测系统，建构到村或社区的儿童福利服务递送体系，倡导、研究儿童福利等。

示范项目实施的具体目标：①保证每个孩子的生存、健康、教育、充满关爱的家庭环境、免受任何形式的虐待和剥削、表达个人的看法意见被听取等。②现阶段对一般儿童的基本福利服务内容，即每个儿童都在监督之下，每个儿童都得到基本的服务，包括身份登记、家庭、营养、医疗、保健、早期发展、教育、玩耍、保护等。③现阶段对弱势儿童的特殊福利服务内容。例如，贫困儿童得到足够的生活补贴或父母进入劳动市场，失依儿童得到家庭安置和生活补贴，残障儿童得到康复训练，大病儿童得到救治，失学儿童得到再教育机会。

示范项目点的具体做法：①在村或街道设立儿童福利主任，设立儿童之家，以在儿童最近的地方提供服务，同时加强乡政府—县政府—省政府—民政部对儿童福利主任的行政和经费支持。②由儿童福利主任对所有儿童及其照顾人进行儿童权利与照顾指导、对所有儿童提供社会支持、协助所有儿童的家庭获得基本的社会服务。③由儿童福利主任对所有儿童进行监督，甄别即将出现问题或已经出现问题的儿童，并开展及时的支持、协助或保护工作。

示范项目的构架：由民政部—省民政厅—州民政局—县民政局—村儿童福利主任对儿童进行动态监测，并为儿童提供或协调具体支持。

示范项目支持的具体措施：帮助社区和家庭协调家庭安置和家庭养育，为贫困儿童及孤儿办理经济补贴并指导监督使用或支持家庭增收，参与集体活动等社会心理支持，上学支持和大龄儿童生产技能及创业支持，上户口支持，儿童早期发展支持，为特殊儿童提供保护，营养与卫生保健支持，儿童及其照顾人的社会保障和医疗保障，向儿童、家庭、社区倡导儿童权利。专家委员会和实务专家组给项目点提供技术支持，在项目点开展政策与应用研究，在全社会开展社会动员和倡导。

三　儿童福利制度变革必要性分析

儿童福利制度是整个社会福利制度构架的核心组成部分，儿童福利制度的发展始终与国际环境、国家发展进程和社会生活形态密切相关。城乡二元分立的儿童福利模式是我国政治、经济、社会、文化、国际环境各种因素相互作用的结果，也反映中国儿童福利政策构架与福利服务体系形成的历史轨迹、基本特征、主要内容。而城乡二元分立的儿童福利模式已经或正在显示出中国儿童福利政策变化与福利服务体系建设面临的诸多困境，显示出儿童福利制度发展面临的结构性、制度性障碍。因此，儿童福利制度改革势在必行。总体上看，制约和影响儿童福利制度发展速度和发展质量的因素似乎错综交织而且复杂多变，但仍然可以从中清理出一些最重要的影响因素，比如，儿童观的问题，儿童福利发展体制性或结构性因素，等等。儿童所处的实际困境也从另外一个方面形成福利制度变革的动因，当然，整体社会福利的发展和变化也会带动儿童福利制度的发展。

（一）儿童福利观对制度变革的影响

儿童福利制度变革的观念因素有赖于国家整体，包括政府、社会、民众、家庭甚至儿童自身如何看待儿童问题，如何看待儿童生存和发展问题，如何看待儿童社会化问题，如何看待儿童对未来社会的作用问题，等等。同时，对这些问题的看法，又决定了儿童在人类社会进程、社会发展、国家发展、社区发展与家庭生活中所处的地位、发挥的作用和扮演的角色，其中，决策者、管理者和儿童福利服务专业技术人员的儿童观和基本态度发挥着关键作用。纵观西方儿童福利保障制度的发展，儿童福利观及其理论的更新必然带来儿童福利体系、制度等一系列的变革。这些关于儿童的观念包括儿童人权的理念、儿童的阶段性发展的认识，以及对儿童社会化问题、儿童对未来社会的作用等问题的认识。

关于儿童的初步认识，首先，要看到儿童是“人”，既然是人就应当具备人的基本属性，也就是要有人之所以为人的权利，就是“人权”。享有人权首先是有活着的权利，也就是要生存，而且要生存得好，这就是福利，因此，一个具有生存权的人，有权享有福利。其次，儿童作为有权利的人，与成年人不同，儿童在心智、体力方面较成人处于弱势，因此，需要得到有别于成人的对待，特别是国家、家庭、社会及相关机构的关心、帮助和爱护。同时，儿童还是有着不同发展阶段的人，从婴儿到幼儿再到少年期，每个发展阶段都不仅是身体的发育过程，还是心理、情感的发育过程，每个阶段都有着质的变化，而每个发展阶段都有不同的问题，因此，儿童需要在不同发展阶段得到特别的照料和关心，这也是儿童福利社会工作的内容之一。再次，儿童健康地生存和发展都是为了社会化做准备，如何帮助儿童自立，过上有尊严的有责任感的生活，正是儿童福利制度所追究的终极价值。最后，儿童对未来社会作用也制约或影响着儿童福利制度。儿童是人类未来发展的先决条件，儿童的状况既是社会发展又是人权状况的重要指标。他们的生存与发展不仅与其父母的生活和能力有密切关系，还与一个国家的社会、经济和政治状况相联系。可以说，有关保护儿童的最初动机大都是出于功利的目的，儿童福利保障制度的建立也不例外。

中国儿童福利制度的发展也受到儿童权利观、发展观、社会观和未来观的影响，可以说，我们真正认识儿童的价值是从 20 世纪 80 年代开始的。我国政府在参与联合国《儿童权利公约》的起草过程中，先进的儿童权利理念自然进入我国的政治生活和社会生活，特别是批准《儿童权利公约》之后，颁布了《未成年人保护法》，儿童是有权利的个体的理念慢慢渗入家庭生活和人际交往中，而这种集体的意识就促成了集体的努力，从而推动着我国儿童福利事业的发展。

（二）儿童福利制度存在的结构性缺陷

毋庸置疑，儿童福利制度的结构性缺陷必定影响和制约着儿童福利事业的发展，这些结构性缺陷表现在以下几个方面。[①]

第一，儿童福利保障机制有缺陷。我国儿童福利制度长期处于徘徊和停滞的发展状态，与我国经济和社会发展水平，以及儿童的福利需求状况极其不协调，也与我国人民群众生活的整体发展水平不相适应，与构建和谐社会的战略目标相去甚远。中国儿童福利制度发展速度缓慢和发展质量不尽如人意的表现形式多样，比较集中地体现在思想认识、价值观念、政治发展、经济生活、社会结构质量等诸多方面，也反映在社会的制度安排、法律政策构架、福利服务体系建设等诸多基本领域。中国是世界上儿童绝对数量最多的国家，14 岁以下的儿童就有约 2.3 亿，[②] 差不多接近美国人口总数，但是，政府机构却没有一个儿童福利部门专门负责儿童福利事务，这也是我国儿童长期以来在社会上没有地位，儿童福利得不到保障的原因之一。与此同时，儿童福利问题被分割到不同的部门负责，这和我国行政管理体制的条状分割管理模式是相对应的。中国的政治体制和儿童福利行政管理模式已经严重制约和影响儿童福利制度健康发展，从中央到地方，从国务院各职能部门到各事业单位，从公务员的素质到民众的价值观念，这些错综复杂的关系无不影响儿童福利制度的发展。概括地看，国家政治体制和儿童福利行政管理模式对儿童福利的发展具有基础性作用，是最重要的制约因素。

第二，儿童福利专门立法严重缺失。与儿童福利相关的法律仅有《未成年人保护法》、《收养法》、《母婴保健法》和《义务教育法》等，以及分散于其他部门法中的若干规定，但是，却没有一部专门的《儿童福利法》，现有的调整孤儿、流浪儿童的“条例”和“办法”也都属于部门规章，法律效力层级低，根本无法适应我国儿童福利发展的需求。即便是现有的法律法规之间，也缺乏系统性，各类规定的衔接性差，导致儿童福利实践也出现执行不协调的情况。更为严重的是，仅有的一些法律规定，都过于政策化，一般不具有可操作性，这就导致儿童权利受到侵犯时，根本无法寻求法律的保护，更谈不上司法的保护，因为法院处理案件没有明确的法律规定作为依据，所以，

① 参见刘继同《当代中国的儿童福利政策框架与儿童福利服务体系（下篇）》，《青少年犯罪问题》2008 年第 6 期。

② 全国第六次人口普查统计数据。

法律规定不明确等于没有法律，是实质上的“无法可依”。[①] 而从上文对国外及我国台湾地区儿童福利制度的考察可以看到，其不仅有专门的《儿童福利法》作为儿童福利制度基础，而且通常都是本地社会福利制度立法中最早的一部，同时法律规定明确具体，具有很强的操作性。

第三，政府决策过程的科学化、民主化也影响儿童福利的实现。儿童福利政策的提出和实施都要遵循一切从实际出发的原则，运用科学的理论、方法和手段进行决策，以科学的论证和大量的实证研究作为政策制定的基础，以解决实际问题作为最终目标。同时，在决策过程中还要听取社会学、心理学、医学、法学等学科专家的大量意见，并吸收社会工作者参加，充分听取并吸收各方的意见和建议，满足儿童发展和适应社会的实际需求，促进儿童健康发展。

第四，城乡之间巨大差别及长期的城乡二元分立结构，严重影响和制约儿童福利保障制度的建构和发展。目前已经很难说乡村与城市社会环境、生活环境与公共服务环境的差异是自然形成的还是人为制造的，因为，如果说城乡之间社会环境存在差别，那么，城乡二元分立结构的形成更加剧了城市和乡村发展上的不平衡。从这个意义上，可以说，城乡儿童福利的差异、儿童福利上的制度化不平等、城市儿童和乡村儿童的分野等都有人为因素，城乡差别和城乡二元分立的儿童福利模式已经成为儿童福利制度发展的最大体制性障碍。

第五，儿童福利保障缺乏体系性设计和发展。体系问题在本书第三章有过详细论述，从中可以看到，儿童福利保障体系是一个有机的整体，儿童福利体系化建构影响儿童福利制度发展。缺少体系中的任何一项，或者儿童福利制度架构缺乏完整性、系统性发展，或者各项之间相互不衔接，都将影响儿童福利制度功能的发挥，以及儿童福利制度的健康发展，也将导致无法提供全面的儿童福利服务。

第六，儿童福利法律政策与服务体系建设的专业化程度不高，行政化、部门化与政治化色彩浓厚，儿童福利政策、服务在整个国家社会福利政策、服务体系中所处地位偏低，难以发挥基础和核心的作用。这种专业化的缺乏也带来儿童福利制度科学化和职业化程度低，表现在儿童福利制度设计、内

---

① 这种现象不单是在儿童保护领域，笔者认为，法律规定如果没有可操作性，还不如没有法律，因为无法适用的法律起到了非常负面的示范作用，就是“法律是可以不执行的”，这样一来，“法治”从何谈起？

容、社会工作方法等方面，这无疑将影响和制约儿童福利制度的健康发展。由于儿童福利制度不发达，儿童福利的总体政策构架设计与服务体系建设议题始终未纳入政策议程，相关的基础理论与政策议题也未引起学术界和政府决策者的足够重视。目前开展中国儿童福利总体政策构架设计与福利服务体系建设的时机和社会条件已经成熟，科学制定中国儿童福利政策总体构架、推动儿童福利服务体系建设已成当务之急。

第七，儿童福利服务社区化、社会化发展的局限性。这种局限性与社会整体发展有关，可以说，儿童福利从一开始就带有明显的社会化特征，这从欧洲儿童福利制度发展的历史中清晰可见，例如，在儿童福利制度早期的发展中，慈善组织、民间组织、教会等团体就发挥了非常重要的作用，可以毫不夸张地说，没有它们的参与就没有儿童福利制度的产生和发展。而现代儿童福利制度的发展又少不了社会工作的社会化开展，因此，社会化和社区化发展不充分也将严重制约儿童福利制度的健康发展。

第八，儿童福利保障应急机制极不完善。这里的紧急事件既包括儿童受到火烧等意外伤害及诸如地震等自然突发事件伤害，也包括儿童受到虐待等暴力侵害致使其人身、心理、精神等方面受到侵害的情形，还包括诸如食品安全问题、公共卫生问题而引起的对儿童的伤害，等等，而当这些紧急事件发生在儿童身上的时候，不仅需要身体上的康复治疗，还需要精神上的安抚和心理疏导，但实践一再证明，我国儿童福利保障应急机制极其不完善，儿童受到侵害之后，除了家庭独自承担后果之外，再就是社会好心人士的捐助，基本上无法得到制度性的救助和帮助。

（三）儿童所处的实际困境——变革的动力

从历史的角度看，儿童的实际困境不仅是儿童保护运动的动力，也是儿童保护和福利制度变革的助推器。儿童因其年幼，身体尚处于发育阶段，心理因素不稳定，智力正在发育，认知能力低下，因此，与成人相比在体力、心理和智力上均处于弱势。也正是因为这些弱势，在漫长的人类发展历史中，儿童的实际处境一直都很糟糕。现代社会，儿童权利得到社会的普遍关注，但是，儿童的处境依然那么艰难，据统计，我国有残疾儿童约 1170 万，孤儿 71.2 万，流浪儿童约 100 万，流动儿童约 2700 万，留守儿童约 5800 万，还有数千万的儿童生活在父母不大保险的庇护之下，以及许多患重病和受到各种先天性疾病及艾滋病影响的儿童，等等，他们生存状态之恶劣，使得成人社会不得不给予关注与同情，因为我们深深地懂得，儿童应当得到特别的照顾，特别是处于困境的儿童，我们还懂得，儿童不仅是人类未来发展的先决条件，其状况还是社会发展、人权状况的重要指标。如婴儿死亡率和营养状况、残疾儿童状况、流浪儿童数量、辍学率等经常作为儿童状况和衡量对儿童权利是否尊重的指标。原则上说，儿童的生存与发展不能与社会发展相分离，他们的生存与发展不仅与其父母的生活和能力有密切关系，还与一个国家的社会、经济和政治状况相联系。儿童的生存和发展既有赖于社会的文明和进步，儿童又是社会文明与进步的希望所在。对儿童的态度同时反映出一个社会的道德观和价值观。

第五章 残障及重症儿童福利保障制度

关于残障儿童的定义，国际和国内立法都没有统一规定。我国2008年批准的《残疾人权利公约》指出，残疾人包括肢体、精神、智力或感官有长期损伤的人，这些损伤与各种障碍相互作用，可能阻碍残疾人在与他人平等的基础上充分和切实地参与社会。这是联合国历史上第一部全面保护残疾人权利的国际法律文件。我国《残疾人保障法》规定，残疾人是指在心理、生理、人体结构上，某种组织、功能丧失或者不正常，全部或者部分丧失以正常方式从事某种活动能力的人。残疾人包括视力残疾、听力残疾、言语残疾、肢体残疾、智力残疾、精神残疾、多重残疾和其他残疾的人。可见，法律文件中所说的残疾人既包括身体的残疾又包括心理精神的障碍。所以，我们这里采取“残障儿童”来表明这类儿童群体。

残障儿童与重症儿童指的是由于先天或后天原因导致共生存和发展处于极度困难境地的那些儿童，因其身体和精神方面的原因，无法和一般儿童那样生活及获得发展的机会，也基于其先天的不足和后天的不幸，残障儿童和重症儿童对儿童福利的需求也有别于一般儿童，即便对于同样是处于困境的孤儿、流浪儿童等失依儿童来说，他们的需求也有特殊性。因此，对其提供的福利服务也应当有别于为一般儿童及其他困境儿童提供的福利服务，而在身体上和心理上给予更加专业的细致的照顾和服务。同时，这两类儿童都因其身体或精神方面的原因，而导致他们的生活无法自理甚至生命安全无法得到保障，他们的福利服务需求也比较接近，所以，放在一起来讨论有其共性特征。

一 残障及重症儿童保护主体及其责任

对残障儿童的首次关照出现在1959年《儿童权利宣言》当中，其原则五指出，“身心或所处社会地位不正常的儿童，应根据其特殊情况的需要给予特别的治疗、教育和照料”。残障儿童所处困境显示，残障儿童是边缘群体中的边缘，他们既是残疾人又为儿童。基于他们在身体和精神方面的限制和所处的困境，残障儿童不仅应当享有儿童的所有权利，而且还应当得到特殊的保护，因为与正常儿童相比，残障儿童更会受到经济剥削、暴力摧残、身体虐待、性虐待、心理虐待及其他形式的不公平对待。残障儿童处于既为残疾者又为儿童的双重弱势，加之社会歧视和偏见进一步造成他们的身心伤害，把他们推向更加边缘的地位，甚至威胁到他们的生存和发展。

我们还注意到，社会生态系统对残疾儿童有着不容忽视的影响，他们生活在一定的社会生态系统中，残障儿童遇到的困难需要通过调整和改善整个生态系统的功能来解决。社会生态系统的改善既需要家庭的努力，也需要社会和国家的关怀，这十分典型地说明了儿童福利保障需要家庭、社会和国家集体努力。但是由于残障及重症状态的存在，这些儿童对责任主体有着特殊的依赖性，使得这三者之间的关系呈现更加紧张的状态。在安排这三者之间的关系时，尤其要强调家庭作为保护主体的重要性，国家作为帮扶主体的不可或缺性，以及社会作为援助主体的特别辅助性。

（一）家庭主导

调查显示，家庭在残障和重症儿童的福利保障中起着无法替代的主导作用，可以说，如果没有家庭的关爱，残障儿童及重症儿童的基本生存很难得到保障。家长在残障儿童和重症儿童的教育和康复治疗过程中所发挥的重要影响是其他任何力量，包括康复教师、医生等无法替代的。父母对障碍和重症儿童保护作用表现在：促进儿童发展，增进亲子互动的机会，改善亲子关系等方面。越来越多的专业人士相信，如果残障儿童及一些重症儿童的早期治疗和早期干预能在家庭中进行，或者这种治疗和干预的课程目标确定以家庭为基础，治疗和干预的计划最易收到事半功倍的效果。

在残障和重症儿童康复和治疗过程中，家庭主导作用的发挥还表现在家庭成员间的互动关系，特别是父母之间的关系，有相当数量的家庭由于残障和重症儿童的存在、家庭经济拮据等原因，夫妻关系冷漠甚至破裂。这种情况大大超过正常儿童家庭，而这种紧张关系无疑会影响残障或重症儿童。婚姻是家庭的基础，夫妻关系是一切家庭关系的基础和起点，夫妻关系是亲密还是冷漠，是和谐还是矛盾重重，将直接关系到残障儿童和重症儿童的发展和教育。只有在和睦的家庭环境中，家长的情绪才会乐观、积极，才会关心子女的成长。

（二）国家扶助

国家在儿童福利保障当中的角色和作用与国家亲权理论有密切关系，在西方福利国家，儿童被看作国家的孩子，国家在儿童福利制度扮演主要角色，这也是社会发展的结果。国家作为儿童福利保障主体的根据很多，除了国家亲权理论和恤幼情感之外，还与儿童的特殊性及功利主义的考量有关，特别是对残障和重症儿童及其家庭，如果国家缺位，这些儿童及其家庭将很快陷入绝境，因此，国家主体在残障及重症儿童的福利保障当中显得尤为重要。理由在于：确保每个儿童的身心健康关系国家的根本利益；残障儿童和重症儿童有着比普通儿童更加强烈的对家人和社会的依赖性。残障和重症儿童比普通儿童面临更加严峻的生存和发展状况，先天和后天的因素导致他们身心都受到极大创伤，面临极端困难的生存考验，如果没有政府的协助和帮助，残障和重症儿童福利必然无法实现，只有政府承担其责任，从体制和机制上对这些儿童的福利保障做出安排，使现代政府职能定位与困境儿童群体之间建立制度化联系和互动关系，并将这些儿童的福利保障纳入社会福利制度和社会政策构架之内，残障儿童和重症儿童的福利服务才能得到有效的展开。

（三）社会支持

儿童福利制度发展到现代，儿童福利的实现越来越依赖国家法律政策的制定和实施，而大社会观念的兴起及市民社会的发展，儿童福利服务及与此紧密相连的社会工作的专业化、社会化和职业化的发展，使得国家在制定和实施其法律政策时不得不借助社会力量，特别是有很多福利性措施的开发就是以社会组织等社会力量为基础发展起来的，因此在现代社会，儿童由单纯的家庭保护转变为综合性的社会保护已经成为一种发展趋势。

残障儿童和重症儿童的保护越来越依赖社会化福利工作的支持。在接受社会所提供的康复和治疗服务时，家长和这些专业人员的关系一般较为融洽，家长特别看重社区和学校的专业人员和教师在帮助残障儿童和重症儿童方面的作用，因为有了这些社会力量的介入，残障和重症儿童不仅在身体上能够得到更专业化的照顾，特别是在精神方面以及社会发展方面得到专业的支持，才使得这些儿童与社会更加贴近，甚至可以说，这些社会力量的帮助已经成为困境儿童家庭教育不可或缺的支柱。家长在专业人员的指导下，理解自己孩子的身心发展特点，学会与残障儿童及重症儿童的沟通，激励儿童树立面对未来的信心。对残障儿童和重症儿童的社会支持还表现在建立一种良好的邻里关系。这些都有利于和谐社会环境的建设，为残障儿童及重症儿童早日适应社会，融入正常社会环境提供基础。

二　残障儿童特殊需求与保障路径

残障儿童因其身体、精神、心理等原因，在家庭生活、接受教育、医疗康复等基本生存和发展方面都有不同于一般儿童的特殊需求，这种特殊需求就要求国家、社会、家庭及相关的人员采取不同措施，满足残障儿童的特殊需求，帮助他们尽快康复，适应社会生活。尽管我国在残障儿童的保护方面也做了大量的工作，比如，为使残障儿童早日康复并融入社会，我国与国际非政府组织，如红十字国际委员会等合作，赞助了范围广泛的预防和康复项目，包括减少先天性缺陷、治疗白内障和听力障碍等，加强对贫困残障儿童家庭的帮助，积极寻求社会支持，等等。但是，事实上，这些工作对满足全体残障儿童特殊需求，帮助他们适应现实生活还远远不够。满足残障儿童的特殊需求构成了儿童福利制度的重要内容之一，因此，下面就我国残障儿童福利状况，其特殊需求及需求的满足三个方面讨论我国残障儿童福利服务问题。

（一）残障儿童保护状况及存在问题

1. 残障儿童保护状况

我国残障儿童的绝对人数在世界各国中是最多的，根据2006年第二次全国残疾人抽样调查结果，中国0～17岁残障儿童为504.3万人，占残障人口总数的6.08%，占全国总人口的0.39%。[①] 残障儿童的数量，随儿童年龄增加而增多，农村多于城市，经济文化不发达地区多于经济文化发达地区，医

① 《第二次全国残疾人抽样调查主要数据手册》，华夏出版社，2007。

疗条件差的地区多于医疗条件好的地区。我国残障儿童康复工作起步较晚，除在聋儿康复服务方面已建成1700余个康复机构外，其他如视力、智力、肢体、精神残障儿童的专门康复机构的人才极其匮乏，部分领域处于空白。中国残疾人联合会对残障儿童的抽样调查显示，有相当一部分残障儿童没有接受任何形式的康复服务，在接受康复服务的儿童中，多数以家庭自我康复为主，卫生系统将残障儿童康复工作全部委托给各级医疗机构，尚缺乏康复和社会照料的渠道；残障儿童教育方面，不仅入学率低，而且未能将残障儿童区分对待，进行有效的个性化服务。另外，残障儿童所用资源减少，特别是预算减少，影响残障儿童的康复和教育设施。特别是生活在农村地区的残障儿童无法获得相当水平的医疗和服务。在强大的社会压力和经济压力下，残障儿童被家庭遗弃的事情时有发生。

对残障儿童生存现状这种概括性的总体描述，无法说明他们的具体生存和发展状况，也就无法了解他们的特殊需求，因此，这里借助中国残疾人联合会和联合国儿童基金会关于残疾儿童保护合作项目的调研资料，① 对残障儿童状况进行分类考察，这些地方性经验会增加我们考虑问题的视角，从而得出与设想不一样的结论。

（1）残障儿童生长发育状况。②

研究显示，6岁以下年龄组中，残疾儿童身高除0岁组外，其他年龄段均低于同龄一般儿童，体重方面又都普遍高于一般儿童的参考值。残疾儿童营养性疾病中，患病率最高的是维生素缺乏，占调研对象的26.4%，低出生体重儿（<2500g）所占比例为11.9%，但我国2009年一般儿童低出生体重率仅为2.4%。儿童营养状况受环境因素，尤其是家庭的经济状况影响较大，同时还受家长科学喂养知识、膳食营养平衡、儿童低出生体重、儿童疾病史、饮食行为等因素影响，研究还发现，半年内患有肺炎、腹泻等疾病的儿童患有营养不良性疾病的可能性更大。7~18岁残疾儿童的身高、体重普遍低于同龄一般儿童，说明残疾儿童生长发育状况比一般儿童差。生长迟缓率明显高于一般儿童的平均水平。结果显示，我国7~18岁残疾儿童生长发育状况明

① 本部分资料来自2009年中国残疾人联合会和联合国儿童基金会在广东省广州市和山东省东营市开展的残疾儿童现状与需求调研项目，该项目报告后汇集成书（中国残疾人联合会编《中国残疾儿童现状与需求调查研究》，华夏出版社，2011）。

② 中国残疾人联合会编《中国残疾儿童现状与需求调查研究》，华夏出版社，2011，第1~12、37~47页。

显低于同龄一般儿童，尤其是生长迟缓率现象较为明显，反映我国该群体儿童可能长期处于营养不良状态。该研究还表明，一般儿童和残疾儿童的生长发育及营养状况都存在着年龄越大营养不良率越高的现象，说明我国儿童普遍存在同样的生长发育和营养问题，这主要是优质蛋白不足或机体处于生长发育高峰期引起的，青春期尤为明显。残疾儿童和一般儿童生长迟缓率也是在青春期阶段表现较大差距。我国残障儿童家庭支持力度还很欠缺，绝大部分残障儿童家庭因残致贫，因为难以承受相关费用而陷入困境。

残障儿童与同龄儿童身高、体重、生长迟缓率比较

	残疾儿童		一般儿童	
	女	男	女	男
体重*（0～6岁）(kg)	19.00	20.00	—	—
身高*（0～6岁）(cm)	100.00	105.00	—	—
体重*（14岁）(kg)	46.00	43.00	51.60	47.40
身高*（14岁）(cm)	159.59	150.50	163.70	157.00
生长迟缓率（7～18岁）(%)	31.41	34.49	0.97 1.23	2.93 3.44

*此调查是分两个年龄段展开的，即0～6岁和7～18岁。此处身高和体重对0～6岁儿童组取中值数进行比较；而对7～18岁儿童组，因缺少一般儿童的中值数，而14岁又是儿童青春发育的关键时期，故取14岁年龄组数值进行比较。生长迟缓率对7～18岁儿童组取了平均值进行比较。

（2）残障儿童受教育状况。①

根据《2010年中国残疾人事业发展统计公报》，截至2010年年底，我国特殊教育学校发展到1705所。义务教育普通学校附设特教班2775个，在校的盲、聋、智残学生51.9万人。开办特殊教育普通高中99所，在校生6067人。残疾人中等职业教育机构有147个，在校生11506人。全国未入学适龄残疾儿童总数为14.5万人。然而，调查显示，残疾儿童受教育状况不容乐观。

从下表可以看出，被调查的残疾儿童中，接受各种教育的人数比例为70.22%，没有上过学的比例为29.78%。特殊教育的需求和现状之间的差距十分明显，残疾儿童在获得公平教育机会方面受到的阻力大于一般儿童。造成残障儿童难以享受公平教育的影响因素比较复杂，表现在很多方面，包括：教育费用高、缺乏特殊教育机构、学校离家远、在学校受歧视、残疾类型、社会救

① 中国残疾人联合会编《中国残疾儿童现状与需求调查研究》，华夏出版社，2011，第13～24、50～107、120～130、149～166、182～220页。

助享有情况、所属城市、户籍性质、生态环境、社会关注、机制保障等因素。其中比较突出的原因是各种歧视、经济状况、残疾类型。比如，教育费用高、所属地区、户籍性质、享受社会救助情况等，都与歧视和经济原因有关，调查数据也显示，广州市接受各类教育的残疾儿童比例是76.03%，而东营市仅达到58.91%，这也说明地区差异既有经济原因，也有观念原因和机制原因。

6岁以上残疾儿童受教育状况及需求①

受教育类别	现状（1538人）		需求（1350人）	
	人数（人）	百分比（%）	人数（人）	百分比（%）
普通教育	688	44.73	456	33.78
没有上过学	458	29.78	—	—
特殊教育	313	20.35	699	51.78
学前教育	79	5.14	31	2.30
职业培训	—	—	164	12.15

研究还发现，接受教育的现状会对教育需求发生影响，在特殊学校和普通学校接受教育的受访者都对目前的教育状态基本表示认同，但是，精神残疾、智力残疾、多重残疾的儿童则有超过一半希望能在特殊学校上学。而实际上，对生活不能自理的重度残障儿童来说，不仅难以进入普通教育系统，就是特殊教育学校也难以进入。对于能够进入普通教育学校的孩子来说，情况也并不乐观，普通学校偏重分数和升学率，忽视能力和全面发展，教师对残障儿童关注不够，以致随班就读流于形式，一部分残障儿童因缺少支持体系跟不上普通学校进度而不得不转入特殊学校。另外，对于教育形式，家长和孩子则对一些先进的针对残障儿童的教育方式，比如个性化教学方式，以及帮助儿童顺利社会化的职业教育和培训等比较陌生。即便是特殊学校对个性化教学理念和方式也不够重视，而是偏重扫盲和职业培训，教育质量远远低于普通学校。这就造成残障儿童不但受教育机会少，而且教育水平低，极不利于残障儿童自身素质和参与社会活动能力的提升。

（3）残障儿童医疗康复状况。②

残疾儿童的医疗康复包括为达到康复目的而运用功能诊断、治疗、训练

① 参见韩丽《全纳教育：实现残疾儿童教育公平路经选择》，载中国残疾人联合会编《中国残疾儿童现状与需求调查研究》，华夏出版社，2011，第72页。

② 参见中国残疾人联合会编《中国残疾儿童现状与需求调查研究》，华夏出版社，2011，第25～35页。

和预防的相关医学技术与科学进行康复的活动。医疗康复有助于培养残障儿童独立生活能力，减轻其家庭负担，促进其更好地适应社会生活。儿童期是心理、生理发展的重要阶段，是康复的最佳介入时期，儿童康复是根本改善残障儿童未来生存状况的永久抢救性工作。研究显示多数残疾儿童可以通过医疗康复部分改善其功能，尤其是低年龄段的儿童。干预时间越早，干预时间越长，效果越好。但从调研情况看，我国残障儿童的康复状况并不乐观，康复水平和发展状况与残障儿童的康复需求相比仍然存在很大差距。表现在如下方面：①残障儿童数量多显示出医疗康复的严峻性。2006 年第二次全国残疾人抽样调查显示，我国有 0～14 岁残障儿童 387 万，占残疾人总数的 4.66%。②残障儿童康复现状与康复需求之间仍然存在较大的差距。调查显示，受访者中已经进行医疗康复的占 57.9%，未进行医疗康复的占 42.1%。③农村残障儿童与城市残障儿童康复差距明显，农村残障儿童在残障儿童中占比大，调研数据显示农村残障儿童比例为 65.6%。④残障儿童患其他疾病的概率高。残障儿童体质弱，容易患病，需要进行及时的医疗康复，增强体质。

残障儿童医疗费支付形式*

项目	自费医疗	城市基本医疗保险	新型农村合作医疗	商业医疗保险	其他医疗费支出形式	总计
人数（人）	257	389	1026	8	53	1733
所占比例（%）	14.8	22.4	59.2	0.5	3.1	100

资料来源：2009 年中国残疾人联合会和联合国儿童基金会在广东省广州市和山东省东营市开展的残疾儿童现状与需求调研项目，参见中国残疾人联合会编《中国残疾儿童现状与需求调查研究》，华夏出版社，2011，第 115 页。

影响残障儿童医疗康复的重要因素包括不知道需要康复、不具备康复条件、年龄、户籍性质、家庭经济状况、享受社会救助的情况等。①调查显示，家庭经济状况的确对残障儿童的康复具有关键的影响。从上表中可以看到，仍有 14.8% 的残障儿童医疗康复靠自费形式进行。调查还发现，家庭收入高或享有社会救助的儿童进行医疗康复的可能性较大。采用的康复形式主要是家庭康复，其中肢体残疾和智力残疾儿童家庭康复率较高。调查还显示，残障儿童康复器具使用率较低，表明相当一部分残障儿童没有得到具有针对性的康复器具。原因是残障儿童家庭支付能力有限，无法购买相应的康复器具，另外，康复的辅助器具种类少，生产技术水平低，部分产品依靠进口，价格昂贵。乡村和城市残障儿童的康复差距与经济状况有直接的关系。②康复需求和康复能力之间差距大，表现在康复资源、康复器具等方面的严重不足。另外，康复服务网络极其缺乏，康复机构数量少，服务水平低，专业技术人才匮乏，服务能力明显不足。据调查，有 52.4% 的残障儿童需要通过机构实现康复，2.8%需要延伸服务，44.7%需要社区和家庭服务，68.6%的残障儿童需要医疗服务与救助，13.9%需要辅助用具，72.3%需要康复训练与服务，这些需求与能提供的服务差距很大。③社会福利保障制度落后。许多地方，残障儿童的福利保障水平低于一般儿童。城市儿童更倾向于进行康复医疗，农村地区接受医疗康复的可能性较低的状况也和福利保障制度有相关性。④残障儿童尽早康复的重要性及康复知识亟须普及。残障儿童家长对残疾预防和康复知识的了解非常缺乏，甚至有些医疗工作者、教育者等的相关观念和知识也很匮乏，导致原本可以避免的残疾发生或轻度的残疾加重，早期筛查与早期诊断严重不足。各类残障儿童家庭相应学科知识普及不足，致使大量残障儿童丧失了宝贵的最佳干预期。调查中，仅"不知道需要康复"的就占到27.02%。另外，孩子年龄越小做医疗康复的比例越高。残障儿童的年龄越大进行康复的比例越低，13~18 岁年龄组医疗康复率 54.2%，低于平均水平，也显示出康复意识和知识有待提高。有些筛查医院虽然购买了仪器，但未进行相关知识培训，技术人员的观念与思维不能够与残障儿童康复教育同步，导致大量残障儿童家庭被地方医院误导，耽误了儿童获得康复的最佳时间。

2. 残障儿童福利服务和保护中存在的问题

从文献研究和实证调查中发现，在国家保障的层面，残障儿童福利仍然偏重于儿童福利机构中的儿童，而生活在原生家庭中的残障儿童在福利政策上仍然极少得到关注。目前的残障儿童福利保护模式基本上还是一种补缺型的模式，就是着重对无法获得家庭保护的儿童给予替代性照顾以及对贫困儿童及其家庭的补贴。这些对特别弱势儿童的福利保障确实必要而且重要，但是，如若不能突破这种模式，根本无法在实质意义上保护残障儿童的福利，而且还会带来一系列的不利后果。如果残障儿童的福利保障和服务由国家承担，社会提供相应的服务，家庭承担看护的责任，这样不仅减轻了家庭的经济负担和心理压力，也可能在很大程度上抑制遗弃残障儿童的不道德行为，使残障儿童尽量在原生家庭中成长，进而从根本上改善所有残障儿童的生存状况。然而，目前在残障儿童保护理念、儿童福利行政、儿童福利服务提供、法律政策的制定和实施等方面都存在问题。

第一，残障儿童受到普遍的歧视。对残障儿童的歧视问题是他们受到不公正对待的根源，这种歧视通常表现为社会生活中的歧视，但在国家政策中、在学校中甚至在家庭中都有所表现。我们看到，残障儿童的保护不仅要有形式上的平等，而且要求实质平等，这个实质平等就要求针对残障儿童的不同情况给予差别对待。残障儿童在成长过程中通常得不到实质上的公平对待，在教育领域表现得尤为突出，因而，这里也从教育歧视的角度来考察残障儿童的歧视问题。残障儿童的教育歧视可以从以下几个方面观察：①对残障儿童教育歧视具体包括：入学歧视、学校管理歧视、教师教学歧视、日常学习生活歧视、参加社团的歧视等。如果残障儿童在接受教育方面无法针对不同残障情况得到个性化的教学，教育公平就无法体现，比如，教师对残障儿童缺乏发自内心的尊重、信任和关心，不能认真听取他们的意见，也不能帮助他们克服学习上的障碍，残障儿童在学校班集体中得不到平等的地位，师生关系不融洽，等等，这些都将影响残障儿童对教育资源的公平享有。还有残障儿童入学机会上的不均等。残障儿童与一般儿童相比，入学率低，升学率低，城乡、地区和性别上的差别更加明显。另外，对残障儿童教育经费的投入同样反映出不公平的对待，经费投入少，使用效率低。这表现为绝对量上升而实际上相对量在下降，而且地区差距大，乡村和城市、沿海地区和西部地区教育经费投入不均衡。经费被挤占、挪用、截留的问题突出。中国残联的调查也显示，75.5%的受访者认为在招生入学方面存在歧视；25%认为有学校管理歧视；16%认为有教师歧视；23%认为有学生日常学习生活歧视；24.75%认为有加入社团方面的歧视。其中教师的整体素养对残障儿童具有极大的影响，而作为一名合格的残障儿童教师要有爱心和耐心，宽容心，理解和沟通能力，鼓励和引导能力等，其中鼓励和引导能力被认为是合格残障儿童教师的首要条件。②对残障儿童接受教育以及相关制度的认识。关于保护残障儿童教育的法律，有84.5%的受访者认为《残疾人保障法》是保障残疾人受教育权的法律依据，但是仅有一半的受访者认为《宪法》、《义务教育法》和《残疾人教育条例》等也是保障残疾人教育权的法律依据。关于为什么要保障残疾人受教育权问题，有78.5%的人认为是人类文明发展的必然，有85.5%的人认为保障残疾人受教育权不仅是国家的政策口号，39%的人认为是社会主义优越性的彰显。关于受教育障碍的认识，多数人认为自己享有受教育权，但对法定受教育权不是很清楚，有一半人表示受到教育歧视，认为教育权受到阻碍的主要原因是经济原因，其他障碍还包括没有适合的学校，老师和同学不友好等。③对教育歧视救济途径的认识。多数人认为应当给予道德谴责或主动制止；有部分人会向有关部门反映，比如，残疾人联合会、行政部门、法院或信访部门等，还有极少部分人会采取沉默的方式。关于法律政策维护残疾人教育权的认识，受访者尽管对法律政策的知晓率比较低，但同时却能认识到法律法规对维护权利的重要性。[①]

第二，残障儿童康复工作尚未纳入国家社会保障系统，影响残障儿童的康复。残障儿童福利的主要服务对象依然是儿童福利院中的儿童，而对机构外的残障儿童，儿童福利服务供给还十分缺乏。我国对残障儿童养护模式采取分别对待的办法，对无家可归和有家不能回的残障儿童，采取替代性照顾措施，同时努力为他们建立类家庭养护方式；对生活在贫困家庭、单亲家庭、监护人本身残疾的家庭中的残障儿童，通过相应政策和措施补足其家庭功能；对一般儿童，则通过支持性措施，改善其家庭功能。从残障儿童医疗康复的角度看，国家的儿童福利保障制度尚未将残障儿童医疗康复作为一个工作重点，从上述的项目调研中也了解到，大多数残障儿童的医疗康复都是靠家庭或临时性社会救助服务。尽管政府做了一些工作，但对满足残障儿童康复需求来说还有明显差距，特别是残障儿童医疗康复没有制度性保障——这可能是许多带有天生残障的儿童被父母遗弃的最重要的原因之一。

第三，儿童福利行政管理体制不健全，条块分割，缺乏协调性和问责机制。我国儿童福利事务分属于国务院妇女儿童工作委员会、民政、财政、发展改革委员会、卫生、教育、劳动保障、公安、司法、建设等政府行政管理部门，共青团、妇联、残联等也担任一部分工作，这样各部门从自身的利益出发，政策的制定、实施很难协调，非常容易出现很多部门都忙于同一件事情，而有的儿童福利事务却没有人去做的局面。比如，对一些不法分子操控残障儿童并强迫其卖艺、乞讨等行为，在《刑法修正案（六）》还没有实施之前，各个部门都没有依据干涉这种危害儿童利益的行为，无形中纵容了不法分子，有的地方甚至形成产业链，故意将儿童致残牟利，严重伤害了儿童的身心健康。

第四，儿童福利政策偏重于强调政府的主导作用，而对个人、企业、社会团体等在实现儿童福利中的积极作用强调得不够，也缺乏引导和规范，儿童法律服务离多元化、社会化的发展还有较大差距，而残障儿童等困境儿童

① 参见中国残疾人联合会编《中国残疾儿童现状与需求调查研究》，华夏出版社，2011，第13～24、50～86、120～130、149～220页。

的福利实现，则更加需要专业化、社会化和多元化的儿童福利服务的供给。因此，随着经济发展和社会进步，要加快儿童福利服务供给的社会化和多元化发展。

第五，残障儿童福利保障的法律政策还很不健全，层次不高，尚缺乏规范性。现有的相关法律政策散见于妇女和残疾人保障法、社会保障法律、教育和未成年人保护等法律政策中，而且效力不一，缺乏实际操作性。另外，与残障儿童相关的法律政策，对残障儿童发展性的规定尚付阙如。对残障儿童来说，科学的医疗康复和平等的教育至关重要。除了掌握知识外，不依赖于家庭，独立地参与社会生活，对他们来说更加具有特殊的重要意义。①

（二）残障儿童的特殊需求

《儿童权利公约》第23条第2款规定，缔约国确认残障儿童有接受特别照顾的权利，应鼓励并确保在现有资源范围内，依据申请斟酌儿童的情况和儿童的父母或其他照料人的情况，对合格儿童及负责照料该儿童的人提供援助。第3款还规定，“鉴于残障儿童的特殊需要，考虑到儿童的父母或其他照料人的经济情况，在可能时应免费提供按照本条第2款给予的援助，这些援助的目的应是确保残障儿童能有效地获得和接受教育、培训、保健服务、康复服务、就业准备和娱乐机会，其方式应有助于该儿童尽可能充分地参与社会，实现个人发展，包括其文化和精神方面的发展”。我国《未成年人保护法》第10条和第28条规定，不得歧视残障儿童，并要求政府采取措施保障残疾未成年人的受教育权。

国际公约和国内法对残障儿童权利的确认及关于不得歧视的规定显示，人们已经认识到消除对残障儿童的歧视是保障其人权的关键。不歧视原则确定了残障儿童和其他儿童一样享有法律确立的所有权利，儿童权利委员会强调把残障儿童作为权利主体加以尊重的重要意义。为实现残障儿童的权利，国家应当积极促进国际合作，提高保护残障儿童的能力和技巧。儿童权利委员会将残障儿童的状况作为检验缔约国儿童保护的中心工作，强调残障儿童教育作为主流教育体制构成部分的重要意义。对需要特别设施的残障儿童，在教育设施、健康设施、上学交通设施等方面要给予特别关注。委员会还强调各国应加强残障儿童权利保护的立法措施，特别关注的领域包括：儿童的生命权、生存和发展权，以及参与社会活动等权利。禁止歧视残障儿童的选

---

① 参见姚建平、梁智《从救助到福利——中国残疾儿童福利发展的路径分析》，《山东社会科学》2010年第1期。

择性堕胎；禁止剥夺残障儿童受教育权；禁止强行把残障儿童隔离在单独的照顾机构、治疗机构或教育机构。国家应当采取积极措施，反对歧视残障儿童、剥夺其享受平等机会的传统观念和习俗，包括杀婴，有害儿童健康成长的陋习。儿童权利委员会成立了“残障儿童权利：儿童权利委员会咨询工作组”跟进残障儿童的保护工作。[①]

除《儿童权利公约》之外，与残障儿童有关的国际文件还包括《世界人权宣言》、《关于残疾人的世界行动纲领》、《智力迟钝者权利宣言》、《残废者权利宣言》、《保护精神病患者和改善精神保健的原则》和《残疾人机会均等标准规则》。其中，《残疾人机会均等标准规则》对残障儿童保护具有重要的意义。该规则赞成同等机会原则，意味着每一个人的需要都具有同等重要性，这些需要必须成为社会规划的基础，必须适当地运用所有资源，确保每一个人都有同等的参与机会。还强调“残疾人是社会的成员，因而有权利留在其当地社区之内，他们应能在一般的教育、保健、就业和社会服务的结构内获得所需要的支助”。该规则还有一些条款直接针对残障儿童。规则 1 指出，提高认识应成为残障儿童教育和康复方案中的一项重要内容……并应作为教师培训课程和所有专业人员培训内容的一个组成部分。规则 2 指出，各国应确保对残疾人特别是对幼儿和儿童，如同其他社会成员一样，在同一系统内向他们提供同样水平的医疗护理。

除了以上提到的规定之外，对残障儿童权利保护还要与《儿童权利公约》其他条款结合起来加以理解，例如，公约中关于最大限度的生存和发展权、关于健康和保健服务的权利、关于避免参加武装冲突及保护儿童免遭各种暴力侵害和剥削的条款，对残障儿童的保护都有重要意义，我们从中也可以体味出残障儿童除了享有一般儿童所具有的权利之外，还有一些特别需求，或者说有些权利和福利对残障儿童有着更加特别的意义和价值，具体表现在如下一些方面。

第一，平等权对残障儿童具有重要意义，这也是他们首要的需求。残障儿童的成长常与排斥、歧视和蒙受耻辱相联系。对残障儿童的歧视一方面表现在把他们排斥在社会之外，将其视为施舍的对象，贴上特别的标签。因此，那些因为儿童残疾而为其设立的隔离或者分开的教育设施、卫生保健服务、娱乐场所及其他生活设施，会导致或者加重对残障儿童的歧视。因为这些做

---

① 儿童权利委员会第 16 届会议报告，CRC/C/69，1997 年 9 月 10 日。

法往往使人们对残障儿童的消极认识加深和固定化。因此，《儿童权利公约》第 23 条规定，缔约国有义务让身心残疾的儿童能够在确保其尊严、促进其自立、有利其融入社会的条件下享有充实而适当的生活。该条表达了强烈的平等意识，迫使缔约国确保所有残障儿童不受任何形式的歧视，特别是在儿童的教育、雇用、娱乐等方面机会的平等。另一方面表现为资源分配上的不平等。世界银行估计，世界上 1.2 亿残障儿童生活在贫困之中。他们难以得到基本的生活必需品，如食物、清洁用水、衣服和住房。① 这当中很大一部分原因便是残疾人及其家庭遭受社会排斥。残障儿童往往成为这些家庭的超常负担，加重了家庭的贫困，而社会性歧视又增加了这些家庭和残障儿童的贫困和痛苦。一般来说，残障儿童受到的歧视和排斥可以分为直接和间接两种形式。直接歧视是残障儿童因为自身缺陷而受到与健全儿童不同的待遇；间接歧视则表现为表面上残障儿童得到了平等对待，但事实上却带来歧视性的后果。间接歧视可能不是有意的，但它所造成的后果却不亚于直接歧视。

第二，生命权的保护和最大限度的存活对残障儿童有重要意义。每个儿童均有固有的生命权，这已经得到了国际法和各国法律的确认。但在现实中，残障儿童的生命权和有尊严的生存却受到很大的威胁。这种威胁一方面表现在直接危及残障儿童生命，有的地方认为他们是不祥之物而遗弃或杀戮，还有的采用限制人身自由的方式虐待残障儿童。另一方面表现在因残障儿童本身的残疾，生命力不如常人，他们对法定抚养人有着强烈的依赖性，一旦这种依赖性受阻，可能会危及残障儿童的生命。当儿童被确认有缺陷，他们的基本医疗服务常常得不到保障；有严重残疾的儿童甚至会因缺少基本的儿童保健设施而死亡。基于此，残障儿童应当得到国家、社会、家庭的特别保护和照料。对残障儿童生命权的保护在《儿童权利公约》和《未成年人保护法》中都有所体现。《残疾人保障法》也规定，残疾人的监护人必须履行监护职责，维护被监护人的合法权益；残疾人的亲属、监护人应当鼓励和帮助残疾人增强自立能力，禁止虐待和遗弃残疾人。对儿童生命权保护和确保其过有尊严的生活还有一个很重要的方面，就是残障儿童的生存和发展过程，考验着每一个残障儿童家庭，特别是那些身体或精神上有严重残障的儿童的家庭，父母和其他监护人在精神和物质等方面的付出，是常人无法想象的。国家委托社区康复服务部门予以援助，使这些儿童及其家庭过上较为正常的社

① 参见黎建飞《残疾儿童权利保障的法律原则》，《河南省政法管理干部学院学报》2008 年第 2 期。

会生活，应该成为国家决策的一项重要内容。因此，《儿童权利公约》要求，国家根据申请对残障儿童及其照料人提供援助。另外，保证儿童生命和生存权还涉及对残障儿童特别是无人照料的残障儿童的抚养和救助。我国传统的残障儿童养育模式包括：集中供养和家庭式供养、自养和家庭寄养。目前，儿童福利机构的集中供养仍为主要的养育形式。与机构养护相关的是家庭式供养，这是一种模拟家庭生活方式的供养，一般规模比较小，让儿童能够体会家庭生活的温暖，但本质仍是机构养护。正在尝试的家庭寄养模式能使残障儿童更好地融入家庭和社会。家庭寄养是指由社会家庭提出申请，由儿童福利机构为残障儿童严格选择合适的家庭，将其寄养在分散的家庭中，由家庭为残障儿童提供生活照料和服务，使其得到家庭的关爱和照顾。实际上，只要家庭在所有方面能够得到适当的配备，残障儿童在自己的家庭得到照料和养育是最佳的。为家庭提供的支助包括：对父母及兄弟姐妹进行残障儿童独特身心要求的教育；注重残障儿童家庭面临的压力和困难的心理辅导；关于家庭共同语言的教育，例如手语，以便父母和兄弟姐妹能与残疾家庭成员交流；特殊津贴形式的物质支助及其他确实能够保证残障儿童生活体面、自给自足、全面融入家庭和社区所必需的特定的家具和代步设施等必要设备。支助服务还应当包括各种不同形式的临时护理，例如在社区可以直接获得的家庭和日托服务，以便让父母继续工作，缓解压力，维持健康的家庭环境。但残障儿童最不容易得到社会救助和救济，原因在于残障儿童本身缺乏寻求救助和救济的能力，还在于残障儿童受到侵害时不容易被发现，更不可能为其提供权利救济。因此，更加需要国家和社会采取适当措施，建立残障儿童特别是无人照料的残障儿童的救助和救济机制。

第三，残障儿童健康权也是《儿童权利公约》确立的特别保护内容之一。健康权是指儿童享有可达到的最高标准的健康并享有医疗和康复设施的权利，生命权解决的是儿童“活着”的问题，健康权解决的是要“活得好”的问题。残障儿童的医疗康复是提高残障儿童生存发展条件、增强其社会参与能力的重要措施，对其健康成长、顺利融入主流社会起着至关重要的作用。残障儿童在身体、智力、精神某方面有功能缺损，他们中的许多人部分或全部丧失生活自理能力，因此残障儿童更需要得到完善的医疗保健服务。《儿童权利公约》规定，国家视具体情况，在可能时应免费提供援助，确保残障儿童能有效地获得和接受保健服务、康复服务。我国的儿童发展规划纲要也把促进残障儿童的康复，作为儿童发展的主要目标之一。除了为残障儿童提供功能治疗之外，心理治疗和康复也应当是残障儿童康复医疗的一项内容。残疾或其他任何形式的歧视都会给他们造成心理伤害，保护残障儿童的心理健康是促进其人格发育和健康成长的必要措施，因此，残障儿童需要得到心理疏导治疗，还需要充满亲情和关爱的生存环境。我国以此为出发点，正在尝试被遗弃或无人照料残障儿童的家庭寄养模式。正如根据联合国秘书长授权而完成的《全球针对儿童的暴力的报告》所指出的，由于各种因素的影响，残障儿童面临暴力的风险仍在增加，这种风险来自根深蒂固的文化歧视，同时也因为残障儿童对其家庭提出更高的情感、身体、经济和社会方面的需求。

第四，残障儿童的充分发展。儿童发展权是指每个儿童的身体、心理、智力、道德及社会交往方面的知识、能力不断得到提高和潜力得到充分发挥的权利。毫无疑问，残障儿童也享有这样的发展权。人们往往表达了一种担心，即家长和医师们往往低估了残障儿童从教育和培训中受益的潜力，或者说低估了他们对社会做出积极贡献的潜力。认识到残障儿童应当获得充分的发展，是对他们采取积极保护行动的基础。另外，残障儿童受教育权的实现是确保其最大限度发展的基础，为此，应当不带任何偏见地将残障儿童纳入正规教育机制，并在教育设施上为他们提供无障碍条件，比如，学校中的无障碍通道、大字印刷读物、盲文书籍、低视力辅助工具等。残障儿童教育包括普通教育、特殊教育、职业教育和职业培训。特殊教育应当纳入九年义务教育体制。残障儿童的学前教育对其康复和发展的意义还未得到充分的重视。学前特殊教育是指残疾幼儿教育机构、福利机构及家庭对残障儿童有目标地进行教育和训练，做到及早发现，及早训练，使他们尽可能减轻以致摆脱残疾。我国目前基本形成了以教育部门为主，民政、卫生、残联等部门和社会力量为辅的特殊教育办学渠道。《教育法》、《义务教育法》、《义务教育法实施细则》、《残疾人教育条例》和《关于发展特殊教育的若干意见》等法律法规，都对残障儿童的受教育权做出了规定。例如，不得因儿童残疾而拒绝招收儿童入学；对那些有轻微残疾，能够适应普通教育教学方式的儿童应吸收到普通学校和班级，随班就读，等等。尽管如此，残障儿童接受教育权仍然未能得到充分的保障。与此同时，要促进残障儿童的充分发展，就不能停留在“活着”的层面，而要鼓励并提供条件，让残障儿童积极参与整个生命历程。残障儿童的社会参与权是指残障儿童与其他儿童一样，拥有参与家庭和社会生活的权利。残障儿童的社会参与不仅能增强其自尊和自信，摆脱孤独无助的困境，促进其身心健康，还是其积极社会化的过程。《儿童权利公约》

对残障儿童的发展权予以了肯定，强调应当给残障儿童提供“促进自立”并有利于他们“积极参与社会”的生活条件。还强调对残障儿童的援助应有助于儿童充分参与社会并实现个人发展，获得国家和社会的免费援助以满足其特殊需求，确保残障儿童能有效地获得和接受教育、培训、保健服务、康复服务、就业准备和娱乐机会，其方式应有助于该儿童尽可能充分地参与社会，实现个人发展，包括其文化和精神方面的发展。

（三）残障儿童福利保障的可能路径

对残障儿童福利保障问题的思考离不开对国际社会关于残疾人问题的标准和原则的考察，这些原则应当成为我国残障儿童福利保障制度建构的重要参考和借鉴。纵观残疾人保障的历史，从“医学模式”到“人权模式”的发展，倡导人的基本价值对残疾人发展的意义，残疾人权利的全面界定及20世纪90年代以后残疾人保障的新进展，① 对我们思考残障儿童福利保障的可能路径和基本保护理念及原则的确立都具有极大的启发和借鉴意义。

1. 消除歧视、转变观念并加大残障儿童医疗康复重要性的宣传力度

现实中，许多残障儿童得不到专门帮助。对残障儿童的误诊、遗弃等仍然是较为普遍的现象，这种普遍存在的对残障儿童的偏见和歧视，也是导致残障儿童缺乏公平教育机会的重要原因。因此，应当提高全社会对残障儿童发展的关注，消除歧视，增强他们适应社会的能力和自信心，为了尊重残障儿童的尊严并开发他们的各项潜能，帮助其过上稳定的、有保障的、独立的社会生活，有必要采取一切适当措施，保障残障儿童最大限度的生存和发展。这些措施应当包括法律、行政、社会、教育及其他方面的措施。同时，还要消除社会公众的歧视，倡导公众积极参与保障残障儿童合法权益的活动。提高残障儿童的法律意识和维权能力，完善对残障儿童的救济途径和救济程序。发挥政府主导作用，明确政府的责任，合理配置资源，加大教育资金的投入、规范其使用，增强特殊教育师资力量，规范特殊教育管理，在经济救助、特殊教育设施等方面加大力度。另外，在加大康复重要性宣传方面，首先，加大对残障儿童及其家庭成员的残疾预防和康复知识的宣传力度。其次，加强对政府和社会的宣传，加强对医务人员、教育工作者等相关行业人员的宣传，使人们懂得康复既是残障儿童的迫切需求，也是改善残障儿童生活环境和提高自身努力最直接有效的办法，还是社会发展的需求。要把残障儿童康复落

① 参见卢德平《中国弱势儿童群体：问题与对策》，社会科学文献出版社，2007，第203～212页。

实到医疗、教育等领域，切实保障残障儿童康复服务的实现。

2. 完善残障儿童福利法律政策体系

1998 年国家将残疾人康复工作纳入国家发展规划之后，残障儿童的康复、教育、收养及社会保障工作也开始纳入《中国残疾人事业五年工作纲要》、《未成年人保护法》、《收养法》和《中国儿童发展纲要》等法律和政策当中。残障儿童的教育权保护规定在《教育法》、《义务教育法》、《残疾人保障法》和《残疾人教育条例》等法律法规中。但直接规范残障儿童福利的立法还很少，只有几个部门规章：《关于进一步发展孤残儿童福利事业的通知》（民政部等六部委，1997 年）、《关于发放孤儿基本生活费的通知》（民政部、财政部，2010 年）、《关于进一步加强受艾滋病影响儿童福利保障工作的意见》（民政部，2009 年）。另外，还有一些孤残儿童保护行动计划。比如，民政部 2004 年组织实施的“残疾孤儿手术康复明天计划”，组织为残疾孤儿实施手术治疗和康复矫治；民政部 2006 年实施“儿童福利机构建设蓝天计划”，资助地方政府在大中城市新建、改建和扩建一批功能完善、设施齐全、环境优美的，集养护、救治、教育、康复、特教于一体的儿童福利机构，辐射和带动社区孤残儿童服务的开展。这些都是国家关于残障儿童福利保障法律政策的具体化。①

这些法律政策、行动计划体现了国家对残障儿童及其家庭的帮助。但总体上看还是属于补缺的性质，没有覆盖残障儿童的所有问题。比如，2001 年，国务院残疾人工作协调委员会发布了《中国残疾人事业“十五”计划纲要》（2001 ~2005 年），确立了改善残疾人状况的主要目标。为实现这些目标而采取的措施中涉及残障儿童的包括：巩固、完善聋儿康复网络，对 8 万名聋儿进行听力语言训练；办好家长学校，开展社区家庭聋儿康复；创办北京听力语言康复技术学院，将聋儿康复师资培训纳入国家教育规划；加强聋儿语训教学方法研究，提高语训质量，使 25% 的受训聋儿进入普通幼儿园和普通小学；推广使用质优价廉的助听器，并免费或优惠向接受语训的贫困聋儿提供。几乎把对残障儿童的保护缩小到对聋哑儿童的保护。而对残障儿童的保健医疗、心理康复、公共设施利用等还主要是以临时性的政策为指导，直接规范残障儿童福利保障的法律规范少之又少，特别是对生活在原生家庭中的残障儿童所提供的福利服务更少，这种状况对残障儿童的生存和发展都十分不利，

---

① 参见仇雨临《我国孤残儿童福利保障政策的评析与展望》，《社会保障研究》2007 年第 6 期。

因此，当务之急是加强残障儿童保障立法。除此之外，还需增强立法的可操作性，进一步细化有关主体的义务和责任。从儿童福利发展的历史看，政府以机构内照顾替代家庭照顾并不是理想的选择，还带来了一系列的问题，因此，我国也在探索“家庭寄养”“类家庭养护”等新型孤残儿童养育方式。有鉴于此，我国亟须完善残障儿童法律规范的相关内容，提高立法质量，加强针对性，以残障儿童家庭为中心，针对不同的家庭类型分别采用替代性照顾、补充性照顾和支持性照顾，以增强家庭对残障儿童的养育功能。[①]

3. 加强残疾预防和干预救济

对残障儿童的预防和救助是一体两面的关系，二者不可偏废，但目前我们对救助做的工作相对多，而在早期预防方面做得非常不够。因此，应当从残障儿童福利机制方面和福利服务提供方面加强预防工作。在残障儿童福利行政方面，政府应当制定并实施预防残疾的策略，将社区的预防和康复纳入整个保健体系，基层康复部门承担预防和康复职责，负责与高一级的康复服务部门联系以处理基层预防和康复的需要。同时，还要加强对孤残儿童福利机构的资质审查，严格监督，建立由政府、个人、企业及社会组织构成的残障儿童福利服务网络，构建各主体之间的信息和专业服务共享机制。另外，还需加强残疾预防，比如，考虑为产妇购买产前保险，既可以借此推动优生优育，宣传残疾预防，提高防病意识，还能够为产妇及其家庭购买一份保障；既加强了保险机构的社会责任，还减轻了残障儿童出生后的家庭和政府负担。另外，为提高残疾儿童生活质量，特别是贫困地区残障儿童生长发育和营养状况，应该开展预防儿童营养缺乏性疾病的健康教育，包括科学喂养、良好的个人卫生和生活习惯的培养；培养基层儿童保健医生，形成长效机制；建立残疾儿童系统管理制度，包括定期体检、生长监测、体格发育评价、专案管理等，做到早发现、早预防、早干预；开展针对残障儿童的“营养改善行动计划”，特别要关注低收入家庭和农村地区儿童；改善残障儿童生长发育状况，提高残障儿童家庭福利状况，改善其生长环境，帮助家长增加儿童健康营养方面的知识。

在残障儿童救助政策上，要加大各级政府对残障儿童医疗康复、特殊教育的财政资金支持力度，建立支持和救助的长效机制，提高救助质量。比如，配发听障儿童的人工耳蜗及其他特需的辅助器具，尽快将残疾儿童生活学习、

① 参见姚建平、梁智《从救助到福利——中国残疾儿童福利发展的路径分析》，《山东社会科学》2010年第1期。

康复的必要辅助器材纳入医疗保障体系。根据2010年发布的《关于将部分医疗康复项目纳入基本医疗保障范围的通知》，只有以治疗性康复为目的的运动疗法等九项医疗康复项目纳入了基本医疗保障范围，远远不能满足大部分残障儿童家庭的需要。应当实施向农村及贫困残障儿童倾斜的福利政策，特别应加强农村残障儿童的义务教育、治疗和康复保障等的支持力度。另外，还应当完善残障儿童及其家庭、儿童福利机构的登记与回访，保证残障儿童及时得到社会救济，并能做到对残疾的早期诊断、早期干预。要推进残障儿童福利服务社会化发展，严格残障儿童福利机构服务人员的准入机制。社区应派遣具有专业知识的社工入户访问，为家庭成员提供关于儿童健康看护的教育支持和指导。建立家庭、社区、机构有机结合的康复训练链条，逐步减轻残障儿童对家庭的依赖。同时，还需发挥第三部门在残障儿童福利服务与救助中的积极作用。非政府组织工作灵活，能够提供更加具体的服务，弥补政府在残障儿童救助中的不足。还需特别指出的是，残障儿童的家长除了需要掌握一般的育儿知识外，还需要掌握针对其子女残疾的知识和康复技能。婴幼儿时期对残障儿童来说是极为关键的阶段，如果不为其提供适当的早期干预，则会导致各种能力与智力发展迟缓，影响其全面发展，还极有可能导致第二种障碍。因此，残障儿童家长需要通过各种形式，获得专业指导和培训。

4. 采取多种教学模式以促进残障儿童教育权的实现

为了帮助残障儿童接受适当的教育，应采取以下措施：①开展学前教育，普及义务教育。残障儿童进入普通幼儿园学习，无论对残障儿童还是普通儿童来说，都是一个好的开端。对残障儿童的义务教育应当采取全纳教育方式，这也是国际特殊教育发展的趋势，目的在于确保孩子将来能更好地融入主流社会。②发展职业教育和培训，满足残障儿童的现实需要。③建设高素质的教师队伍，提高特殊教育质量。在特殊教育学校或是社区开展自愿教师支持服务，对在普通学校随班就读的残障儿童提供学习上的各种帮助，配合普通学校提高残障儿童的学习质量和教育质量。④加强对残障儿童的教育补助和投入。从残障儿童的教育成本大于普通儿童的情况出发，应给予残障儿童部分教育补助。随班就读学生的生均公用经费标准应按特殊教育学校生均标准执行，以最大限度地保障残障儿童的受教育权。⑤大力发展“全纳教育”，在全国推广“随班就读”，使残障儿童和普通孩子一起学习和生活，更顺利地融入正常的社会环境。为促进残障儿童顺利地社会化，需要采取特殊方法进行特殊训练和培训。另外，还需要通过教育和传媒，转变残障儿童只需基本生活照料及专业医疗护理观点，养护模式应当从“监护人模式”和“医疗模式”向“发展模式”转变，应当通过适当的训练，使残障儿童逐渐掌握生活技能，强调残障儿童对周遭社会生活的全面参与。[①]

三　重症儿童的保护及儿童福利政策

这里的“重症儿童”不是一个专业术语，而是指那些患有先天性重大疾病、传染病或后天原因导致的重大疾病的儿童。比如，患有先天性心脏病、重症肌无力、急性肝炎、艾滋病、各种恶性肿瘤、自闭症的儿童等。这些儿童为疾病困扰，不能像其他儿童那样自由活动，有的还受到各种歧视和排斥。但社会对这类儿童的福利保障救助制度尚未建立，因此，重症儿童其实是特别需要得到国家、社会和家庭关爱的群体之一。

（一）生存状况

重症儿童因为身患重症，对他们来说，首要的是减少病痛的折磨。由于一般都需要高昂的医疗费，重症儿童的救助一直都是一个沉重的话题。重症儿童情况十分复杂，患病情况多样，家庭状况也有较大的差异；此外，重症儿童及其家庭在经济上和精神上陷入极大的困境和承受巨大的压力，治疗所需的高昂医疗康复费用一般家庭无法承受。比如，“再生障碍性贫血”一个完整疗程医药费就达到 70 多万元，而如果不能及时救治，有可能导致病情恶化。[②] 尽管一些经济条件好的地区采取了应对措施，但覆盖率低、保障水平也低，无法根本解决问题。资料显示，每年能够接受正常治疗的大病患儿不足 30%。[③]

在救助重症儿童方面，政府和社会力量都做出了一些努力。近几年，重症儿童受到优先照顾，中国红十字基金会先后设立“互力健康基金”“小天使基金”等项目，救助先天性心脏病和白血病患儿。政府还从这两类患儿开始，开展重大疾病医疗保障试点，研究建立“政府支持、社会参与、慈善组织运作”的儿童大病救助工作机制，将重大疾病保障种类从两个疾病种类扩展至 20 个重大疾病种类，并提高了 20 种重大疾病的医疗保障水平。在经济条件好

① 参见杨洋《残障儿童生存现状及福利服务分析》，《残疾人研究》2012 年第 3 期。

② 参见郑英《大病儿童救助能否扩容提速?》，《深圳商报》2010 年 6 月 9 日。

③ 参见贾海娜、李莉芸《儿童大病呼唤社会医疗保障》，《医药世界》2006 年第 6 期。

的地方，比如在北京和上海等经济条件好的地区，由教育卫生部门、红十字会牵头，建立了比较完善的儿童大病救助基金，参加的儿童每年只要缴纳几十元的费用，一旦生病、受伤住院就可按规定得到一定的医疗补助，最高可达每年 8 万元。北京市出台的学生儿童大病医疗保险的补充报销范围，有 46 种先天性疾病纳入其中，包括脊柱裂、脊髓纵裂、唇裂和腭裂、食管闭锁等。同时，唇腭裂修复术、新生儿黄疸光疗、NT22 儿童注意力测试等 90 个诊疗项目发生的医疗费用，也将被纳入“一小”医保报销范围。

但儿童大病救助，依然在需求和资源有限之间博弈。事实上，仅通过社会互助方式是无法承担全部重症儿童医疗费用的，国家必须加大医疗卫生投入，特别是对贫困家庭重症儿童患者的医疗保障。但是，我们应当看到，多数地方对重症儿童的帮助主要靠医院减免费用，政府、红十字会等的救助及社会捐助，但政府的补贴很有限，社会各界的捐助偶然性又很大，医院也不是一个慈善机构，况且这些帮助也不可能覆盖所有的重症儿童，不具有可持续性。

（二）家庭社会支持系统——以自闭症儿童为例

自闭症，也称孤独症，是一种广泛性儿童发展障碍，其主要特征为社会功能障碍、交流障碍和刻板行为。随着我国自闭症儿童出现率不断上升，自闭症儿童的教育康复问题已引起自闭症儿童家庭、康复训练教师、特教研究者乃至全社会的关注与重视。很多自闭症儿童家庭在儿童成长过程中面临多方面困境，这也是很多重症儿童家庭的共性，所以，以自闭症儿童为例可以展示重症儿童家庭的特殊需求。根据世界卫生组织统计，在中国大约有 60 万～180 万名自闭症患儿。① 自闭症儿童的全面康复，需要各个领域的跨专业合作，以共同帮助他们增强生活自理能力和社会适应能力，提高社会交往技巧，让他们回归社会、融入社会，并改善他们及其家庭的生存状态和生活质量。据资料显示，医疗药物对自闭症儿童尚未有显著性的功效，但在早期康复教育干预及时的情况下，随着年龄的增长，超过半数以上的患儿情况会有一定程度改善。而从个体的成长历程看，他们需要终生的帮助与关注。因此，要加强教育界、社会学界、慈善机构及相关方面的联系与合作，整合资源，逐步建立社会支持体系，而其中家庭支持又是儿童社会支持体系的核心要素。

---

① 转引自熊絮茸《自闭症儿童教育支持与服务体系现状调查及对策探讨——以江苏省为例》，《中国校外教育》2011 年第 16 期。

1. 自闭症儿童家庭社会支持系统现状

自闭症儿童个案研究显示，我国目前还没有建立有效的自闭症儿童社会支持系统。自闭症儿童的康复训练还存在诸多问题。研究者强调政府、社区和家庭合作，积极构建社会支持系统。目前包括自闭症儿童在内的重症儿童家庭支持系统的策略还属空白。自闭症儿童家庭有极为迫切的多方面的支持需要，集中在经济援助、教育支持、心理援助、健全社会保障体系等方面。自闭症儿童家庭环境、父母生存质量受到明显的影响，家长承受着来自孩子、自身、家庭和社会的压力，他们需要获得心理支持治疗、学习调节情绪、培养主动求助技巧，如果父母承受不了心理压力会导致家庭出现更大的问题。针对自闭症儿童及其家庭承受的心理和经济的巨大压力，需要建立有效的康复服务体系为他们提供更多的支持和帮助。

2012 年 7 月启动的“中国乡村儿童大病医保公益基金”是一个着眼于解决中国乡村儿童大病救助问题的公益项目，目的在于为乡村儿童大病医疗免费提供一份保障。其公益性表现在：一是它不是依托一般意义上的商业医疗保险，而是面向已患病的患儿。二是其敞口开放式的运作方式也能确保基金相对充足。它兼顾了各方的资源优势，采用公益基金、保险公司、地方政府合作的方式向社会募集善款。三是公开透明、接受监督。这是公益基金项目公信力及生命力之所在。当然，不能期望通过这样一个试点范围极其有限的公益项目来解决全国农村儿童大病医疗保障问题，但是它的示范效应和社会意义远远大于实际效果。首先，它为试点地区拥有社会保险的儿童在社会保险、社会救助、家庭保护的基础上再建立一层保护网，其综合效应更值得期待。其次，它能够为完善社会医疗保险制度及优化配置医疗卫生资源提供经验参考。最后，该项目能够倒逼尽快形成政府主导的大病保障机制。因此，乡村儿童大病医保公益模式具有样本意义。①

2. 当前自闭症儿童家庭社会支持系统的建构存在一些亟待解决的问题

一是概念不清。研究者分别从社会学、普通教育学、特殊教育学等不同角度出发，或使用“社会支持系统”这一概念，或使用“教育康复系统”“福利需求”“社会福利需要”等概念。实践中也发现，最大的问题是没有确立自闭症儿童的早期诊断标准制度，很多家长不明确什么是自闭症，许多自闭症儿童的诊断不是很适当。二是自闭症儿童社会支持系统的构成要素不确

---

① 参见李志明《儿童大病医保的样本意义》，《中国社会保障》2013 年第 6 期。

定或者不明确，这些要素大致包括：法律政策要素、经费要素、环境要素、专业技能要素、心理指导要素等。三是自闭症康复支持系统不健全，总体而言师资力量不足，专业知识缺乏，专业结构不合理，专业技能有待提升。具体包括：干预体系不完善，康复机构功能不能充分发挥，缺乏统一资格准入制度，政策及资金保障机制有待加强，自闭症儿童教育问题难以解决。整体上缺乏制度化、专业化、社会化和长效化发展。

3. 自闭症儿童家庭育儿的特殊需求

这些家庭的困难一是经济上的，二是知识和技能方面的，三是外界资源利用方面的。据了解，即便是年收入在10万元的家庭，对自闭症患儿的医疗康复也感到力不从心，医疗费用的负担是患儿家庭最大的苦恼之一。家庭都有自行康复或配合康复的急切需求，但不知道采取什么样的方法最具有针对性。同时，正规医疗机构康复资源也非常有限，根据北京星星雨教育研究所提供的数据，2002年全国可以诊断自闭症的医院仅有13家；另外，由于自闭症儿童的特性，普通的托育机构不愿接受，而且这类机构也没有相应的专业人员辅助康复，自闭症教育训练机构还非常少，2002年这类机构发展到50家，但和自闭症儿童家庭的需求相比只是杯水车薪。①

4. 解决问题的对策

建立健全医疗资助制度、自闭症儿童的早期发现诊断制度，建立医疗康复机构、专业托育和教育机构、信息咨询平台是患儿家庭最急迫的需要。面对自闭症儿童家长的特殊困难和需求，应当加紧建立质量高、操作性强的社会支持系统。通过立法政策确保自闭症儿童及其他重病儿童列入特殊教育的对象并接受适当的教育，自闭症儿童社会支持系统的构建需要社会、政府、康复机构、学校、社区、家庭多方面共同努力。社会方面要提供一个适合自闭症儿童成长的环境；康复机构和学校保障自闭症儿童获得高质量的康复教育，提高他们各方面的能力；家庭方面可提高家长自身能力，不断学习相关新知识，掌握新技能，发挥主观能动性，调适个人心理状态，为儿童提供良好的家庭环境。从微观层面看，自闭症儿童及其家庭需要一系列的支持，包括：儿童早期干预和训练、教育、经济支持、心理支持。有论者提出以下应对措施：①增大对自闭症群体的资金支持和政策扶持。补贴到家庭和补贴到机构共同实施。②建立以家庭为核心的自闭症康复模式。同时建立社区康复

---

① 吕晓彤、高桥智：《自闭症儿童母亲在养育儿童过程中的需求调查》，《中国特殊教育》2005年第7期。

系统，达到共享培训资源。③设立专业标准，规范教育机构，加速培养早期康复专业从业人员。④构筑特殊教育和普通教育融合体系。⑤采取措施逐步建构依托社区的康复体系。⑥建立义务教育后自闭症患者的职业培训及托养机构。[①]

另外，关于自闭症儿童的康复训练，还可以从外国的经验中得到启发，比如，美国针对自闭症儿童教育问题，采取了许多有效的支持干预项目以提升自闭症儿童能力的发展。一是社交支持策略。分为两类：直接干预和间接干预。通过直接对自闭症儿童进行社交能力干预训练及通过成人、同伴，甚至动物伙伴等媒介的干预，提高自闭症儿童社交能力。二是学业支持策略。通过设计巧妙的包含于学业中的自然强化系统来提高自闭症儿童学习的兴趣和动机。

（三）重症儿童福利保障制度

重症儿童保障现状及以自闭症儿童为范本的分析，说明亟须建立针对重症儿童生存和发展特点的福利服务保障制度，首先，建构相应的法律政策体系，针对重症儿童特殊需求的各类救助援助规范化和长效化。卫生部（现为国家卫生和计划生育委员会）发布的《2008 年我国卫生改革与发展情况》显示，截至 2008 年参加新型农村合作医疗保险的人占比高达 91.5%，越来越接近新型农村合作医疗制度全覆盖目标。但对重症儿童来说，新农合的作用非常有限，即使能够报销一部分医疗费用，也解决不了医疗康复高昂费用的根本问题。而靠公益组织救助，力量也很有限。因此，从根本上解决重症儿童福利保障问题，还是要建构相应的福利服务制度，加快重症儿童福利保障有关的法律法规及相关标准的完善，采取适当的政策措施满足重症儿童及其家庭的特殊需求，动员社会力量，提供必要的服务和救助。尽管中国红十字基金会在起草《重症儿童救助管理办法》，这无疑对汇集政府、社会及个人力量救助重症儿童提供了法律依据，使救助行为更加规范化，但法律效力太低，能否协调其他相关部门解决救助重症儿童的问题还不确定，根据以往经验，法律效力有限，其发挥的作用也会受到制约。[②] 其次，将重症儿童纳入统一的社会医疗保障体系。儿童大病救助基金是由红十字会募集管理的一种自愿的

---

① 陈琳：《我国自闭症儿童家庭社会支持系统研究的现状、问题与对策》，《南京特教学院学报》2011 年第 4 期；熊絮茸：《自闭症儿童教育支持与服务体系现状调查及对策探讨——以江苏省为例》，《中国校外教育》2011 年第 16 期。

② 参见孙燕明《专家呼吁建立重症儿童救助制度刻不容缓》，《中国消费者报》2009 年 2 月 25 日。

互助基金，具有覆盖率低、保障水平低、基金承受能力低等不足。重症儿童作为弱势中的弱势，不应该失去基本健康保障权。对儿童医保问题，长期以来存在错误的认识，有的认为儿童生病少，还不需要社会保障；有的认为儿童对社会尚未创造任何价值，不应参与政府补贴的医疗社会保障。我国有约3亿儿童，其医疗福利仅靠大病救助、社会救济和捐助、保险公司的商业保险不能够解决现实的问题。从残障儿童及重症儿童生存和发展状况以及他们的特殊需求看，应当尽早建立由政府主导的、由政府统筹的重症儿童医疗保障体系，减轻儿童因病住院及门诊大病引发的家庭经济负担，保障儿童身体、心理、精神、社会发展等方面的全面发展。[①]

除了目前的新农合及城镇医疗保障制度无法在根本上解决重症儿童高昂费用的问题之外，有论者认为还有如下问题：[②] ①发展极不平衡，地区之间、城乡之间差距明显。这种明显的差距在短期内不太容易解决，仅靠普通的医保系统无法解决重症儿童的特需问题。经济发展水平不仅影响儿童的营养状况、生活环境，也影响医疗卫生服务的使用。因病死亡的农村儿童中，有一半都没有得到过治疗，或仅在医院的门诊部治疗过。②儿童大病发病率与环境相关。尽管有关白血病的发病原因还存在争议，但目前大多数专家认为，儿童白血病除了遗传因素之外，40%的原因是由环境造成的。[③] 由于工业化发展，环境日益恶化，儿童白血病的发病率不断上升，城市地区明显高于农村。既然政府通过税费等形式征收了企业对环境污染的补偿，对于因环境污染而诱发的疾病，从公共管理的角度来看，政府理应承担相应的责任，通过财政资金建立全国统一的儿童大病保障体系，使得患有白血病的儿童不因经济原因而享受不到平等的治疗。同理，相关企业也需通过对重症儿童的救助支持，履行其应尽的社会责任。③儿童重症医保体系的建立符合效益最大化原则。仅通过城镇居民和新农合这种较低水平的保障，不可能满足重症儿童紧急的特殊需求，更遑论享有高水平的医疗保障了。从社会福利效益角度来看，儿童对家庭和社会持续稳定发展的价值难以简单用货币来衡量。另外，儿童阶段重症治疗获得的最优健康值要大于年龄较大时的治疗效果，因此，儿童大病的医疗保障符合成本效益原则。

通过以上分析，对建构我国重症儿童医疗保障制度建议如下：①以重症

---

① 参见贾海娜、李莉芸《儿童大病呼唤社会医疗保障》，《医药世界》2006年第06期。

② 参见杨永梅《公平视角下的全国儿童大病医疗保障制度研究》，《学术交流》2009年第11期。

③ 参见杨永梅《公平视角下的全国儿童大病医疗保障制度研究》，《学术交流》2009年第11期。

儿童和残障儿童医保体系为契机，逐步达到覆盖全体儿童。国家有能力将儿童大病作为全国医保的首要统筹目标纳入改革体系。比如，在现有城镇居民和新农合保险的基础上完善儿童保险内容，体现低收费、全覆盖的儿童医疗保险原则。②遵循多方筹措，公平享有的原则。为使全国重病儿童不因家庭经济、地域医疗水平等客观原因而导致治疗差异、享有不平等的医疗条件，卫生部门应当就重症儿童的治疗、康复等事项统一布置。③抓紧制定《儿童福利法》，并将重症儿童医疗保障的内容纳入其中。2007 年《国务院关于开展城镇居民基本医疗保险试点的指导意见》已经明确地将儿童纳入社会医疗保险，但这种社会医保基数大，筹资水平和保障水平都较低，对儿童重症难以发挥应有的保障效果。所以，需要制定一部综合的儿童福利法，解决重症儿童和残障儿童的医疗康复问题。④规范财政补偿与技术评估。全国儿童医疗保险基金应由中央和地方政府共同负担。中央卫生部门负责筛选儿童重症医疗机构，并建立儿童大病医疗质量管理数据库，实行长期跟踪治疗效果制度。全国儿童医疗保险基金由社会保障部门和财政部门统一管理，财政部门按年平均治疗人数拨付款项，社会保障部门根据年度绩效考核标准，以预付方式对医疗服务机构给予相应的成本补偿。⑤为了适应新的疾病治疗要求，政府应通过出资或依托医学院等科研机构，建立儿童疾病科研专家库，不断提高医疗技术水平。⑥以儿童医疗保险为契机，对不同医疗方案进行治疗效果和成本的临床效益评估，不断提高医疗资源配置效率。

第六章　失依儿童福利保障制度

失依儿童不是一个法律概念，而是为了学术研究的需要，对那些失去父母照顾或者事实上处于无人照顾境地的儿童的统称。他们的共同特征是无法从家庭获得身体、心理、精神和社会发展的满足。其中一部分接受机构内照顾，或家庭寄养或收养等替代性照顾，而有一部分则流落街头，其生存状况令人担忧。机构养育的弊端早已为人们所认识，因此，养护机构一直都在探索养护模式的变革，家庭寄养、“类家庭”等模式因为“家庭”因素的介入而使这些儿童得到一些家庭情感的慰藉，有利于其健康成长，部分地满足失依儿童的福利需求；而对于那些流落街头的儿童，由于生存环境恶劣，基本的生存难以维系，更遑论健康发展了。因此，失依儿童在精神情感、基本照料、教育和医疗、环境安全等方面都有着与普通儿童不一样的特殊需求，为满足失依儿童的特殊需求，国家、社会、学校等有责任采取积极措施，保护他们免遭各种剥削和暴力侵害，帮助他们过上能够最大限度促进其健康发展的生活。

一　失依儿童生存状况与特殊需求

（一）基本概念

失依儿童指由于各种原因失去生身父母照顾，以及事实上处于无人照顾境地的未成年人。失依儿童或因父母亡故，或是由于法律原因不能与自己的父母共同生活，或是由于其他各种原因无法得到成年人的正式照顾，只能由社会或是机构支持才能维持其基本生活。这些儿童包括孤儿、弃儿、流浪儿童、艾滋病孤儿、无人照顾的服刑人员子女等，其中一部分可能是残障儿童，但此处的重点是无父母等亲人抚养和照顾的儿童。针对因父母死亡等因素而失去父母照顾，无法获得身体、心理、精神发展与需要之满足的不幸儿童，通过机构照顾、寄养照顾或收养服务等方式提供替代性照顾服务，称为失依儿童教养。

关于孤儿的定义，国内和国外法律都没有一个统一的界定。在我国的法律和规范性文件中，孤儿有不同的含义。根据我国《收养法》，14 周岁以下，丧失父母或者查找不到生父母的弃婴和儿童，被看作孤儿。民政部在《全国孤残儿童信息系统用户使用说明》中声明，“孤儿”包括：①父母双亡或法院宣告父母死亡的 0～18 岁儿童；②父母一方死亡，另一方未履行监护照料义务 1 年以上的 0～18 岁儿童；③查找不到生父母的 0～18 岁儿童；④父母双方未履行监护照料义务 1 年以上的 0～18 岁儿童。另外，值得一提的是，联合国艾滋病规划署曾经将父母一方或双方死于艾滋病的 15 岁以下的儿童称为艾滋病孤儿。孤儿不仅是一种社会身份还是一种法律身份，涉及一系列法律政策的制定和实施，根据我国已经批准的国际公约和国内法律对孤儿的界定，有以下几点需要考虑：①应当符合《儿童权利公约》对儿童的界定，孤儿的年龄限定在不满 18 周岁。②把父母双亡（包括宣告死亡和宣告失踪）作为认定孤儿的实质要件。③对于父母还健在，但儿童却处于事实上的无人抚养状态的，可以做如下几种处理：故意不履行抚养义务的，可依法责令其履行义务；父母对儿童有忽视、虐待以及其他暴力行为，并不履行抚养义务的，依法剥夺其监护人资格，其子女按照“孤儿”对待；父母确属没有能力抚养，或属于艾滋病家庭、父母在服刑等特殊情况，可以按照《收养法》中的“父母有特殊困难无力抚养”的情形来处理，也可以考虑按照“孤儿”对待。④出于让孩子获得移民身份等目的而正式放弃监护权，并不可撤销的，此儿童也可作为“孤儿”看待。

流浪儿童指完全脱离家庭和监护人，连续超过 24 小时生活在街头，且无可靠生活保障的 18 周岁以下的儿童。对流浪儿童有两种观点，一是认为流浪儿童是犯罪后备军，从犯罪控制的角度入手展开工作。我国在 2003 年以前对流浪儿童就持此种态度。二是从儿童福利的角度入手，认为流浪儿童是亟须社会保障的危困人群，他们是社会的弃儿，其流浪的原因可能是多方面的，但根本的原因却是他们的权利没有得到应有的尊重或他们的权利遭受了侵害，需要给予特别的保护。

由于流浪儿童现象的复杂性，对流浪儿童的定义也颇有争议。与流浪儿童相关的概念非常多，如流浪漂泊儿童、迁移流动儿童、无家可归儿童、被拐卖儿童、乞讨的儿童。由于这些概念都是从流浪儿童某一方面的特征来定义的，因此很不全面。但在流浪儿童的救助与保护实践过程中，按照流浪儿童与家庭的关系进行分类在国际上是比较通行的做法。目前有两种分法：①Children on the street——仍然与家庭保持联系的街头儿童。这种情况最典型的是白天在街头工作晚上回家的儿童。②Children of street——完全与家庭失去联系的街头儿童。

除了国际认同和分类上的优势之外，街头儿童这个概念更重要的是内容的广泛性。如果从字面意思来理解，街头儿童的含义是：不管出于何种原因，只要有过街头生活或工作的经历都属于街头儿童。儿童来到街头的原因可以是多种多样的，例如离家出走、和家人一起流落街头、被人拐卖或控制流落街头、迷路回不了家等。他们在街头的生存手段也可以是多种多样，例如，捡垃圾、乞讨、擦鞋等。也就是说，不管是哪类儿童，他们的活动空间一定是在街头。基于以上所述，如果没有特别的说明，文中出现的流浪儿童就是指完全与家庭失去联系的街头儿童。

（二）生存状况

1. 孤儿的生存状况

根据民政部救灾救济司和北京师范大学社会发展与公共政策研究所公布的《我国孤儿的现状与面临的困境》报告，2005 年全国有失去父母和事实上无人抚养的孤儿 57.3 万人。农村户口的孤儿数量达 49.5 万人，占孤儿总数的 86.3%。除此之外，全国尚有 20 万孤儿没有得到制度性的救助。[①]另据 2009 年 12 月底的统计，我国共有孤儿 71.2 万人，其中机构供养孤儿 9 万人，社会散居孤儿 62.2 万人。[②] 关于孤儿的救助状况，国家规定可以享受孤儿补贴的，是父母双亡的孩子。但父母一方健在或者有法定监护人，却因种种原因无人抚养的孩子，却享受不到国家每年给予孤儿的生活补贴。

农村孤儿救助制度成为孤儿救助的软肋。作为儿童救助的特殊群体，我国一直缺乏专门针对其的制度设计与政策支持，只以农村五保制度的方式救助。五保制度为农村孤儿解决了基本生存问题，维护了其基本生存权，起到了最低生活保障的作用，但这种制度性救助水平太低，在实施的过程中甚至

---

① 参见民政部等 15 部委 2006 年发布的《关于加强孤儿救助工作的意见》；又见聂阳阳《我国孤儿监护现状及法律问题分析》，《北京青年政治学院学报》2010 年第 1 期。

② 参见中国关于《儿童权利公约》执行情况第三、四次合并报告，第 99 段。

还不能完全落实到位。《我国孤儿的现状与面临的困境》报告显示，全国57.3万孤儿中有超过三成没有得到经常性的制度救助，而得到救助的农村孤儿更是少之又少；在农村特困救助标准最低的省份青海，每个孤儿每年只有110元的补贴。2006年，民政部、国家发改委、财政部等15个部委联合印发《关于加强孤儿救助工作的意见》，将城市福利机构集中供养的孤儿、弃婴与农村散居孤儿统一纳入孤儿保障制度中，是对孤儿生活救助和服务保障的第一个综合性福利制度安排。意见要求各相关部门应采取寄养、收养、集中安置等形式做好孤儿工作。财政部门应当将孤儿救助所需资金纳入城乡社会救助和社会福利事业发展资金；各级发展改革部门要做好孤儿救助规划，力争到2010年，基本达到每个地级市都拥有一所具有养护、医疗康复、教育能力的儿童福利机构；教育部门应当对处于义务教育阶段的孤儿免收学杂费，免费提供教科书并补助寄宿生生活费。这些规划后来并没有完全实现。就规划本身而言，国家对孤儿救助的制度涉及民政、财政等15个管理部门，但是对各个部门又没有规定明确的工作职责，更缺乏相应的问责机制，这种充满弹性的制度安排很容易陷入重建设、轻监管的怪圈。另外，在农村地区，儿童福利机构和救助中心非常缺乏，民政部门在考虑大中城市设立儿童福利机构以及流浪未成年人教育、救助中心的工作计划中，没有将农村孤儿养护机构一同纳入规划。因此，可以说，农村孤儿的救助还只停留在社会救助的初级阶段，因而，在孤儿救助方面，迫切需要遵循儿童平等、非歧视原则，调整对农村孤儿救助的政策，构建农村孤儿救助的新体系。

另外，关于孤儿救助还只考虑覆盖范围与覆盖率，还没有考虑孤儿救助标准问题。因此，孤儿养护家庭普遍存在无法负担儿童教育费用的问题，这也是造成孤儿失学、外出流浪或当童工的主要原因。2004年，民政部和教育部提出救助农村特困儿童，对农村“五保”供养的儿童、属于城市“三无”（无劳动能力、无生活来源、无法定抚养人或抚养人无能力抚养）对象的儿童、属于最低生活保障和特困户的儿童，以及当地政府规定的其他需要教育救助的儿童提供救助。对于“五保”和“三无”对象，实行普通中小学免费教育；对于低保户和特困户子女，义务教育阶段实行“两免一补”。高中阶段对这些儿童提供必要的学习和生活补助。但事实上，这些目标措施都未完全落实。2005年民政部牵头组织了自新中国成立后的对全国孤儿的第一次摸底调查，发布了《我国孤儿的现状与面临的困境》的调查报告。该报告显示，全国孤儿中有29.4万人得到了国家制度性救助，其中5.3万人得到城市低保救助，12.5 万人得到农村五保救助，11.6 万人得到农村特困户救助。在河南、山东等人口大省，农村户口的孤儿所占比例高达当地孤儿总数的 95% 以上，而其中得到救助的比城市孤儿要少得多，不少地方的救助仅具有象征意义。资金短缺以及缺少长效机制是造成孤儿救助不足的主要原因，再加上制度性障碍，使得大多数孤儿特别是“弃儿”由于身份的特殊性（户籍问题），既被排除在低保制度之外，又得不到专项孤残儿童救助，因而得不到应有的保障，他们不得不流浪乞讨，借以维持生存。这使得孤残儿童救助问题和部分流浪乞讨人员救助问题交叠重合在一起，解决起来更加复杂。2010 年，民政部和财政部发布的《关于发放孤儿基本生活费的通知》，是我国第一部孤儿福利津贴发放的法律依据。该通知对发放孤儿生活费的意义、发放的对象范围、发放标准、资金保障、发放程序和监督等事项都做出了明确指示，“中央财政 2010 年安排 25 亿元专项补助资金，对东、中、西部地区孤儿分别按照月人均 180 元、270 元、360 元的标准予以补助。以后年度按民政部审核的上年孤儿人数及孤儿基本养育需求，逐年测算安排中央财政补助金额。各地财政部门要统筹安排中央补助和地方资金，建立孤儿基本生活最低养育标准自然增长机制。孤儿基本生活费保障资金实行专项管理，专账核算，专款专用，严禁挤占挪用”。但是，实践中，仍然有孤儿享受不到福利津贴的情况。这也是国外发放现金福利津贴的教训，故而，西方国家越来越倾向于提供福利服务解决儿童福利问题，比如，免费教育、免费医疗服务、免费学校午餐、免费社工心理咨询等，让儿童实际上享有社会进步带来的好处。

关于艾滋病致孤儿童的生活照顾与身心健康成长，其主要问题是艾滋病孤儿与其他困境儿童群体之间的平等对待和儿童福利制度化问题。艾滋病孤儿是艾滋病死亡者的遗孤，因为生活在艾滋病的阴影下，仍然受着贫困、歧视与羞辱的折磨。2000 年以来，艾滋病预防、治疗和关怀问题终于成为公共政策、社会政策与福利政策议程核心议题之一，其中艾滋病致孤儿童的生活照顾和身心健康成长成为突出的社会问题，河南省政府根据当地的具体情况，创造性地建立艾滋病致孤儿童福利政策构架与服务体系，创造了艾滋病致孤儿童的生活照顾与社会保护的“河南模式”。但是，由于艾滋病预防控制问题的严峻性和艾滋病致孤儿童生活照顾问题的特殊性、紧迫性，艾滋病孤儿的生活照顾与社会保护制度成为困境儿童福利政策中的“特殊政策”，这虽然显示了国家对艾滋病孤儿群体的关爱，但也导致了对其他儿童特别是困境儿童的不平等待遇。

2. 流浪儿童的生存状况

流浪儿童主要靠捡垃圾、乞讨、做廉价小工、卖花卖艺等方式维持生活。他们浪迹街头、居无定所、衣衫褴褛，时常被疾病、饥饿所侵袭困扰。由于生存环境恶劣，连最基本的生存权都难以保障，更谈不上受教育等其他权利了。流浪途中，很多人沾染了各种各样的不良习惯，有的还实施违法犯罪行为。从总体上看，流浪儿童的违法犯罪基本上属于为满足基本生活需要而实施的“穷犯罪”，是正常发展受阻的“生活所迫”。

据民政部推算，全国流浪儿童大约有 100 万。[①] 大部分流浪儿童之所以流落街头，是因为或遭遇家庭暴力，或是家庭监护缺失，或是出外打工无着。但也有一小部分并没有被剥夺家庭环境，一般是因为经济困难而流落街头的，有的还定期回家。所以，对流浪儿童采取的救助措施并不是都需要移交给永久性的替代照料机构，而应当根据不同情况区别对待，总之，应当视儿童与家庭、社区保持联系的需求，以及儿童独立和自我依赖程度而定。

3. 失依儿童的养育方式

失依儿童的教养方式，在早期是以机构教养为主，常见的形态是由集体教养的育幼院所提供的对失依儿童的日常生活照顾、卫生饮食、医疗照顾与社会工作的服务。随着照顾理念发展，机构式教养则转变为“小家庭式”照顾方式。另一种以完整家庭为基础的照顾教养措施开始试用，包含有安置时间限制的寄养照顾，以及永久安置的收养服务。目前在儿童福利服务的分类上，多以不同的服务方式来针对不同的对象提供紧急的服务，因此在失依儿童的认定上已较详细地区分为孤儿、弃婴、单亲家庭儿童、服刑人员子女、父母亲职能力不足以照顾儿童等。

（三）特殊需求

我国孤儿生存和发展面临诸多困境，目前还没有形成一个能够保护所有孤儿的完整的救助保护机制，没有得到制度性救助的孤儿中包括大量的“爹死娘嫁人”的农村孤儿、祖父母年迈无力养护的孤儿、艾滋病孤儿等。孤儿在诸如家庭经济、亲属寄养、教育、医疗、精神心理等方面的困境，也正是他们的特殊需求。

第一，精神心理需求。孤儿失去父母的关爱，精神和心理受到极大的打

---

① 石家庄市保护流浪儿童研究中心课题组：《流浪儿童保护机制和对策研究》，《中国妇运》2005 年第 6 期；王素英、杨安志：《我国流浪儿童救助保护事业取得长足发展》，《社会福利》2005 年第 3 期。

击，再加上受到周围人的歧视、冷落、虐待、打骂等，心理出现障碍的概率大，形成自卑、冷漠、缺少爱的个性，进而影响孤儿的健康发展。通常人们都是在物质上给予孤儿帮助，很少在心理和精神上给予关心。实际上，孤儿在心理和精神方面的需求并不亚于物质的需求，特别是在成为孤儿的早期，其心理需求可能超过物质需求。对于孤儿精神和心理关怀的内容除了教育之外，还包括心理的发育、尊严的获得、家的感受、社会的适应，等等。

第二，替代性养护的需求。除了经济支持外，还需要由他人或机构替代父母保护孤儿、照料孤儿的日常生活，以保证孤儿正常成长。全国有12%的孤儿（约6.9万名）生活在儿童福利院和敬老院中；有45万名孤儿由亲属抚养，占孤儿总数的78.5%。[①] 其余的为机构和非亲属供养。由亲属抚养的儿童大概分为两类，一类是和祖父母辈生活在一起，一老一小都是需要照顾的对象；另一类是寄养在其他亲属家中，但由于孤儿的加入，引起家庭矛盾的很多，甚至发生亲属虐待孤儿的情况，孤儿很难得到健康的成长环境。即便如此，孤儿的亲属大多不愿意把孩子送到福利院，一般采取自己抚养和送往“儿童村”。愿意送人抚养的多为残疾儿童。

第三，教育和医疗的需求。多数养护孤儿的家庭无力支付教育和医疗费用。在没有全部免除教育费用的地区，教育费用占有家庭现金支出相当高的比例，大约1/4甚至一半。但是，孤儿的教育不仅有费用问题，还有教育资源获得的问题。尽管机构养护有种种弊端，而大多数儿童福利院都设置在城市，附近学校教育水平比偏远的乡村高。因此，实践中，有的孤儿接受家庭养护到上初中的年龄，为了得到更好的教育，获得进入大学的机会，又反过来要求进入福利院生活。关于孤儿的医疗保健问题，如果没有国家的投入，是很难自行解决的。目前适用于儿童的大病互助制度和合作医疗制度根本就无法解决儿童看大病的问题。更何况，很多福利院中的孤儿以及无人领养的孤儿本身就是因为某种先天疾病而被遗弃的，他们的医疗费用支出是目前儿童养护家庭或福利机构都难以承担的重荷。

第四，基本生活救助的需求。对孤儿的基本生活救助是保障其生存的最低要求。在救助不能到位、救助水平低、不足以帮助孤儿家庭摆脱贫困的情况下，很多孤儿家庭生活在贫困当中。中国涉及孤儿的主要救助制度包括城乡最低生活保障制度、“五保”制度、农村特困户救助制度。其中城乡最低生

---

① 参见尚晓援《中国弱势儿童群体保护制度》，社会科学文献出版社，2008，第187页。

活保障制度保护力度最大，有5.4万孤儿享受了城市低保待遇，占城镇孤儿总数67.5%，补助的平均标准为每人每年1826元。农村有12.5万孤儿享受"五保"待遇，占农村孤儿总数25.17%，平均补助标准为每人每年1191.1元。[①]

第五，财产权保护的需求。财产权保护对拥有一定财产的孤儿具有特别的意义。国外立法对儿童的财产权给予了肯定，比如，《意大利民法典》《日本民法典》。保护孤儿的财产权可以采取以下措施：①建立孤儿财产强制登记制度。通过登记使孤儿的财产与监护人的财产区别开来，待孤儿成年时交由其自行处置。②规定孤儿对财产的管理和处置权要与其年龄、智力相适应，监护人应提供必要的帮助。③对侵害孤儿财产权利的行为，可以借鉴国外"拟制代理人"制度，由拟制代理人为孤儿主张权利，请求赔偿。

流浪儿童应当与其他儿童一样平等地享有权利，同时，由于这些儿童的特殊困境，在流浪过程中，失去与原家庭的联系，因此，应当得到特别的保护和照料。在他们的生存和发展中，亟须解决某些方面的需求，这些需求包括基本生活保障、教育、医疗、心理支持等。但是，基于他们处于流浪这一特殊生存状态，怎样满足流浪儿童的需求是需要认真研究和探索的问题。

实践中，有超过一半的流浪儿童得到过社会的热心帮助。但是，流浪儿童所需要的帮助不仅是物质上的，据调查，有48.1%的流浪儿童最希望得到的帮助是学习知识和本领。[②] 大部分儿童被救助过三次以上，而且是被动救助，有一半流浪儿童表示不喜欢救助站。尽管我们在救助流浪儿童方面做了不少工作，但是，缺少相关的理论研究以及针对流浪儿童的实证研究，采取救助中心救助的方式并不理想，这种方式的救助并不是或不完全是流浪儿童所需要的。

《儿童权利公约》指出，暂时或永久脱离家庭环境的儿童，或为其最大利益不得在这种环境中继续生活的儿童，应有权得到国家的特别保护和协助。儿童权利委员会关注儿童的自主权和公民权，指出照料服务工作以儿童所在社区为基地，提供实用的服务，鼓励儿童与家庭、社区重新生活在一起。另外，在考虑解决办法时，应当注意使流浪儿童的培养教育具有连续性并注意儿童民族、宗教、文化和语言背景。儿童权利委员会还强调不能把乞讨流浪的儿童当作罪犯看待。

---

① 参见中国关于《儿童权利公约》执行情况第三、四次合并报告，第129段。

② 参见尚晓援《中国弱势儿童群体保护制度》，社会科学文献出版社，2008，第33页。

二　失依儿童福利社会化发展及制度理论

从西方儿童福利发展和演变的历史中可以看到，失依儿童的养护模式对儿童的影响最深刻。养护模式的确立及发展变化由一定的理论模式作为指导，相关的基本理论和养护模式固定化和规范化，又形成一定的制度模式。我们从具体国家的失依儿童的养护理论和制度之间的关系，以及中国失依儿童福利社会化的发展中，也可以看到儿童福利社会化趋势和制度发展之间的相互促进关系。

（一）国外失依儿童福利发展及制度理论

正如上文所提到的，西方福利思想经历了四个阶段，即古希腊古罗马城邦建立的目的出发的整体福利思想，到表达公平互助的幸福道德观，再到关注人类本身幸福的近代福利源头，直到近代工业革命开始的各种福利思潮出现，福利模式向多元化发展。我们所说的用三套架构来分析福利制度也是从近代福利多元化发展开始的。这三套解释架构之间既有交叉和重合，也有对立，这是由社会思潮、国家体制以及道德的、经济社会发展的复杂性所致。这三套解释架构的简单梳理是：①从社会政策取向来看福利发展，分为机制模式（德国）、补救模式（英国）、社会民主模式（北欧）、东亚社会福利模式（日本）。②根据社会思潮将社会政治制度划分为不同的福利体制，这些社会思潮有社会民主主义，也被看作普遍主义的制度性再分配，政府起决定作用，以北欧为典型；自由主义，兴起于英国的古典自由主义，主张剩余式福利，看中市场和职业福利的作用，而新自由主义则主张市场和民营化趋向的福利体系，以美国为典型；保守主义，也被看作合作主义，以德国俾斯麦保险法为代表；还有英国的社团主义，看中自下而上的保护机制的发展。③从福利保障中责任分担的架构考虑，政府、市场和个人在福利承担中的分量不同，我们看到在机制模式、补救模式中，政府发挥的作用不占主导地位，但当市场失灵，国家又会在其中发挥主导作用，这就出现了北欧的社会民主模式。

具体到儿童福利理论和相关制度模式的关系，应该说，儿童福利的发展本身就是补缺模式的结果，以福利需求为导向，儿童作为群体，本身就属于社会边缘的弱势群体的一部分。因此，在分析儿童福利模式背后的思想基础时，流行的社会思潮与儿童福利制度的建构并没有直接而明显的联系，而是各种责任分担理论以及儿童发展观对儿童福利制度模式发挥了重要的影响。这些儿童福利理论包括：国家责任理论、家庭和父母责任理论、儿童权利理论、儿童渐进发展理论、儿童需求与儿童福利理论。在不同理论的影响下，形成了不同的儿童福利理论范式，发展出不同的儿童福利制度模式，包括补救模式、发展取向模式、社会保护模式、福利国家模式、社会参与模式。其中，补救模式把目光集中在孤儿、残疾儿童等困境儿童的福利救助上，强调家庭完整权利，采取放任主义和不干预策略；发展取向模式关注全体儿童的发展，重视儿童社会化发展，投资儿童，支持家庭并强调家庭完整；社会保护模式则采取国家责任主义的策略；福利国家模式强调儿童福利的普惠性；社会参与模式注重家庭保障儿童福利的作用，关注儿童发展，强调儿童福利的多元化和社会化。

有论者以美国儿童寄养制度的变迁为例，考察其中反映的儿童福利对儿童的意义，政府、社会和家庭的责任划分等根本取向问题，① 也能比较好地说明儿童福利社会化发展和制度理论之间的关系。该论者从社会满足需求的程度以及国家对家庭责任的制约视角，将儿童福利政策取向分为自由放任主义、国家干涉主义、尊重家庭与父母权利、尊重儿童权利与自由四种，认为这既是四种观点，也是儿童福利变迁的轨迹，儿童寄养模式的演变清晰地反映出这种发展。自由放任主义又称最少干预主义，强调家庭照顾儿童的责任，这是补缺型福利模式的基础；国家干涉主义则强调公共权力介入儿童福利的合理性，主张从儿童利益出发，当家庭保护儿童的功能缺失的时候，介入保护是国家的责任；尊重家庭与父母权利的观点强调家庭对于儿童发展的重要性，政府的责任在于支持家庭；尊重儿童的权利与自由政策取向则把儿童彻底地从家庭的附庸中解放出来，强调儿童的独立价值。另外，美国寄养制度的演变还反映了现代儿童福利观念与失依儿童福利制度之间的关系。20 世纪中叶以后，儿童受虐待和忽视的问题受到关注，基于儿童生存状况的恶化，政府不惜解体孩子的原生家庭，越来越多的孩子被寄养，可以看出，失依儿童的政策变化是对儿童救助需求不断变迁的回应。那么，随着现代儿童福利观念的确立以及对儿童亲权关系重要性的认识，现代家庭寄养的目的有着暂时救助的性质，而最终目的是促进儿童回归原生家庭，其标志是 1980 年的《收养

① 参见陆士桢、王玥《从美国儿童家庭寄养简史看百年来儿童福利价值取向的演变》，《广东青年干部学院学报》2005 年第 1 期。

援助和儿童福利法》。实践中，儿童失去父母或无法回归原生家庭、由亲属养育的情况越来越多，从 1980 年到 1992 年，由祖父母养育的儿童有二三百万，比其他形式的寄养数目要大得多。

为进一步解说儿童福利理论和发展制度模式之间的关系，此处借用有论者关于儿童福利制度模式的分析。该论者以流浪儿童问题为样本，考察了儿童福利制度及其理论模型之间的关系，[①] 指出凡是儿童福利制度发达的国家，其流浪儿童的数量一定会相对较少，流浪儿童的权利也能够得到很好的保障。从对世界范围流浪儿童及儿童福利制度安排的分析可以看出，不同国家根据流浪儿童及其福利明显可以分为三个世界。在这三个世界里，儿童福利制度有着显著的差异，流浪儿童的数量、成因以及受助情况有着显著差异。①第一个世界是福利国家。以瑞典为代表的“社会民主模式”中，政府提供了育婴、托育、家庭协助服务、家庭津贴、儿童收容和安置等一整套儿童福利，从而避免了儿童流浪问题的发生。以德国为代表的机制模式，强调父母教养儿童的权利和义务以及家庭对儿童的重要性，政府在儿童福利上扮演的是辅助性角色。但是德国政府为儿童提供了充分的福利设施、现金补贴和福利服务，并通过完善的儿童福利行政体系加以贯彻实施，也基本上避免了儿童流浪问题。以英美为代表的盎格鲁 - 撒克逊模式，尽管两个国家都有发达的儿童福利制度，但发展路径并不太相同，英国是最早确立儿童保护“国家监护”理论的国家，其儿童福利制度也由补缺型向制度型发展。美国则坚持福利的补缺性质，也重点关注流浪儿童的问题，但由于美国贫困问题、住房问题、移民问题以及福利改革等因素的影响，使得美国的儿童流浪问题在福利国家中相对比较严重。②第二个世界是原来属于社会主义阵营的国家。这些国家的流浪儿童问题主要伴随社会和经济的转型而来。市场经济改革打破了原来的社会主义儿童福利制度，但又没有在短时间内建立相应的替代制度，反而由于过分强调“市场”而忽视了儿童福利的供给。比如，在俄罗斯，由于政治、经济和社会的快速转型造成了大量儿童流落街头，而对苏联社会主义福利制度的彻底否定，使得这些流浪儿童无法获得充分救助。尽管古巴也面临市

---

① 参见姚建平《儿童福利的三个世界》，《青少年犯罪问题》2008 年第 1 期。尽管这种分法在区分标准上不很统一，与各国儿童福利的实际状况或有差别，比如，就儿童福利制度是否发达来看，印度有着比较健全的儿童福利制度，但它却是世界上流浪儿童问题最严重的国家，流浪儿童人数达到 1800 万，其流浪儿童问题更多地与人口、宗教、社会发展等问题有关。但这种分类也不失为看待失依儿童福利的视角。

场经济的冲击，但其社会主义福利制度保存相对完整，所以儿童流浪问题要缓和得多。③非洲、拉美、南亚及东南亚等地区的发展中国家是第三个世界。这些地区的国家原本就没有完善的儿童福利制度，再加上这些地区是世界上贫困、艾滋病、种族、战争和政治动荡等问题比较严重的地区，因此流浪儿童无论在数量还是问题的严重程度等方面都远远超过世界上其他国家和地区。

（二）中国失依儿童福利社会化发展与制度理论

就流浪儿童福利发展来说，中国是制度转型带来儿童流浪问题最严重的国家之一。改革开放前我国实行国家－单位福利制度模式。我国一直实行城乡二元分立的发展模式，福利制度的发展也是如此。改革开放前，农民被固定在土地上，不能随意流动到城里，否则将被作为社会的不安定因素收容遣送。这种国家－单位模式在城市中体现为“高就业低工资”的社会保障模式。一般人都通过就业自动获得社会保障。有了工作单位就意味着这个人及其家属的生、老、病、死有了依靠，单位代表政府解决职工福利问题。而孤儿等失依儿童和残障儿童则由民政部门代表国家建立儿童福利院进行抚养。在农村中表现为通过“五保户”制度集体供养那些孤寡残幼人群。在这样一张严密的福利“安全网”下，儿童很难到处流浪。改革开放以后，社会转型打破了原有的国家－单位福利体制，特别是城镇化发展使得农村人口大量涌入城市，带来了大量的流动儿童和流浪儿童。大量涌现的流浪儿童群体，最初被当作社会不安定因素而受到社会各方面的排斥，2003 年通过的《城市生活无着的流浪乞讨人员救助管理办法》尽管扭转了流浪儿童是违法犯罪后备军的看法，采取自愿救助原则，但这实际上反映出政府在失依儿童福利救助上的被动作用，而且这种救助仅限于生活和安全保障，体现了救助的临时性，不是解决流浪儿童生存权与发展权问题的长效机制。

关于孤儿福利发展问题，我国仍然实行着城乡二元分立的福利制度模式。这是我们和西方国家最大的不同，西方国家不存在农村孤儿救助这一部分，在我国其却是孤儿福利制度中重要的一个方面。因为城乡二元结构的存在，对孤儿的救助也在城乡户籍之间体现出不同，比如，在社会救助制度方面，农村孤儿接受五保制度救助，而城市孤儿则接受城市的低保制度救助。由于我国农村人口占全国总人口的半数以上，儿童大约也有超过半数生活在农村。尽管城乡二元格局还会维持相当长一段时间，但我们应当在促进城市人口和农村人口融合、促进城乡一体化而不是二元化、推动城乡利益分配的公平化而不是畸形化等方面做出制度和政策上的努力，并按照这个基本政策理念，按照对孤儿的投入也是资本投入、是提高孤儿从市场获得收入的能力的观念来构建我国农村孤儿社会救助制度。1998 年开始的农村税费改革也为农村孤儿救助新体系的构建提供了政策基础。在此之前，农村孤儿救助资金主要来自村集体经济，部分来自五保户的代耕收入和乡村的公共事业收费，而不是政府的公共财政。税费改革后，70% 经费来自政府财政，由各级财政在对乡、村的转移支付资金中提取。这是第一次依靠国家税收及政府间的转移支付来解决孤儿救助经费问题，从根本上改变了我国农村孤儿救助的融资政策。这也就意味着，村社农民互助的集体福利转变为国家福利，孤儿救助的资金也转变为依靠国家税收及政府间的转移支付。这两个转变为我国农村孤儿救助制的转型提供了政策基础。从救助关系看，由于农村孤儿被纳入国家福利的制度体系之中，他们的身份也由原来的五保户变成国家福利政策所覆盖的一个特殊群体，帮扶的主体也由村镇转变为国家。从理论上来说，农村孤儿和城市孤儿的救助开始走上一体发展的道路，但实际情况并不令人乐观。比如，农村的“五保”供养制度并不是专门针对孤儿的救助制度，涉及的孤儿仅限于父母双亡并没有直系亲属的孤儿，而对于有直系亲属的父母双亡的孤儿则没有覆盖到。在中国传统的价值观中，孩子是父系家族的成员，儿童保护是父系家族的责任，只要父系家族中有人在，儿童就应当由父系亲属抚养。国家只有在家庭功能完全缺失的情况下才介入。况且，农村孤儿的主体是大量的“爹死娘嫁人，跟着爷爷奶奶过”的儿童，无法将其纳入“五保”范围。为对农村最困难的群体提供帮助，民政部推出农村特困户生活救助制度，以生活困难状况为主要救助标准，一部分无法得到“五保”救助的农村孤儿得到了这项制度的保护。但这项制度本身属于补救性质，随意性大，标准低，无法为农村孤儿提供适当的支持。

2006 年印发的《关于加强孤儿救助工作的意见》，是对孤儿提供生活救助和服务保障的第一个综合性的制度安排，表明国家将孤儿救助工作纳入国家福利体制中，但从目前情况看，孤儿救助仍然面临诸多挑战。比如，被遗弃的残障儿童数量不断增多，2014 年 3 月 16 日，广州某福利院“婴儿安全岛”不得不暂停试点，主要原因是被弃置安全岛的婴儿自 2014 年 1 月 28 日至 3 月 16 日达到 262 名,[①] 大大超出了福利院的承受能力。这既是一次对人性的拷问，也是一次对儿童福利制度的检验。这次事件从一个侧面表明，我

① 参见徐锋《广州暂停“弃婴岛”的启示与省思》，《广州日报》2014 年 3 月 17 日。

国孤儿资金投入力度不够，国家对福利院的经费投入不能满足正常开支和儿童养护的需要。此外，我国《收养法》的规定又限制了对福利院孤儿的收养，根据其儿童领养的条件，国内可以收养儿童的家庭数量非常有限，导致大量儿童滞留在儿童福利院。

失依儿童的福利政策不仅涉及资金，更涉及对孤儿的养护和教育，这些方面都在更实际的层面体现儿童的福利状态和福利享有的水平。机构内养护模式自 18 世纪或者更早的时候经由西方的宗教组织和个人传入中国。1949 年新中国成立后，受到苏联社会福利模式的影响，机构内集体供养孤儿被认为是最佳的替代性养护方式。这可以看作强调集体价值的意识形态的表现，儿童在机构内过集体生活被认为是实践这种意识形态的最合适的方式。在长达将近半个世纪的实践中，这种占据主导地位的意识形态一直对中国的儿童保护制度产生着广泛的影响。因此，从新中国成立到 20 世纪 90 年代中叶，机构内的集中供养模式长期被作为养护孤残儿童的主导方式。官方的主导思想认为，只要条件许可，所有的孤儿都应该在国家的儿童福利院中得到养护，尽管与传统的家庭照料模式相比，院舍式养护更加昂贵，政府需要投入大量的资金。事实上，在一些贫困地区，福利机构并不是总能从国家那里得到集中养护的足够资金，机构供养难以维系。传统的影响、意识形态的要求以及经费限制是影响福利制度的几个互相制约的因素。但是，一个值得注意的现象是，过去被遗弃的儿童大多数是健康的，比较容易找到收养的父母，孩子一旦被收养，就和他们的新父母及家庭具有了永久性的拟制血亲关系，福利院不再承担抚养他们的责任。因此，那个时候，福利院每年新增加的孤弃儿童从总数上看并不多。[①]

改革开放之后，我国社会进入快速发展时期，社会风险也在增加，在这个风险社会中，孤儿所面临的风险可想而知，但作为孤儿权利保障最重要内容的儿童监护制度还很滞后，尽管在《民法通则》、《收养法》、《义务教育法》、《未成年人保护法》和《婚姻法》等法律中都涉及孤儿监护的内容，但系统的可操作性的规定尚付阙如。根据《民法通则》和《收养法》，孤儿监护有五种情况：父母亲友担任监护人、孤儿父母生前所在单位或孤儿住所地的村（居）民委员会担任监护人、民政部门担任监护人、收养人担任被收养孤儿的监护人、无人监护。监护权和替代性养护的关系表现为：①收养的情

---

① 参见尚晓援、伍晓明、万婷婷《从传统到现代：从大同经验看中国孤残儿童福利的制度选择》，《青年研究》2004 年第 7 期。

况下，收养人对被收养儿童有监护权；②家庭寄养中，由民政部门对被寄养儿童行使监护权；③机构集中养护的当然监护人是民政部门；④家庭式照料单位是一种比较新的养护模式，也由民政部门对儿童行使监护权。孤儿监护解决的是谁对孤儿负有法律上的责任的问题，但有些情况下，孤儿监护和孤儿养护是脱离的，要考察哪种养护方式对儿童生存和发展更有利，应从儿童视角出发，而不能从监护人的视角出发。替代性养护制度就是从儿童视角出发，为孤儿、弃儿以及无人照管的儿童提供保护和照料的制度安排，其广义的解释是由儿童亲生父母之外的人有组织地对儿童提供照顾。替代性养护分为临时性和长久性的。临时性的照料是对父母角色的补充；长久性的照顾是对父母角色的代替，包括各种形式的儿童福利机构养护、家庭寄养、收养、家庭式照料等。家庭寄养与收养不同的是寄养父母一般可以固定地领取为养育儿童所发的补贴，并履行临时父母的义务，等儿童到18周岁便可独立。家庭寄养分为亲属寄养和非亲属寄养。养护机构包括大的机构，还包括集合式养护单位（供养较多儿童的家庭养护组织）和家庭式照料单位（儿童通常不超过10个）。

可以看到，由民政部门担任监护人的情况下，有三种替代性养护方式：集中养护、家庭寄养和家庭式养护。其中，集中养护是对于那些不能和父母一起生活的儿童或孤儿、弃儿，统一提供住宿安排，以便其得到最起码的照料。在财力不足的情况下，集中养护无法克服其固有的弊端，比如剥夺家庭关爱、与社会隔离等，养护质量大大降低，出现了儿童发育迟缓及高死亡率等问题。家庭寄养是由政府出资或社会捐赠，对接受孤儿的寄养家庭进行补贴，目的是让孤儿享有家庭关爱的一种养护方式。家庭寄养遵循“政府出资，社会支持，家庭寄养，统一监护”的原则，实现了孤儿养育模式由集中转向分散，由封闭转向开放，由机构养护、以养为主的单一模式向多元养育模式发展转变。[①] 家庭式养护是模拟家庭的环境，为孤弃儿童提供照料的一种院舍式养护模式。20世纪50年代开始，从提倡机构养护向提倡正常化的家庭寄养转变，通过几十年的实践，家庭养护也暴露出一些问题，比如，儿童安置失败率较高，招募合适的寄养父母困难，在养护服务的供给方面缺少足够的政府支持等。家庭式照料单位不失为一种有益的尝试。前两种替代性养护方式可以根据《关于加强孤儿救助工作的意见》和《家庭寄养管理暂行办法》运

---

① 参见聂阳阳《我国孤儿监护现状及法律问题分析》，《北京青年政治学院学报》2010年第1期。

作，后一种则是实践中摸索出的介于集中养护和家庭寄养之间的方式，这种方式试图克服集中养护的弊端以及弥补家庭寄养模式资源的短缺，让儿童在这种类家庭的环境中健康成长。

另外，儿童福利的专业化、社会化和多元化发展的理念也为孤儿救助体系注入了新的元素。从孤儿救助和养护模式的转变当中已经可以看到孤儿救助和养护的社会化转变，就目前社会发展状态及儿童福利发展主流观念看，可以对失依儿童福利发展做出预判，转型中的中国经过 20～30 年的经济快速发展以及社会团体力量的培育，有能力为失依儿童福利社会化转变提供来自社会力量的经济和人力资源，国家关于失依儿童照顾观念的转变也将会促使更多失依儿童乃至一般儿童福利保障的法律政策出台，这必定会带来我国失依儿童福利服务模式的转变。这种转变突出表现在两个方面，一方面，确定一种以目标为导向的模式，了解目标群体——失依儿童的特殊需求，通过政策制度设计，将政府主导和儿童特需结合起来，引入现代社会工作理念和方法，开发开放式的失依儿童福利体系，建立政府出资、社会支持、家庭抚养的农村孤儿现代救助模式。类似于目前在很多工作领域开展的政府购买服务的工作方式，在政府工作中引入“市场”因素，政府作为“公共产品”的提供者，其主导性体现在组织、监督和有限的服务供给。比如，农村孤儿作为特殊利益群体，政府有义务和责任提供福利服务，而对于农村孤儿具体的接受教育以及基本生存需求，地方学校和孤儿替代养护家庭也需承担相应的责任。因此，构建一个由政府提供财政支持、社区家庭提供具体服务、社会提供志愿帮助的当代农村孤儿救助新体系，是我国儿童福利政策取向的最佳模式。另一方面，要建构这样一个模式，就需要加强社区建设，促进社区加大对失依儿童救助的公共资源的投入，鼓励和倡导社区参与公共福利服务的方式由分配型向发展型转变。同时，失依儿童福利社会化和专业化的发展依靠社会发展政策的价值取向和现实追求，这种取向和追求体现出一定的制度理性，有论者将这种政策取向总结为四点：一是以家庭保障为基础，在失依儿童的保护中强调家庭寄养模式。以家庭为依托，开展社区互助，开发社区资本。二是促进失依儿童福利服务多元化发展。增加各类救助项目，包括保障其生存权、被抚养权、受教育权、社会交往权等，如家庭生活扶助、亲职教育、休闲娱乐等。而对于农村孤儿来说，则需要将扶贫开发资金更多地投向有利于孤儿救助的社区医疗、教育等公共设施、公共服务。三是构建失依儿童服务网络。儿童福利服务内容由具体的社会工作主体提供，但宏观上，建构一个可持续发展的服务网络则需要政府调动各方力量，挖掘社会各方人力和物力的资源优势，推动家庭、社会及政府的共同参与，形成长效的儿童福利服务支持网络。四是推进失依儿童救助和养护服务的规范化和制度化发展，涉及儿童福利综合性法律的制定，相关政策的制定和实施，儿童福利机制的建设等。①

三 养护模式及其演变

（一）西方失依儿童养护模式演变

20 世纪 50 年代，西方社会工作中发现孤儿机构内的集中供养会给儿童造成很大的伤害，而且，儿童的年龄越小，在孤儿院内生活时间越长，对儿童的身心发展的伤害越大，故此，在儿童的替代性养护领域，西方一些国家先后掀起了“非院舍化”的运动。到 20 世纪 70 年代中期以后，有些国家的孤儿院已经不复存在。事实上，在儿童福利制度设计和表达上，这种非儿童福利取向的机构内供养模式一直都存在，并且影响着现代儿童福利的发展。比如，在处理童工问题时，往往考虑社会稳定和生产秩序，而将童工问题的处理交由工商管理部门和公安部门；对流浪儿童也习惯性使用治安的概念，以送达原生家庭所在地或收容为目标。这些做法体现出对待儿童问题的价值取向，还可能涉及社会多方面的原因。

早在 19 世纪初，新的儿童观已经出现，即承认童年是人的发展的一个重要阶段。特别是代表儿童福利发展初期状况的失依儿童的养育，在价值取向和具体养护方式上都曾发生过变革。比如，从美国的情况来看，② 19 世纪儿童寄养方式的变化就表现在五个方面：①流行于欧洲的以立身为取向的“学徒制”演变为低收入家庭儿童解决出路的一种方式。且由公共事务官员主管孤儿或者其他父母不能及不适合养育的儿童签订学徒合同事宜。②孤儿收容所取代了学徒合同，承担养育失依儿童的任务。但具体的养护方式却与之前机构内养护不同，机构内养护开始和家庭寄养以及学徒制相结合，一些收容

① 参见黎昌珍《从西方儿童福利范式的演进看我国农村孤儿救助制的转型》，《学术论坛》2006 年第 12 期。

② 参见陆士桢、王玥《从美国儿童家庭寄养简史看百年来儿童福利价值取向的演变》，《广东青年干部学院学报》2005 年第 1 期。

所把较小的孩子安置到家庭中去，以便得到更多的照顾；大一些的孩子也被送出去做学徒，以便学到一门手艺，为将来做打算。③孤儿安置计划。因为孤儿的机构养护受到责难，1853 年建立了纽约儿童救助会（CAS），致力于将儿童从城市贫民窟安置到乡村中的新教农民家庭去，而把反院舍化和反城市化结合起来。这项改革尽管被证明并不理想，但也反映出对失依儿童养护的积极探索。④儿童寄养制的扩张。19 世纪末，由于工业化和城市化的发展，虐待和忽视儿童的现象越来越多，并发展成为一个社会问题。在美国成立的“预防虐待儿童协会”，借助法庭和警察的力量将受虐孩子带离家庭，而安置到其他家庭或孤儿院中。政府也开始意识到虐待儿童和忽视儿童问题的严重性，并意识到儿童失依以及成为不良少年与家庭贫困有直接的关系。⑤政府开始加大介入的力度，儿童寄养工作开始与少年司法体系相联系。1900 年年底，在少年司法体系中增加了受庇护儿童的内容，相应的制度比如强制报告制度也开始建立起来。

即便如此，争论一直没有停息，矛盾的焦点集中在两个方面：一是机构养护和家庭寄养哪个更好。这个争论既涉及程序问题也涉及成本问题，但核心仍然是价值问题，也就是儿童的利益问题。赞成家庭寄养的一方认为，儿童应当生活在良好的家庭环境中，但寄养家庭的问题是没有血缘关系的父母和家庭，可能会造成亲缘关系的疏离；支持院舍养护的一方则认为，失依儿童得到尽快的安置更重要。二是关于安置儿童的年龄问题也引发了讨论，这也表现出对儿童利益的考量。一般认为，儿童应该在年龄小的时候得到家庭安置，这样孩子可以尽快成为家庭的一部分。进入 20 世纪之后，特别是到 1950 年，在美国，家庭中寄养的儿童远多于在福利院中的儿童，到 1968 年，前者甚至是后者的三倍。在这种变化的背后是政府的积极介入以及儿童福利观念的发展。

美国政府在孤儿家庭寄养中的地位和作用体现在三个方面：一是法律政策上的努力。脱胎于 1935 年美国《社会安全法案》的“儿童援助计划”（ADC，后发展为 AFDC）使过去的安置政策衰落。1980 年的《收养援助和儿童福利法》进一步明确了社会对于儿童的责任。二是资金支持。根据“儿童援助计划”，联邦政府大大增加了支援贫困家庭的资金投入。1951 年，联邦基金已经直接拨款支援城市的寄养工作，1961 年支援贫困家庭的拨款有了实质意义上的保障，这样，一些贫困家庭的儿童原来可能需要送到孤儿院或者安置到别的家庭，现在也可以留在原生家庭，获得父母的照顾。同时，州政府在儿童福利体系中的财政拨款的增加也带来了寄养数目的激增。三是严格儿童寄养安置程序，体现在司法力量的介入，再有就是对寄养家庭的检查和监督。有观点认为，美国儿童寄养安置的主要推动力是州政府，也就是说，这是自下而上的运动，州政府倾向于儿童的家庭安置，而不是在孤儿院安置。随之而来的是儿童福利专业化的发展，特别是儿童社会工作发展极大改善儿童福利服务的质量，在这个过程中，也可以看到现代儿童福利观念的确立与成熟。

（二）中国失依儿童养护模式的发展

1953年开始，中国进入第一个五年计划时期，开始大规模的经济建设。为支持国家建设，中央政府要求全国所有的福利院重新审查受救助者的情况，减少在院人数，节约开支。为贯彻国家经济发展战略，福利院采取相应措施以减轻经济压力，但直到20世纪90年代中后期，机构集中供养方式一直是我国孤儿养护的主要方式。进入21世纪之后，由于社会转型期的社会动荡以及生活方式的转变等因素，福利院收到的被遗弃残疾孤儿增多，大部分无法得到家庭收养，大大增加了福利院的经济负担和养护责任，加之儿童福利观念和儿童权利保护理念的形成与发展，国家和儿童福利机构开始探索多种替代性养护方法，家庭寄养等养护方式开始进入人们的视野。①

我国的儿童家庭寄养工作，源于最早的民间行为，类似山西大同乳娘村那样的寄养模式发挥着积极作用，尽管如此，政府对失依儿童的救助主要还是采用机构集中养育的方式。现代意义上的孤残儿童家庭寄养实践从20世纪90年代萌芽，先是在北京、安徽、上海、山西、云南、吉林、四川等地试点并逐步展开，目前，家庭寄养模式得到了广泛认可，家庭寄养已经从当初的自发行为发展为普及性的孤残儿童养育方式。在城市的大部分儿童福利机构中，超过一半孤儿采取家庭寄养的安置方式。近几年的孤儿家庭寄养有两个发展特点：一是形成了一些地方模式，例如，北京模式和上海模式，前者的特点是儿童寄养在农村经济状况适宜的家庭；后者则采取将儿童寄养在有经济实力的城市家庭的模式。还有大同、广德、合肥、昆明等城市也相继开发了有自身特色的孤残儿童寄养模式。二是孤残儿童家庭寄养模式正在逐步地规范化。各地方在开展家庭寄养实践的同时，还致力于研究制定与之相适应的政策法规。广东、湖北、山东青岛、四川宜宾等地在总结经验的基础上，

---

① 参见尚晓援、伍晓明、万婷婷《从传统到现代：从大同经验看中国孤残儿童福利的制度选择》，《青年研究》2004年第7期。

制定实施了各具特色的地方性文件。国家的法律政策也在不断完善中，2000年，民政部明确提出要使家庭寄养成为儿童福利事业社会化的一条重要途径，这样不仅能缓解儿童福利院房舍不足的难题，还能减轻福利院的财政压力，更为重要的是家庭寄养模式对于孤残儿童的健康成长和发展有着积极的推动作用。2003 年 10 月 27 日，民政部发布了《家庭寄养管理暂行办法》，该办法明确提出了家庭寄养工作的目标，规定了家庭寄养工作的管理、服务、标准及规范，以及民政部门在家庭寄养工作中的责任等。[①]

以上是从理论上对我国孤残儿童养护状况的描述，但是现实中的情况与国家的设计和理想往往是有距离的，我国孤儿养护的现实就反映出这样一些情况：一是我们仍然拥有依靠家族来抚养孤儿的优势，国家的介入应顺应家族抚养的需求，帮助家族履行抚养孤儿的责任；二是家族抚养孤儿的两大困境，即孤儿养护家庭贫困和家族抚养不足以覆盖所有的孤儿；三是资金激励可能会使领养人从关注儿童转向关注金钱利益；四是抚养孤儿的社会力量还很薄弱且欠规范；五是孤儿养护问题的解决需要一个“儿童友好”的社会氛围。同时，一些地方性经验长期存在并有其合理性，也值得好好总结和借鉴。

（三）失依儿童养护模式的地方性经验研究[②]

城乡二元分立体制下的孤残儿童救助模式的特点就是城乡分成两条路发展。在城市，国家承担了救助孤残儿童的全部责任，完全没有发挥非政府组织的作用，主要采取机构集中养护的方式。但在农村，政府在儿童福利救助领域发挥的作用则非常有限，家庭和亲属网络承担着大部分责任，农村的孤残儿童被排斥在国家保护之外。改革开放之后这种状况有所好转，但在儿童教育、医疗等方面，农村和城市儿童依然存在极大差距。这些差距影响了儿童福利院对孤残儿童的照顾。下面借用有关学者对大同市儿童福利机构和儿童养护状况的调查来说明相关问题。

与其他儿童福利机构情况大致相同，大同市社会福利院监护的也大多是带有残疾或患有重症的孤儿和弃儿，福利院很难为这些孩子找到收养父母。从 1983 年起，福利院监护的儿童数量持续增加。这种状况使福利院在资金和

---

① 参见陆士桢、王玥《从美国儿童家庭寄养简史看百年来儿童福利价值取向的演变》，《广东青年干部学院学报》2005 年第 1 期。

② 本部分素材源于尚晓援《中国弱势儿童群体保护制度》，社会科学文献出版社，2008，第 12 章。该研究系作者以 2001 年 4～12 月在北京和大同的实地调查为依据，查阅了大量的相关资料并做了大量访谈之后的研究成果，在此表示敬意。为便于说明问题，本书对相关内容做了调整和删改。

人员安排方面承受了巨大的压力，并在儿童的教育和康复服务方面遇到困难。为此，他们不得不借助当地的传统儿童养护模式——家庭寄养。因此，大同市家庭寄养项目的开始并不是基于任何理论和理念，而是由于实际的困难，是由于长期的经费短缺而不得不采取的孤残儿童的养护方法，这种养护模式当时并不被政府看好，在社会上也没有被广泛接受。由于当时集中供养被认为是更正规的养护方法，而家庭寄养倍受争议，因此，在大同市社会福利院决定这样做的同时，必须为自己的做法寻找合法性理由。事实证明他们是成功的，经过 30 年的发展，大同的家庭寄养项目不仅坚持下来，而且还形成了自己的特色，特别是达到了保护儿童的目的。大同儿童寄养项目的特点表现在以下几个方面。

第一，成本低。为了达到政治上的合法性，福利院强调资金短缺，不得已才选择了家庭寄养模式。这种低成本的家庭寄养模式的成功，在很大程度上要归功于当地农村乳娘们提供的服务。然而，她们得到的报酬一直都非常微薄。尽管大同市社会福利院尽可能定期地增加寄养生活费，但是支付标准仍然很低。这主要是由于在当时的财政体制下，对孤残儿童的福利救助是地方政府的责任。但大同市地方政府掌握的财政资源非常有限，这也就限制了政府在当地社会福利方面的支出。大同市家庭寄养的成本仅相当于机构内集中供养支出的 40%。1997 年，大同市每名寄养母亲每照顾一个孩子每月能领取 100 元的儿童生活费，这个数字只相当于上海市儿童福利院家庭寄养项目规定标准的 15%。

第二，被保护儿童的国家属性。这倒是无意中体现了国家监护的理念。这一特点也是大同市社会福利院给自己找“说法”的结果。在传统观念和集体主义意识形态的双重影响之下，大同家庭寄养项目呈现出一个有趣的制度特点：一方面，福利院严格地按照主导的意识形态运作：被保护的儿童是“党孩子”，寄养母亲的工作体现了党和国家对孤残儿童的关怀，因此，整个项目运作也就有了一套正规的安置、管理、监督程序；另一方面，传统的、实用的方式也被遵循：在选择寄养母亲的时候强调母乳哺育和母爱，在实际操作中不一定严格按照程序办事，员工很大程度上依靠非正式的制度来指导和支持寄养家长。被寄养的孤残儿童之所以叫作“党孩子”，是因为他们失去父母，必须依赖国家的保护，国家是孤残儿童的唯一救助者，这是社会主义制度的优越性的体现，而共产党是唯一的执政党，孤残儿童理所当然是“党孩子”。因此，每个被孤儿院收养的孩子都姓“党”，这种做法一直延续到

1993年。事实上，这些“党孩子”不仅在当地农村不受歧视，还被认为是有优越地位的人，因为在政治上，这些孤残儿童是最贫困的社会群体，政治出身好；而在经济上，他们又是“城里人”，国家承担养护的全部责任，从小就享受公费医疗，长大后国家还负责在城里安排工作。养护模式改革以后，尽管这些儿童拥有的许多特权都被取消了，但是他们仍然能够享有许多农村儿童不能得到的福利待遇。

第三，替代性母爱确保儿童养护的质量。事实证明这种做法很成功。实践中，工作人员发现，虽然大多数寄养母亲都不富裕，参加寄养项目的动机各有不同，但是当她们对这些孩子进行母乳哺育两三个月之后，大多数乳娘与寄养的儿童产生了感情。因此，在寄养家庭中长大的孩子心理发育比在福利院长大的孩子更健康，长大成人之后也更容易过上正常的生活。而且，在寄养儿童的保护方面，寄养母亲的双重角色起到了关键性保护作用，一方面，她们是党和国家的代表，寄养母亲的行为和照料的质量代表了国家对孤残儿童的关爱；另一方面，寄养母亲又是一个普通的母亲，她必须抚育和照料被寄养的孩子。在此前提下，大同市社会福利院对寄养母亲提出了四项选择的标准：①身体健康，而且具有照顾孩子的经验。②在20世纪80年代之前，寄养母亲必须能够母乳喂养；80年代之后，这个标准不再是选择乳娘的必要条件。③寄养母亲最好有自己的孩子。④寄养母亲接受过基础教育。大同市社会福利院的工作人员在选择乳娘的时候，非常重视以往乳娘的推荐意见，这是一种传统的做法。妇女的照料经验、以往寄养家长的推荐以及正式的评定标准等因素在实际操作中同等重要。例如，在成文的标准中规定未受过教育的妇女不能成为寄养母亲。而实际上许多不识字的妇女已经做了多年的乳娘。工作人员认为她们比许多年轻的并且受过良好教育的妇女更懂得如何照顾孩子。同时，工作人员通常会把需要进行大量康复训练的孩子安置到那些受过教育的寄养母亲家庭，她们更容易学会现代化的康复技术。

第四，对寄养家长的监控和支持。70%的儿童被安置在大同附近五个较大的村庄里，即乳娘村。由于许多儿童被寄养在同一村庄，邻里以及当地学校的老师都能很清楚地知道这些孩子的生活情况。这样就使得监控工作比较容易开展。有一个叫散岔村的村里，所有符合寄养标准的家庭都寄养了大同市社会福利院的孩子，照顾寄养儿童已经成为他们的一种生活方式。村主任身兼三职，村党支部书记、村委会主任以及家庭寄养项目的负责人。这个小村邻里来往密切，彼此熟悉家庭情况，如果发生了严重虐待儿童的事件，很难不为人知。作为“乳娘村”，整个村庄的声誉关系到每个人的利益。同时，在一些村庄，由经验丰富的寄养母亲和寄养家庭组成了相对稳定的寄养家长群体，这也有助于减少儿童在家庭寄养项目中面临的风险。

第五，非正式的“层叠式培训”帮助儿童康复。大同市社会福利院没有足够的资金用于员工和寄养家长的培训，许多寄养母亲工作多年后，积累了很多照顾儿童的经验。她们互相传授一些简单但是有效的土方法对儿童进行康复治疗。有时，一位寄养母亲从福利院员工那学会了简单的儿童康复方法，她会在实际操作中教给其他的寄养母亲。这些方法非常重要，有的寄养家庭祖孙三代妇女都曾抚养过孤残儿童。女孩子从小耳濡目染，从母亲那里学会了如何照顾残疾儿童。这种非正式的“培训”产生的结果甚至比正式的效果更好。

第六，寄养儿童心理健康，与寄养家庭感情深厚，但寄养家庭出于寄养儿童的利益，不愿办理正式的收养手续。大同的农村家庭寄养项目经历了半个多世纪，数以千计的孤残儿童在这些普通的农村家庭中长大成人。尽管家庭寄养被看作一种暂时的儿童安置方式，但是许多儿童都已经和他们的寄养家长生活了很多年。他们实实在在地成了寄养家庭中的一员，直到找到工作或者结婚之后才独立生活。一些严重残疾的儿童终身都生活在寄养家庭里。对于这些孩子而言，寄养家庭就是自己的家，寄养家长已经把他们当作了自己的亲生孩子。尽管大多数农村寄养家长愿意永远地照顾这些寄养儿童，但是却不愿意收养他们。他们认为，如果这些残疾儿童终身住在农村没有前途。寄养孩子属于城市居民，如果他们找不到工作，政府将提供最低生活保障。这些孩子还能享受免费的医疗服务，一旦寄养家长收养他们，他们将失去所有这些待遇。同时，该调研项目还发现，在农村寄养家庭长大的孩子心理发育要比在福利院长大的孩子健康，这也成为推行家庭养护模式的实证。他们针对两组成年人，即大同的寄养家庭中长大的成年人和中国南方一所大城市福利院中长大的成年人提出了同样的问题：在没有家庭网络支持的情况下，他们该如何寻找工作并且在城里独立生活。大同寄养家庭长大的孩子虽然在农村度过了童年时光，但他们必须独立开始在城里生活，没有很多社会支持。不过，他们永远有农村中家人的支持。而在福利院长大的孩子表示，虽然他们一直都生活在城市，但是他们对在此度过童年时光的城市缺乏了解。他们在城市和农村都没有家庭网络的支持。从心理上看，大同寄养家庭长大的孩子对未来的挑战准备得更加充分。

尽管大同市儿童福利院为使孤残儿童过正常生活做了很多努力，资金和人员的短缺还是严重影响这些孤残儿童的社会化发展，包括寄养儿童教育问题。尽管大多数儿童都能在寄养家庭所在地的普通学校就读，但由于城市和农村地区教育水平的差距，许多寄养儿童为了接受城里高水平的教育，在中学时期回到福利院，然而，这些在农村接受小学教育的儿童在学习上很难赶上城里的同龄人，这也是福利院面临的一大问题。再有就是就业问题，因为受到的教育有限，这些孩子长大之后，教育问题转化成了就业问题，政府不可能为这些孩子提供就业机会。而资金的短缺使得福利院不可能为每个孩子提供职业培训。福利院残障儿童医疗康复的问题也是因为资金短缺而得不到较好的医疗康复。民政部要求所有的儿童福利院建立康复中心。但就目前的筹资水平来看，大同市福利院根本无法解决这个难题。福利院的实际情况限制了它为残疾儿童提供卫生保健和康复服务的能力。过去，福利院在很大程度上依靠慈善捐助支付儿童康复和其他大型手术的费用。

大同家庭寄养项目对我国孤残儿童养护和保护提供了宝贵的经验和教训，特别是乳娘村集中进行家庭寄养的模式，为失依儿童养护方式提供了新的视角。寄养在乳娘村的孩子从寄养家长那里得到了像亲生父母一样的照顾，彼此间建立起稳定的心理依恋关系，这种关照和依恋关系对儿童的身心健康成长的重要影响和作用给我们的失依儿童养护极大的启迪。这些经验教训和启迪除可以从上文的叙述之中得出之外，还集中体现在该项目调研者所总结的三种矛盾冲突当中：一是传统的儿童照料方式与集体主义意识形态之间的冲突。大同的个案研究显示，官方意识形态强调集体价值和对党的忠诚，传统方式看重母爱对孩子成长的重要意义。但是，当官方意识形态的主导地位有赖于国家财政来维系而却得不到的时候，传统因素便取代了这种主导地位。因此，传统方式的潜在优势不容低估，当把一种现代福利模式引入一个有自己独特传统文化背景的环境时，必须非常慎重。二是儿童保护的需求和可获得的资源之间的矛盾。大同市社会福利院囿于资金和其他资源的严重短缺，为了孤残儿童的生存和发展，不得不采取这种模式。尽管它可以说是成功的，但是，如果政府为残障儿童的医疗康复和就业培训提供资助费用，帮助这些儿童增强独立生活的能力，以便长大后不再依靠福利院生活，显然对各方都更加有利。三是寄养儿童在农村的生活经历与他们今后在城市生活可能出现的不适应这两者间的矛盾和冲突。在城乡二元分立的体制下，寄养父母是农民，所以有承包地，而寄养儿童是城市居民则没有这项权利，所以他们不能在农村长期生存下去。但当他们回到城市，较低的知识水平和身体的残疾，使他们面对双重的挑战，处于双重不利的地位，加上他们从小在乡村长大，在城里没有社会关系这项重要的社会资本，也使得他们回城之后步履维艰。这些矛盾都反映了社会政策的内部冲突，要解决这些问题就必须进一步整合各种社会资源，调整国家政策。

（四）儿童养护模式的比较和完善

1. 中美失依儿童养护模式比较

美国儿童福利制度基本上还是一种补缺的性质，我国正在从补缺型的儿童福利制度向适度普惠制方向发展，因此，与其他国家相比，美国的儿童福利制度与我国更具有可比性。比较我国与美国儿童养护制度发展历史，可以看到二者有一些相似之处，或许能从中得到一些启示。

一方面，中美两国在失依儿童养护制度形成背景上有相似性，两个国家都是在社会转型期，在工业化和城市化快速发展时期，失依儿童的数量激增。我国民政部数据显示，截止到 2005 年，我国共有孤儿 70 多万，流浪儿童近百万，各类儿童福利设施近 600 家，供养着约 5.4 万名孤儿和弃婴，尚有约 20 万名孤儿得不到供养，儿童福利服务资源短缺成为失依儿童福利需求得不到满足的现实障碍。实际上，福利机构的财政危机成为儿童家庭寄养产生的直接推动力。另一方面，两个国家的家庭寄养制度都是自下而上发展起来的。所不同的是，美国儿童家庭寄养制度的发起更多借助了宗教的力量，而我国是直接从最基层的福利院发展出来的，是儿童福利院为了摆脱困境而进行的一项改革活动。这可以从大同市孤儿家庭寄养中看到，北京模式和上海模式也有着同样的发展过程。基层的福利院进行尝试，得到当地政府认可并加以推广。民政部在 2000 年明确提出要使家庭寄养成为儿童福利事业社会化的一条重要途径，2003 年发布《家庭寄养管理暂行办法》，推广家庭寄养模式。①

另外，对比两国儿童寄养制度的演变进程，既对我国目前家庭寄养的实践，也对接下来我国失依儿童养护模式的探索和发展，具有较大借鉴意义。首先，突出政府宏观指导和监督方面的重要作用。从美国的儿童福利发展历史中我们发现，儿童福利几次巨大的变化，都与美国政府和国家的立法有关。我国当前出台的《家庭寄养管理暂行办法》尽管还是法规的形式，但在一部

---

① 参见陆士桢、王玥《从美国儿童家庭寄养简史看百年来儿童福利价值取向的演变》，《广东青年干部学院学报》2005 年第 1 期。

完整的儿童福利法尚未出台之前，其对孤儿家庭寄养事业的发展必将起到积极的推动作用。其次，我国当前儿童福利状况主要还是属于救助性的，主要针对失依儿童，这些儿童大部分带有残疾。在美国也经历过相似的过程，这是儿童福利发展的初级阶段。随着福利水平的提高，儿童家庭寄养的监管、执行会更加规范和严格，寄养家庭的选择标准、家庭寄养对象、家庭寄养时间等，都会发生变化。比如，寄养对象可能会将受虐待儿童纳入进来，建立短期寄养制度等。再次，儿童家庭寄养制度是在现代儿童福利观逐渐树立和普及过程中发展起来的。不同的养护模式，反映了不同时期的儿童观。美国儿童养育模式的变化与当时社会对儿童的认识以及儿童在社会中的价值等观念密切相关。欧洲近代早期，儿童的特点和价值没有被清楚地意识到，儿童与成年人的本质区别没被认识，学徒制既是雇佣身份的体现，也是被寄养的证明。儿童收容安置早期倡导者认为，流浪生活对儿童成长不利，与其让这些孩子在城市得不到适当的教育，还不如把这些城市流浪儿童安置到乡村去学习生活的技巧。到了寄养时期，新的观点出现，认为童年是人生发展的早期阶段，儿童的价值受到重视，虐待和忽视儿童的问题受到关注，这部分儿童目前已经纳入美国的家庭寄养范围，家庭寄养的对象不局限于失依儿童。最后，推动儿童福利服务社会化以及专业化发展，少不了专业儿童社会工作的介入。美国儿童福利能够在 20 世纪迅速发展得益于社会工作专业的推动。社会工作专业所追求的提高全人类福祉的目标，在儿童福利领域得到了最好的体现。随着被寄养儿童生理需求的满足，儿童心理和社会性发展的需求日益突出，专业化服务将成为儿童寄养工作中的关键，直接影响到对儿童基本权利的态度。儿童社会工作专业无疑会为儿童家庭寄养工作带来专业的管理和人性化的工作方法。①

2. 我国失依儿童养护模式完善

针对我国失依儿童救助不足、救助效果不理想、长期存在无法可依现象、救助缺乏区域合作、机构救助有缺陷、缺乏长效救助机制、儿童重复流浪现象严重等弊端，需要加大政府投入，特别是加大向农村失依儿童养护政策的倾斜力度，加强城市低保、流浪乞讨人员救助、农村低保、农村五保救助以及农村特困户救助等救助制度的配套衔接，发挥多种救助政策的救助作用，必要时建立失依儿童救助专项基金。具体可以采取下列措施。

---

① 参见陆士桢、王玥《从美国儿童家庭寄养简史看百年来儿童福利价值取向的演变》，《广西青年干部学院学报》2005 年第 1 期。

第一，建构儿童福利制度。从根本上说，失依儿童保护与救助当中的很多问题，都是制度性的缺失，其中重要的一项就是儿童福利制度的缺失。目前，我国儿童福利制度基本未建立起来，从专门机构到专门立法，再到具体的实施程序、救济手段等都没有一个制度性的安排。没有类似于国外的儿童福利局等机构来专门解决儿童问题，没有儿童福利法、儿童津贴法等法律保障，也没有“儿童监察专员”等机制听取儿童的申诉，贫困家庭儿童的生活、教育、医疗方面得不到保障，造成儿童失学、流浪、童工、因病被遗弃等问题。

第二，制定并修改相关的法律。流浪儿童的预防、救助和安置缺少专门法律的支撑。《城市生活无着的流浪人员救助管理办法》不是针对流浪儿童的专门立法，在流浪儿童的预防和救助方面还缺乏相应规范的调整。同时也缺乏对失依儿童特殊需求的充分考虑，包括物质、精神、心理、身体、教育、健康、社会发展等方面的特需。增强失依儿童保护法律的系统性和可操作性。完善失依儿童监护制度，建立监督机制等。另外，这个救助办法现有的规定也有探讨的余地，比如关于自愿求助的原则，流浪儿童多数自由散漫，不愿意受管束，有的流浪儿童是残障儿童，控辩能力弱，再加上求助渠道是否畅通等问题，实践中，自愿求助的流浪儿童比例并不高。针对流浪儿童救助保护工作中存在的突出问题，国务院办公厅 2011 年 8 月 15 日发布了《关于加强和改进流浪未成年人救助保护工作的意见》，这个意见明确规定，及时有效地救助保护流浪未成年人，是各级政府的重要职责。该意见提出要建立跨部门、跨警种、跨地区打击拐卖犯罪行为的工作机制，严厉打击胁迫、诱骗、利用未成年人乞讨等违法犯罪行为。还提到救助保护机构和公安机关要综合运用救助保护信息系统、公安人口管理信息系统、全国打拐 DNA（脱氧核糖核酸）信息库和向社会发布寻亲公告等方式，及时查找流浪未成年人父母或其他监护人，以帮助流浪未成年人顺利回归家庭。

第三，转变养护模式。顺应国际儿童养护和我国孤儿养护发展趋势，由机构养护向家庭或家族养护转变。尊重家族的地位，激发并培育社会处理问题的能力。对亲属隔代抚养孤儿的家庭进行物质性帮助；对于非亲属寄养的家庭进行亲职教育和养护技能培训。政府提供的物质帮助不一定采取金钱给付方式，可以采取教育、医疗费用全免等方式帮助孤儿家庭。同时，政府有义务寻找并培养对失依儿童的社会支持体系，利用并发挥非政府组织的力量，满足孤儿抚养的需求。

第四，设立专门的儿童保护机构。对于个体儿童来说，家庭负有首要责任，但就儿童保护整体工作来说，政府必须设立专门机构，承担起儿童保护的责任。国外的做法是将儿童保护的核心工作机构设立在福利性部门，这大概是因为在西方人看来，儿童保护的大部分内容都是福利性的，通过提高儿童福利保障水平，预防儿童流落街头，尽量避免机构救助给流浪儿童的成长带来的不利影响，比如，封闭、缺乏亲情等，尤其应当警惕机构救助工作人员虐待儿童以及流浪儿童间相互欺负等情形。

第五，对失依儿童的生存性救助和发展性救助并举。对失依儿童的生存性救助是基础，发展性救助则是根本，应当最大限度地满足失依儿童生存和发展的特殊需求，培养他们持续发展的技能。同时，加强对失依儿童的心理支持，从失教失养、监护缺失等不良家庭环境中走出来的孩子，原本就容易产生自卑、戒备的心理，一旦脱离家庭，流落街头，更会加剧自闭、孤僻的个性和心理，这些心理问题和孤僻性格不利于他们的发展和融入社会，在开发发展性救助措施时，应当注意开展心理咨询、辅导及矫治工作，培养其良好的心态，为社会化做准备。对失依儿童的发展性措施还应当包括对文化知识的教育。失依儿童中文盲及仅有小学文化程度的占一多半，明确表示不愿意上学的近八成。但失依儿童并不是没有求知欲，他们对相应书籍、画册都表现出积极的冲动。他们是一群“自立”而又“自由”的孩子，不愿意受到学校纪律的约束。

第六，改革失依儿童救助保护中心的设置与救助方式。在收容遣送制度废止之前，各地都没有救助流浪儿童的独立机构，而是将流浪儿童与流浪成年人集中管理，这样的救助对流浪儿童生存和发展的负面影响是显而易见的。独立设置流浪儿童救助中心比集中管理的确更有利于对流浪儿童的保护和照料，但是，仅设置独立是不够的，流浪儿童普遍缺乏家庭温暖和关爱，这是其产生心理偏差的重要原因，要从根本上解决流浪儿童的问题，就要从救助方式上下功夫，“类家庭”救助保护模式值得探索。类家庭模式是依托社区或乡村而建立的，集看护、生活、教育为一体的，类似家庭结构的救助保护方式。[①] 这种模式不仅给流浪儿童营造和谐的家庭氛围，而且还能帮助他们接受良好的教育，在关爱中消除对社会的敌视，鼓励他们重新融入家庭和社会。

第七，建立多方合作的救助机制。失依儿童救助工作涉及很多方面和领

① 参见徐前权、叶蓓《流浪儿童救助保护中科学化、人性化与法制化的统一》，《长江大学学报》（社会科学版）2006 年第 3 期。

域，要预防儿童流浪，做好流浪儿童的救助安置，必须有政府、社会组织、热心人士的多方合作。合作方式灵活多样，比如，建立救助协会，以协调各方力量对失依儿童进行救助。还可以和福利院、儿童村合作，将这些地方作为安置基地，采取类家庭看护模式，确保长期找不到家人的流浪儿童的基本生活和教育有所保障。与公安部门合作，建立流浪儿童跟踪回访档案制度，帮助解决回归家庭流浪儿童的实际困难，特别是受到家庭暴力侵害的儿童，公安部门可以直接干预。建立志愿者库，对流浪儿童进行心理辅导和矫治、职业指导以及提供无偿的法律援助等。

第七章 罪错少年的福利与少年司法

少年[1]司法从普通刑事司法中独立出来是基于其主体为少年以及少年有不同于成年人的特点的认识，目的是针对少年的特点而采取不同于普通刑事司法的措施处理少年案件，这些措施无论是实体法上的还是程序上的都是为了少年人改过自新、顺利回归社会。为达成这一目的，要对触法少年进行全面的调查了解，也因此需要思考少年为什么会违法犯罪这样的问题，这样一来，预防少年犯罪就成了少年司法中不可或缺的一个部分。联合国儿童权利委员会在其《一般性意见》中也要求，缔约国应当“制定和执行一项防止和处置少年犯罪的少年司法综合政策”“注重预防少年犯罪、制定以不诉诸司法程序的方式处置少年犯罪问题的替代措施”。这样一项少年司法综合政策既应当包括预防少年犯罪，还应当包括那些不将少年诉诸司法审理，即便诉诸司法审理，但需融入那些与少年司法相关的标准，比如，《联合国少年司法最低限度标准规则》《联合国保护被剥夺自由少年规则》《联合国预防少年犯罪准则》等。

少年司法这种综合性的政策显然是基于儿童最大利益的考量。儿童在身体、心理、感情、社会等方面的特点和需求均有别于成年人，这种区别就是少年司法独立于普通刑事司法的根据，也是对少年触法者减轻甚至免除处罚的依据和理由。基于儿童保护的最大利益，就需要关注儿童成长的生态环境对儿童发展的影响，需要考虑对触法少年的措施是否有利于其改过自新，有利于其将来顺利复归社会。有鉴于此，为了儿童的最大利益，普通刑事司法保卫社会的目的必须让位于实现少年重新融入社会与改过自新的司法目的，实则，二者在本质上并非冲突而不可调和。基于这样一些考虑，有必要从社

---

① 少年的概念也经常是模糊的，有论者将“少年”“儿童”“未成年人”概念等同，其实并不太恰当，这里的少年被界定为进入青春期的儿童，年龄介于 12～18 岁。

会生态与少年罪错的关系的视角思考罪错少年的矫治制度以及综合性的少年司法问题，还需从少年司法当中的一系列干预措施等方面考察罪错少年的福利问题。

一　少年罪错及其矫治

儿童社会生态环境涉及家庭、居住环境、社会环境和自然环境，还涉及亲属关系、同学和师生关系、伙伴关系等，研究表明，这些环境因素对一个人的发展都会产生不可低估的影响，从这个思路出发，少年罪错行为也可以寻根到社会生态环境因素。儿童权利委员会将预防少年犯罪作为少年司法综合政策的一项重要内容，以促进儿童个性、才智和身心能力的全面协调发展，帮助儿童准备好在自由社会中过有责任感的生活，并承担起尊重人权和基本自由的建设作用，因此，家长、学校、社会、国家都要担负起责任，提供机会并采取符合儿童生存和发展特点的方式照料儿童，提供符合儿童特点和有利于其发展的指引和指导。从儿童最大利益视角考量，防止并降低儿童成长环境可能滋生犯罪的风险，这就需要采取适当措施，保障儿童享有能够促进其身体和精神健康、心理和社会发展的成长环境，切实保障儿童的生存权、受教育权，以及避免儿童遭遇有损其身心健康的暴力侵害，提供必要的照顾和福利服务。成人社会之所以要承担起照顾儿童的责任，就是考虑到儿童社会生态环境的复杂以及经常地带给儿童负面的影响，使得部分儿童陷入困境并引起一系列心理问题，从而导致儿童的不良行为甚至违法犯罪行为的发生。陷入困境的儿童在身体和心理方面尚处于发展当中，对未来社会充满未知和迷茫，他们也有着基于自身问题的特殊需求。考虑到这些状况，国际社会一直呼吁对罪错少年应当采取综合的司法政策，尽量不纳入审判程序以及不采取监禁的方式改造罪错少年，而尽量采取监狱之外的矫治措施。

基于社会生态环境对少年罪错的影响以及预防少年犯罪在少年司法综合政策中的重要性，联合国要求缔约国在制定少年司法政策的时候应当融入《联合国预防少年犯罪准则》的内容，将少年司法的重点放在预防政策上，通过家庭、学校、伙伴、社会等方面的帮助促进儿童能够健康地适应社会生活。因此，预防政策应着眼于对弱势儿童及其家庭的支持和帮助，对有不良行为尤其是严重不良行为的少年提供特别的照顾，还应当特别关注辍学儿童以及其他未完成既定学业的儿童，根据这些少年的特殊需求，制订基于其特点和需求的家庭照顾和社区服务方案，国家和社会有义务提供指导和其他帮助。《儿童权利公约》也明确了家长抚养子女的重要意义以及国家有责任帮助家长实现其义务。还需要强调的是，多项研究表明，儿童早期成长环境以及所受的教育与成长后暴力行为有着正相关关系。一些社区推行的“儿童之家”“关爱社区”等注重风险预防的方案取得了比较好的效果，这些方案要求家长、社区以及其他执行者，尤其是少年教育、司法、心理研究等领域专家的参与和支持。

（一）社会生态对儿童的影响

我们可以简单地将儿童生态环境分为家庭环境和社会环境。家庭和社会生态环境的安全对儿童生存和发展的重要性是不言而喻的。生存环境的健康安全是儿童生存和发展的重要保障。家庭环境的安全指保护儿童免遭家庭成员任何形式的虐待、忽视和剥削。社会环境的安全指保护儿童免遭经济、精神、毒品、贩卖、色情、网络，以及其他有损儿童福利的一切形式的伤害和剥削。其他有损儿童福利的伤害包括诸如儿童的意外伤害、校园及周边环境不安全等给儿童带来的伤害。人们越来越意识到，对儿童的剥削和伤害是普遍的现象，多个国际文件也对保护儿童免遭各种形式的剥削和伤害做了规定，要求缔约国保护儿童免受剥夺和侵犯，并能够营造一种健康而又有尊严的环境，帮助受害儿童身心康复和重返社会。儿童生存环境的安全不仅涉及亲子关系还涉及国家社会服务体系的性质、规模和效率等问题。

儿童生存的社会和家庭环境对儿童个性发展的挤压导致一系列儿童发展问题，因此，这些问题被看作社会问题。这些问题的解决需要对社会和家庭整体进行治理，而不仅靠惩罚越轨少年。研究显示，这些妨碍儿童生存和健康发展的因素诸如儿童剥削和贫困、家庭暴力、妇女地位变化、种族歧视等，极易导致儿童无家可归、违法犯罪甚至死亡。但是，很长一段时间里，我们一直把家庭暴力看作家庭私生活领域的事情而少予干涉，家庭暴力对儿童的潜在影响也被忽视。儿童家庭暴力问题是伴随对女性的家庭暴力而被人们所认识，对儿童的身体和性虐待首先与家庭暴力相联系，随着研究的推进，暴力家庭环境对儿童具有明显的情绪和行为问题的影响，对儿童健康发展具有潜在的影响，暴力家庭环境也被看作对儿童的虐待。

儿童生存的社会环境的安全得到国际社会的普遍关注，儿童的剥削和伤害问题是联合国大会讨论的主要议题之一。进入 21 世纪之后，联大深切关注包括因特网在内的新技术犯罪、跨国犯罪等对儿童安全的威胁和侵犯，呼吁各国审查并修订法律、政策、方案和做法，以消除对儿童的一切形式的剥削，特别是通过惩罚所有涉案罪犯，保护儿童免遭剥削和侵害，加强执法当局之间的联系与合作。要求各国制订旨在使身受贩运、剥削和其他形式伤害的儿童康复和重返社会的综合方案，包括通过职业培训、法律协助和保密保健的办法，采取一切适当措施，促进受害儿童恢复身心健康并重新融入社会。

成人社会对儿童的剥削可谓由来已久，19 世纪欧洲开始的儿童解放运动，才使得那些作为廉价劳动力的受剥削和虐待的儿童受到关注。人们认识到，儿童应当接受教育，而不是做工。20 世纪初，美国第一部义务教育法通过的同时，废除了童工制度，所以，公立学校、义务教育和儿童劳动保护法具有直接的相关性。[①] 尽管儿童劳动保护法和义务教育法很大程度上改善了儿童的生存状况，但是，儿童的生态环境仍未得到根本的改善，儿童贫困、歧视以及儿童受到的各种剥削、虐待、忽视、特别是家庭暴力与少年罪错甚至犯罪有着某种潜在的联系。

研究表明，儿童生存和发展的社会（社区）、学校和家庭环境对儿童行为具有不可忽视的潜在影响，对儿童违法犯罪的个案考察也不难发现，几乎每个违法犯罪少年的背后都存在社会责任和家庭教育的缺失。我们从美国青少年违法犯罪的情况可以看出儿童生态环境的直接影响。由于毒品、枪支的泛滥，儿童因毒品引起的暴力犯罪和使用枪支的暴力犯罪明显增多，根据 2000 年美国司法部的统计，从 1990 到 1999 年，因吸毒而导致的暴力行为受到逮捕的少年增加了 132%。枪支的泛滥更明显地影响着儿童的生存和发展，安妮·凯西基金会报告说，每两小时就有一名儿童死于枪击，70% 的 15 岁以下少年凶犯是持枪者。[②] 美国麦克阿瑟基金会的研究也同样证明了儿童生态环境对其行为的影响，该研究表明，在暴力中成长起来的孩子更有可能成为实施暴力者；在普通刑事法庭受到审判和与成年犯关押在一起的儿童有可能再次入狱；儿童早期的教育投入能够减少儿童犯罪的概率；大多数少年罪错发生在校外时间；大多数被控制在“少年教养所”的少年出来之后有可能再次违法犯罪；至少 20% 的儿童存在精神健康问题，但相应的治疗救助措施极度

---

① Joan Shireman, *Critical Issues in Child Welfare*, Columbia University Press, 2003, p. 16.

② Joan Shireman, *Critical Issues in Child Welfare*, Columbia University Press, 2003, pp. 23 – 24.

缺乏。[①]

也有越来越多的证据表明，在贫穷社区长大的经历对儿童行为和心理有负面的影响，这些影响既依附于又超越了在贫困家庭长大以及在条件较差学校就读对少年的影响。在贫穷社区长大的女孩更容易在青春期就怀上孩子，更可能辍学，甚至参与犯罪。有论者研究了社区是如何影响少年社会化发展的，并从三个方面进行了考察：①社区条件塑造了少年的价值观和行为的指导标准。②贫穷的压力会损害彼此间关系的质量。③贫穷社区可获得资源较少。但这并不表明仅有社区影响少年的社会化发展，家庭、社区和学校等生态环境因素都对少年的发展具有影响，正是多种环境的累积效应对少年的社会心理和社会行为发生着影响。少年生存环境中包含的积极特征越多，其状态就会越好，相反，少年接触的风险越多，其发展中出现问题的可能性就越大。[②]

在家庭背景、经济收入、教养方式等各种因素中，家庭关系及其成员之间的亲密程度起到最为关键的影响。研究发现，当儿童感受到父母在那里看护着他们，无论采取什么标准对健康、快乐和能力进行评估，他们都会比同龄人更健康、更快乐、更能干。无论青少年在离开童年走向成年的过程中要经历多大的成长和心理发展，他们依然需要来自真正关心他们健康的成人的爱、支持和指导。[③]

伙伴关系对少年心理社会发展的重要作用也是被实践所证明了的。青春期在伙伴中不受欢迎的个体或者与伙伴关系较差的个体，更可能出现学业成绩较低、退学等多种学习问题，也更可能受到多种情绪和心理问题困扰。当然，伙伴关系同样对自主性的发展和表达起到关键作用，也会发展出更多的亲密关系和性关系，对伙伴的成就也有重要的影响。与家庭关系重点在于塑造责任感和在少年社会化过程中强化家长的权威不同，伙伴关系是互动和休闲的，这有助于亲密关系的发展，并能够改善少年的情绪和心理健康水平。学校生活对少年来说与伙伴关系有一定的联系，很多青年人并不把学校当作学习知识和技能的地方，而是与伙伴相聚或结识新朋友的地方。但无论如何，

---

① 参见〔美〕玛格丽特·K. 罗森海姆等编《少年司法的一个世纪》，高维俭译，商务印书馆，2008，序2。

② 参见〔美〕劳伦斯·斯滕伯格《青春期：青少年的心理发展和健康成长》，戴俊逸译，上海社会科学院出版社，2007，第114～150页。

③ 参见〔美〕劳伦斯·斯滕伯格《青春期：青少年的心理发展和健康成长》，戴俊逸译，上海社会科学院出版社，2007，第194～195页。

不管学校有哪些不足，研究都表明，留在学校比退学要更好一些，无论从未来的收入状况还是认识发展看都是如此。尤其对那些处于不利的社会经济状况的学生而言，辍学的消极影响更甚。①

社会生态对儿童的影响还涉及资源分配等整体社会发展问题，正如论者所言，社会正义的实现不仅在于分配及其结果形式上的公平，还在于分配过程对少年等社会弱势群体的影响。以年龄为导向的福利政策，对国家根据家庭结构、生育状况、就业状况等因素重新进行资源的分配具有指向意义，美国少年司法专家查尔斯（Springer E. `Charles）特别指出，“如果我们意在生活于相对无犯罪的社会，我们必须寻求于法庭之外”，不能仅依赖于刑事司法系统对于犯罪预防及社会控制。他还认为，由于分配正义的缺失，我们未能给儿童提供足以促进其健康发展的良好环境，而导致赤贫、阶级分化、失业、信仰缺失、家庭解体等犯罪诱因层出不穷。当社会主流认可应对儿童在司法程序、社会福利与保障、家庭抚育等方面特殊对待时，实则蕴含着对未成年人更多社会福利资源与司法资源分配的认可。②

（二）越轨社会学理论与少年罪错

这里之所以提到越轨社会学理论，是因为该理论可以让我们从多个视角理性地认识少年罪错问题，该理论对多种因素与越轨行为关系的解释，能够让我们有一个更加开放的心态对待少年的罪错，这些因素包括自然环境、生物机体、社会结构、社会冲突、社会解组、社会亚文化、社会互动、社会心理等。

越轨社会学理论把越轨看作一种正常的社会现象。这一看法源自迪尔凯姆的卓越论断，他认为，犯罪不仅存在于某些社会，而且存在于一切社会，没有一个社会可以例外。任何社会都存在一定的社会成员之间的一致性，也就是“集体意识”，但总有一些社会成员不能完全按照集体意识的要求行动，而与集体意识的要求有一定的差别，这种不一致就会导致犯罪等越轨行为的产生。迪尔凯姆进一步指出，犯罪的原因只能从社会本身去寻找，犯罪并不是先验地存在的，而是社会本身所固有的。消灭了犯罪的社会是不存在的。③

越轨社会学的研究还证实，越轨并非总是自愿的。这个世界是针对健全

---

① 参见〔美〕劳伦斯·斯滕伯格《青春期：青少年的心理发展和健康成长》，戴俊逸译，上海社会科学院出版社，2007，第 239～281 页。

② 参见张鸿巍《儿童福利视野下的少年司法路径选择》，《河北法学》2011 年第 12 期。

③ 参见〔法〕埃米尔·迪尔凯姆《社会学方法的规则》，胡伟译，华夏出版社，1999，第 53 页。

人的心智而设计的，对于心智健全的人，能遵从社会规则而不去遵守，就要对自己的行为负责，要受到相应的惩罚。而这一观点恰好能够用来解释少年罪错行为，通常少年还属于心智发育尚不健全的群体，所以，对于他们所犯的错误就不能像对待成年人一样进行惩罚，而要减等处罚，或宽恕或赦免。相应地，对少年犯罪的处罚也应当采取不同的司法程序，适用另外一套司法原则，这也就是少年司法一些带有保护性的特殊原则、规定所产生的理论依据，比如，社会调查原则、适应原则、最大利益原则、非歧视原则等。在越轨社会学理论看来，罪错少年是不自愿的越轨者，其罪错行为是身处青春期和社会化不足的不成熟的表现。[①] 这是从人的自然生物视角对少年越轨行为的认识。而越轨社会学理论还给我们提供了更多的视角认识少年罪错行为，那就是社会生态与少年罪错的关系，很多学者的实证研究也证实了社会生态对少年行为的深刻影响。

美国芝加哥社会学派的克利福德·肖（Clifford R. Shaw）和亨利·麦凯（Henry D. McKay）以社会解组来解释美国城市犯罪，认为控制越轨及犯罪的最好的方法是预防少年违法犯罪。认为少年越轨者是正常人，他们越轨的根源不在于生理或心理的异常，而在于环境，在于他们与传统群体的分离。经过大量的实证分析研究，他们看到，尽管少年违法犯罪在不同城市地带分布的差异很大，但一个总的趋势是越靠近城市中心，社会问题越是多发。其基本结论是，绝大部分少年罪错者，在人格、智力以及生理等方面，与没有违法犯罪的少年不存在差异，违法犯罪少年也不总是出自某一特定种族群体或者民族群体，他们违法犯罪的根本原因不是个体特质，而在于他们所居住的生活区域的特征。在少年违法犯罪率高的居住区，其他社会问题，诸如住房条件恶劣、婴儿死亡、结核病流行等问题也最为严重。他们还认为，少年违法犯罪及其他社会问题，并不是社会经济不平等或者商业与工业剥削所带来的，而是在城市的侵入和演进过程中发生的社会解组所带来的后果。城市社会解组与少年越轨及犯罪之间关系可概括为：①城市的绝对规模越大，解组及越轨就越容易发生；②城市人口规模与人口密度越大，人与人之间就越难以形成熟人关系，所属关系被破坏的可能性也就越大；③种族及文化的异质性越高，形成亚文化以及文化冲突的可能性就越大；④城市人口生态分布因素，在城市的某些居住区域，越轨和犯罪的发生率更高。[②]

---

① 参见皮艺军主编《越轨社会学概论》，中国政法大学出版社，2004，第 38 ~ 45 页。

② 参见皮艺军主编《越轨社会学概论》，中国政法大学出版社，2004，第 136 ~ 142 页。

多数情况下，无法遵守社会规范的少年并不是需要犯罪，也不是仇恨社会，那些无家可归的、逃学的以及从事某些危险行为的少年往往被社会服务工作者看作需要帮助、指导甚至是监督的对象，但是，长期以来他们都被当作罪犯对待。目前，人们已经认识到这些少年也有自己的特殊需求，于是除非少数严重犯罪，一般的犯罪的少年行为人都脱离了少年犯的身份，他们不再受到监禁处分，而代之以各种矫治服务措施。

（三）少年发展及其特殊需求

要了解罪错少年的福利需求，首先需要了解青春期是一个什么样的时期，青春期的基本变化，处于青春期的少年的成长环境，还需要了解青春期的社会心理发展以及产生的社会心理问题。直到19世纪末，青春期才被看作为成年期做准备的一段漫长时期，这期间的少年需要指导和监督，且经济上仍然需要依赖于成年人。重要的是这一阶段的少年和之前的幼童不同，他们正在向成年人迈进，社会对个体变化的界定涉及两个方面，一是赋予一些只有成年人才有的权利和特权，二是在这种特权和自由越来越多的情况下，社会对他们自我控制、人际责任和参与社会活动方面也有了更高的期望。这种社会身份双重转换的例子在人际关系以及政治、经济、法律等领域的身份变化当中得以表现。

人们对青春期的少年总有一些表象特征的描述，有论者总结为五类：对危险和新鲜事物充满好奇，对危险行为潜在负面后果的评估认识不清，追求短期而非长期效应，对时间与自我控制理解力不够，易受同龄人左右。① 但这些特征也表现在许多成年人身上，实则，少年的许多行为是其青春期社会心理变化的外在表现，青春期在同一性、自主性、亲密性等多个方面展示其社会心理的发展。同一性是少年对自我概念和自我意识的思考，这个阶段少年的生物性、认知性和社会性的变化对他们进行自我反省的能力和兴趣都有影响。少年的自我概念越来越复杂和抽象，也越来越与心理有关，并且能够区分真正的自我和虚假的自我。一般认为，人有五大基本人格维度，即外倾性、宜人性、认知性、神经质、经历开放性。这些特质会受到遗传因素和环境因素共同影响，但会表现出高度的稳定性，研究表明，早年的性情和青春期的人格之间存在着密切关系。青春期的自主性表现得尤为突出，包括情感、行为和价值观的自主性。青春期早期的生理性和认知性的变化带来自主性的第

① 参见〔美〕劳伦斯·斯滕伯格《青春期：青少年的心理发展和健康成长》，戴俊逸译，上海社会科学院出版社，2007。

一个标志是舍弃对双亲的不切合实际的看法。紧密的家庭关系会培养健康的个体，他们往往比同龄人拥有更多心理方面的优势，包括更为充分的发展和情感的自主。青春期晚期，少年的道德推理将由以社会的道德为准绳判断是非转变为以自身的基本道德原则判断是非。青春期对亲密关系的需要以及性接触的需要常常引发焦虑，但对于健康的社会性发展而言，拥有和同龄人间的亲密关系是一个必要的因素。研究表明，大多数青少年都有过在学校里受到性骚扰的经历，甚至被迫发生性行为。与家人分开居住，有身体或者心理问题，贫困的成长环境，父母酗酒或滥用药品等，都是导致受到性虐待的危险因素。而受过性虐待的少年则表现出较差的自我评价，学习上的麻烦，更多的焦虑、恐惧和抑郁症状，也更可能参与冒险活动。

诚然，绝大多数少年都能够比较顺利地度过青春期，关于青春期的不利状况被问题说明导向的惯性思维扩大了。大多数人在青春期对自身和父母都有积极的感受，有能力和伙伴建立起亲密关系并维持和享受这样的关系，拥有从各种学习和工作机会中受益的基本能力。但也有一部分少年会出现严重的心理和行为问题，这些问题不仅妨碍其自身的发展，也给其周围人的生活带来困扰，比如毒品或药品滥用、抑郁和自杀，甚至违法犯罪。但在分析青春期少年遭遇的困境时，有两种情况必须加以区分，那就是许多人在青春期都会有的暂时的困难，与一小部分少年遇到的严重社会心理问题是有巨大差异的。也就是在思考青春期行为时，有必要对一些行为差异性给予关注，具体就是要在“尝试”和“持久”的行为模式之间加以区分，在源于青春期和并非源于青春期的问题之间加以区分，在暂时的问题和将会持续到成年期的问题之间加以区分。

心理学家将青春期中的问题分为三类：有害物质滥用、内部问题和外部问题。[①] 每一大类之中的各问题都有一种共生关系，比如，和同龄人相比，参与犯罪的青少年更容易逃学，过早地参与性活动，或做出攻击性行为，也就是所谓的“问题行为综合征”。此外，具有高度消极情绪易感性的少年，受到抑郁之苦和感到焦虑的可能性，以及有其他心理困扰的可能性更大。滥用酒精和大麻的孩子更有可能生活在充满敌意的家庭环境中，其伙伴更有可能也在使用这些东西，并更可能伴随学校和人际关系方面的麻烦。有犯罪学者把少年和青年人犯罪合起来称为“青少年犯罪”，认为青少年犯罪人数呈上升趋

---

① 参见〔美〕劳伦斯·斯滕伯格《青春期：青少年的心理发展和健康成长》，戴俊逸译，上海社会科学院出版社，2007，第579页。

势，占到所有犯罪人数的大部分，但仔细分析可以看到，其中大多数是成年了的青年。研究表明，对可能“一生作恶的违法犯罪人”和“仅限于青春期的违法犯罪少年”加以区分是有重要意义的。前者更可能来自贫困家庭，更可能儿时就表现出攻击行为，更可能患有多动症，更可能学业成绩得分较低；而后者的反社会行为则始于青春期，也终于青春期。而对于“终生犯罪”的治疗极少有获得成功的，因而，减少和预防犯罪的努力越来越多地用于早期干预以及对父母的教育。抑郁是青春期常见的内部障碍，大约有3%的青少年表现出严重的症状。另有10%的青少年曾尝试过自杀。[①] 抑郁是环境条件和个体的倾向性的相互作用所致，青春期的抑郁可以通过生物疗法、心理疗法和家庭疗法治疗。研究表明，压力对不同的个体可以导致不同的心理和身体上的问题，一般而言，如果两种压力同时出现，且青少年缺乏足够的内部或外部资源，或没有发展出良好的应对技能，则各种压力产生的效果就会叠加。

罪错少年是一个广泛而笼统的概念，包括有不良行为、违法行为以及犯罪行为的少年。我们在考虑罪错少年需求的时候，应当将他们放在整个青春期这样一个大的框架下思考，青春期少年的特点同样体现在罪错少年身上，他们同样有着与家庭、伙伴、学校和社区各生长环境之间的互动。不幸的是，这种互动带给他们的是严重的心理和行为问题，这些问题使其产生严重的内部冲突和遭遇外部社会排斥，这种境遇使他们更加需要某些帮助和辅导，更加需要证明自己以及外部的接纳，包括福利服务与环境安全、指导和心理辅导、治疗和矫治、公平和适当对待等。

这些需求对青春期少年有着特别重要的意义，各国对儿童需求、儿童问题及解决给予了相当的重视。当然，我们说，青春期的少年对福利服务与环境安全、指导和心理辅导、治疗和矫治、公平和适当对待等方面有特殊需求并不意味着对他们可以不在乎基本的物质帮助，对这些特殊需求的满足应建立在基本的衣食住行医及基本教育等生存及基本生理功能满足的基础上。由于其成长的特殊时期而带来的特殊需求更多地与生理、心理、道德、情感和社会的问题和发展有关，我们有必要针对青春期少年发展和成长这一特殊阶段及其特殊需求，采取具有针对性的适当的方式解决青春期少年的问题，帮助他们顺利度过青春期并适应未来的社会生活。

---

① 参见〔美〕劳伦斯·斯滕伯格《青春期：青少年的心理发展和健康成长》，戴俊逸译，上海社会科学院出版社，2007，第603页。

（四）矫治制度

矫治制度包括机构内监禁矫治和机构外的社区矫治，由于不同的少年司法政策，人们总是在这两种矫治方式中摇摆，少年司法发展的历史也证明了这种现象。实际上，在教育成为提高儿童福利基本手段的同时，基于人们日益增加的对不守法纪、无人照顾儿童的关注，对传统救助方法和福利机构带来不良后果认识的加强，对少年责任感的增强及为家庭缺失儿童建立新的避难所的愿望，以及对儿童福利和少年司法之间联系的认识，更加坚定了人们的一种信念，即不守法纪、无人照管儿童需要得到特别照顾和矫治。于是，1824年纽约成立第一家少年矫治所之后，少年矫治机构就开始在多个国家建立起来。少年矫治机构的基本理念是结构化的环境可以重塑少年的人格，因此，严格的纪律、教育和劳动作为重要的方法被植入少年矫治机构。同时，这些机构还具有广泛的管辖权，犯罪的、流浪的、疏于管教或不服管教的儿童，基本上，所有不守法纪、无人照管的儿童都聚在这里接受同样的矫治，这样就实现了儿童福利和少年司法实践及其机构的有机结合。

尽管到19世纪50、60年代，经费有限、拥挤、管理不善等问题妨碍了矫治机构目标的实现，但在整个美国还是实现了从救济院向矫治机构的转变，同时孤儿院也成为照顾孤儿的主要场所。与此同时，罪错少年的持续增加敲响了保护社会的警钟，出于社会安全维护、财产权保护、伦理道德维护以及社会制度永续发展的考虑，那些云集于污秽小巷的被遗弃的、邪恶而粗鲁的纽约男孩被看作“危险群体”而受到关注。为了保护社会，1853年，布雷斯（C. L. Brace）牧师创建了“纽约儿童援助协会”。纽约儿童援助协会是另一种承载儿童福利制度的混合物，它的首要目标是让儿童离开街头，为无所事事的男孩提供职业培训。并且提供了针对不守法纪、无人照料儿童的受监控的收养家庭。这项措施的意义在于引导了一种福利政策的态势，将儿童作为独特个体对待，相对于家庭福利，儿童福利需求有其独特性。

然而，在美国少年矫治制度发展过程中出现的一些问题值得警惕。一是在庇护所建立之初，这些矫治机构的权限以及迫使少年从事的劳役引起了被监禁少年父母的抗议。最典型的判例是1838年美国宾夕法尼亚州最高法院关于“克劳斯案”的裁定（Ex Parte Crouse. 4 Wharton 9 – 12 [Pa. 1839]）。[①] 在该案中，一个父亲称矫治机构在未经审判的情况下，就应女儿母亲的请求将

① 〔美〕玛格丽特·K. 罗森海姆等编《少年司法的一个世纪》，高维俭译，商务印书馆，2008，第26页。

其女儿置于庇护所的做法是不合法的。但法院赞成庇护所的合法性，裁决认为：费城庇护所是学校而不是监狱，庇护所的安置是矫治，不是惩罚。这充分揭示了儿童福利信仰在少年司法中的支配地位。二是到 19 世纪 50、60 年代为止，庇护所矫治目标被一系列弊端所掩盖，比如有限的资助、过于拥挤、管理不善等。但直到少年法院出现之前，这些矫治机构一直是美国儿童福利的固定标志。

少年庇护所这种实质上的类监禁机构在创立之初就多受诟病，但其间建立的一系列制度和少年司法原则却对少年矫治制度的发展具有重要意义，比如，国家亲权原则、少年与成年犯分押分管原则、少年缓刑官及缓刑制度的建立等。20 世纪之初，美国法院认为，对于屡教不改的少年需要更加持久的耐心的帮助，而不是一次和蔼的抚摸那么简单。当时的少年观护制度也确立了少年控告制度的基本特征，即要求相对人向法院的缓刑部门提出非正式的控告来代替正式的诉状，而由观护人对案件调查之后决定是否接受法院审判。到 20 世纪 20 年代，少年拘留所、观护制度、控告制度成为进步少年司法的显著特征。早期缓刑官对儿童家庭的介入尽管不是完全意义上的社区矫治，但也不是机构内矫治，缓刑官的介入往往意味着这个家庭要有一个不同于以往的改善，比如包括迁居、改善家庭管理、转变不良生活习惯、戒除恶习等。在这个过程中，受过社会工作训练成为担任法院缓刑官的条件之一，这也促进了法院缓刑官的职业化发展。

少年矫治制度在发展过程中，越来越倾向于对罪错少年采取不诉诸司法审理的干预措施，这是基于大部分罪错少年仅犯有轻微罪行。对于犯有轻罪的少年采取其他代替性措施，除了避免造成少年本人耻辱之外，这种处置法也会对公共安全产生良好效果，并且证明是成本效益更好的措施。这种做法基本上成为国际共识，在很多国家，少年案件优先考虑的处遇方式是社区矫治，而不是关进监狱。这些不诉诸司法审判处置触法儿童措施的确切性质和内容应当采取立法的方式加以确定，很多国家制订了各种基于社区的方案，诸如由社会工作者或缓刑监督官监督和指导的社区服务、家庭会议和其他形式的恢复性司法。这些措施尽管不诉诸司法，但对这些措施的适用却绝不意味着随意性，仍须经过一定的司法程序。因此，儿童权利委员会强调：①不诉诸司法审判的转处措施只有在确凿证据证明儿童犯有所指称的罪行、并在未采用恐吓或施加压力的情况下自愿地承认罪责，而且如果未来需要经过司法审判其供认不会作为呈堂证据的情况下，才可采用。②当事儿童必须自由和自愿地书面同意接受转化措施、这种同意应基于对措施的性质、内容及期限充分和具体的了解，并且清楚不予合作、不实施和不完全实施这项措施的后果。尤其应得到不满16岁儿童的家长同意。③法律必须载有具体条款，阐明对哪些案件可采取转处措施，以及对采取转处措施的警察、检察官和其他机构的决定权进行审查，尤其要保护儿童免遭歧视。④儿童必须有机会就主管当局提出的转处措施寻求法律及其他适当的援助。⑤儿童接受的转处措施实施终了应当有最后结案报告。虽然为了行政和审查的目的可以保留转处措施的不公开档案，但不应当视为“刑事记录”，而且曾经受过转处措施处置的儿童不应当被视为有前科的人。关于该事件留下的任何记录，仅有被授权处置触法儿童的主管当局才可查阅这份资料。[①]

我国正在推动少年司法的社会化发展，正在逐步兴起的恢复性司法是社会化的一种创新路径，也是一种全新的司法理念，恢复性少年司法试图引入被害人的作用、补偿性的积极惩罚、非正式的争议解决程序等，对于纠正传统少年司法的缺陷、矫治触法少年的行为和心理、促进其重返社会和秩序恢复等都具有积极意义。少年司法的社会化体现在三个方面：①司法过程的一体化展开，不再从单纯的刑法视角思考问题和解决问题，而是把少年司法作为一个多个阶段有序展开的司法制度，比如从福利到社会再到司法的一体化展开，从维权、教育、预防到矫治、观护多功能一体化展开等。②司法过程引入社区因素。社区是现代社会的基层组织形式，是家庭、学校和儿童生活的基本环境。将社区引入少年司法，帮助矫治少年的行为和心理越来越受到关注。③司法过程引入公众参与，更便于过程的民主性和结果的可接受性。如在圆桌会议中既引入专家意见，也吸收加害方与被害方参加；在少年刑事司法中更多地适用刑事和解，侧重于对社会安定的迅速恢复等，越来越成为各国少年司法通行的做法。[②]

《儿童权利公约》一般性意见指出，少年司法制度应为触法少年提供大量的机会，采取社会和教育措施，以及严格地限制使用剥夺自由的做法，尤其是应作为最后措施，才可实行预审拘留。在诉讼审理阶段，必须作为最后的措施才可以采取剥夺自由的做法，对自由的剥夺应当设置适当最短的期限。这就意味着，必须建立完备的少年社区矫治机制，以便在最大程度上有效地

---

① 参见儿童权利委员会《〈儿童权利公约〉第10号一般性意见（2007）：少年司法中的儿童权利》，CRC/C/GC/10，2007。

② 参见蒋熙辉《以儿童福利为视角的中国少年刑事司法改革论》，《人权》2009年第2期。

使用诸如指导和监管法令、缓刑、社区监督等措施。

我国少年矫治包括社区矫治和机构内矫治，矫治机构包括少年管教所、少年教养所、工读学校（专门学校）。少年管教所是监狱的一种，是国家的刑罚执行机关，是教育改造犯罪少年的矫治机构。少年教养是对轻微犯罪或者有严重违法行为但尚不予追究刑事责任，但屡教不改、危害社会的16～18周岁少年实行强制性教育改造的行政措施。包括劳动教养和收容教育制度。随着我国劳动教养制度的废止，实践中，少年教养所要么撤销要么并入少年管教所，但将这两类不同的少年合并管教是有问题的，劳教人员和监狱服刑人员存在罪与非罪的区别，对他们采取的教育矫治、监督管教措施在司法程序上以及法律后果上也都是不同的。根据少年教养的性质，将其通过合法程序并入社区矫治更加符合被管教少年的福利需求，也更有利于其过正常社会生活，从理论上来说，社区矫治的少年可以接受正规的教育，而在少年管教所中，几乎不可能，国家尽管规定要保障被管教少年接受教育的权利，但实践中这些规定基本成为一纸具文。工读学校在2005年《未成年人保护法》修改的时候被改为“专门学校”，但这样的改动不解决实质问题。工读教育是对有严重不良行为的少年进行特殊教育的半工半读学校，是基础教育的一种特殊形式，也是义务教育的补充部分。经过几十年的发展，由于工读教育的标签作用，加上管理招生、矫治模式简单化等运作管理问题，工读教育一度陷入困境。近几年，工读教育在教育方式、运行模式方面做出了探索，并和职业教育相结合，加强学生心理社会化发展的培育，工读教育初步进入良性的发展阶段。

总体而言，我国的罪错少年矫治制度还局限于剥夺或限制自由的机构内矫治，形式单一，而进入社区矫治的少年非常少，这和我国将社区矫治简单地定义为刑罚执行方式，并限于管制、缓刑、假释、监外执行四类情况有关系，因此，我国的罪错少年矫治制度在矫治观念、模式、方法手段等方面都亟须变革。首先，在矫治观念上要充分考虑接受矫治少年的福祉，这一精神在涉及儿童保护的《儿童权利公约》、《联合国少年司法最低限度准则》和《联合国被剥夺自由少年准则》等国际文件当中都有所体现。其次，亟须加强有关少年违法犯罪人员矫治立法，这也是其他国家矫治问题规范化和制度化的通常做法。再次，扩大适用非监禁化的处遇措施。对待犯罪少年，特别是原来适用劳动教养和收容教育的少年，要通过正当程序，需要矫治的进入社区矫治体系，因此，要加强社区矫治的规范化和制度化。最后，矫治方式和方法的科学化，无论是心理矫治还是行为矫治，都需要运用心理学、社会学、法学、医学、儿童发展等知识和方法进行，这也是罪错少年的特殊需求。[①]

二　综合性的少年司法

少年司法制度是指少年司法机关和其他司法机关运用法律，处理少年诉讼案件和非诉讼事件的制度，是这些机关的性质、任务、组织体系、活动原则和工作制度的总称。[②] 少年司法中儿童权利的保护集中规定在《儿童权利公约》第40条中。我国《预防未成年人犯罪法》和《未成年人保护法》等法律法规也有类似的规定。从内容上看，尽管《未成年人保护法》对未成年人权利保护更广，“司法保护”一章不仅涉及刑事司法，还涉及民事和行政司法，包括子女监护、离婚后子女抚养、收养等，但作为保护儿童权利的主要立法，《未成年人保护法》尚属一般立法，关键是不便于在诉讼中适用。值得一提的是，2012年修订的《刑事诉讼法》新增了“特别程序”一编，其中第一章专门规定了“未成年人刑事案件诉讼程序”，内容涉及对犯罪的未成年人实行教育为主、惩罚为辅的原则，还涉及对触法少年的辩护权保护、社会调查、少用监禁、分押分管、监护人到场、附条件不起诉、不公开审理、犯罪记录封存、专业化等。该法律的修订不仅使涉及刑事司法少年的权利保护有了基本法的依据，而且对以后刑事诉讼制度的发展和完善也具有指导意义。基于儿童权利保护的内容本书其他部分多有涉及，因此，这里所说的少年司法保护主要集中讨论刑事司法中儿童的保护。

一项少年司法综合政策必须包含这样一些核心内容，即预防少年犯罪、不诉诸司法审理的干预措施和在司法过程中采取的干预措施；少年司法的最低罪责年龄和最高年龄限制；保障公平审理；剥夺自由，包括预审拘留和审判后的监禁。少年司法政策若不制定出一整套旨在预防少年犯罪的措施，对少年的保护就是极不完整的。因此，综合的少年司法政策既包括实体规则也包

---

① 参见贾洛川《中国未成年人违法犯罪人员矫正制度研究》，中国人民公安大学出版社，2005，第293～295页。

② 参见鲁明键《中国司法制度教程》，人民法院出版社，1991，第3页；林准等主编《中国少年犯罪与司法》，世界知识出版社，1993，第4页；熊先觉：《中国司法制度新论》，法制出版社，1999，第8页。

括程序性规则，既包括关于预防少年犯罪的规则，也涉及少年刑事犯罪及其惩罚规则。前者除相关的刑事法规则之外，还涉及民事法规则、行政法规则、社会保障法规则等，我国的《未成年人保护法》《预防未成年人犯罪法》《治安管理处罚法》等法律法规含有少年不良行为处置的规定；后者涉及《刑法》《刑事诉讼法》《关于审理未成年人刑事案件若干问题的规定》，以及其他附属刑事法中关于少年犯罪及处理程序方面的规则。

（一）少年犯罪预防

预防少年犯罪作为少年司法核心内容的首要方面，一直是人类苦苦思索的重要议题。基本的思路就是从少年社会生态环境考虑少年犯罪的预防问题，上文多有涉及，此不赘述，但需要强调的是，联合国对预防少年犯罪给予了特别的关注，并把这看作少年司法不可或缺的一部分，是有其理论和司法实践根据的，相关的规则集中体现于《联合国预防少年犯罪准则》，尤其强调支持罪错少年通过家庭、社会、同龄人、学校、职业培训和工作环境，以及通过各种自愿组织成功地走向社会化和达到融合。

我国在少年司法领域一直强调犯罪治理，特别是改革开放政策打破了传统的城乡分隔状况和终生固定化的生活模式，城乡社会流动频繁，儿童生态环境改变的同时，少年犯罪问题也呈现多样化和暴力化等倾向，儿童福利政策模式“司法化”和道德化倾向明显，集中体现在儿童福利服务分散在多个政府部门和工青妇组织中，分隔化服务体系成为这种条块分割和多元行政管理主体儿童福利制度基本结构性特征之一，而与此同时，儿童的生活照顾和国家社会保护则受到忽略。基于此，我国少年司法综合政策有两种取向，一是儿童司法政策模式“刑事化”，以预防和打击青少年犯罪为政策指导，这种状况一直到20世纪90年代《未成年人保护法》颁布之前都没有实质性的转变，而对于流浪儿童不利于社会安定的看法直到2003年收容遣送制度废止之后才有所转变，在此之前的一些法律政策中有保护儿童权益的规定，但更多地是从刑事政策角度对少年违法犯罪的宽大处理，与现代意义上的少年司法教育矫治的旨趣并不相同。二是少年政策的道德化倾向明显，这一取向着重于对儿童的政治思想教育，儿童福利政策发展动力源泉趋于“政治化”，儿童生存和发展的需求、生活照顾和国家社会保护的考虑非常缺乏。

这里所说的犯罪预防并不是指“身份犯”或者对于没有触犯刑法的违法少年追究刑事责任，而是对于那些有不良行为或违法行为的少年，采取相应措施及时地给予心理和行为矫治，防止其发展为罪犯。而根据心理学和行为科学研究，这种干预根据需要有可能延伸至儿童生活早期，因为，如前文所述，青春期的越轨行为一类是基于这个特定时期的心理发展不畅，将随青春期的结束而停止；而另一类则有可能源自儿童发展早期，其越轨行为不会随青春期的结束而停止，有可能发展为犯罪。对这两类行为要区别对待，采取不同措施进行干预。对于前者稍加引导和疏解就可以收到效果，而后者则引起了国际社会和各国少年司法制度的高度关注。

我国《预防未成年人犯罪法》第一次明确界定了少年不良行为，并将其分为违背社会公德的一般不良行为和有严重社会危害性但尚不构成刑事犯罪的严重不良行为。对这些少年不良行为的处置，我国采取行政措施而不采用少年刑事司法程序。关于一般不良行为，有论者总结为三个特点：①容易引发少年犯罪行为；②其是与少年行为标准相悖的行为，或违反了社会治安管理法规；③不符合给予治安处罚的条件或者送交专门教育等特殊教育保护条件。[①] 一般不良行为的实施主体并不限于青春期的少年，还可能涉及更小的孩子，这无意中契合了国外关于少年越轨行为根源于儿童早期的研究。该法规定的一般不良行为包括：旷课、夜不归宿；携带管制刀具；打架斗殴、辱骂他人；强行向他人索要财物；偷窃、故意毁坏财物；参与赌博或者变相赌博；观看、收听色情、淫秽的音像制品、读物等；进入法律法规规定少年不适宜进入的营业性歌舞厅等场所等。根据该法和其他法律的相关规定，对于一般不良行为的处置通常采取社会性的、非司法性的预防、教育和保护措施，带有更多的福利色彩，更多的是对父母、学校、社会和国家机关的要求，而不是针对不良少年。

严重不良行为的基本特征包括：①实施主体更可能是青春期的少年；②行为人的主观方面限于故意；③具有严重的社会危害性；④尚不够刑事处罚的条件，分为两种情况，一是具有严重的社会危害性，但尚未达到刑事犯罪的程度；二是虽然达到刑事犯罪的程度，但行为人未达到刑事责任年龄，不认为是犯罪。[②]《预防未成年人犯罪法》规定的严重不良行为包括：①纠集他人结伙滋事，扰乱治安；②携带管制刀具，屡教不改；③多次拦截殴打他人或者强行索要他人财物；④传播淫秽的读物或者音像制品等；⑤进行淫乱或者色情、卖淫活动；⑥多次偷窃；⑦参与赌博，屡教不改；⑧吸食、注射

---

① 参见姚建龙《长大成人：少年司法制度的建构》，中国人民公安大学出版社，2003，第 124 页。

② 参见姚建龙《长大成人：少年司法制度的建构》，中国人民公安大学出版社，2003，第127～128 页。

毒品等。对严重不良行为少年的处置则不同于对一般不良行为少年的处置，对于这些少年，可以根据其年龄和责任能力、主观恶性、危害后果等给予相应的行政处罚、教育保护措施等。根据《预防未成年人犯罪法》等法律法规，对有严重不良行为的少年可以采取如下处置措施：①管教。其父母或者其他监护人和学校应当相互配合，采取措施严加管教。②对未成年人送入工读学校进行矫治和接受教育，应当由其父母或者其他监护人，或者原所在学校提出申请，经教育行政部门批准。工读学校对就读的未成年人应当严格管理和教育。工读学校除按照义务教育法的要求，在课程设置上与普通学校相同外，应当加强法制教育的内容，针对未成年人严重不良行为产生的原因以及有严重不良行为未成年人的心理特点，开展矫治工作。家庭、学校应当关心、爱护在工读学校就读的未成年人，尊重他们的人格尊严，不得体罚、虐待和歧视。工读学校毕业的未成年人在升学、就业等方面，同普通学校毕业的学生享有同等的权利，任何单位和个人不得歧视。③未成年人有《预防未成年人犯罪法》规定的严重不良行为，构成违反治安管理行为的，由公安机关依法予以治安处罚。因不满十四周岁或者情节特别轻微免予处罚的，可以予以训诫。④收容教养。未成年人因不满十六周岁不予刑事处罚的，责令他的父母或者其他监护人严加管教；在必要的时候，也可以由政府依法收容教养。未成年人在被收容教养期间，执行机关应当保证其继续接受文化知识、法律知识或者职业技术教育；对没有完成义务教育的未成年人，执行机关应当保证其继续接受义务教育。解除收容教养、劳动教养的未成年人，在复学、升学、就业等方面与其他未成年人享有同等权利，任何单位和个人不得歧视。⑤收容教育是对卖淫、嫖娼人员集中进行法律教育和道德教育，组织参加劳动生产以及进行性病检查、治疗的行政强制措施，在《预防未成年人犯罪法》中并没有规定收容教育，但在1993年国务院发布的《卖淫嫖娼人员收容教育办法》中，规定对年满十四周岁有卖淫嫖娼行为但尚不够劳动教养条件的可以采取收容教育措施，可见，收容教育是劳动教养的一个补充性措施，随着劳动教养制度的废止，收容教育措施也无法继续实施了。⑥强制戒毒。强制戒毒是由公安机关决定并执行的戒毒方式。《禁毒法》规定，未成年人的父母或者其他监护人应当对未成年人进行毒品危害的教育，防止其吸食、注射毒品或者进行其他毒品违法犯罪活动。不满十六周岁的未成年人吸毒成瘾的，可以不适用强制隔离戒毒。对依照规定不适用强制隔离戒毒的吸毒成瘾人员，依照《禁毒法》规定进行社区戒毒，由负责社区戒毒工作的城市街道办事处、乡镇人民政府加强帮助、教育和监督，督促落实社区戒毒措施。总体来看，这些措施偏重于惩罚性，而且基本都是适用于成年人的惩戒措施，不是针对少年人特点的措施，剥夺人身自由也未经过正当司法程序而是由行政机关决定，并在封闭和半封闭机构中执行，这些措施有损于少年的健康发展，与少年保护的精神不符。

（二）少年司法对福利的追求

正如欧美少年司法研究显示，儿童福利与少年司法的确是互为表里，一体两面的关系。这不仅可以从少年司法的建立和发展过程中得以证明，从儿童福利制度和少年司法制度的关系上也有所体现。一方面，表现在儿童福利对少年司法的支持。可以发现，少年司法，特别是民事司法和行政司法直接体现了对儿童福祉的关注，比如，少年案件处理过程中对儿童最大利益的关注，司法审理中对涉案少年遵循适应原则等。作为制度层面的儿童福利几乎覆盖了少年司法的方方面面。另一方面，体现为少年司法对儿童福利的支持。事实上，少年司法创设目的是为了实现儿童福利，也就是说为实现儿童利益最大化。儿童福利除了为少年司法提供非司法性救助、援助、辅导等措施外，亦依托后者强力推进儿童的教育、医疗、卫生等各项儿童福利事业之实现。特别是对于接受机构矫治的少年，其福利的实现在很多情况下要依靠少年司法政策的规范和引导。因此，可以看到，少年司法与儿童福利的关系或者说对儿童福利的追求体现在少年司法产生和发展过程当中，也体现在少年司法所遵循的一般性原则当中，还体现在少年司法遵循的程序性规则当中。

1. 少年司法的整体发展

儿童福利政策的更替可以用来说明少年司法的发展，但在中国，这种联系是断裂的。就少年司法的发展史来看，1899 年世界上第一部少年法院法——《无人照管、忽视及罪错儿童处遇和监管法令》——在美国诞生，开启了少年司法人道主义改革的初步尝试，促进将儿童特殊需求和公共责任载入少年法的实践，法官也开始以矫治的方法促进违法犯罪少年康复和再社会化而不是单纯地采用惩罚措施。当然，在少年法院艰难的创立过程中，也展示了儿童保护理想与民意之间的紧张关系，这种紧张关系被《联合国少年司法最低限度标准规则》表达为一些哲理性矛盾。少年法院能否更有利于实现那些罪错少年的福祉，如何发挥它在保障儿童福利中的作用等问题随着实践的发展渐渐显露出其多面性的特征。

少年法院在 20 世纪末发展为准司法性机构，开启了少年司法的时代，它的许多“定义性特征”，包括不公开审理、案卷保密、控告制度、少年犯拘留所和缓刑官等制度，都是逐步形成、逐步完善的。改革者们坚信，将儿童从严厉的刑事司法中解脱出来将成为改善儿童社会地位的具有历史意义的贡献，他们坚信国家亲权原则，并认为少年应当与成人分管分押、设立专职法官等做法有利于少年福利的实现。少年法院的早期尝试也开启了少年司法的广阔前景，办理无人照管、罪错儿童及其家庭的所有案件，目的在于实现儿童福利。少年司法的突出贡献表现在很多方面，比如，缓刑（观护）制度的建立。观护人是“法院的右臂”，他们调查家庭、访谈邻居教师等相关人员、向法官提出处遇建议、庭审时担任儿童的代理人、执行缓刑期内的监管等，在某种程度上可以说，少年法院的成功应当归功于观护人训练有素和富有成效的工作。观护人对儿童家庭的介入被看作一种“治疗状态”，在此过程中，观护人力求使“越轨者”及其家庭正常化，在做这些工作过程中，需要具备心理学、社会学等专门知识和技能，因此，观护人应当由受过社会工作理论训练的人员担任。除了以上少年司法定义性特征之外，少年法院增设精神病诊所也是少年司法改革的重要方面，将心理学和精神病学的方法运用于预防少年罪错。1923 年，美国儿童局的阿伯特在提交给少年法院规范化委员会的报告中指出，少年司法的理念和原则包括：①少年法院本着宽大的司法理念受理所有需要国家观护的儿童案件，而无论此诉讼是以儿童还是未尽义务的成年人的名义提出；②法院应对涉及的每个儿童都有全面而准确的认识；③治疗方案要适合每个个体的需求；④应当优先考虑安置儿童于家庭或社区中，除非有足够的证据表明这种安置不符合儿童的最大利益。①

因此，“少年司法”在建立之初就有追求少年福利的意蕴，少年司法意在既保护少年也保护社会的双保护原则下，以实现增进少年福祉、注重个别处分以及不诉诸司法审判的措施，避免只采用惩罚性的处分，以有效区别于普通刑事司法，使罪错少年及无人照顾的儿童得到更多的关心和爱护，促使其顺利回归社会。从域外经验看，少年司法和普通刑事司法的差异性尽管几经波折，特别是近些年有所削弱并有部分融合趋势，但两者之区别仍根深蒂固，基本理念及运作程序仍体现出各自的特征。② 少年司法的独特理念和特征体现于所遵循的一般性原则以及具体的少年司法程序性规则（原则）当中。

---

① 参见儿童权利委员会《〈儿童权利公约〉第 10 号一般性意见（2007）：少年司法中的儿童权利》，CRC/C/GC/10，2007。

② 参见张鸿巍《儿童福利视野下的少年司法路径选择》，《河北法学》2011 年第 12 期。

如今的少年司法和其创建之初的设想相去甚远，当少年法院19世纪末在美国建立之时，更多地带有儿童福利的色彩，少年法院是为了增强政府对儿童和父母的管辖而建立，并成为执行新的家庭生活法定标准以及监察失败家庭儿童的移管和处遇的公共管理机构。美国少年法院的建立是慈善家露西·弗劳尔和儿童福利专家朱莉亚·莱斯罗普所发起的少年司法制度人道主义改革的成果，1899年世界上第一部少年法院法通过，库克郡少年法院得以设立，无人照管、疏于管教以及被指控犯罪少年的案件都可以在独立的少年法院接受审理。具有专业知识和同情心的法官适用个别化的处遇方法对少年进行矫治，促进其康复及再社会化，而不是单纯的加以惩罚。少年法院的创设者将其设计为儿童的庇护所，它不仅可以使少年脱离严厉的刑事司法体系，而且能够使他们免于因遭受刑罚而打上犯罪的标签。但是这个设想以及少年法院的许多本质性特征，比如，不公开审理、案卷保密、控告制度、少年犯拘留所和缓刑官制度等都是后来逐步形成的。

在少年法院发展并逐步成熟的过程中，少年法院审理模式也存在分歧，并呈现多种模式并举的局面，这在我国进行少年司法改革的过程中也有所体现。在美国少年法院成立早期，也出现了衡平法院程序是否适用于少年法院的问题，两个极端的例子是采用非正式审理模式的芝加哥少年法院和直到20世纪30年代仍然保留绝大多数普通刑事司法程序特征的纽约少年法院。[①] 芝加哥少年司法制度是现代少年司法制度形成时期的一个代表。

在芝加哥少年法院成立之初，其各项工作都不规范，这也是少年司法制度建构之初的特点。其少年拘留所、缓刑制度、控告制度、不公开审理制度等都是在少年法院革新过程中逐渐完善的。在芝加哥少年法院发展中还揭示了少年司法另外一个特点，即少年司法的广泛性，无人照管、罪错少年及其家庭的所有案件都属于少年司法的范畴。

少年司法经过一百多年的发展，经过了福利模式、司法模式、社会/司法模式等，其间总是绕不开保护少年和维护社会安全等哲理性矛盾，因此，在关于少年司法的法律和政策上也或多或少能看到这些矛盾的痕迹，少年司法实践中更是经过了多番折腾，少年案件也在普通法庭和少年法庭之间摇摆不定。但就国际社会来说，一直强调的是少年司法当中的非刑事干预措施，并提出了一系列少年司法应当遵循的原则和少年司法特别制度。

---

① 〔美〕戴维·S. 坦嫩豪斯：《20世纪少年法院的演化——超越完美建构的神话》，载〔美〕玛格丽特·K. 罗森海姆等编《少年司法的一个世纪》，高维俭译，商务印书馆，2008，第52页。

2. 少年司法基本原则

体现于《儿童权利公约》当中的儿童权利保护的一般性原则同时被儿童权利委员会定义为少年司法综合政策的主导原则，包括保护儿童最大利益原则、不歧视原则、尊重儿童意见原则、保护儿童生存和发展权原则。其中保护儿童最大利益原则在上文有所涉及，此不赘述。为了确保所有触法儿童得到平等的对待，不歧视原则要求注意在少年司法当中存在的事实歧视和差别对待的情况。对儿童的歧视可能源于多种渠道，比如，由于政策上的不平等，流浪儿童、女孩、残疾儿童、罪错儿童等困境儿童的利益受到危害。这些困境儿童在求学或求职的过程中，也可能成为歧视的受害者。为消除歧视的发生，需要采取相应措施，比如，对所有从事少年事务的人员进行培训，建立增强对少年罪犯平等待遇和提供纠正、补救和补偿措施的规则、条例或程序；对包括触法少年在内的困境儿童提供充分的支持，协助他们重新融入社会。同时，在少年司法中还需警惕“身份犯”的发生，也就是某些行为的主体若是成人不被视为犯罪，若是儿童却被视为犯罪的情形。由此，《联合国预防少年犯罪准则》明确指出：为防止青少年进一步受到伤害和刑事罪行处分，应制定法规，确保凡成年人所做不视为违法或不受刑罚的行为，如为青少年所做，也不视为违法且不受刑事追究。[①] 此外，在处置诸如流落街头或离家出走的儿童时，应采取适当措施保护儿童，包括对家长或其他监护人的支持，以及其他旨在从根源上解决这种行为的措施。

保护儿童生存和发展权原则意在促使国家出台预防少年犯罪的法律政策，毫无疑问，少年犯罪必将对儿童的发展产生极为不利的影响。此外，这项原则的意义还在于促进以有利于儿童生存和发展的方式处置少年犯罪的司法政策。比如，对少年触法者禁止使用死刑和无释放可能的终身监禁；鉴于剥夺自由对儿童的发展会产生极为不利的影响，严重地妨碍其重新融入社会，因此，对儿童的逮捕、拘留或监禁应符合法律规定，且仅应作为最后手段，期限应为最短的适当时间，从而充分尊重儿童的发展权。正如《儿童权利公约》所确认的，被剥夺自由儿童的权利，适用于触法儿童，和出于照顾、保护或治疗儿童目的被安置在各类院所的儿童，或移民收容院的儿童。

尊重儿童意见的原则体现在少年司法的各个阶段，要求充分尊重和落实儿童就一切涉及其本人的事务自由地发表意见的权利。这项原则还应当包括

---

① 参见《联合国预防少年犯罪规则》第 56 条。

在审前、审理中，以及之后的执行刑罚过程中，触法儿童有权自己以及通过其代理人，包括聘请律师或通过其监护人，就被指称或指控罪名发表意见并进行辩护，还包括对证人提问等。

除了这四项儿童保护的一般性原则，《儿童权利公约》还就如何对待触法儿童提出了一系列基本原则，这些原则也可以被看作触法少年应当享有的权利，包括：①符合儿童尊严和价值感的待遇。这项原则体现了《世界人权宣言》所载的基本人权。从与执法机构接触即刻起，在整个处置儿童的过程中，直至落实所有涉及儿童的措施方面，都必须尊重和保护这项固有的权利。②增强儿童对他人的人权和基本自由的尊重。这也意味着，在少年司法体制内，对儿童的待遇和教育应旨在培养对人权和自由的尊重，这项权利具体体现于该《儿童权利公约》第 40 条。显然，这项少年司法的原则要求充分尊重并实施公平和公正审理。若少年司法中的主要行为者，诸如警官、检察官、法官和缓刑监督官不能充分尊重和保护这些权利，那么我们就无法期待在不尊重他人人权和自由行为影响下成长的儿童将来会尊重他人的人权和基本自由。③考虑儿童年龄和促进儿童重新融入社会。从与执法机构接触即刻起，直至在处置当事儿童的整个过程期间都必须运用、恪守和尊重这项原则。这就需要实施少年司法的所有专业人员了解儿童的发展情况、成长过程，了解怎样做符合儿童的福祉，什么是暴力侵害儿童的行为等。这就要求必须禁止和防止一切对待触法儿童的暴力行为。报告表明，实践中，从接触警察，到在预审拘留期间以及被判刑剥夺自由，儿童在治疗和其他设施的关押期间等所有少年司法程序阶段都发生过暴力现象。①

3. 少年司法程序性原则及相应的权利

儿童权利委员会还指出，获得公正公平审判的前提在于从事少年司法工作人员的素质，因此，对相关专业人员，包括警察、公诉人、代理人、法官、社会工作者等进行系统性的培训至关重要，以帮助他们熟悉儿童身心发展和社会交往能力，熟悉残疾儿童、流离失所儿童、街头流浪儿童、少数民族儿童、女童等困境儿童的特殊需要。儿童因其特殊性，特别是这些困境儿童的特殊性，以及少年案件的特殊性，相对于以强大的国家机器为依托的司法力量而言，处于更加不利的地位。这种双重不利因素更加强了司法机关行使职权的过程及其结果对少年的人格尊严、自由甚至生命的影响，这种客观存在

---

① 儿童权利委员会：《〈儿童权利公约〉第 10 号一般性意见（2007）：少年司法中的儿童权利》，CRC/C/GC/10，2007。

的影响力，极易转化为对其权利的侵害。因此，在司法中的儿童应当享有一些特殊的保障和权利，比如下面将叙述的一些重要原则，以及与这些原则相关的权利。

少年刑事司法中的少年权利涉及被控少年的权利和被剥夺自由少年的权利问题，前者指《儿童权利公约》第 40 条所确认的几种情况，即被指称、指控或认为触犯刑法的儿童的权利；后者指受到各种形式监禁儿童的权利。有时候，被控儿童的自由也会受到限制，被剥夺自由可能发生在少年刑事司法的各个阶段，包括侦查、起诉、审判和执行阶段，但因剥夺自由之后少年的权利与未剥夺自由之前的权利有所不同，因此，将对被控少年的权利和剥夺自由少年的权利分别论述。《儿童权利公约》只提供了一个最低的保障，表明被控少年“至少应得到下列保障”，这就意味着对被控少年的保障措施还应包括其他国际和区域人权条约中适用于儿童的条款。

少年刑事司法过程中对被控少年的特别保护，是基于少年案件的特点及案件主体的特需而规定的，少年除享有普遍意义上的诉讼权利外，还应享有一些特殊的诉讼权利，遵循一些特殊的诉讼原则。一方面，少年在心理、生理以及发育上的特点决定了他们并不具备完全辨别是非的能力和自我控制能力，更容易受到社会不良环境的侵蚀和毒害，行为上表现为反传统、反社会。同时，较之成年人，触法少年具有较强的可塑性，更容易受到矫治。基于此，触法少年除享有成人的诉讼权利外，还享有更多的权利，例如，由分离原则、少用监禁的原则、特别保护原则等所确定的诸项内容而产生的权利。也因此，少年司法制度的管辖范围大于普通刑事司法，除管辖犯罪行为外还包括严重违法行为。少年司法本质上所注重的是预防性和保护性。另一方面，少年刑事诉讼因案件性质的特殊性，在当事少年诉讼权利方面给予特殊的保护，少年案件的处理也有一些不同于普通刑事诉讼的规定。少年诉讼围绕的是被指控少年为什么违法犯罪，少年案件的处理应该考虑社会对触法少年的“补偿和救助”。少年案件的特殊性和追诉主体的特殊性这两方面之间“内容”不同，“原因”各异，后者尤重“理性”以及主体的“特需”，这种“特需”是由少年的特点和特征所引起的“需要”。

被控少年保护的原则及其权利。我国《刑事诉讼法》、《未成年人保护法》、《预防未成年人犯罪法》、《关于审理未成年人刑事案件的若干规定》、《联合国少年司法最低限度标准规则》（以下简称《北京规则》）、《联合国预防少年犯罪准则》（《利雅得准则》）、《儿童权利公约》以及其他一些相关的国内国际法律文件，都对少年司法中的权利保护做了规定，被控少年也享有其他法律规范中被控成人享有的权利，一些在普通刑事司法中适用的原则，对被控少年也具有特别重要的意义，需要加以强调，比如，罪刑法定原则，涵括了少年司法不得追溯既往规则，即任何儿童都不得因发生之时国内法或国际法未加禁止的行为或不行为，而依据刑法受到指控或被判刑。除此之外，因司法中的少年系未成年人这一特点，还适用一些对少年的特别保护原则和享有更多的司法权利。

（1）少用监禁原则。少用监禁原则应当体现在审前和审后各个阶段。《刑事诉讼法》第 269 条规定，对未成年犯罪嫌疑人、被告人应当严格限制适用逮捕措施。《儿童权利公约》对少用监禁也给予了必要的注意，规定："不得非法或任意剥夺任何儿童的自由。对儿童的逮捕、拘留或监禁应符合法律规定并仅应作为最后手段，期限应为最短的适当时间。"《北京规则》规定："应使主管当局可以采用各种各样的处理措施，使其具有灵活性，从而最大限度地避免监禁。"

（2）专业化原则。少年的特点决定了相关执法人员应当具备相应的法学、社会学、心理学等方面的知识，还应当具备熟悉少年的特点、理解少年的行为特征等方面的素质。少年案件的特殊性决定了执法机构应当符合专业化标准。国际文件也体现了对执法人员和机构的专业化要求。专业资格是确保公正有效地执行少年司法制度的一个重要因素。《北京规则》第 12 条对警察内部的专业化做了规定，指出"特种警察小组不仅对实施本文件中所载的具体原则是不可缺少的，而且，从广义上说，对改善少年犯罪的预防和控制及少年犯罪的处理也是不可缺少的"。还规定，应使所有处理少年案件的人员具备并保持必要的专业能力。《儿童权利公约》也规定："缔约国应致力于促进规定或建立专门适用于被指称、指控或确认为触犯刑法的儿童的法律、程序、当局和机构。"《未成年人保护法》第 55 条规定，"公安机关、人民检察院、人民法院办理未成年人犯罪案件和涉及未成年人权益保护案件，应当照顾未成年人身心发展特点，尊重他们的人格尊严，保障他们的合法权益，并根据需要设立专门机构或者指定专人办理"。其他相关的法律法规中也有类似规定。

（3）保护隐私权原则。基于少年特点，少年司法中对其隐私做了特别的保护。比如审判不公开原则就反映出对少年隐私保护的考虑。《公民权利和政治权利国际公约》第 14 条出于平等和公正的考虑规定了审判公开原则，但是，其中又规定，“除非少年的利益另有要求……”。《儿童权利公约》规定触法少年的“隐私在诉讼的所有阶段均得到充分尊重”。《未成年人保护法》规定：“十四周岁以上不满十六周岁的未成年人犯罪的案件，一律不公开审理。十六周岁以上不满十八周岁的未成年人犯罪的案件，一般也不公开审理。”还规定“对未成年人犯罪案件，在判决前，新闻报道、影视节目、公开出版物不得披露该未成年人的姓名、住所、照片及可能推断出该未成年人的资料”。

（4）提供特别援助原则。《北京规则》对法律援助和父母到场做了规定。“在整个诉讼程序中，少年应有权由一名法律顾问代表，或在提供义务法律援助的国家申请这种法律援助。”“父母或监护人参加的权利则应被视为是对少年一般的心理和感情上的援助，在整个程序过程中都是如此。”《儿童权利公约》要求，独立公正的主管当局或司法机构在其得到法律或其他适当协助的情况下，通过依法公正审理迅速做出判决，并且须有其父母或法定监护人在场，除非认为这样做不符合儿童的最大利益，特别要考虑到其年龄和状况。被控少年在被告知所犯罪名的同时，应有权“获得准备和提出辩护所需的法律或其他适当协助”。除此之外，对被控少年的特别援助还包括诸如法定代理人制度、必要辩护制度、免费翻译权等。《预防未成年人犯罪法》第 44 条规定“司法机关办理未成年人犯罪案件，应当保障未成年人行使其诉讼权利，保障未成年人得到法律帮助，并根据未成年人的生理、心理特点和犯罪的情况，有针对性地进行法制教育。”《刑事诉讼法》第 270 条规定，对于未成年人刑事案件，在讯问和审判的时候，应当通知未成年犯罪嫌疑人、被告人的法定代理人到场。这项制度应被看作对少年心理和感情上的援助。只有法定代理人到场起到相反作用时，才可以对他们的到场加以限制。

（5）适应原则。对少年的处遇不仅要符合少年利益，还要与其个人情况和违法行为相称。《儿童权利公约》要求，应规定或建立专门适用于被指称、指控或确认为触犯刑法儿童的法律、程序和机构；应采用多种处理办法，诸如照管、指导和监督令、辅导、察看、寄养、教育和职业培训方案及不交由机构照管的其他办法，以确保处理儿童的方式符合其福祉并与其情况和违法行为相称。《北京规则》第 11、16、18、19、20、24 条以及《儿童权利公约》第 40 条都反映出少年司法的适应原则。另外，儿童还有陈述意见的权利。《儿童权利公约》要求，在影响到儿童的任何司法和行政诉讼中，“以符合国家法律的诉讼规则的方式，直接或通过代表或适当机构陈述意见”。

以上少年司法诸项原则适用于少年司法的各个阶段，在少年司法的审前阶段、审判中以及判决及之后阶段，触法少年还有各个阶段特有的权利。《儿童权利公约》第40条涉及审前、审理中以及判决中儿童的诸项权利。

审前阶段儿童的几项权利包括：①不受非法指控。“任何儿童不得以行为或不行为之时本国法律或国际法不禁止的行为或不行为之理由被指称、指控或认为触犯刑法。”②无罪推定原则。所有被指称、指控或认为触犯刑法的儿童“在依法判定有罪之前应视为无罪”。该原则在我国《刑事诉讼法》中也有明确体现，“未经人民法院依法判决，对任何人都不得确定有罪”。③被告知权。被指控少年应当“迅速直接地被告知其被控罪名，适当时应通过其父母或法定监护人告知”，而并没有要求缔约国承担将少年状况告知其父母或监护人的责任。立即通知少年所控罪名以及让其了解控告的性质和原因，并同时告知少年的父母和监护人对少年的保护是非常重要的，这不仅涉及父母等家人对该少年心理和情感上的援助，便于少年改恶迁善，还涉及法律或适当援助权利的实现。

根据《儿童权利公约》，审理中少年的权利包括：①迅速审判。“要求独立公正的主管当局或司法机构在其得到法律或其他适当协助的情况下，通过依法公正审理迅速作出判决……。”②不得被迫自证其罪。被控少年“不得被迫作口供或认罪”。早在18世纪，不得强迫自证有罪就成为一项宪法原则。③特别审判方式。在对少年案件的审理中，应特别照顾少年的特点，注重教育和感化对少年自我更新的作用。与普通审判相比，少年法庭的审判犹如摆事实讲道理的会议，目的不是力图用法律手段证明少年被告人确实有罪，而是帮助、指导有非法行为的少年。特别的审判方式还体现在对被控少年要进行全面的调查和了解，以便由专门的法官做出“最有利于儿童”的个别化处理。④对质权。律师或其他代理人有必要告知相关儿童，他们有权“盘问或要求盘问不利的证人，并在平等条件下要求证人为其出庭和接受盘问”。⑤上诉权。“若被判定触犯刑法，有权要求高一级独立公正的主管当局或司法机构依法复查此一判决及由此对之采取的任何措施。”

判决及以后阶段少年被告人的权利。对少年的判决要和其个人情况相适应，并确认只有在权威当局获得了少年的全部个人情况后，才可能做出适当的判决。包括：①不适用死刑和终身监禁。《公民权利和政治权利国际公约》有对少年犯不适用死刑的规定。《儿童权利公约》将不适用刑罚的范围扩大到无释放可能的无期徒刑，规定：“对未满18周岁的人所犯罪行不得判以死刑或无释放可能的无期徒刑。”这一原则的根据是，不够成熟的少年人，很难真正理解其行为的后果和生命的意义，死刑对他们是不适当的。《儿童权利公约》首次提出禁止对不满 18 周岁的儿童判处无释放可能的终身监禁。刑法第 49 条规定：“犯罪的时候不满十八周岁的人和审判的时候怀孕的妇女，不适用死刑。”②剥夺少年的自由，应该作为最后手段并应为最短的适当时间。《儿童权利公约》要求缔约国“应采用多种处理办法，诸如照管、指导和监督令、辅导、察看、寄养、教育和职业培训方案及不交由机构照管的其他办法，以确保处理儿童的方式符合其福祉并与其情况和违法行为相称”。

被剥夺自由少年的权利。被剥夺自由指对一个人采取任何形式的拘留或监禁，或将其安置于公营或私营处所，由于任何司法、行政或其他公共当局的命令而不允许自行离去。根据人权委员会的解释，剥夺自由应当包括任何形式限制自由的行为，无论是基于刑事程序或精神康复程序，还是基于教育或移民目的。被剥夺自由的个人有权享有全部国际法上的权利。因此，剥夺自由不限于逮捕、拘留或监禁。国际法保护被剥夺了自由个人的权利，尤其注重对涉及刑事责任而受到指控、被拘禁的人，特别对其中的儿童的权利的保护。

《北京规则》第 19 条及其说明指出，用监禁形式剥夺自由还存在可能导致负面效应的危险。这种负面效应可能来自剥夺自由本身以及不可避免地和少年原来生活环境分离的影响。这种负面影响发生在人生的早期阶段，所以负面的效应更剧烈也更难以克服。《联合国保护被剥夺自由少年规则》声明，“本《规则》旨在制订出符合人权和基本自由为联合国所接受保护以各种形式被剥夺自由少年的最低限度标准，目的在于避免一切拘留形式的有害影响，并促进社会融合”。该规定表明拘留形式是有害的，并敦促各国照料好被拘留少年，让他们重返社会是一项重要的社会服务，为此目的，应采取积极步骤，促进少年与当地社区的公开接触。

儿童自由受到剥夺的方式包括：一是酷刑或其他形式的残忍、不人道、有辱人格的待遇或处罚；二是死刑；三是逮捕和监禁。《儿童权利公约》关于酷刑、死刑以及无期徒刑的规定也是公约的主要成就之一。把对儿童实行审前羁押作为最后手段的精神还体现在《北京规则》和《联合国保护被剥夺自由少年规则》当中，后一规则要求各国“应尽可能避免审前拘留的情况，并只限于特殊情况”。这种预防性拘留应给予“最优先”的处理，“以保证尽可能缩短拘留时间”。

被剥夺自由少年所适用的原则与被控少年有些原则和权利是重叠的，如上文提到的少用监禁原则、专业化原则、保护少年隐私原则、适应原则等，这些原则及其所涉及的相应权利同样适用于被剥夺自由的少年。当然，这里所涉及的原则同样也适用于被控少年，并不意味着就可以对未被剥夺自由的被控少年施行体罚，他们的案件就可以无限制的拖延，或对他们的尊严就可以不予尊重。只不过由于被剥夺自由少年失去自由这一特殊状况，尤其要注重在这些方面的特别保护。《儿童权利公约》要求缔约国“规定最低年龄，在此年龄以下的儿童应视为无触犯刑法之行为能力”。这也就意味着，刑事责任年龄以下的少年既然无犯罪之能力，对他们当然也不能施以任何形式的剥夺自由的处罚。

根据《儿童权利公约》等国际文件，被剥夺自由少年的权利保护还应当适用下列原则。

一是分离原则。《儿童权利公约》指出，“所有被剥夺自由的儿童应同成人隔开，除非认为反之最有利于儿童……”。《公民权利和政治权利国际公约》强调少年罪犯应与成年人隔离开，并给予适合其年龄及法律地位的待遇。《北京规则》指出，基于保护少年免受不良环境影响的考虑，对关押少年应当与成人分开。分开监禁不仅是对儿童人身安全的保护，还在于确保他们能够有一个满足他们特殊的心理、社会和精神需要的环境。未成年人保护法、预防犯罪法以及若干规定都有分押分管的规定。我国《刑事诉讼法》也规定，对被拘留、逮捕和执行刑罚的未成年人与成年人应当分别关押、分别管理、分别教育。

二是禁止体罚的原则。在被剥夺自由少年的管理中，体罚已成为一个突出的践踏少年尊严和人格的问题。《北京规则》规定“不得对少年施行体罚”。《儿童权利公约》进一步强调“任何儿童不受酷刑或其他形式的残忍、不人道或有辱人格的待遇或处罚”。我们可以把残忍、不人道或有辱人格的待遇或处罚看作体罚的极端形式。

三是迅速简约原则。迅速简约应当包括逮捕、拘留或监禁作为最后手段并应为最短的适当时间这两个重要方面。《北京规则》第 20 条及其说明中对少年案件审理应当避免不必要的拖延做了规定。对于被剥夺自由的少年，迅速简约原则更加有意义，《联合国保护被剥夺自由少年规则》《儿童权利公约》都有相关的规定，指出如果不得已对儿童采取的逮捕、拘留或监禁的“期限应为最短的适当时间”。还规定“所有被剥夺自由的儿童均有权迅速获得法律及其他适当援助”，并有权对剥夺自由一事的合法性提出异议，“有权迅速就任何此类行动得到裁定”。

四是人道待遇原则。除了禁止体罚，《儿童权利公约》规定：“所有被剥夺自由的儿童应受到人道待遇，其人格固有尊严应受尊重，并应考虑到他们这个年龄的人的需要的方式加以对待。”人道待遇原则还体现在《北京规则》、《联合国保护被剥夺自由少年规则》和《公民权利和政治权利国际公约》当中。

三 福利视野下我国少年司法的发展路径

少年司法在建构之初就带有福利的基因，儿童在法律上被看作一个独立个体正是少年法院人道主义改革的前奏，儿童福祉也成为少年司法的主要目标。为此，我们在研究少年司法问题、建构少年司法制度、从事少年司法实践中都要有广阔的儿童福利视野，唯有如此，少年司法的存在才是有意义的。自 1984 年上海第一个少年法庭成立以来，我国少年司法的探索和发展中取得了一些成绩，少年司法仍然作为一套与普通刑事司法并行的司法体系在发展。但由于观念上、理论研究上以及政治的和社会发展水平的制约，少年司法中依然存在一些尚未厘清的问题，诸如少年司法的独特理念、少年司法的目标这些根本问题，还如少年司法非犯罪化以及社会化发展问题等，而这些问题的存在已经成为少年司法进一步发展的障碍。为促使我国少年司法制度健康发展，有必要关注以下几个方面的问题。

（一）少年司法独特理念和价值目标

少年司法的特殊理念和价值取向在整个少年司法的建构中起着主导性的作用，是少年司法的基本观念、思想，以及人们对于建构少年司法制度的主导方向。基于少年主体的特殊性以及家庭照顾的失败而导致儿童流浪、冒险甚至违法犯罪的现实情况，基于儿童生存和发展与其社会生态之间的联系，可以得出合理的结论：在儿童出现不良行为、违法和犯罪等问题的时候，国家必须出面，因此，国家监护权理论应当成为少年司法的独特理念。根据国家是儿童的最高监护人而不是惩办儿童的官吏的衡平法理论，少年司法应当是保护和教育性的，而不是惩罚性的，少年案件的处理应首先考虑社会对这些处于特殊状态下儿童的“补偿和救助”。而儿童的特别保护理念也是从认识儿童的特殊性开始的，儿童在心智、体力方面较成人处于弱势，需要得到有别于成人的对待，特别是国家、家庭、社会以及相关机构的关心、帮助和爱护。同时，儿童所处的实际困境说明儿童需要得到特别的照料，才能融入社会并过上有尊严的生活。儿童需要特别保护还基于他们在社会中的角色。儿童是人类未来发展的先决条件，儿童的状况既是社会发展又是人权状况的重要指标。他们的生存与发展不仅与其父母的生活和能力有密切关系，还与一个国家的社会、经济和政治状况相联系。[①] 基于此，儿童应当得到特别保护，特别是卷入司法的少年。对司法中的少年应当给予特别保护的理念，促使人们在实体和程序方面采取一些特别的措施以使处于特殊地位的少年得到公正的对待。尽管出于社会防卫理论的考虑，从表面上看，少年刑事司法的独立是控制犯罪的需要，是为了不使少年犯因教养不善而成为常习犯。然而，控制犯罪并非少年刑事司法独特的观念基础，而是在人们把目光从“犯罪”转向了“少年”之后，发现了少年的特殊性，正是这种特殊性，使得少年司法独立于普通刑事司法成为必然，这样做的实质目的与其说是预防犯罪的需要，还不如说是教育保护少年的需要，是由于少年生理心理发育状态、主观恶性等均不同于成年人，才需要对触法少年适用不同于成年人的处遇规则，唯有如此，才能实现既保护社会也保护少年个体的双保护目的。

关于少年司法的价值追求，从体制上来说，少年司法相对独立于普通司法制度，但是，从价值上来说，并不意味着少年司法有一套脱离于整个司法价值体系的价值诉求，只不过基于少年司法主体为少年的特点，更注重人权、平等、理性、全面发展等这些基本的价值追求，并由于这种价值确信的偏爱而形成了独特的少年司法制度。这些价值追求体现在《儿童权利公约》《联合国少年司法最低限度标准规则》等国际文书中，也体现在各国少年司法的法律文本中。就国际法的视角看，《儿童权利公约》规定少年司法应当“促进其尊严和价值感并增强其对他人的人权和基本自由的尊重”。“应考虑到其年龄和促进其重返社会并在社会中发挥积极作用的愿望。”《联合国少年司法最低限度标准规则》则规定少年司法的目的：“应强调少年的幸福，并应确保对少年犯做出的任何反应均应与犯罪和违法行为情况相称。”尽管我们不能说目的等同于价值，但是，目的在相当程度上反映了价值的基本内涵，目的是对制度创设者需要的满足；目的还是制度创设者内心确信并追求的对少年司法制

① 参见王雪梅《儿童权利论》，社会科学文献出版社，2005，第76～77页。

度主导方向。从这些目的中，可以看出少年司法的创设者赋予该项制度的价值使命，并从这些目标中精炼出以下少年司法的独特价值取向：肯定尊严和自由的人权保障取向；强调少年福祉的理性选择取向；注重实质平等的追求公正的取向；促进个人与社会全面发展的取向。[①]

因此，从应然的角度，我们从少年司法独特理念和价值取向当中，不难发现其背后实际上就是以儿童福祉作为整体少年司法的支撑。这与对“福利”的理解有关，长期以来，我们片面地把福利仅理解为民政救济或慈善，或对孤残儿童的救助，而没有理解“福利”的真正含义是“好生活”，就是有利于一个人生存和发展的生存环境，包括物质和精神生活两个方面需求的满足。从实然的角度看，在构建少年司法制度中，我们的确缺乏儿童福利思维和理念。分析法律文件中的原则、宗旨、规则可以发现，这些条款没有其他规范的支持，也就是说，从整个儿童保护立法体系上看，是缺乏儿童福利理念作为支撑的。比如，在《未成年人保护法》中确立了保护未成年人工作要遵循“适应未成年人身心发展的规律和特点”的原则，但在《预防未成年人犯罪法》中，对于犯有严重不良行为的少年要么交付家庭管教，要么送去工读学校或者教养机构，而没有一项实实在在地能够根据青春期少年的特点和规律，给予适合其身心发展需求的帮助。立法和实践的差别更加遥远，比如，《预防未成年人犯罪法》规定“做好预防未成年人犯罪工作，为未成年人身心健康发展创造良好的社会环境”，但实践中却有那么多流浪儿童、贫困儿童、受虐待和性侵犯儿童；对于青春期少年类似“索要”财物的严重不良行为，实践中却被当作严重的刑事抢劫处理，等等。这些都充分反映出我国少年司法重打击犯罪、重维护社会安全的倾向，而轻视甚至完全忽略少年身心健康以及回归社会的需求。

有鉴于此，在建构和完善少年司法制度过程中应始终如一地牢记综合少年司法政策的基本原则，也即最大利益原则、无歧视原则、尊重儿童意见原则、保护儿童生存和发展权原则，坚持少年司法的独特理念和价值追求，避免少年司法刑事化、犯罪化的趋势，建立少年司法既保护儿童又保护社会的双保护体系，当这两者发生冲突时，坚持保护社会让位于保护儿童，因为只有这样做才符合社会发展的长远利益。“儿童福利”既是一个理念，又是一项制度，还是一项社会发展政策，其包括理念上的“国家亲权”及“儿童特别

---

① 参见王雪梅《论少年司法的独特理念和价值取向》，《青少年犯罪问题》2006 年第 5 期。

保护原则”及制度上的涉及儿童教育、医疗卫生、援助、救助及心理咨询等内容，在少年司法改革中，应当纳入儿童福利理念、政策和机制，唯有如此，才能及时挽救、矫治误入歧途的少年，如果一味地惩罚，只能制造更多的成年罪犯，不符合社会发展的长远利益，更不符合少年的福祉。因此，要摆脱传统刑事司法的惯性思维定式，以儿童福利理念主导少年司法改革，在观念、制度、程序等方面采取不同于以刑事追究和惩罚为导向的做法，建立一个综合的少年司法体系，并将关注的重点转移到对青春期少年的辅导和帮助，加强对受虐待、遗弃、失学等儿童的保护。与少年刑事司法相比，我国少年民事司法和行政司法发展严重滞后，层出不穷的家庭暴力、虐待、遗弃、照管不良、辍学等而救助无力的尴尬，与少年民事司法及少年行政司法救济不健全有直接的关系，因此，建立健全少年行政司法与少年民事司法体系已刻不容缓。同时，还要注重犯罪预防，注重少年早期心理和行为矫治，加强少年社区矫治制度建设，形成一个综合性的福利化和社会化的少年司法体系。

（二）少年司法的专门立法和实践

我国目前与少年司法有关的专门立法只有《未成年人保护法》和《预防未成年人犯罪法》。前者是第一部保护儿童权利的专门法，在我国保护儿童的立法史上具有里程碑的意义。然而，遗憾的是，我国儿童家庭保护、学校保护、社会保护和司法保护并没有因为这部法律的出台而有所好转，而这些保护都明确规定在该法当中，因此，就像很多学者都已经关注到的，该法存在的致命缺陷是仅有倡导性和宣传性，缺乏强制性和可操作性，执法主体不明确等弊端。2006 年对该法进行了修改，但问题似乎并没有得到改善。《预防未成年人犯罪法》制定后也存在同样的问题，除此之外，该法还存在对触法少年保护不足，对家庭、学校、社区预防犯罪的功能忽视，尚缺乏青春期少年行为矫治方面的规定，非刑事的指导、心理咨询和矫治等规定不足，法律效力弱化等问题。

少年司法应当包括少年实体规范和程序性规范。少年实体规范中除了上文提到的有关儿童保护、儿童福利、少年刑法相关的内容，还包括不良行为及其矫治法，但在我国少年司法中，不良行为及预防犯罪问题长期游离于少年司法视野之外，对不良行为及其矫治的研究也非常薄弱。然而，不幸的是，那些具有不良行为特别是有严重不良行为的少年却要在未经过正当司法程序审理的情况下，遭受劳动教养、收容教育等剥夺自由的处罚。我国少年犯罪和刑罚仍然适用普通实体法如《刑法》的规定，尚没有制定一部专门的少年刑事实体法。而关于少年犯罪问题，应当说在我国的研究历史也有几十年了，但直到 1999 年《预防未成年人犯罪法》颁布之前，关于少年犯罪的理解基本上都是套用普通刑事犯罪理论，并未深入探讨少年犯罪因其主体为少年的特殊而在犯罪上也有一定的特殊性，只是到了近几年，学界才注意到少年犯罪因主体的特殊，而在犯罪的社会危害性和人身危险性等方面都有其特点，少年犯罪与成人犯罪在本质上是有区别的。当然，随着社会的发展，少年犯罪也呈现出高科技化和恶性程度提高的特点，这反映出少年犯罪的复杂性，也说明少年犯罪亟须制度化和规范化。对少年刑法研究的一个有趣的现象是，除了从犯罪学角度对少年犯罪原因和特点进行研究之外，大部分关于少年实体问题的研究都集中在少年刑事责任问题上，其关注焦点主要在刑事责任年龄、刑事责任能力、刑事责任范围和标准等方面。而关于少年刑罚问题，多数人都认为，少年刑罚的目的更应着眼于教育和预防，这体现了刑罚人道主义和对少年福祉的关怀，这也就要求少年刑罚除了刑事立法中已经明确的从宽原则和不适用死刑的原则外，还需要更多体现少年特点的刑罚原则，比如个别化处遇原则等。

在我国，专门的少年刑法和刑事程序法尚付阙如，相关的规定散见于《刑法》和《刑事诉讼法》中。值得提及的是，2012 年新修订的《刑事诉讼法》安排了专节对未成年人刑事诉讼问题做出了规定，初步解决了我国长期以来用普通刑法和刑事诉讼法处理少年犯罪案件的问题，《刑事诉讼法》第五编特别程序第一章规定了“未成年人刑事案件诉讼程序”，将长期以来我国少年刑事诉讼集中争论的问题用法律的形式固定下来，有些问题在少年司法实践中已经做了多年的探索。这一章涉及少年案件诉讼原则等多个方面，包括：①对少年刑事案件要“坚持教育为主、惩罚为辅的原则”，“保障未成年人行使其诉讼权利”。②保障未成年犯罪嫌疑人、被告人的辩护权。③全面调查原则，明确“根据情况可以对未成年犯罪嫌疑人、被告人的成长经历、犯罪原因、监护教育等情况进行调查”。④“对未成年犯罪嫌疑人、被告人应当严格限制适用逮捕措施”，决定逮捕的，要讯问其本人并听取辩护律师的意见。并对剥夺自由的少年实行“分别关押、分别管理、分别教育”。⑤在讯问和审判的时候，应当通知未成年犯罪嫌疑人、被告人的法定代理人到场。⑥附条件不起诉。对“可能判处一年有期徒刑以下刑罚，符合起诉条件，但有悔罪表现的，人民检察院可以做出附条件不起诉的决定”，在监督考察期内，其监护人应当对未成年犯罪嫌疑人加强管教，并需遵守相关的考查规定，对于在考验期内违反规定的，应当撤销附条件不起诉的决定，提起公诉。⑦少年案件不公开审理原则。⑧犯罪记录封存原则。

尽管在立法上做出了少年司法和普通司法分离的努力，但司法实践中，二者依然界限不清，从事少年案件检察和审判的检察人员和审判人员均来自普通刑事司法领域，多数并没有受过与儿童保护相关的儿童心理学、社会学等方面的教育和训练，儿童保护和福利保障观念薄弱。相反，社会防卫和重刑化的倾向依然存在并且严重。我国少年法庭，无论是少年刑事审判庭（组），抑或少年综合审判庭，大多脱胎于普通刑事审判庭，这就使得少年司法在构建理念及实体运作等方面都深深打上了普通刑事司法的烙印，在追求公正审判、定罪判刑的推动下，少年司法的独特理念和价值追求必然被弱化甚至忽略。少年司法的独特理念和独特价值追求之所以必须加以坚持，是因为这些理念和价值是少年司法的灵魂，如果不予坚持，少年司法将失去其独立存在的价值。所以，在国外，少年司法均坚持以关怀少年福祉为宗旨，而对于个别特别严重的少年犯罪，宁愿送交普通刑事法庭审判，也不能失去少年司法关怀少年福祉的独特性。前已述及，少年司法的独特性是基于对儿童生理、心理特点的认识以及由此而来的越轨行为的冲动及可矫治性的认识，这既是少年司法的逻辑起点也是少年司法的终点，少年司法的实体规范和程序性规范均应围绕着这个认知展开。当然，有论者担心这样会导致纵容少年犯罪，这确实是一个矛盾，但并非绝对无法解决，而是要根据违法犯罪的程度，实施“宽严相济”的刑事政策，对于轻罪采取社会化的社区矫正、教育、治疗等方法，更有利于其改过自新，回归社会，这已经是为实践所证明了的。

（三）少年司法机构专门化及其人员的专业化发展

少年司法机构专门化和人员的专业化问题，不仅得到国际社会的关注，在联合国的相关文件中得以体现，我国也出台了相关规范性文件，比如，2010年最高人民法院、最高人民检察院等六部门联合出台的《关于进一步建立和完善办理未成年人刑事案件配套工作体系的若干意见》中，就明确指出要加强办理未成年人刑事案件专门机构和专门队伍的建设，要求各级公安机关、人民检察院、人民法院、司法行政机关应当设立或指定专门机构（小组）或专人办理未成年人刑事案件，提高办理未成年人刑事案件人员的专业水平。在少年司法实践中，建立了与少年犯合议庭相配套的公、检、法、司政法“一条龙”和工、青、妇、教社会“一条龙”，俗称“两条龙”体系。在“第一条龙”中强调少年案件由专门机构和专业人员办理，也突出了少年司法机构的专门化和司法人员的专业化问题。

少年司法机构专门化及其人员的专业化是综合少年司法政策的要求之一，同时也是少年福利实现的一项基本保障。《儿童权利公约》第 40 条明确要求建立专门的机构处理少年案件。《联合国少年司法最低限度标准准则》也明确规定，要设立专门机构以满足触法少年的需求和保证他们的权利。还规定，应当通过各种方式，促使所有处理少年案件的人员具备并保持必要的专业能力。改革开放 30 多年来，特别是 1984 年第一个少年法庭在上海建立以来，我国在少年司法机构专门化方面做出了努力，这其中包括专门的少年警察制度、少年检察制度、少年审判制度和少年矫治制度。警察对少年犯罪的预防有着特别重要的价值，警察对少年司法理念的认识以及与触法少年接触的方式和态度等都将对触法少年起到非常大的影响，因此，国外都非常重视少年警察机构和少年警察队伍的建设。少年检察制度是我国少年司法制度的重要组成部分，对完善少年司法制度具有重要意义，少年检察专门机构在我国虽然有 20 多年的历史了，但仍存在职责不明、少年检察人员专业性不强等问题，总体上看，少年检察制度尚处于初级阶段。与少年警察和检察机构相比，我国少年审判制度的发展要快得多，目前已经形成少年审判合议庭、审判庭、综合少年案件审判庭等多种少年审判机构形式，但仍然存在少年案件受理案件范围、少年法官是居中裁判还是主动发挥职权的作用等争议。关于少年法院建构的重要性和可行性在学界并没有很大的争议，少年法院的建立能更好地适应少年司法专业性和特殊性需求等，但因少年法庭实践产生问题等影响，至今仍未建立少年法院。关于矫治机构，我们发现，建立专门的少年矫治机构是世界上通行的做法，在少年教养所撤销后，我国的少年矫治机构基本仅剩下少年管教所和工读学校，这都是机构内的限制甚至剥夺自由的矫治，而对于不剥夺自由的社区矫治则尚未开发出适合少年特点的相关制度。社区矫治的试点中，少年矫治工作人员不仅人数少，而且不能满足少年对教育引导、心理辅导等方面的特殊需求，单一化和形式化严重。

少年司法专门化或独立发展并不是说要另设立一套体系，由于其脱胎于普通刑事司法，在这个领域长期形成的好的制度规则是应当吸收的，比如，审级制、辩护制、无罪推定等，完全可以适用于少年司法，这也是国外少年司法的经验，只不过由于少年司法在理念上和价值追求上有其自身的特点，在处理具体的少年触法案件方面奉行不同的规则，或者更加偏重于强调对少年的保护和少年福祉需求的满足，而惩罚性相对较弱，比如，对少年初犯、偶犯或犯罪情节轻微、有悔罪表现的，采取适合其身心发展的特殊处理方式，注重“轻”“缓”。但对特定的少年惯犯、累犯或犯罪情节极其严重、手段极其残忍又无悔改表现的，有论者认为，可以考虑经过特定程序移送普通刑事司法机关处理，这也是有些国家比如美国在应对青少年犯罪高发态势时的惯常做法，[①] 体现了少年刑事政策当中的“轻轻重重，以轻为主”的原则。但是这种做法有破坏少年司法完整性的倾向，应当持十分谨慎的态度。

少年司法人员专业化也是联合国相关文件中要求和倡导的少年司法综合政策的重要内容。儿童权利委员会指出，要落实少年的一系列权利，其关键的条件之一是参与少年司法工作人员的素质。认为对专业人员例如警员、公诉人、儿童法律代理人或其他代理人、法官、监护人员、社会事务人员以及其他人员等进行培训至关重要。应当经过持续的培训使这些人员熟悉儿童身心、精神发展和社会交往能力发展情况，并且熟悉残疾儿童、流离失所儿童、街头流浪儿童、难民和寻求庇护儿童，以及在种族、宗教、语言或其他方面属于少数群体的儿童等最易受伤害儿童的特殊需要。特别是女童的特殊需求。专业人员和工作人员应当在任何情形中都以与儿童的尊严和价值相一致的方式行事，这种方式有助于增强儿童对他人的人权和基本自由的尊重，并且还有助于儿童重新融入社会并在社会中发挥积极作用。[②] 少年司法机构专门化和人员专业化是少年司法制度发展的基础，我国虽然形成了少年司法“两条龙”体系，但这“两条龙”的发育都还不够均衡，离专门化和专业化的距离还比较远。实践中，少年警察、少年检察人员、少年法官等基本都来自普通刑事诉讼体系，在他们的身上原本就带有我国刑事司法长期形成的重刑化特征，从事少年司法工作的人员整体上还没有摆脱附庸政治的惯性思维，有意和无意地忽视少年司法独特理念和价值追求，再加上我国的司法尚未能实现独立发展，以及司法腐败等因素，实践中触法少年被当作成年犯罪惩罚的情况比较普遍。因此，加强我国少年司法机制专门化和专业化建设应当是少年司法沿着正确轨道运行的重要保障。

（四）少年司法社会化发展

少年司法独特的架构预示着其发展必然纳入社会的要素。少年司法涵盖

---

① 参见〔美〕巴里·C. 菲尔德《少年司法制度》，高维俭、蔡伟文、任延峰译，中国人民公安大学出版社，2011，第149~194页。

② 参见儿童权利委员会《〈儿童权利公约〉第10号一般性意见（2007）：少年司法中的儿童权利》，CRC/C/GC/10，2007。

面更广，它既包含司法层面，也包括福利层面；既包括惩戒及矫治触法少年的司法，亦包含保护及救助被害人以及预防犯罪的司法；既包括少年刑事司法，亦包括少年民事司法和少年行政司法。因此，我国少年司法除了侦查、起诉、审判、矫治司法“一条龙”，还包括工青妇等帮教“一条龙”。强调儿童福祉和社会参与，注重社区矫治和回归社会，正是少年司法不同于普通刑事司法的方面。从我国少年司法长远发展来看，少年司法的改革离不开专业的社会力量的参与和介入，但这个社会力量决不限于传统上的工青妇，而是一个有心理学、社会学、法学、医学等专业知识队伍的介入，就是常提到的社会工作者队伍的介入，这也是儿童福利服务提供的主要力量。在我国的司法实践当中，已经有了一些实践，比如，首都师范大学与北京海淀区检察院开展的“与法同行——社会工作介入少年检察工作综合研究项目”，以及首都师范大学与门头沟区法院开展的“司法社工介入未成年人犯罪案件开展专业化调查评估及帮教矫正项目”，就是专业社会工作介入少年司法的有益尝试。因此，中国少年司法社会化发展的方向，特别是在犯罪预防和不良行为矫治方面，应当是建立以专业社会工作为主体的少年犯罪预防和观护体系，为实现少年司法特别保护、教育、挽救的价值需求提供社会专业化支持。

另外，少年司法独特理念和价值的实现以及其社会化发展还有赖于一部分政府职能的转变，这种转变不是要增加政府的负担，是应当改变目前政府对儿童事务条块分管而实际上无人负责的现象，是在设立专门的机构负责儿童事务的同时，转变一部分政府职能并使之社会化，特别是在我国政府职能部门尚未从少年的司法思维转变为福利思维的情况下更应如此。我国与西方不同的是，西方少年司法的发展有相对完善的政府配套资源的支持、以社会福利资源为依托；我国是政府负责儿童相关事务的部门过于政治化或行政化，儿童的利益随时都可能被牺牲掉，而社会力量又相对不足，尽管目前有了一些积极探索和尝试，但从社会发展整体情况看，情况并不是十分乐观，这从我国律师事业的发展就可见一斑。倡导维护儿童利益的社会力量一般都集中在大城市，而中小城市则很难培育起这样的社会力量，更不用说我国广大的偏、远、少、穷地区了。因此，如何转变政府的工作方式和政府职能，在现有的条件下积极培育社会力量，开拓社区的积极作用，是我国少年司法社会化发展需要重点考虑的一个方面。

第八章　几个关键性问题：一种现实性思考

一　儿童福利政策与儿童保护

儿童保护政策是儿童福利制度的基础，基于对儿童观念和儿童处境的认识，儿童与国家、家庭和社会之间关系的认识，以及不同的社会价值取向的探讨，将产生不同的儿童保护政策模式，从而对儿童福利基本制度做出不同的安排，这一系列的观念、理论、政策和制度必将对儿童的生态产生巨大的影响。同时，反过来，儿童的生态和由此带来的社会问题又会持续地影响决策者，从而使与儿童相关的政策处于不断变化以及制度处于不断变革当中，因此，对现存的儿童生态、儿童观念，以及相关的社会价值取向、社会政策及儿童保护政策模式做深入的分析，有助于对现存儿童福利政策及相关制度的理解。

（一）儿童保护政策的根据

毋庸讳言，不同的社会问题需要不同的社会政策，社会问题产生的原因不同，解决问题的政策措施也会不同。传统的儿童保护政策是根据保护困境或特需儿童的需求而设计的，因此，对儿童困境原因的分析与思考是儿童保护制度的基础。应当说，这样的分析路径和解决问题的方法与大部分国家和地区的整体社会福利制度的发展是同轨的。北欧跨越式的全民福利思路有些例外，但北欧的全民福利政策与其社会发展、政治及相应的意识形态等也是相匹配的。然而，20 世纪 90 年代之后，伴随《儿童权利公约》出台，人类进入了一个高扬儿童权利的时代，确立了儿童作为权利主体的基本理念，在全球化和国际化的浪潮中，以儿童为中心的福利理论和政策导向势必影响中国儿童保护政策的设计理路，着眼于困境儿童保护的传统局面开始松动，也开始关注儿童全体在社会发展中的位置，认识到儿童也有权利享受人类文明的进步成果。从儿童发展历史和社会全视野来说，儿童群体实际上一直都是受着压迫的，而不仅局限于困境儿童。

导致儿童陷入困境的原因很多，人们首先考虑到的是父母的原因，从古至今概莫能外。一般认为，儿童和家庭陷入困境是家长的责任，是家长的能力不足或人格缺陷造成的，应当由家长全权负责。相应地，当家长有忽视、虐待儿童等行为时，也被看作家庭内部的事情，国家和社会也不会主动介入，这种局面直到目前为止在中国依然存在，现实中家长打伤甚至打死孩子的事件不断见诸报端，就是在制定《未成年人保护法》过程中，在关于家长虐待儿童问题究竟应当如何处理问题上的犹豫不决、羞羞答答就可以看出立法者在这个问题上的迟疑态度。在人们谴责家长使儿童陷入困境的同时，还看到另外一种更巨大的力量——社会——能够造成儿童及整个家庭陷入困境。社会的贫富差别、歧视，以及基于社会地位、阶级、性别、种族、民族等方面的不平等和压迫，造成儿童家长心理长期压抑并给他们的生活带来一系列的负面作用，这些负面作用的直接恶果就是迁怒于儿童，儿童成了社会不公和贫困的最终受害者。另外，使儿童及其家庭陷入困境的原因中，国家也无法排除在外，除了社会化、市场化给儿童及其家庭带来的经济、安全等风险之外，国家的社会政策等也会使一些儿童及其家庭因此而陷入困境。比如，20世纪80年代开始的计划经济向市场经济转轨的过程中，用工制度改革、产业结构调整的政策，带来了大量下岗工人，而当时我国社会保障制度还未建立起来，一时间使无数家庭经济陷入困境。因此，儿童及其家庭的困境状态是多方面原因造成的，这些因素不仅使残疾、孤儿等困境儿童生活更加困苦，而且也影响到一般儿童的生存和发展。因此，儿童福利政策的制定和模式选择既要关注困境儿童也要关注一般儿童。就整个社会来说，儿童群体本身就是一个弱势的群体，他们的生存和发展有赖于家庭、社会和国家的全面关注。

（二）社会政策中的儿童及其家庭

社会政策也是一个很难界定的术语，有学者认为，社会政策是政治力量针对经济发展过程中出现的社会问题和社会需求做出的制度性或政策性的回应。其使命是解决被市场遗漏的社会问题，包括长期性的和短期性的问题，前者比如老年人、儿童、残疾人等问题。社会政策涉及三个大的方面：社会需求，满足需求的机制和方式，社会责任承担者及其观念和行为。①

不同群体的社会需求是不同的，不同的社会对与普遍社会需求的社会预期也有所不同，社会预期与社会需求之间的鸿沟问题似乎是个斯芬克斯之谜，在西方社会讨论了几百年。大体上来看，每个社会的发展水平和条件各不相同，社会政策的效应和合理性的尺度也有所不同，但对于普遍性的社会需求，人类已经达成了一些共识。当社会风险与社会需求趋同时，各国社会政策就出现趋同的现象，而由于各国存在不同的政体和历史文化，他们应对社会风险的方式又会有所不同，这种差异性导致采取不同的社会政策和制度模式。比如，在儿童福利保障制度中，虽然多数国家都包括一定的立法、机制、计划等，但从总体制度上看，各类立法、机制、计划所占的分量却不尽相同，当然，在不同的福利模式中，人们会发现你中有我、我中有你的现象，如英国从德国学习了社会保险，而德国又在社会保险之外增加了政府出资的一些社会政策措施。人们还发现，随着时代的发展，政府和市场、个人、社会之间的种种关系和功能的组合都在发生着变化，各个社会行为者相互作用的结果就产生了不同的社会政策。

众所周知，当儿童生存和发展对未来社会的重要性被认识，当儿童被当作拥有权利的个体看待，专门针对儿童的福利制度逐渐受到重视并被建立起来，包括儿童福利法的制定、儿童保护机构设立、儿童福利服务展开，以及一系列专门针对儿童的现金和实物福利，包括儿童生活补贴和援助、入托和教育服务等。但是，儿童的精神生活需求，特别是较小儿童的生活照料还是要依赖家长，依赖家庭福利的增长，而家庭福利却与国家的社会政策、社会福利、职业福利、各种福利计划等密切相关，也与社会福利服务的展开有关。比如，家长的就业状况、对家庭的各种援助和帮助计划等社会政策，必定影响整体家庭的福祉，毫无疑问也会波及家庭中儿童的幸福。更何况，家庭成员间的帮助还会受到社会转型的影响，随着社会经济的发展，越来越多的人倾向于离开乡村到城市去寻找机会，造就了更多的随父母进城务工的流动儿童和留在家乡的留守儿童，尽管他们在经济上可能会有所改善，但生活照料以及精神和心理的需求远远得不到满足。

中国社会正在经历着这样一个转型期，在这个转型过程中，儿童的社会生态环境和个人行为模式都在发生变化，原本被城乡二元分立的社会结构阻

① 参见周弘《福利国家向何处去》，社会科学文献出版社，2006，第285~286页。

隔在乡村的农民，随着社会政策的转变大量涌入城市，这种大规模的流动不仅改变了乡村农民的社会关系、生活方式和行为模式，也带来城市居民的相应改变。在这种流变中，城乡儿童的生存状况也因此而受到极大的影响，非常明显的就是几类困境儿童群体人数的增多，包括流动儿童、留守儿童、被拐卖儿童、流浪儿童、单亲家庭的儿童等。社会结构转型、儿童生态的变化又反过来引起国家社会政策、儿童福利政策的变化，其实质是国家与儿童及其家庭的互动。儿童福利发展的历史也证实了这样一种转变。儿童福利与儿童保护原本就与工业化、城镇化的发展息息相关。在农业社会中，儿童依附于家庭，是父亲的私产，并没有形成独立的儿童与国家的关系，儿童问题也不是独立的"社会问题"。工业化带来童工、就业、儿童贫困、违法犯罪等问题，这些问题严重影响到国家的发展和社会的进步，于是，如何帮助家庭完成照顾儿童的责任，提供足够的妇幼保健、食品营养、托育服务等问题，也就是家庭、社会和国家如何为儿童营造更好的生活环境，以促进其健康发展并成为未来社会的合格公民，成为现代民族国家面临的大问题，相应的社会政策和儿童政策便应运而生。[①]

（三）儿童福利政策和儿童保护模式

自 20 世纪 80 年代联合国讨论制定《儿童权利公约》开始，儿童的保护、生存和发展问题就成为国际社会普遍关注的议题，该公约正式通过之后，联合国要求各缔约国为履行国际义务制订具体的行动计划。我国在批准《儿童权利公约》之后，先后制定三个国家级儿童发展规划纲要，从总体上确定了我国儿童福利政策构架，特别是正在实施的《中国儿童发展纲要（2011 ~ 2020 年）》，将重点发展领域、主要目标和策略措施分为五个方面：儿童与健康、儿童与教育、儿童与福利、儿童与社会环境、儿童与法律保护，这五个方面非常明显地是根据儿童福利政策框架搭建而成。这个纲要的总目标也反映出对儿童福利的极大关注，包括"完善覆盖城乡儿童的基本医疗卫生制度，提高儿童身心健康水平；促进基本公共教育服务均等化，保障儿童享有更高质量的教育；扩大儿童福利范围，建立和完善适度普惠的儿童福利体系；提高儿童工作社会化服务水平，创建儿童友好型社会环境；完善保护儿童的法规体系和保护机制，依法保护儿童合法权益"。纲要的其他内容也都是围绕儿童福利的实现目标和指标而展开，儿童福利在国家层面上得到了前所未有的

---

① 参见刘继同《儿童健康照顾与国家福利责任：重构中国现代儿童福利政策框架》，《中国青年研究》2006 年第 12 期。

关注。

从这几个发展纲要当中，可以看出儿童福利政策正在伸向儿童生存和发展的更广泛的领域，尽管目前的发展纲要依然存在一些普遍性的弊端，比如套话、大话、倡导性的规定还是太多，然而，在这三个纲要实施的过程中进步还是比较明显的，一系列的儿童保护实践已经把儿童福利问题放到了显著的位置，儿童发展政策也向福利方向靠拢。比如，原来儿童福利服务主要集中于孤残儿童的补缺型儿童福利模式正在向适度普惠型模式转变；困境儿童的机构内供养模式也已经向家庭寄养模式转变；少年司法改革中更多地考虑儿童福利需求，包括更加人性化的与儿童特点相适应的少年司法准则、审判方式、执行方式等；儿童照顾、托儿服务、少年心理矫治等领域的社会工作的介入，都是儿童福利服务的深化和具体化。随着儿童发展纲要的实施，儿童福利制度和体系建构将进一步完善。

（四）儿童福利政策构架与国家责任

在传统的农业社会中，落后的农业经济和生产模式、低下的社会经济发展水平难以为儿童福利提供发展动因。这样的儿童生态也难以产生出儿童优先的观念和价值目标，儿童被看作父权的附属品，是家长的私产，儿童的事情也就成了家庭内部的事情，而国家和社会相对于家庭来说只不过是“外人”。因此，传统的农业社会中，国家在儿童健康、教育、保护中发挥极其有限的作用，与此相适应，儿童保护政策的目标也是含混不清的，福利服务对象极其有限，通常仅有部分陷入极端困境的儿童能够得到国家的关照，绝大多数普通儿童不是儿童福利的服务对象。由于政策目标的不明确和有限性，儿童福利服务的内容也就变得模糊不清，儿童的教育、医疗保健与福利服务之间缺乏有机的联系，服务资源主要源于家庭，国家和社会不是儿童福利服务提供的主体，服务的专业化、职业化、社会化更是无从谈起。随着工业化和城镇化的发展而带来童工、失业、孤残儿童增多等社会问题，国家和社会必须承担相应的责任，现代儿童福利制度渐趋形成和发展，儿童福利政策目标逐渐明确清晰，如何确保所有儿童身心健康，免受各种伤害、暴力威胁等议题成为现代儿童福利制度的基本政策目标。

现代儿童福利制度本质是国家承担无限责任。保护儿童的最大利益和保障儿童生存权和发展权是国家、社会和家庭的基本职责和责任，儿童身心健康直接关系国家的根本利益。国家责任的事实根据是对儿童及其特点的正确认识，即童年期是人身心和社会发展的关键时期，但是受儿童身心发育的特点限制，儿童必须依赖家庭和社会，才能满足其生存和发展的需求，包括良好的教育、医疗保健、家庭照顾、社会保护等，而这些都是儿童发展以及将来在社会上过有责任感生活的基础。然而，儿童的生存和发展状况以及儿童成长的整个社会生态并不令人满意，妨碍儿童生存和发展的因素很多，包括家庭中的和社会中的。因此，国家有必要担负起监护人的责任，保障儿童免遭各种伤害，设法满足儿童身心健康发展的需求。这样，国家责任就在与儿童群体建立的制度化的互动关系中体现了政府的职能定位，儿童福利政策便成为国家社会政策构架的一个部分。①

二　收入分配与儿童福利制度建构

西方社会福利实践已经显示，社会福利制度的建设能够帮助弥补市场的不公，大幅度迅速地调整收入分配格局，从而促进经济的健康转型。其中，收入再分配直接影响家庭福利以及医疗、教育等方面的投入，并进而影响被市场“抛弃”的儿童、老人等弱势群体，从而对儿童福利制度的建构发生影响。说到底，收入分配和福利制度反映的是不平等和可持续发展的问题，这里的不平等非限于分配结果的不平等，还特别包括获得资源和机会的不平等。

（一）福利制度是促进收入合理分配的最佳体制

收入不合理分配既是不平等的结果也是起因。我们可以通过相关的指标来看收入分配之后的结果是否平等或者合理，这种结果性的方法，主要看的是收入的不平等问题；但是，还有另外一种视角考察不平等问题，而这个视角常常被人们忽略，那就是导致收入不合理分配的前提，即由于机会的不平等而导致了最终结果的不平等，机会的不平等或许是主体的禀赋不同、教育程度不同、政治和社会地位不同、经济状况不同等诸多因素所致。基于机会的不平等，这些弱势群体在经济体系的运作过程中被边缘化，而无法从市场当中获得发展的资源和机会。而机会的不平等不仅可以导致贫富差距拉大，还可以使这种不平等世代相传。因此，我们看到的是这两个方面的不平等：结果分配不平等和机会或者要素分配不平等，而且，这二者之间相互影响、相互关联，对整个市场的运作、对经济的发展都有一定影响。机会的分配导

① 参见刘继同《儿童健康照顾与国家福利责任：重构中国现代儿童福利政策框架》，《中国青年研究》2006 年第 12 期。

致了结果，同时，结果的分配又带来新的机会。当然，有研究表明，收入的不平等对于经济增长的影响相对有限，而机会的不平等则在经济活动中发挥更重要的作用。

因为有着两类不平等，所以社会福利政策在进行收入分配时也采取两种分配政策，一类是我们一直采取的收入再分配政策，就是通过税收等方式以及市场行为对收入进行调节，缩小贫富的差距，使富人富得慢一点，穷人可以增加一些收入。另一类政策体系与此相关，但是针对的却是那些无法从市场中获利的人群，是那些边缘的弱势群体，通过社会保障制度，给这些人更多的接受良好教育、良好医疗服务等机会，帮助他们获得起点上的公平。从理论上来说，我们可以通过这种收入的转移政策制造机会上的平等，而进行这些投入、改善、分配所需要的资金投入，可以通过征税、捐赠等获得。因此，基尼系数衡量的只是收入分配不公的结果，我们还需要关注能够提供平等机会的政策，比如，教育、医疗卫生、住房等方面的政策。

所以，从相互交叉的两条路径，我们看到社会福利制度调整收入分配格局的结果不仅使穷人得到福利保障，富人也有体制保障，进而促进经济和社会的再增长与繁荣。但是，如果在尚未建立社会福利制度的环境中，强行调节收入的再分配，可能会导致社会政策变形，引发新的社会问题。调整收入分配是要找到兼顾贫富人群的方法，而社会福利制度在收入的分配和再分配过程中形成了贫富均有所得的最佳格局。在这个格局当中形成的大社会福利概念已经为国际社会所认可，这个社会福利概念主要包括对于儿童、老人、残疾人的福利与服务体系建设以及医疗、教育和住房福利等方面。对儿童等弱势群体的社会福利救助和服务是全体社会成员福利的“最大公约数”，二者之间并不矛盾。而在医疗、教育和住房福利当中的收入分配则要更复杂一些，会牵扯更多的利益要素和面对更加复杂的情况。

西欧福利制度的运行过程也反映了这些要素的复杂性，其福利制度的基础来自对收入的再分配，基于大规模、全社会的收入转移制度，这种制度的基本理据包括“市场失灵”、“边际效用递减”和“公平—效率平衡”理论。市场失灵是“政府干预社会分配合理性”的前提。研究发现，市场的竞争常常是不完全的，各种社会势力都可能影响市场的公平性，使缺乏资源和信息特别是有先天缺陷的弱势群体在竞争中处于不利地位。市场竞争还会导致资源的滥用和社会分配的不公。因此，政府干预就作为促进公平的工具并通过扶弱济贫来弥补市场缺陷。边际效用递减是“政府干预社会分配合理性”的另一个主要依据。一定量的财富在不同人那里满意度是不同的，政府通过干预社会分配，在保证基本收入的基础上，通过各种转移支付手段，将一定量的收入转移到更加需要资源的社会成员手中，可以使社会的边际效益优化。20 世纪 80 年代后，西方经济学更加强调“平等—效率平衡”，认为政府和市场一样都具有先天的缺陷，应当把政府的作用限制在尽可能小的范围。这也是西方福利制度私有化和社会化变革的一个动因。目前，西方社会福利和保障机制虽然还是收入转移的主渠道，但通过这个主渠道转移的收入的比例正在逐渐缩小。人们注意到，在一国之内进行收入转移的制度受到很多因素的制约，特别是受到主权国家的政府规模和政府功能的制约。因此，在对他国福利保障制度的借鉴和移植中，法律可以拿来、做法可以移植，但政治制度能否容纳借鉴来的东西正常运转，包括人的诚信度等制约因素能否保证移植来的东西发挥作用等，都是不好预料的制约因素。[①]

这些制约因素正是中国福利制度运行起来更具复杂性的原因。社会福利制度本身具有重要的收入再分配功能，其对缩小收入差距的作用甚至大于税收的作用，因而成为很多国家调节收入差距的重要手段。中国的社会福利体系已基本建立，但居民收入分配差距却在不断扩大，2010 年基尼系数已经接近 0.5，[②] 收入不平等问题也变得越来越尖锐，这些不平等问题不解决，将会影响中国未来的发展。我国收入分配差距体现为城乡差别、地区差异、行业垄断、寻租腐败、市场分化等方面，造成这些差距的根本原因又是“制度扭曲”，这种制度的扭曲之所以能持续下去，一是缺乏对“自然差距”的矫正机制，二是制度的不断扭曲而带来新的分配差距。根据国际经验，社会福利制度本来能够有效地减少贫困、缩小贫富差距，实现可持续的增长，扭转市场经济发展中的社会不公，但是，社会福利本身却带有随着身份和特权而提高的逆向特征，这种“逆向福利”不幸因中国人对权威的痴迷而被忍受和接纳。因此，在中国，在建构和完善社会福利制度的同时，还要对一系列制度性缺陷加以调整和改革，比如城乡二元分立的经济体制，否则，社会福利制度在调节收入分配不公中的作用将大打折扣。我国福利制度中的这些复杂面相并没有因为儿童福利制度其主体为“儿童”而趋向简单，儿童福利同样受到收入分配、机会不平等、制度扭曲等因素的制约。

---

① 参见周弘《福利国家向何处去》，社会科学文献出版社，2006，第 253 ~ 260 页。

② 《中国基尼系数已接近 0.5》，《人民日报》2011 年 1 月 6 日。

（二）收入分配调整中政府对儿童福利的责任

上文已述，在社会福利运行中有两套政策体系，其中一类政策体系是针对社会的弱势群体，包括儿童在内。我们应当看到，对这些弱势人群的福利救助和福利服务不是国家或社会对他们的仁慈或慈善，而是他们的基本权利，他们的弱势地位不是因为好逸恶劳，而是因为平等机会被剥夺，他们在市场当中不可能得到平等的竞争机会。所以，对弱势群体的福利安排必须通过国家强力介入，当然，在国家干预的过程中，又会受到观念、体制安排等因素的制约。

欧洲国家儿童福利制度的发展过程也体现了国家责任的重要意义。在儿童福利制度确立后，特别是在丹麦、瑞典等北欧国家，照料儿童不仅是家庭的责任，国家颁布了一系列旨在协助家庭育儿的资金保障与服务支持的儿童福利法律政策，以及给予父母的国家制度化支持，而父母子女间的亲权关系也在亲属法或家庭法中确立，并受到国家的监督。普遍的观点认为，国家对于家庭抚养儿童的适度介入，可以为儿童发展提供国家保障，有利于确保并提高儿童福利水平。然而，发达国家儿童社会福利制度的实践也显示，儿童家庭福利制度的建构，不仅受到了强调父母亲权、家庭事务不容国家干涉的自由主义与家庭主义的挑战，也给国家财政带来沉重负担。

个体福利的总和由家庭、社会、市场与国家可能提供的福利净值所决定。因为儿童没有能力从自由竞争的市场中获取福利，而只能依赖成人社会的扶助，因此，儿童福利体系与模式的改革与完善，实际上是要调整好家庭、社会与国家三者在儿童福利供给中的关系模式以及角色定位。我们可以看到，不管是何种主义或观点，现有的制度和实践模式都强调，当家庭无力承担养育子女的责任时，作为终极监护人的政府，必须或有责任介入这个“私领域”，提供有效的援助，以维护儿童的基本福利。儿童早已经不被看作家长的私产，而是将来能为人类做出贡献的社会主体。政府的适当干预，不仅是为了满足作为权利主体的儿童的需要，也是为了维护社会公平和正义，是维护社会秩序的要求。公民权理论告诉我们，因儿童作为市场主体的“羸弱”而引发社会不平等，如果没有消除这种不平等的国家力量介入，可能给市场的发展带来威胁，因此，这种介入无疑将有利于市场的健康发展。在福利理论中，突出了政府介入以保护困境儿童的责任，有所不同的是，自由主义倡导的是补缺型福利，而保守主义则主张普惠型福利。

我国目前在家庭福利支持方面的系统的福利政策尚未出台，对在家庭中得不到适当照料儿童的社会服务系统也未见形成。法律规定家庭作为儿童第一监护者有合理性，但我们也看到，社会的发展和经济转型，已经使得家庭特别是父母在儿童照料方面的功能渐趋失调，流动人口的增加造就了大批流动儿童、留守儿童，还有流浪儿童、弃儿、孤儿，加上城乡二元结构的分配方式尚未打破，这些儿童及其家庭很难享受到社会进步带来的成果，如果国家不在法律政策上对这些群体给予倾斜性保护，他们必然沦为社会发展的边缘群体。因此，无论从社会进步还是儿童保护方面看，国家对困境家庭的介入都是非常必要的，也就是说，国家需要重新定位其在儿童福利供给中的角色。因此，国家如何配置资源并建构新型的儿童照料模式以保障儿童福利，应当成为儿童福利保障制度中的重要议题。

当然，也有一种较为普遍的观点认为，国家的介入可能会破坏家庭内部的合理结构及亲属间的密切关系，甚至削弱父母养育儿童的责任心，甚至更有可能走福利国家危机的老路，增加国家财政负担并造就懒汉。因此，传统儿童权利和儿童福利保护理论和实践都强调家庭的责任，并在福利社会化观念的指导下，强调发展由政府、家庭、第三部门等多重力量共同供给的社会化儿童福利制度。但是，即便是新的保守主义，也主张国家应该在不妨碍市场机制发挥作用的前提下，通过协助家庭、规范市场等方式，为有需要的儿童与家庭提供最低限度的生活保障。在福利国家主张者的眼中，更是认为国家通过供给儿童福利服务，能够在一定程度上消除市场经济发展引发的社会不平等的消极负面作用。社会实践也证明，很多得不到家庭适当照料儿童的问题，引发了人道主义危机和社会秩序危机，从而导致人们对政府治理能力失去信心。因此，儿童福利制度建构，开发新型的儿童养育模式，既是儿童福利理论与实践的双重紧迫需要，也是增强民众国家信念的需要。

（三）儿童基本福利的投入政策：医疗和教育

儿童医疗和教育的投入体现了福利政策的一种待遇给付方式，对收入分配发挥调节作用。儿童的医疗和教育的投入资金通常来自国家税收，从这个意义上来说，对儿童医疗和教育的投入也能够发挥调节收入分配、缩小收入差距的作用。

儿童医疗保险制度就是以政府为主导，由政府负责儿童医疗保险法律法规和政策的制定，并承担大部分医疗保险费用，鼓励儿童家庭参加社会保险，建立儿童医疗保险社会统筹基金，在儿童大病住院产生高额医疗费用时，由儿童医保统筹基金承担一定比例的费用，以补偿儿童家庭的经济损失。在我国建立儿童医疗保险制度不仅有其必要性，也具有可行性。我国有约 3 亿儿童，国家财政有能力负担这些儿童的医疗费用，另外，设立儿童医保，社会支持率高，不会引起社会问题，国内几个城市试点以及国外的儿童医疗保险经验都证明了它的可行性。[①] 而目前实施的“新型农村合作医疗”以及“城镇居民医疗保险”，即通过收缴保险费的方式实现医疗保障的方式，显然是通过收入的再分配来满足低收入人群的就医需求，这其中也包括儿童的就医需求。这些保险项目的待遇标准，不与缴费年限及原工资水平挂钩，主要根据患者实际的基本医疗需求进行分配。这是因为患大病者所需的医疗费多，患小病者所需的医药费少，而医疗保险的职能正是为了满足患者治疗疾病、恢复身体健康的需求，所以要根据实际的基本需求进行分配。但是仅靠这点有限的医疗保障还远远不能解决我国城乡儿童就医难的问题。目前的新农合以及城镇医保都过于强调住院医疗补偿，而对门诊医疗补偿不足。另外，因不良生活方式引起的疾病比如儿童“三高”等也呈上升趋势，儿童医疗保险应把重点放在疾病预防上，在妇幼保健和健康卫生等方面投入更多的资金和提供更多的服务。对儿童来说，健康恶化意味着机会的丧失和能力的剥夺，对他们的健康风险进行投资，并对医疗提供保险，不仅有助于消除贫富差距、促进公平，还能提高人口素质。所以，无论国家的市场有多发达，都应将实现儿童公共卫生服务与基本医疗服务广泛的可及性作为基本的福利策略。

自 2010 年开始的儿童福利制度从补缺型向适度普惠型发展试点以来，国家和地方政府投入大量资金用于普惠型福利制度的专项补贴，其中涉及教育的几项补贴包括：①学前教育资助制度。2011 年 9 月，财政部和教育部联合下发《关于建立学前教育资助制度的意见》，资助标准主要由各地依据财政与儿童贫困状况分类制定。[②] ②2011年，国务院启动“农村义务教育学生营养改善计划”，补助标准为每位学生每天 3 元。2012 年，启动“学生营养改善计划”试点，惠及 2600 余万学生。③校车管理和校车标准。儿童校车安全事故的频发推动了校车相关制度体系的改革，并引起“撤点并校”政策的调整。2012 年，校车安全问题首次写进政府工作报告，同年国务院发布《校车安全管理条例》，国家标准委发布《专用校车安全国家标准》，规范校车的管理、使用、采集等。[③] 这些规范性文件的发布以及专项计划的实施的确反映出国家

---

① 参见曲顺兰、窦峥、陈欣《中国儿童医疗保险问题研究》，《山东经济》2009 年第 3 期。

② 参见高华俊《中国儿童福利的制度转型与政策设计》，《社会福利》2013 年第 6 期。

③ 参见高华俊《中国儿童福利的制度转型与政策设计》，《社会福利》2013 年第 6 期。

和社会对追求教育公平的集体努力，而这种集体努力正是基于这样的设想或前提假设，即教育不仅对经济增长有着极大的作用，而且改变着人们的生活方式和质量，教育不仅是一种再分配和投入，而且还是一种再生产。

家庭对于孩子的教育投入更看重的是教育能使人们向上社会流动，这就使得更多的家庭将一定量的收入用于子女的教育再投入。因为，接受高等教育似乎越来越成为就业的必备条件，而“高学历”又与“好职位（高收入）”挂起钩来。而对于不富裕的家庭来说，从小学到大学，一个孩子的教育费用基本占到全部家庭收入的一半以上，但一般都认为这种投入是值得的，因为如果供不起孩子上大学，孩子只能从事低层次的劳动，获取低的劳动报酬。在教育尚未商品化的前提下，对个人来讲，教育依旧具有逾越文化屏障的作用，国家对于教育的计划、支持和调控真正有利于大众阶层的社会流动，也对整体提高公民素质有利。①

三　儿童保护的两重维度：福利和权利

通常谈论儿童“受保护权”或者“儿童保护”的时候，就是指儿童受到各种剥削、虐待以及其他形式的暴力侵害，应当得到国家、社会和家庭保护的权利。不能否认，保护儿童免遭一切形式的暴力侵害是儿童保护的一个非常重要的方面，但是，还应当从更广泛的视角理解“儿童保护”问题。儿童权利委员会把儿童生存和发展的基本面归纳为四大儿童权利，即生存权、受保护权、发展权和参与权。还有论者以“基本的健康和福利”、“教育、闲暇和文化活动”及“特别保护措施”来分类。②《儿童权利公约》将儿童生存和发展的这些基本面都归于“人权”的视角下考察，采取了一个较高的保护标准，意图强调这些权利对于儿童的“不可克减”性。我们可以理解为，对儿童各项权利的保护适用于任何状态，包括战争期间，这是对儿童保护的最理想状态，然而，对于儿童的保护还须采取一种比较现实的态度，尽量促进儿

---

① 参见钱民辉《教育真的有助于向上社会流动吗——关于教育与社会分层的关系分析》，《社会科学战线》2004 年第 4 期。

② Asbjorn Eide, Cultural Rights as Individual Human Rights, in *Economic, Social and Cultural Rights: A Textbook*, edited by Asbjorn Eide, Catarina Krause, and Allan Rosas, Dordrecht: Martinus Nijhoff Publishers, 2001, pp. 289—301.

童在当下国家社会发展的水平上得到更多实在的利益和关照。《儿童权利公约》载明的儿童权利包括：生命权，适当标准的健康权，享有充分营养食品、清洁饮水权，适当标准的生活水准权，名誉、荣誉和智力成果权，姓名、肖像权，国籍权，教育权，接受抚养和继承权，发展权，劳动权，司法保护权，隐私权，以及发表意见权、表达自由、通信自由、结社自由、和平集会自由等。可以看出，这些权利当中有一些涉及儿童生存和发展的最基本生活面，有一些属于《公民权利和政治权利国际公约》当中所称的“不可克减的权利”，比如，生命权、基本自由以及不得遭受纯粹基于种族、性别或社会出身等理由的歧视等。基于上文的考虑，这里拟从两个维度来理解“儿童保护”问题：一个是福利的维度，另一个是权利的维度。实则，不管从哪个维度理解“儿童保护”都会涉及儿童生存和发展问题，但是，从福利维度来看待“儿童保护”问题，更多地与国家发展和社会政策等因素有关；而从权利维度来看待“儿童保护”则更加强调它的不可克减性，即对受到诸如性侵犯等暴力侵害儿童的权利保护，不受国家经济和社会发展状况左右。之后，在我们从两重维度理解了儿童保护之后，还需要认真思考一种综合性的儿童保护策略。

（一）福利维度的儿童保护

从福利维度考虑儿童的保护问题，关注的是儿童生存和发展的一些基本面，这也是儿童保护的积极方式。儿童权利保护的内容可归结为两大方面：一方面是国家、家庭和社会对儿童个体生命和生存权利的特别保护；另一方面涉及儿童在特定社会条件下能获得个人潜质的最全面的发展。[①] 从狭义角度看，生存权指健康且文化性的最低限度生活的权利。最低限度生活指人在肉体上、精神上能过像人那样的生活。[②] 因此，我们可以把教育也看作文化性地满足最低限度精神生活的权利。那么，在我们从福利的维度考察儿童保护问题时，最基本的考虑至少可以涉及儿童的医疗保健、卫生、营养、教育和不同生命发展阶段的特殊需求等内容。

健康作为一种身体、精神和社会发展的福利状态，不仅限于减少疾病，还涉及非常广泛的领域，包括医疗保健、卫生、营养、康复的福利服务，还涉及成长和发展所需的促进健康和潜能发展的条件。《儿童权利公约》明确规

---

① See Geraldine van Bueren, *The International Law on the Rights of the Child*, Martinus Nijhoff Publishers, 1995, p. 4.

② 参见〔日〕大须贺明《生存权论》，林浩译，法律出版社，2001，第16、95、137页。

定，国家应当确保儿童有权享有可达到的最高标准的健康，享有医疗和康复设施；并采取适当措施致力于充分实现这一权利，这些措施包括降低婴幼儿死亡率，医疗援助和保健，消除疾病，保证营养，母婴保健，母乳育婴以及预防性保健等。实际上，影响儿童健康的因素很多，在过去的20年里这些影响因素也发生了变化，这些变化导致对一些新的健康问题的关注以及对儿童健康优先事项的调整，比如，艾滋病、大范围流行病、精神卫生、儿童死亡率等。人们对导致儿童疾病、健康和残疾因素的理解不断加深，这些因素包括贫困、失业、人口流动、动乱、歧视、环境变化、城镇化、文化习俗等。

关于儿童的教育问题，人们常常关注《儿童权利公约》第28条对儿童教育的基本要求，我国也根据《儿童权利公约》第28条的要求制定并实施了儿童发展纲要，但却对该公约第29条关于教育目的的内容关注不够，公约明确规定："教育儿童的目的应是：①最充分地发展儿童的个性、才智和身心能力；②培养对人权和基本自由以及《联合国宪章》所载各项原则的尊重；③培养对儿童的父母、儿童自身的文化认同、语言和价值观、儿童所居住国家的民族价值观、其原籍国以及不同于其本国的文明的尊重；④培养儿童本着各国人民、族裔、民族和宗教群体以及原为土著居民的人之间谅解、和平、宽容、男女平等和友好的精神，在自由社会里过有责任感的生活；⑤培养对自然环境的尊重。"儿童权利委员会在其《第1号一般性意见：教育目标》中就明确阐明了教育目的条款的意义和功能。[①] 委员会认为，教育目的条款旨在促进、支持和保护儿童权利的核心价值，即每个儿童固有的尊严及其平等和不可剥夺的权利。这些目标都与实现儿童的尊严和权利直接相联，还考虑到了儿童的特殊发展需要和不同的发展能力。教育目的条款不仅为公约第28条所确认的受教育权增加了一个实质层面，还坚持教育应以儿童为中心，教育是为了培养儿童的生活技能，增强儿童享有全面人权的能力和促进渗透着适当人权价值观的文化。这种"教育"远远超过了正规学校教育的范围，包含广泛的生活经验和学习过程。教育目的条款强调应以广泛的价值观作为教育的方向。其重要性在于承认需要以兼顾稳妥的方式对待教育，通过对话和对差异的尊重，成功地调和不同价值观。委员会还强调教育目的条款的功能在于：①强调了公约所载各项权利的相互依存关系；②说明儿童权利不是孤立的价值观，而存在于广泛的道德框架内；③教育过程所灌输的价值观应当能

---

① General Comment No. 1: The Aims of Education Article 29 (1): CRC/GC/2001/1.

够促进其他各项权利的实现，所有教育方式均应符合儿童的尊严，儿童不应当因为走进学校就失去了人权；④强调了享有高质量教育的权利，教育的关键目标是培养各个儿童的个性、才智和能力，确认每个儿童均有独特的性格、兴趣、能力和学习需要；⑤任何歧视都有悖于儿童尊严，可能破坏甚至摧毁儿童从教育中获益的能力；⑥教育要有效地促进防止和消除种族主义、种族歧视、仇外心理和相关不容忍现象；⑦教育的全面性要求确保教育机会平等，并促进儿童身体、智力、精神和感情方面，知识、社会和实践层面以及童年和人生的各个阶段的发展；⑧教育的目的在于促进和增强公约所载价值观，包括以综合全面的方式开展和平、容忍及爱护自然环境的教育等。

从福利维度考察儿童保护问题时，还要考虑儿童健康和教育权实现的基本原则和前提，以儿童健康为例，需要考虑的原则和前提包括：①凡是能够促进儿童精神、身体健康，以及开发社会发展潜能的权利都有平等的重要性，儿童健康权的实现有赖于儿童所有权利的共同实现。②确保儿童不因歧视而导致健康方面的脆弱，除了公约第 2 条所列各项歧视因素外，还包括性取向、健康状态等其他有损儿童健康的歧视。其中，性别歧视影响广泛而深远，因此，所有与儿童有关的政策和规划都应当关注性别视角，有利于女童平等权利的实现，消除在政治、经济、教育、生殖健康等领域的不平等以及其他基于性别的暴力侵害。③关注儿童最大利益，对这一原则的充分实现需要基于儿童身体、情感、社会、教育、年龄、性别、父母和养护者、家庭的特需。儿童的最大利益应当成为儿童健康和发展的中心，包括资源配置，政策的制定、实施和干预措施均应体现儿童的最大利益，比如，儿童疾病治疗方案的选择、对有损儿童健康环境因素的监测以及相关政策制定、儿童健康和医疗的标准、程序等。④儿童健康的决定因素包括儿童自身身体、情感、道德、精神和社会的全面发展，还涉及母亲的健康权、父母和其他监护人的作用。⑤儿童健康提供的所有方面都应当听取儿童意见，并应按照其年龄和成熟程度给予适当的看待。⑥发展能力与儿童的生命过程。童年期的每个阶段对儿童的身体、精神、情感和社会发展具有的重要意义，每一个阶段的发展都会对下个阶段儿童的健康、潜力、风险和机会具有潜在的影响。

幼儿期和青春期各自有其发展特点和特殊需求。幼儿期是实现儿童权利的一个关键时期，具体表现：①无论是从幼儿身体和神经系统的成熟、活动能力、沟通技巧和智力的增加来看，还是从其兴趣和能力的迅速转变来看，幼儿都经历着人生中发育成长和变化最快的阶段。②幼儿在情感上形成对其父母或其他养育人的强烈依恋，从后者那里寻求并得到抚育、指导和保护，此种抚育、指导和保护的给予以尊重幼儿的个性和能力发展的方式进行。③幼儿建立自己与同龄儿童以及与比其年幼和年长儿童的重要关系。通过这些关系，他们学会商谈和协调共同的活动，解决冲突，遵守协议并承担对他人的责任。④幼儿积极认识其所属世界的物质、社会和文化，逐步从其活动以及与包括儿童和成年人在内的其他人的交往中学习知识。⑤幼儿早期可为达到身心健康、培养情绪安全感、形成个人特性以及培养能力奠定基础。⑥幼儿的成长经历，因其个性、性别、生活条件、家庭状况、照料安排和所受教育而有所不同。⑦有关幼儿的需求和恰当待遇及其在家庭和社会中积极作用的文化观念，对于幼儿的成长经历有着重大影响。因此，幼儿的福利保障不是降低婴幼儿死亡率那么简单，营养不良和可预防疾病依然是幼儿期权利的落实所面临的主要障碍。确保生存和身体健康是优先事项，幼儿的健康和社会心理福利在许多方面是相互依存的。不利的生活条件、忽视、照料不周或虐待以及对人的潜力发挥加以限制等，都会对这两者构成威胁。另外，歧视对于幼儿实现权利具有深层的影响，比如，不给予充分照料和关注、禁止自由表达感情和看法等，还有对特定儿童群体的歧视，如对女童、残疾儿童、受艾滋病影响的儿童的歧视等。在幼儿利用高质量服务方面可能存在的歧视尤其令人关注，特别是在卫生保健、教育、福利和其他服务尚未普及而且以国家、私人和慈善组织相结合的方式提供的情况下。这就要求所有与儿童的照料、健康、教育等相关的决策，都必须考虑儿童的最大利益，父母、专业人员和其他负责照料儿童者做出的决定也不例外。人们常常以幼儿缺乏基本的理解能力、沟通能力和抉择能力为由，忽视幼儿参与的作用，但是，儿童权利委员会强调，作为权利主体，即便是最年幼的儿童也有权发表意见，对于这些意见“应按照其年龄和成熟程度给予适当的看待”，实际上，早在幼儿能够通过常规方式表达之前，他们就能够以多种方式做出选择，传递自己的感情、见解和愿望。①

青春期是以身体、认知和社会意识迅速变化，包括性和生殖成熟为特点的时期。尽管在总体上少年是一个健康群体，但因其相对的脆弱性和来自社会（包括同龄人）的压力而可能染上健康风险行为，因此也对健康和发展构

① 儿童权利委员会：《〈儿童权利公约〉第7号一般性意见（2005年）：在幼儿期落实儿童权利框架内青少年的健康和发展》，CRC/C/GC/7/Rev. 1。

成新的挑战。这些挑战问题包括个性特征的形成和如何处理个人的性问题。[①]因此，必须增进和保护人权，以确保青少年切实享有可达到的最高健康水平、全面发展，并且为进入成年做好充分的准备，从而在他们的社区和社会中发挥建设性的作用。青少年的健康不限于《儿童权利公约》的规定，还涉及该公约的两个任择议定书[②]以及其他相关国际人权准则和标准。青春期原本就是一个自我张扬时期，歧视对他们的潜在负面影响会波及一生，遭受歧视的青少年更容易蒙受虐待、其他类型的暴力和剥削，并使他们的健康和发展面临更大的风险。因此，青少年更加需要符合其尊严的指导，家长（或其他对儿童负有法律责任者）有责任、权利和义务“以符合儿童不同阶段接受能力的方式适当指导和指引儿童行使本公约所确认的权利”（公约第5条）。同时，青少年能够在涉及自身发展、医疗、司法程序中自由表达意见并得到适当地对待，能够享有公民的基本权利和自由，比如，获得资料和信息自由等方面，对于实现青少年健康和发展权也具有根本意义。基于青春期身体、心理方面少年的快速发育，尊重青少年的隐私、就健康问题提供规劝和咨询意见对少年的发展也有特别重要的意义。同时，为儿童身心健康考虑，有必要保护幼儿和青少年免遭一切形式的虐待、忽视、暴力和剥削的侵害，确保尤其易遭虐待和忽视的残疾青少年，在生理、性和精神上的完整性，在这方面，需要从基本人权的角度加以理解和看待。

（二）权利维度的儿童保护

儿童保护的另外一面是对被侵犯儿童权利的补救，也是儿童保护的消极措施。对儿童的暴力问题不仅是儿童福利问题，更是儿童生存权和发展权问题，侵犯了儿童享有人格尊严和身心健康的绝对权利。儿童的尊严、生命、生存、福利、健康、发展、参与和不受歧视的权利应得到尊重，并应当作为儿童政策的首要目标，这已经成为国际社会的共识。为推进儿童基本权利的实现，应当保护儿童免遭各种形式的歧视和暴力侵害，实现儿童的最大利益，为达致此一目的，须防止一切形式的暴力，促进优良的儿童抚养方式，在国家框架中强调初级预防；同时，在人力、资金和技术资源方面投入充足资金，专门用于儿童保护支持综合系统。对于保护儿童免遭一切形式的暴力这一问

① 儿童权利委员会：《〈儿童权利公约〉第4号一般性意见（2003年）：框架内青少年的健康和发展》，RC/GC/2003/4。

② 《〈儿童权利公约〉关于儿童卷入武装冲突问题任择议定书》和《〈儿童权利公约〉关于买卖儿童、儿童卖淫和儿童色情制品问题的任择议定书》。

题，不仅应考虑儿童的“生命”和“生存”权，还应考虑其“发展”权，正因为考虑到儿童的发展，儿童参与对暴力行为的揭露就有了特别重要的意义，在儿童保护程序的任何一个环节都必须注意倾听儿童的意见并给予认真看待，特别是许多幼小的孩子，并不明白什么是暴力侵害，“倾听”对儿童保护就有了特别的价值。

那么，到底什么是对儿童的暴力，《儿童权利公约》第 19 条将针对儿童的暴力定义为：“任何形式的身心摧残、伤害或凌辱，忽略与照料不周、虐待或剥削，包括性侵犯。”在《联合国研究暴力侵害儿童行为问题独立专家的报告》中，暴力被定义为“当有些人蓄意地运用躯体的力量或权力对其他人造成伤害的行为。”“暴力包括那些对人造成的实际或潜在的伤害的行为”。“伤害包括对人的躯体、健康和精神的伤害”“暴力也包括自杀”等。[①] 可见，“儿童暴力”还包括通过权力对受害者的威胁、恐吓、漠视或忽略等。该定义包含了暴力的多种结果，如精神伤害、发育障碍和权益的剥夺。暴力导致的后果有可能会立即出现，但也可能在最初伤害之后数年内持续存在。同时还应当了解，暴力的后果不限于受害者的身体损伤甚至死亡，还包括精神和心理的伤害以及对其生活的群体和社会的影响。[②] 这些危险环境和风险包括：①虐待和忽视，包括身心摧残。虐待常常发生在家庭，儿童常常不理解也没有能力躲避或抵御。研究表明，忽视和虐待对儿童大脑的成熟过程产生可度量的影响。②被遗弃或被剥夺家庭照料。因自然或人为的灾难而迫使儿童离开家庭照料，儿童的发展会受到严重威胁。③性侵犯和性剥削。幼儿特别是女孩，很容易在早期受到家庭内外的性侵犯和性剥削。环境困难的幼儿特别危险，例如被雇为家庭工人的女孩。幼儿还可能受色情制造商之害。④买卖、贩运和诱拐儿童现象屡禁不止。

保护儿童免遭暴力侵害是基于以下基本前提：①任何针对儿童的暴力行为均不可原谅；所有对儿童施暴的现象都可预防；②以儿童权利为基础的照料和保护要能够尊重和促进儿童的人格尊严及身心健康；③儿童不仅是“受害者”，更是权利的拥有者，儿童作为具有个体人格、特殊需要、利益和隐私的独特而宝贵的个人而受到承认、尊重和保护；④法治原则适用于儿童；

---

① See Paulo Sérgio Pinheiro, Report of the Independent Expert for the United Nations Secretary-General's Study on Violence against Children, *World Report on Violence against Children* (Geneva, 2006), p. 8.

② 世界卫生组织编《世界暴力与卫生报告》，唐晓昱译，人民卫生出版社，2002，第 4 页。

⑤在一切决策进程中必须尊重儿童的意见，儿童赋能和儿童的参与应当成为各种照料和保护儿童战略及方案的核心；⑥儿童最大利益考量应当作为涉及儿童所有事务的首要考虑；⑦暴力预防可通过公共卫生、教育、社会服务和其他方针实施；⑧家庭是照料和保护儿童及预防暴力的主要责任者，但大多数暴力行为发生在家庭范围内，因此需要进行干预和支持；⑨国家机构及国家行为者包括学校、照看中心、寄宿之家、警方拘留所和司法机构中广泛存在严重的针对儿童的暴力行为，有可能构成酷刑和杀害儿童行为，还有武装群体和国家军事力量经常对儿童采取的暴力行为。

对保护儿童免遭暴力侵害方面措施不力成为普遍现象，甚至普遍的社会和文化观念及习俗宽容暴力，因此，有必要把反对儿童暴力看作一项不可克减的儿童基本人权，国家在任何情况下，都有义务保护儿童免遭暴力侵害。预防和应对暴力问题的战略和体系必须采取一个出于儿童权利而不仅限于福利考虑的方针。保护儿童免遭暴力侵害的基本理论依据在于：第一，一个消除暴力、尊重和扶持性的儿童养育环境会支持儿童个体人格的实现，有助于为当地社区乃至整个社会培养社会性、负责和积极贡献的公民。第二，暴力侵害对儿童的毁灭性影响，包括暴力侵害儿童和虐待儿童行为的短期和长期健康后果得到广泛承认，除身体和生命的伤害之外，还导致生理健康问题、认知障碍、心理和情感后果、心理健康问题以及健康高风险行为；还包括发育和行为方面的后果，如逃学以及侵犯性、反社会、自我毁灭和人际损害行为，造成社会关系恶化、被学校开除和触犯法律。对儿童暴力问题采取高压或"零容忍"的国家政策对儿童特别是青少年的影响具有一定的负面作用，因为这是一种惩罚性方针，针对暴力施以更大的暴力，从而使儿童成为受害者。此类政策的形成往往是由于公众对公民安全的关切以及大众媒体对这些问题的大量报导。第三，暴力侵害儿童行为还会给社会带来巨大代价。儿童被剥夺受保护的权利，会产生巨大和无法接受的人力、社会和经济代价。直接代价包括医疗、法律和社会福利服务和替代照料。间接代价则包括可能的持久伤害或残疾，心理代价或其对受害者生活质量的影响，教育的中断或停止，儿童今后生活中生产能力的丧失。对儿童的暴力还可能引发更多针对女孩的侵害，包括绑架、早婚和强迫婚姻、为性目的贩运人口和性暴力。相反，未曾受过暴力并以健康方式成长起来的儿童在儿童时代和成年以后出现暴力行为的可能性较低。

在儿童暴力侵害中，特别引起关注的是家庭暴力，因为长期以来，家庭被认为是“私密性”最强的私人领域，消除和设法制止在家庭环境中针对儿童的暴力现象是最困难的。但儿童在家庭内部依然应当享有生命权、生存权、发展权、保持尊严和身体健康的权利，国家确保儿童权利的义务也不能仅停留在家门之外。长期以来，父母和其他近亲对儿童施暴是普遍现象。施暴者可能包括父母、继父母、养父母、兄弟姊妹、其他家庭成员以及看护者。家庭中针对幼儿的某些暴力可能导致永久性损伤，甚至造成死亡。在家庭内部针对儿童的暴力可能往往是为了管教孩子，采取的形式是残忍或有辱人格的体罚。肢体暴力往往伴随着心理暴力。羞辱、辱骂、孤立、拒绝、威胁、冷漠和贬低均属于不利于儿童心理发育的暴力形式，特别是当其来自父母等受到儿童尊敬的成年人。据估计，世界各地每年有1.33亿至2.75亿儿童目睹家庭暴力。[①] 儿童在家中经常看到父母之间或其他家庭成员间的暴力行为，会严重影响儿童的幸福、个人发育以及童年和成人之后的社会互动。家庭中的暴力包括以下多种行为：对身体和情感暴力、忽略、性暴力、有害的传统习俗等。因此，在消除儿童家庭暴力方面，必须向家庭和社会传播正向的知识，即儿童是拥有权利的独立个体，家长的职责是保护儿童不受伤害而不是任意施暴，家庭暴力是法律禁止的行为，家长对儿童的暴力行为应当受到惩罚。

（三）儿童保护的综合性政策和措施：家庭、社区和国家

国家、社会和家庭对保护儿童负有不可推卸的责任，国家在承担儿童保护主动义务的同时，还有支持和协助儿童家长及其他照料者在其能力和财力范围内，根据儿童能力的发展情况确保儿童最佳发展所必需的生活条件。同时，国家还承担积极培育社区力量促进儿童健康发展的责任。没有社会力量的介入，儿童福利不可能获得完整的实现。儿童所生活的环境决定着他们的健康和发展，要创建安全和扶助性的环境，不仅应当关注儿童所处由家庭、伙伴、学校和各服务部门形成的直接环境，还应当关注由社区、传媒、当地政策和立法等形成的更广泛环境的态度和行动。

在儿童成长的直接环境中，家庭和学校（伙伴关系）对儿童的发展影响尤为重要。中国人具有浓厚的家庭观念，对于儿童来说，家庭是儿童的第一活动场所，家长是儿童的第一监护人，家庭文化对儿童的生存和发展具有至关重要的作用，也因此，国家和社会对家庭的介入和支持一直持非常谨慎的态度。通常认为，家长如何管教子女是家庭内部事务，这种情况下家庭与国

---

① 〔巴西〕保罗·塞尔吉奥·皮涅罗：《联合国研究暴力侵害儿童行为问题独立专家的报告》，A/61/299，2006。

家在儿童福利供给中的关系是强调家庭主导。在强调家庭主导的福利政策体系中，国家只有在家庭功能失灵的情况下才发挥协助困难家庭养育儿童的作用，在这种模式中，福利救助的主要对象是诸如孤儿等困境儿童及其家庭。儿童与其家庭之间的血缘纽带使儿童对其家庭有着天然的依赖性，更重要的是这种血缘关系带给儿童心理上的安定感和安全感，这些心理影响对其健康成长和发展产生着看不见但却极其重要的作用，因此，在儿童福利保障中强调家庭的作用是必要的。国家对家庭支持和援助的各项法律政策的目标，都是为了保障更多的儿童及家庭享有最基本的福利，但这些并不是儿童福利的最终目的。儿童福利法律政策实施的最终目的应当是给家庭提供帮助的同时，赋权给困境儿童及其家庭，从根本上帮助儿童及其家庭脱离困境，最终使儿童及家庭能够自食其力地独立起来。20 世纪 90 年代开始，一些国家就将儿童福利保障的重点放在了调整家庭结构上，指出“好的家庭福利就是好的儿童福利”。强调儿童应该在家庭环境里，在幸福和理解的氛围中成长。因此，家庭福利是儿童福利不可或缺的和重要的来源之一，可以说，家庭福利状况决定着儿童福利的状况。

在家庭福利当中，父母在实现儿童权利方面发挥着关键作用。这里的家庭包括核心家庭、扩展家庭、单亲家庭等；这里的“家庭福利”是指能够满足幼儿的照料、抚养和成长需求的各种安排，包括核心家庭、大家庭，以及其他传统安排和现代基于社区的安排。父母的作用是提供适当指导，以使儿童行使各项权利。这既适用于幼儿也适用于少年。儿童有着对成人的依赖性，但他们并不是被动接受照料和指导，儿童从出生就开始了与其周围的人，特别是父母进行积极的交流，父母（以及其他养育人）通常是儿童据以实现其权利的主要途径。同时，我们还看到，儿童的能力发展有一个逐步增强的过程，儿童的身体、认知、社交和心理状况的变化非常迅速，父母（和其他人）有责任根据儿童自主决策和理解能力，不断调整他们向儿童提供的支持和指导的程度，因此，能力发展被看作一种积极的扶持过程。但是，在家庭养育中发生的任何变故都会对儿童产生影响，有些变化与儿童福利是一致的，但有些变化却会带来不利影响，比如，父母离异、外出打工、艾滋病感染等，这些都会影响到父母对子女的抚养能力。因此，实现儿童福利和权利在很大程度上取决于监护人的福利和可利用的资源。

在儿童福利保障的早期介入方面，发达国家的家庭政策有较好的经验和做法可资借鉴，主要是从儿童保护的目的出发，采取事前的预防和前期介入。

在儿童福利保障方面，事前预防对儿童的生存和发展具有重大影响，表现为通过国家和社区为儿童提供普遍可获得的服务，目的是增加儿童发展的机会，增强家庭功能；对有困难的儿童及其家庭提供支持性服务，避免使问题发展成危机，并对发生危机的家庭提供危机处理服务；在危机处理当中为受到侵害的儿童及其家庭提供补救性服务。因此，国家、社会除了有责任保障儿童的基本福利之外，还对保护儿童安全负有特殊义务，比如防止侵犯儿童人权等行为的发生，保护儿童受害者和证人不受侵犯，调查和惩处责任者，为被侵害儿童寻求救济渠道等。国家有义务支持和协助家长及其他照料者在其能力和财力范围内根据儿童能力的发展情况确保儿童最佳发展所必需的生活条件。

学校作为学习、发展和社会交往的空间，在儿童的生活中发挥着重要的作用。学校除了传授知识之外，也是最充分地发展儿童的个性、才智和身心能力的最佳场所，教育旨在确保儿童离开学校之后，不会毫无准备地面对生活中遇到的挑战。教育传播的知识和基本技能应确保儿童有能力面对这些挑战；以非暴力的方式解决冲突；形成健康的生活方式和良好的社会关系。有鉴于此，国家应当采取有效措施：①提供面向所有儿童的高质量免费义务教育，以及高质量的中等和高等教育；②提供运作良好的学校以及不会对学生造成健康风险的娱乐设施，包括安全和卫生设备并确保上下学途中的安全；③防止和禁止学校工作人员对学生以及学生之间发生暴力和虐待行为，包括性虐待、体罚和其他不人道、有辱人格或侮辱性的待遇或惩罚；④倡导和支持增进健康行为的措施、态度和活动。

社区是儿童除了家庭和学校之外最经常活动的地方，而且，儿童发展伙伴关系也常常在社区当中进行，所以，除了保障社区安全之外，主动地与社区合作设计并实施一些对儿童有益的活动方案，对儿童的健康发展也会起到积极作用。这些方案可能涉及儿童教育、儿童特别问题解决等方面：①国家支持幼儿期发展方案，包括以家庭和社区为基础的学前托育和教育方案，这种方案的主要特征是扶持和教育父母，通过国家提供的资源，建立适合儿童各年龄组的发展特点的活动。在方案的实施中，以权利为基础，通过儿童积极参与规划活动培养其自信、沟通能力和学习热情。②对于社区内的私营儿童福利服务机构，国家给予支持、监督并保证服务质量，强制实行从事儿童工作专业人员的准入制度，要求从事儿童福利服务的人员获得专业训练。在儿童福利服务方面国家仍然是主导者，民间社会的作用是对国家作用的补充，而不是代替国家责任。③对专业人员和机构的教育方案。儿童工作涉及的所有人员，包括教师、社会工作者、医生、护士和其他卫生工作者、心理学者、律师、法官、警察、缓刑观护人和监狱官、记者、寄宿机构照料者、公务员和公共机构官员、庇护官员等，为落实儿童各项权利需要接受多种岗前培训和教育。并就此设立官方承认的认证机制；确保《儿童权利公约》成为这类培训和教育课程的内容。要求专业机构落实儿童权利保护政策、程序及职业道德和照料标准；防止照料和司法环境中的暴力行为。④针对儿童个体、家庭的社会方案。例如，托儿、幼儿发展和放学后照料方案；对困难儿童提供咨询支持；24 小时免费儿童热线；定期接受审查的寄养家庭服务；解决心理问题和家庭问题的社区互助组；对有家庭暴力、酗酒或药物滥用问题或其他精神健康需要的照料者的治疗方案。⑤国家和社区合作，支持儿童的生活技能、知识的培养与积累，鼓励儿童参与。比如，宣传相关法律和政策规定，并提倡积极的儿童养育，打击宽容或鼓励暴力的负面社会态度和习俗。为儿童提供有关生活技能、自我保护和特殊风险的准确、方便获得并有年龄针对性的信息和支持以及其他赋权活动。对家长和照料者提供有关积极儿童养育理念的教育。

近年来，我国机构内儿童看护和照顾模式的改革以及生活中儿童侵害事件的频发，引起关于国家责任和社会责任的探索。2013 年民政部发布《关于开展未成年人社会保护试点工作的通知》，决定在北京市的三个区县开展儿童社会保护试点，将对家庭监护进行监督评估和构建社区儿童保护机制结合起来，对于不履行监护责任的监护人可撤销监护权，由社区服务中心、“社区青年汇”等机构和组织提供临时照料、监护指导等服务。确定由专业工作人员为儿童及其家庭提供政策咨询、临时照料、监护指导、帮扶等服务。支持和鼓励企业事业单位及其他社会组织提供或兴建有利于未成年人健康成长的活动场所和设施。同时，通过招募志愿者、购买服务等形式，鼓励社会组织和个人为未成年人开展心理、生理、法律、教育咨询。开通救助专线，发联系卡，为受虐待或因其他家庭问题需要帮助的未成年人提供及时庇护。建立受伤害未成年人的发现、报告和响应机制，加强家庭监护服务和监督，构建社区儿童保护网络。纳入保护范围的包括五类儿童：因监护人服刑、重症、遗弃等原因实际无人监护的未成年人，因监护人经常性忽视、家庭暴力等得不到适当监护的未成年人，因家庭贫困面临辍学和失去基本生活保障的未成年人，有流浪经历的未成年人，以及其他因被拐卖、非法雇佣等陷入困境的儿童。对监护人不履行监护职责、侵害未成年人权益的，进行劝诫、制止，经教育不改的，村（居）委会可支持未成年人申请法律援助，向法院起诉撤销其监护权，依法另行指定监护人。其间，未成年人将由未成年人救助保护机构进行临时监护，被撤销监护权的监护人应当依法继续负担抚养费用。

国家有义务提供条件，确保儿童在任何环境中得到保护而不至陷入困境，影响儿童生存和发展，国家可采取的策略措施包括如下几个方面。

第一，建立独立的儿童保护机构以及政府各部门协调发挥保护儿童的作用。独立的儿童保护机构的建立将发挥国家在增进和保护儿童权利方面的作用，儿童权利委员会在其《第2号一般性意见（2002年）：独立的国家人权机构对保护和增进儿童权利的作用》中就指出建立国家级的儿童保护机构或儿童监察专员机制对保护儿童具有重要意义。国际经验证明，这种机构，不管其形式是什么，均应能够独立有效地监督、增进和保护儿童权利，并将儿童权利“纳入主流”，为此目的，在国家层面上需要建立一个完整、跨领域和协调的机制体系，协调各儿童保护战略和服务；界定各合作方的作用、职责及相互关系，切实管理、监督各执行机构并对其问责；监督其他配合机构的具体工作、资源配置、财务透明，并建立全面和可靠的国家数据收集系统等。

第二，采取综合性保护策略，在国家整体法律政策范围内思考儿童保护问题。基本思路：一是制定并实施促进儿童福利和权利实现的法律和政策，帮助父母增强儿童保护能力的干预策略。基于长远的深层次考量，这些干预策略可以通过税收和津贴、住房、就业等政策的落实来实现。二是订立并实施能够产生直接影响的专项行动计划方案，并确保所有儿童特别是幼儿都能参与这些协助方案，以实现促进儿童发展的目的。在此行动计划中，有必要采取以权利为基础的多部门合作战略，以及相关的具体步骤，包括分阶段的（幼儿期和青春期）儿童服务；建立相关的信息和监测系统；制定适合儿童发展阶段的方案标准和专业培训。促进所有儿童获得有效的服务，特别是最弱势儿童获得服务，并制定卫生、照料和教育方案。提供的青春期保健服务应满足以下标准：一是可提供性。尤其关注青春期少年性卫生、生殖健康及精神健康的问题。二是可获取性。帮助青春期少年都能容易地得到相关卫生设施、商品和服务，并尊重其隐私权。三是可接受性。确保所有的保健措施和服务都要尊重文化价值观、有性别敏感性，并且为青少年及其所生活的社区接受；确保保健服务和商品应具有科学和医学上的恰当性。特别需要指出的是，这些法律和政策以及具体行动计划的实施问题是儿童福利实现的关键性步骤，然而，事实上，我国在儿童保护的法律政策实施方面与《儿童权利公约》的要求还有很大的差距，立法以及行动计划中的目标往往形同虚设。这与我们的立法水平有关，也与整体执法大环境有关。

第三，采取综合性支持措施，帮助家庭更好地实现养育子女的责任。①为家长提供适当的援助，包括在必要时提供有关营养、衣着和住房等方面物质援助，以及对儿童的社会保险等社会保障方案。除了实物的援助之外，更重要的是开展各种赋能方案，以增强家长和儿童生存和发展的能力，需要采取措施保证儿童基本生活水准及最高标准的保健和营养，开展健康的保健教育方案，包括清洁饮水、适当的环境卫生、适当的免疫接种、良好的营养和医疗服务、母婴保健等。提供产前产后服务、家访方案、优质的幼儿发展方案。②提供充分的信息和技术支持，帮助父母和育儿机构掌握新的育儿知识和技能，实施科学的幼儿期和青春期教育。国家、父母及育儿机构共同制定儿童发展规划，通过父母、专业人员等在"最充分地发展儿童的个性、才智和身心能力"方面开展积极合作，将人权教育纳入幼儿期教育，并应无任何歧视地扶助女孩接受教育，为父母提供必要的培训和咨询，鼓励家长与儿童建立积极、负责的关系，寻求尊重儿童的可接受的办法解决儿童期遇到的问题，提供安全教育、心理咨询和辅导、女性生殖健康服务、精神卫生服务、药物滥用治疗服务等。③帮助父母和儿童开展早期社会化发展和教育，树立非暴力的文化准则和价值观念，严格控制枪支、酒类和毒品的渠道。鉴于各种事故和暴力对青少年身心造成的严重损害，并考虑到这些情况尤其可能与学校内外欺凌和忽视，包括性虐待、欺压和欺负行为相关，要制定和开展各类教育方案，改变传统观念、消除戕害儿童的陈规陋习，还要监管各类信息和咨询渠道，保护青少年免遭对其健康和发展有害信息的影响，并确保儿童能了解对其健康和发展至关重要的信息，做出适当的健康行为选择。④为遭遇暴力侵害的儿童建立临时的庇护设施，比如，为处境特别困难的家庭提供临时方案和家庭支持中心服务，为在家中遭受暴力的家长（通常是妇女）及其子女开设庇护场所和危机中心等。

第四，困境儿童的特别保护措施。儿童成长过程中的风险对于残障儿童、重症儿童、孤儿、流浪儿童来说具有更大的风险和危害，要特别注意采取必要的措施防止传染性疾病，特别是艾滋病对儿童的威胁。在当前艾滋病持续扩张的情况下，艾滋病预防意识对青春期的儿童具有重要意义。这些防治艾滋病的措施包括：①制定有效的预防方案，降低青少年受传染的风险，改变有关的文化观念，认清为青少年提供安全器具和预防性传染疾病的必要性。②防止父母和幼儿感染，特别是对传播链做干预。③确保艾滋孤儿以及受艾滋病毒感染的儿童得到充分的治疗和替代照料，并防止他们受到社会排斥。除此之外，还有大量生长在困难环境当中的儿童，比如，在赤贫、各种暴力侵害、流离失所、强迫乞讨、被剥夺家庭照料、滥用毒品等环境中的儿童，他们周围充满了暴力冲突，而儿童在理解这些不良环境或抵御对其健康、身心、精神、道德或社会发展有害影响的能力较低，因此，国家要采取一切必要措施保护儿童脱离危险。要特别注意难民儿童、流动儿童中孤身或与家庭失散儿童的危险处境，为无家可归的儿童寻求替代照料。还要注意向受到虐待等暴力侵害的儿童提供保护，必要时确保受害儿童获得专门指导和治疗，采取积极步骤支持他们从创伤中康复。

第五，儿童期的风险防范和特别保护。社会动荡、人口大范围流动，以及社会排斥等环境因素，增加了儿童遭受暴力和剥削的危险性，严重限制了儿童做出健康行为选择的能力。国家、社会和家庭都应当在预防政策和措施上做出努力，削减易受害程度和风险因素，为儿童建构一个安全和扶助性的环境，可采取的措施包括风险预防的政策措施。将儿童照料和保护纳入主流社会政策体系；减少贫困，对风险家庭援助和支持；改善儿童福利服务供给途径；减少风险因素，尤其是贫困、失业、歧视和边缘化等来自家庭的风险因素。特别关注潜在危险处境中的儿童，包括但不限于：孤身一人、未登记儿童、流浪儿童、触法儿童、身体和心理障碍儿童、少数民族儿童、童工、难民儿童、贫困儿童、婴儿和幼儿等。另外，信息和传媒部门也需要拟订准则，保护儿童不受有损儿童人格尊严信息的影响，包括凶杀、色情、低俗等信息，避免传媒对受侵害儿童的二次伤害。①

第六，建立儿童危机处理机制。对于正在受到各种暴力侵害的儿童，国家应当建立一套危机处理机制，帮助儿童及时脱离暴力威胁。对于生活在养育院或收容所、学校、少年管教机构等当中的儿童，因其尤其易遭受体制性暴力，国家有必要通过立法和行政措施，对相关工作人员进行培训和监督，防止和消除摧残青少年的体制性暴力，这些人员包括警察、教师、司法人员、保育员等。对于遭受家庭暴力的儿童，国家应当采取及时和恰当的干预行动解救儿童，并确保这种干预措施是为了保护儿童，在必要的情况下，按照法

① 儿童权利委员会：《〈儿童权利公约〉第13号一般性意见（2011年）：儿童免遭一切形式暴力侵害的权利》，CRC/C/GC/13。

律将儿童与其家庭隔离。此类法律应当符合《儿童权利公约》的原则，特别注意涉及儿童事件人员和机构的专业化和专门化。关于儿童被拐卖、强迫卖淫等情况的国际法律依据，除了《儿童权利公约》之外，我国还加入了其议定书：《关于买卖儿童、儿童卖淫和儿童色情制品问题任择议定书》以及《跨国收养方面保护儿童及合作的海牙公约》，这些文件为防止儿童被买卖、贩运和诱拐提供了一个框架和机制。在涉及对受到暴力侵害儿童的看护和照料问题时，特别要注意其中包含的伦理问题，避免对儿童造成二次伤害。这是对受害儿童采取保护措施应当考虑的前提。具体的对遭受暴力侵害儿童的保护措施包括：①预防。明令禁止一切形式的暴力以及纵容暴力的态度，推广健康的抚养方式，建立危机处理机制，要求一切相关的组织和个人保护儿童，为儿童出生登记提供便利，对儿童赋权赋能，对弱势儿童提供便利和辅导计划。为儿童和相关成人提供尽可能多的知识和机会，以便在问题出现之后发展成危机之前发出信号。②调查。查明特定个人、儿童群体或照料者的风险因素以及虐待行为的迹象，以便启动专门预防和干预措施，特别需要警惕的是弱势儿童群体。③报告。建立安全、公众了解、保密、可利用的支持机制，让儿童及其代理人能够及时报告暴力侵害行为，如 24 小时免费热线。该机制包括：制定相关的政策和规章，为儿童和家庭提供支持服务，为有关人员开展培训并持续提供支持，协助申诉，参与调查和庭审程序。该机制须尊重儿童的意见，立足于解决问题而不是惩罚，提供公共卫生和社会支持服务。④转交。为接收报告的人员提供指导和培训，使其了解何时及如何将有关问题转交负责协调的应对的机构。转交过程包括：对儿童及其家庭的需求进行评估，并听取他们的意见，交流评估结果，针对他们的需求提供服务信息，开展后续行动。⑤调查。必须由接受过专门培训的专业人员开展调查，并为行政、民事及刑事程序提供证据。必须关注避免对儿童的二次伤害。如需对儿童另行安置，要以儿童最大利益为基本的考虑，如果施暴者为儿童的主要照顾者，视情节严重程度及其他因素，选择更好的干预措施。⑥治疗。遭受暴力侵害儿童的身心康复需要多种服务，“治疗”仅是其中一种，这种治疗必须在“能促进儿童的健康、自尊和尊严的环境中进行”；必须注意倾听并重视儿童的意见；确保儿童安置及其安全；注意干预措施对儿童福利的可预见性影响。为儿童提供医疗、精神卫生、社会及法律服务和支持以及长期后续服务。为施暴者提供相应的服务和治疗，力争通过教育使其态度和行为得到改善。⑦后续行动。在后续行动过程中要明确有关儿童及其家庭由谁负责；每一个步骤都须与儿童及其他利益攸关方充分探讨，比如，实施细节、期限、干预手段、审查、监督和评估。通过“案件管理程序”保持各环节的连续性，并不得拖延。后续行动需要结合《儿童权利公约》的康复及重返社会、定期审查及安置、发展权、教育目的等条款。还应确保儿童与父母双方保持联系，除非这样有悖儿童的最大利益。⑧司法介入。尊重正当程序，但把司法介入作为最后手段，任何情况均需考虑儿童的最大利益并选择干扰最小的介入手段。总体上，司法介入要保障各司法机关及相关部门（警察、移民、教育或医疗保健服务机关）及时向儿童及其父母提供充分信息；整个司法进程应以适合儿童的方式进行，应考虑其个人情况、需求、年龄、性别、是否残疾及成熟程度，并充分尊重其生理、精神和道德的需求；司法介入尽量采取预防性质，以各部门协调的综合方式进行，支持并协助其他专业人员与儿童、照料者、家庭和社区打交道；遵守从速原则。具体的介入手段包括：个别化处理方式，如非诉讼纠纷解决机制、恢复性司法及亲朋协议；刑事法程序，其中，特别注意惩罚对儿童的体制性暴力；制定针对儿童暴力事件中的玩忽职守行为的规范和程序；司法裁决，确保遭受暴力侵害儿童获得赔偿并康复。特别要指出的是，对于儿童暴力事件的思考，不应只狭隘地关注事件本身，而应关注儿童作为享有权利者的健康发展及福利，应查明暴力的深层原因。①

四　儿童福利服务本土化问题

本书第一章已经考察了儿童福利制度的移植与借鉴问题，而且我们也认识到，在移植和借鉴的同时，必须进行本土化或地方性改造，考虑本土的政治、经济、文化等背景因素，使学习过来的知识融入本土文化，但是，我们所说的“本土化改造”绝不意味着把学来的知识改造成一个本质上不同于“原物”的东西，那样实际上已经不是移植，而是创造了。那么，移植与本土化到底是一种怎样的发展样态，如何进行儿童福利制度的本土化改造才更符合国情和现实需要。从中外法律发展史可以看到，法律进化史在很大程度上就是一部法律创制与法律移植交融史；而现代化之后法律制度的融合趋势更展示出法律移植对促进现代法治完善的重要作用，但是，法律移植并不等同

---

① 儿童权利委员会：《〈儿童权利公约〉第13号一般性意见（2011年）：儿童免遭一切形式暴力侵害的权利》，CRC/C/GC/13。

于嫁接，移植效果受传统文化、政治体制、经济水平等多重因素影响，这种“交融”和“影响”就是“本土化”。总之，法律移植也好、文化移植也罢，都是一个动态的过程，本土化也是一个动态的过程，在移植前后的考察、选择、整合、建构、调试等过程中，都有“本土化”的参与。那么，在启动“移植”和“本土化”这个动态过程之前需要对双方的“土地”“气候条件”等做一番考察，这是移植和本土化的前提，也就是我们常说对基本国情或曰语境的了解。

我们对于儿童福利制度发展的基本国情或语境做出的基本判断是：①从总体的制度环境上看，中国正处于建构法治国家过程中，并非已经处于法治状态，而仍然处于前法治状态，这是一个基本的事实判断。[①] ②法律在国家的社会生活中还没有获得自治的地位，缺乏权威性，人们对法律普遍缺乏信任感，相反却对“特权”或“权威”有着天然的畏惧感，甚而导致对权力的痴迷。儿童福利制度的基础性依据——法律还十分不完备，其依据更多的是相关政策，而对我国生效的国际公约不能在具体案件审判当中适用。在儿童福利服务方面，国家层面的制度运作问题很多，而传统的做法依然发挥相当大的作用，其中有的与现代儿童福利观相契合，而有的则严重损害儿童最大利益。③从政治实践上看，人民法院和人民检察院尚受到权力机关等政治力量的牵制；腐败包括司法腐败比较严重；公民表达意愿的渠道还很不畅通，特别是弱势群体受到侵害后往往求告无门。儿童侵害事件中体制性因素的存在，反映出执政能力和执政水平还较低。④市场经济体制正在逐步完善，经济发展虽有规模，但软实力离发达国家差距很远。全国各地经济发展极不平衡，表现在儿童福利保障方面城乡和地区差异非常大。⑤社会分层越来越明显地影响到儿童福利的实现，贫富阶层之间的差距不断拉大，乡村的失地农民和城市无业市民的普遍贫困化带来其子女福利需求普遍得不到满足等问题。这充分体现在儿童教育需求、医疗需求的满足上，比如，教育不均衡发展依然严重存在，而在择校过程中，权力、金钱、关系在其中发挥着关键作用。⑥受封建家族传统和儒家文化思想的影响，我国民众虽有尊老爱幼、父慈子孝、兄友弟恭等传统，但是将儿童视为私产可以随意处置也是一种顽固的文化偏好，再加上经济社会的转型带来生活方式、家庭模式等方面的转变，而人的素质并没有相应地跟着提高，儿童无论是在家庭中还是社会上受到侵犯

① 参见汪海燕《除魅与重构：刑事诉讼法律移植与本土化》，《政法论坛》2007 年第 2 期。

通常得不到及时的救助。有的幼儿甚至饿死家中。

基于不同语境的分析，如果将具有极大文化差异的制度拿来适用必然要经过本土化改造，否则结果一定是“水土不服”，正因此，有些学者宁愿采用“借鉴”而不用“移植”来描述这种文化传承。但借鉴一词太过宽泛，太过有张力，近似于参考或参照，用于描述不同文化之间的交流没有移植一词来得精确。福利制度原本就兴起于西方工业化过程中，中国也已经步入工业化时期，正经历着工业化和城镇化带来的问题和挑战。伴随社会福利制度的建构，儿童福利制度必然得到优先发展，也一定会涉及一些先进的制度、规则的移植和本土化问题，其来源大致有两条路径，一是发达国家儿童福利制度的理论和实践，二是联合国相关的规范性文件。即便是后者，我们已经批准的比如《儿童权利公约》当中的理念、原则、制度等，也存在一个本土化改造问题。下文拟以儿童福利服务中的“社会工作”为例，考察儿童福利制度的本土化问题。之所以从“社会工作”的角度考察有两点理由：一是鉴于社会工作在儿童福利服务中的重要作用，没有社会工作的参与，儿童福利服务持续而有效的进行几乎不太可能；二是我国近几年社会工作发展势头良好，但其中遇到很多问题验证了学习来的知识要经过本土化改造之后才能适合我国现实需要。

社会工作本土化问题是伴随着它的专业化和职业化问题而提出的，1971年联合国首次将“本土化”界定为“将社会工作功能和教育与某个国家的文化、经济和社会现实结合起来的过程”，并将社会工作价值观的本土化视为首要问题。1959年美国学者庞弗里（Ralph E. Pumphrey）就提出了社会工作价值分层理论，使人们对社会工作的核心价值与专业伦理等方面的关系有了更加深刻的理解，因此，社会工作的本土化不仅是专业技能和知识理论的本土化，还是价值观的本土化。我国社会工作知识源于西方国家，有论者将我国政府官员依靠行政程序为民众实施的服务也称为“社会工作”，尽管在形式上有些近似，但实际上，这种为民服务的工作与现代西方意义上的“社会工作”大异其趣，其在本质上仍然是政府的行政管理活动。基于上文基本国情的分析，对社会工作理论和实践，特别是价值观的本土化改造是必然的选择。①

（一）社会工作价值的本土化

一个世纪之前发端于西方工业社会的社会工作，其解决问题的取向是助

---

① 参见周晓炎、李精华、郑克岭《价值分层视角下的社会工作价值观本土化分析》，《西北工业大学学报》（社会科学版）2010年第2期。

人自助，从19世纪下半叶的公私二分的社会发展方式来看，公众及专业人士对家庭和社区问题的关注成为一种普遍焦虑，社会工作者的实践成为解决社会问题的一种主要技能，在穷人对私人慈善的需要转化成对社会救助体系的依赖以及国家介入家庭变得越来越容易的情形下，社会工作成了满足个人需求以及防止国家取代家庭履行责任的桥梁。这样，社会工作专业实践的空间，也就自然被限定在家庭照顾的私人领域和国家责任的公共领域的二元对立之中，以个人治疗和社会改革双重目标为使命的社会工作也受到越来越多的挑战。社会工作专业的利他性受到质疑，既要关注社群需要、注重赋权，又要推动社会改革的双重使命，使得社会工作的价值取向变得模糊。社会工作现代发展的工作模式发生了转变，更关注质性研究，主张理解受助者的日常生活和问题情境的发展方向，不仅张扬了社会工作实现助人自助的目标，也实践了将社会弱者纳入社会发展轨道的价值理想。[①] 但是，经济全球化的迅猛发展改变了国家社会政策与社会工作传统的价值基础。新自由主义的价值理念在全世界广为蔓延，对国家社会政策及社会工作的价值基础产生了很大的影响，长期以来以“公平”“社会关照”“社会保护”为目标的价值体系越来越被信奉“效率”“自由”“竞争”的新自由主义价值原则所取代。[②]

在我国，社会的弱势群体在社会上和制度上长期缺乏承认和肯定，他们要么因为不会发声而被忽视，比如，儿童、重病人群、老人等；要么因知识缺乏而在社会管理体制中被看作社会的不安定因素，如农民工、下岗工人、流动人员等。当然，随着国际人权运动的发展，中国作为国际化和全球化进程的参与者，人道、平等、和谐等价值观已经悄然成为我国的主流价值追求。而人道主义、平等公正、和谐宽容、互助互爱也正是西方社会工作的终极价值，这也就意味着，我们在移植西方社会工作制度中，不存在终极价值的本土化改造问题，但在社会工作的一些具体的价值取向方面，因中外所立足的制度体系和文化背景不同，仍然存在本土化改造问题。比如，西方社会工作中的案主自决、宗教精神、价值中立等原则和内容就需要在工作中加以本土化改造以适应我国国情。其中的宗教精神在我国至少不具有普遍意义，可适用的地区有限且宗教类型也有差别，例如，新疆以伊斯兰教为主，而西藏地

① 参见熊跃根《公、私二分法与福利国家的“性别化”——西方社会工作的现代性思考》，《长沙民政职业技术学院学报》2002年第2期。

② 参见关信平《经济全球化背景下社会工作发展的新趋势——兼论加入WTO后中国社会工作专业化发展中的问题及对策》，《社会福利》2002年第10期。

区则盛行藏传佛教，因此，对于西方社会工作中倚重宗教力量的做法，我们需要经本土化改造之后加以吸收。

社会工作价值的本土化还体现在对个体、家庭、社会等这些因素的认知上，中西文化存在认知上的较大差异，这直接影响到社会工作的工作模式选择、扶助效果评估等基本问题的观点和具体做法。因此，从西方得来的知识和经验也需要结合我们对具体观念因素的认知加以改造，以便实现社会工作"功能的最大化"。在社会工作专业被广泛认同的价值观教育、知识教育和技能教育模式中，价值观教育始终排在首位，没有一个专业价值观的支持就很难理解特殊的专业技能，就可能会陷入价值和伦理困境难以自拔。然而，社会工作的实务性又决定其价值观以及具体内容都会随着社会的变迁以及问题的变化而变化。正如论者所分析的，一方面，在社会分层视角下，社会工作价值的本土化改造也由关注个人问题转到关注社会整体问题，对弱势群体的价值判断和服务目标已经不仅依据个人经历，而更多地从个人与社会的关系来认识弱势群体问题。另一方面，随着主流价值观更多地从社会整体视角看待弱势群体问题，社会工作也须调整自身以满足社会的需求，同时，社会工作的价值判断也须进行符合实际的调整。没有社会工作专业价值观为指引，想做好社会工作几乎是不可能的。①

（二）社会工作实务经验的本土化②

在福利国家快速发展时期，社会工作被纳入国家体系而成为"福利国家"社会政策体系中的一部分。专业化、职业化发展的社会工作在解决社会问题和满足社会需求方面发挥了重要的作用，并形成了"高成本"的工作模式。但在经济全球化的影响下，社会福利和社会工作的体制也开始发生变化。其基本的方向是从过去的国家福利模式逐渐转化为"混合福利"模式，即由政府与非政府机构共同提供福利的模式。一些国家不再主张发展高成本的专业社会工作，而鼓励更多地转向民营化和依托社区和其他民间资源来发展社会工作。从运行机制上看，社会工作者主要根据其服务对象的需求来确定其服务的具体目标和计划。在这一过程中，社会工作者需要考虑的主要问题是如何一步步地提高社会工作的科学性和专业化服务水平，以便更好地满足其服

---

① 参见周晓焱、李精华、郑克岭《价值分层视角下的社会工作价值观本土化分析》，《西北工业大学学报》（社会科学版）2010 年第 2 期。

② 本部分主要参考了关信平《经济全球化背景下社会工作发展的新趋势——兼论加入 WTO 后中国社会工作专业化发展中的问题及对策》，《社会福利》2002 年第 10 期。

务对象的需要，并帮助政府解决各种社会问题。但这种运行模式使得社会工作成本增大、官僚化、服务效率和质量受到限制，在20世纪西方各国开始的“福利改革”中，改革社会工作体系运行机制的问题也被提了出来，一方面使社会工作的运行和发展逐渐从纯粹的“需求导向型”转向“需求导向”加“预算约束”的机制，另一方面也迫使社会福利机构和社会工作者更加注重开发“社会服务市场”，以弥补政府资金补偿的不足。在政府投入的经费中，倾向于将过去按机构和工作人员数拨款的方式改变为“购买服务”的运行方式，以促使社会工作者及其机构提高服务质量和效率，防止社会福利机构的官僚化。

近年来，我国社会福利政策模式也发生了较大变化，从建设福利国家的思路转向了建立“福利社会化”的多方责任分担体制，以此约束政府社会福利开支的增长。政府的福利项目和福利开支中更加注重针对性，以重点解决现实社会中的重大社会问题，而对大多数一般性的社会服务需求则鼓励通过社区组织和其他一些非政府机构来提供。就社会工作而言，由于过去长期的“政府—单位”两级体制的作用，社区在组织体系和资源配置等方面很弱，很难承担起“单位”分离出来的社会职能。20世纪末以来，各个城市的政府开始大力推进城市社区建设，但由于没有在体制上解决基本的资源调动机制等问题，迄今为止社区组织在人员、运行经费和居民参与等方面与预期目标仍有很大的差距。而同时由于政府收入分配失调，导致“社会福利社会化”的过程因资源短缺而扭曲到商业化服务的方向，从而破坏各类社会服务的福利性原则，并最终使其难以发挥正常的福利功能，阻碍了社会工作的专业性发展。在社会工作教育体系中，社会工作的专业价值、知识与理论体系及专业技能等方面都比较多地受西方的专业社会工作教育的影响，而在社会工作本土化方面进展不大，因此培养出来的人才也不能完全适合本国社会工作发展的需要，一方面社会工作需求得不到满足，另一方面社会工作专业人才又流失严重。因此，要对社会工作体系进行适合中国国情的专业化改造，才能使社会工作人员成为稳定的社会力量，并进而建立起真正立足于本国实际的社会工作体系。

结束语：中国儿童福利模式选择与展望

在考察了儿童福利制度演进历史，探究了不同国家的儿童福利制度体系模式、发展状况、各自的特色，以及我国儿童福利制度的发展特点、状况、变革之后，我们有理由认为，世界上没有统一或者固定不变的儿童福利制度模式。随着我国社会转型，以家庭照顾为基本形式的儿童福利模式日益受到挑战，儿童社会福利需求日趋强烈，何种儿童福利发展模式更适合中国国情成为我国儿童福利制度建构无法回避的问题。我国第六次人口普查与“五普”相比，老龄人口上升2.93个百分点，而14岁以下的儿童却下降至不到2亿，儿童已经成为中国发展的稀缺资源，只有充分保证对儿童的投入，才能确保经济与社会的可持续发展。

国外儿童福利制度发展到今天，已经形成政府主导、部门协作、社会参与的工作机制，建立了多层次、立体式、全方位的儿童福利服务网络。这种全方位的儿童服务体系的建立不仅取决于福利决策者，也是一种集体努力的结果。这首先需要一个独立的儿童福利管理部门，该部门也是保证儿童福利制度良好运行的前提。很多国家和地区都设有这样的机构，比如，挪威的儿童和家庭事务部，英国的儿童、学校和家庭部，美国儿童和家庭总署，日本有中央儿童福利理事会，台湾有“内政部”儿童局等。① 我国对儿童福利事务的管理则分散于民政部、教育部、妇联以及司法等多个部门，多头治理，缺乏协调、整合机制和问责机制。可以说，设立专门的国家儿童福利局像制定儿童福利法一样紧迫，只有专门的儿童福利机构，才能为儿童福利发展提供制度保障。

我国儿童福利制度体系的理想架构是：①总体思路是建设物质供给与服

① 参见陆士桢、徐选国《适度普惠视阈下我国儿童社会福利体系构建及其实施路径》，《社会工作》2012年第11期。

务供给相结合，基本生活保障与赋权赋能相结合，特困优先，惠及全体，与国家发展水平相适应的可持续的儿童福利保障体系。②采用广义的儿童福利观念，即福利服务模式朝向普惠型发展，每个儿童都是福利受益者。③目标为满足儿童在生存、发展、受保护和参与社会事务方面的需求，满足儿童物质、心理、精神和社会发展的实际需要，实现儿童福利状态。④服务内容上涉及儿童医疗保健、教育、家庭福利、福利服务、儿童保护及危机处理等方面。⑤运行模式采取政府为主导，家庭承担首要责任，并向社会化、专业化方向发展；加强社会工作者队伍建设。⑥以困境儿童福利服务的全面供给为基础，以落实孤儿养育津贴制度为起点，从建立儿童大病救助、残障儿童福利津贴、儿童教育津贴、困难家庭养育津贴和儿童营养补助等制度着手，尽快过渡到普惠制的儿童福利模式。

（一）以儿童为中心的多重责任模式

在中国建构儿童福利制度体系，尚缺乏儿童权利主体的理念，尽管我们批准了《儿童权利公约》，也制定了相关的法律和行动计划，但无论是制度政策层面还是实践层面，都没有真正树立起以儿童为中心的观念，儿童的最大利益原则还没有得到足够的重视，也未形成普及性的儿童福利观念。“一切为了孩子，为了每个孩子”的观念是儿童福利保障体系建构的前提。

以儿童为中心就要以儿童的需求为导向，对儿童的实际生存状况进行调查，对儿童发展的需求进行行动定向研究，以问题定向的实证研究作为基础，儿童的福利法律、政策才能更接近实际从而更具有针对性。而目前儿童福利政策和法律法规基本上还是相关部委，如卫生、教育等行政部门从政府管理的角度出发制定的，而没有以儿童发展问题的研究和对儿童需要的探讨为基础，这就很难避免儿童福利法律政策脱离实际从而表现为法律和政策条文空洞、不具有可操作性。因此，要加强以儿童生存和发展问题以及儿童需求为导向的研究，为儿童福利立法提供充分真实的实证研究成果。

要实现儿童福利，发展儿童福利事业，所有利益攸关方必须都负起责任。家庭和社区在儿童福利保障中的作用前文已述，此不赘述，国家责任前文也有所涉及，但因在儿童福利服务保障中政府责任的特别重要性，此处再稍加说明。我们当前的儿童福利发展状况与经济发展水平极不相配，国家提供的儿童福利服务还仅限于对孤残儿童、流浪儿童的照顾，其他儿童的基本医疗和教育尚未纳入国家福利服务的范围。同时，儿童福利保障还仅限于儿童的生存与身体健康，特别是儿童保护和儿童安全问题尚未进入儿童福利保障体系，但连续发生的侵害儿童事件已经警告我们，亟须建构一个全面的儿童福利保障体系，保护儿童生存安全和健康发展。同时，我们还看到，儿童不能等待，自1992年批准《儿童权利公约》以来，一代人均已长大成人，21世纪初出生的孩子也将很快度过童年期，未来20、30年的中国将是他们的，他们的成长和发展将决定中国的未来和发展。因此，政府有必要将防止儿童虐待和确保儿童安全作为紧急事项优先处理，对被强迫乞讨的儿童的家长以及其他不适格的儿童监护人，应当剥夺其监护权，而由政府做出替代养护安排，建立儿童受到侵害的强制报告制度，并鼓励所有公民关注和报告儿童安全隐患等。同时，我们还有必要以提高重症儿童、孤残儿童、受艾滋病影响儿童、流浪儿童等困境儿童福利服务为契机，尽快开展试点救助，并鼓励社会力量参与，全面实现儿童福利。

鉴于儿童福利保障的紧迫性，儿童福利保障体系建构必须要立足当下，对儿童的生存与发展问题给予足够的重视，对儿童生存和发展的问题要以“预防为主、尽早介入”为原则。以儿童大病医疗为例，目前，儿童基本疾病预防和普通医疗保健仍然是一个难题，特别是在农村偏远地区。因此，亟须政府发挥主导作用，鼓励社会参与，适当引入市场机制。并尽快发展儿童医疗卫生服务，完善儿童大病医疗保险制度，优先满足儿童对医疗卫生服务的需求。有研究认为，我国有0~14岁儿童2亿左右，如果政府每年以不高于50元的支出为每名儿童提供大病医疗保险，政府每年仅需支出约100亿。所以，从经济上来说，国家有能力建立惠及全体儿童的大病救助制度。①

关于我国儿童福利制度模式，在经济市场化和福利社会化情境下，有论者建议我国儿童福利制度建构采取跨越式发展，以发展取向和参与取向为模型。此建议值得认真对待。发展取向的参与型儿童福利是指以儿童的全面发展为中心，以国家、社会和儿童的广泛社会参与为基本途径的儿童福利模式。这种儿童福利发展模式的长处在于：①发展取向和参与取向的儿童福利模型旨在谋求所有儿童的全面发展；②强调以儿童为中心，推崇社会平等、广泛参与和均衡发展的价值理念；③通过国家、社区、市场、家庭和儿童群体自身的广泛参与，可以有效克服福利资源缺乏的问题；④适应经济市场化与福利社会化的发展趋势，满足不断变化的儿童福利需要。②

---

① 参见尚晓援《中国儿童福利政策的重大突破与发展方向》，《社会福利》2011年第3期。

② 参见刘继同《儿童福利的四种典范与中国儿童福利政策模式的选择》，《青年研究》2002年第3期。

（二）从困境儿童着手设计儿童福利体系

困境儿童在福利上有着特别紧急的需求，因此，我们应当以困境儿童的福利服务着手，开展儿童福利制度体系建设。困境儿童，又称“弱势儿童”，包括孤儿、弃儿、父母能力欠缺的儿童、留守儿童、流动儿童、受艾滋病或重症影响的儿童、残疾儿童、流浪儿童、司法中的少年等处于困难境地，欠缺父母或其他监护人照料的儿童。这些儿童由于所处境遇，其权利被剥夺或无法实现，需要成人社会给予特别的保护和帮助，以便过上普通的有尊严的生活。因此，有必要对这些处于危急或困境中的儿童给予特别的保护，特别是对他们基本生存和发展权利的保护，落实到具体方面就是福利的保障。应当强调的是，对困境儿童的特别保护并不是说他们是拥有特殊权利的特殊群体，而是他们应当享有人的尊严以及与生俱来的基本权利。

目前我国困境儿童不包括女童，据推算，困境儿童人数逼近 1 亿，其中流动儿童和留守儿童占绝大部分，可以说数量惊人。对这些儿童的权利和福利保障，我们在机制和立法方面虽然做了努力，比如，各类困境儿童归口不同政府部门管理，出台相应的立法和政策性文件，还需要在制度和机制上进一步合理设计，以满足他们基本生存和发展的需求。困境儿童的实际状况不同，其在生存和发展方面的需求也不尽相同，需要国家和社会合理的设计和安排，给予及时的救助和帮助。

另外，困境儿童还有着不同于普通儿童的共同需求，表现在：①大部分困境儿童缺乏家庭照料，生命权的保护和最大限度的存活对他们有特别重要的意义。他们的生命和尊严受到极大威胁，对法定抚养人有着强烈的依赖性和渴望。同时，完善的医疗保健服务至关重要，在儿童有残疾、大病或重症的情况下，如果没有国家和社会的投入和帮助，很难自行解决。但是，大量的弃婴现象显示，我国依然缺乏对残障儿童养育的持续性、制度性救助。因此，需要尽早建立各类困境儿童福利津贴制度，以及康复保健服务制度。②消除歧视。来自社会、家庭的歧视，甚至是国家法律和政策上体现出来的制度性歧视，使困境儿童长期隔绝于社会之外，将其视为施舍的对象，贴上特别的标签。因此，那些将这些儿童和其他普通儿童相隔离的法律政策、各种设施、卫生保健服务、娱乐场所等生活设施，都会无形中强化和固化公众对困境儿童的歧视。这些观念上的歧视带来的直接后果就是资源分配的不平等。因此，消除对困境儿童的歧视是保障其权利实现的关键。③获得教育和充分发展机会。实践证明，包括贫困在内的生存困境，不仅给人带来生存发展的障碍，还会在代际之间传承，困境儿童只有获得平等的教育和发展机会，彻底改变自身的境况，才能转变自身及其后代的命运。但是，他们要获得教育及其他发展机会，需要国家、社会的帮助和救助。④精神心理需求。困境儿童要么失去父母的关爱，精神和心理受到极大的打击，要么因身体或智力上的原因，受到周围人的歧视、冷落、虐待、打骂等，导致心理出现障碍，形成自卑、冷漠的个性，进而影响其健康发展。通常人们都是在物质上给予帮助，很少在心理和精神上关心他们。实际上，他们在心理和精神方面的需求并不亚于物质的需求，特别是在陷入困境的早期，比如残疾儿童、孤儿等，其心理需求可能超过物质需求。对于他们精神和心理关怀除了教育之外，还包括心理的发育、尊严的获得、家的感受、社会的适应，等等。

满足困境儿童的不同需求正是我们解决困境儿童福利保障的可能路径。就目前来看，解决困境儿童福利保障的可能路径涉及如下几个方面。

第一，相关制度和机制的完善。从根上说，困境儿童保护与救助当中的很多问题，都是制度性的缺失，其中重要的一项就是儿童福利制度的缺失。目前，我国儿童福利制度基本未建立起来，从专门机构到专门立法，再到具体的实施程序、救济手段等都没有一个制度性的安排。没有建立儿童福利局专门解决儿童问题，没有儿童福利法、儿童津贴法等法律保障，也没有“儿童监察专员”这样的机制听取儿童的申诉。儿童福利事业由教育、民政、卫生等部门条块分割式管理方式是我国行政体制及历史原因造成的，这种保护机制的弊端十分明显，因此，当务之急是建立一个儿童权利和福利专门机构，协调各方资源，满足儿童福利保障方面的需求。困境儿童福利保障制度建设涉及范围很广，包括孤残儿童收养制度、强制举报制度、监护制度、救助安置制度，等等。

第二，完善相关立法，包括民事、行政和刑事立法。制度的确立也需要相关立法予以明确。我国在儿童权利和福利保障方面尽管已经形成了一个法律保护框架体系，制定了《未成年人保护法》《未成年人犯罪预防法》《收养法》等法律，但还没有一部《儿童福利法》。最根本的问题是，现有的法律不具有可操作性，无法实施的法律不仅对保护主体——儿童起不到保护的作用，对法治中国建设也会有消极甚至破坏作用。所以，在以后的立法中，不仅应当追求立法实体内容的全面性，还要特别考虑法律的可执行性。在立法过程中，需要特别关注儿童视角和性别视角，考察立法是否有损儿童福祉。基于以上原因，我们在儿童福利保障立法方面应当通盘考虑困境儿童的特殊需求和共同需求，有针对性地建立相关制度，比如，对贫困家庭的扶持干预，包括贫困家庭救助、儿童日托照料、亲职教育指导、问题父母的咨询和治疗、父母监护责任的法律监督、脱离家庭儿童的救助、福利机构的设置和管理等。但目前儿童福利保障和救助的规范性文件十分分散，各种“意见”和“办法”多不胜数，但是立法层级低，效力有限，因此需要对与儿童生活保障、医疗、教育等福利相关的文件汇总、归纳、整理，将相关内容纳入《儿童福利法》，以便全国一体实施。

第三，改革相关行政措施，保障困境儿童福利。进行户籍制度改革，打破城乡二元分立结构，这对困境儿童中的留守儿童、流动儿童、流浪儿童都有特殊的重要意义。要逐步消除对于流动人口在就业、医疗、住房、教育、社会福利等制度上的限制，实现城乡合理流动。同时，政府还应加大对困境儿童福利保障的投入，开展调查和监测指标分析。组织提供各种类型的培训，对儿童赋权，增强困境儿童进入社会过有尊严的独立生活的能力。在行政介入方面，特别有必要加强预防儿童陷入困境以及困境儿童救助方面的干预措施。制订具体的行动计划，增加对困境儿童医疗和康复、教育、救助等方面的投入。还应当采取预防性策略，将社区的预防保健和康复纳入整个儿童保健体系。另外，完善对困境儿童的社会救助工作，促进儿童福利制度的社会化，严格儿童福利机构服务人员的准入机制。改革流浪儿童救助保护中心的设置与救助方式，积极探索以儿童为导向的救助保护模式。对于救助方式，既可以采取物质帮助，也可以采取教育、医疗费用全免等方式帮助孤儿家庭。同时提供生存性救助和发展性救助，以生存性救助为基础，发展性救助为根本，最大限度地满足困境儿童生存和发展的特殊需求。在开发发展性救助措施时，应当注意开展心理咨询、心理辅导及矫治工作，培养其良好的心态，为社会化做准备。

第四，加强对困境儿童的社会保护。为帮助困境儿童身心康复并积极融入社会，政府应当动员和鼓励社会力量，特别是社区的力量开展广泛的救助项目。实践证明，社区保健在困境儿童康复和重返社会机制中能够发挥作用，特别是对残疾儿童等身心受到伤害的儿童有重要意义。比如，加强对贫困残疾儿童家庭的帮助；积极寻求社会支持。对于孤儿、弃儿等需要得到家庭照顾的儿童，要吸收国际儿童养护研究成果，转变养护模式，由机构养护向家庭或家族养护转变。尊重家族的地位，激发并培育其处理问题的能力。

第五，充分发挥各项教育措施的作用。为了帮助困境儿童接受适当的教育，坚持教育机会平等原则，实现教育资源均衡发展，采取以下措施：①普及免费义务教育，开展学前教育；②发展职业教育和培训，满足其现实需要以便顺利融入社会；③建设高素质的教师队伍，提高特殊教育质量；④转变政府和大众的观念，反对歧视困境儿童的偏见，培育并引导形成一个“儿童友好”的社会氛围。

（三）儿童福利支持保障体系及网络的建构

当国家担负儿童福利责任时，儿童福利服务资金问题缓解的同时，儿童对福利的需求也大大增加，服务供给问题也就提了出来。就国外发展经验来看，儿童福利服务组织最可能成为服务递送者，这样一来，服务组织的公信力问题就摆到我们面前，公信力是建立一个完整的儿童福利制度的前提。

公信力（accountability）指可以接受的、可以信赖的状态，有时还有透明度的含义。简言之，就是对内负责和对外负责的意思。有论者认为，儿童福利服务组织的相关方包括国家、公民社会组织、服务组织、用户。在这个分析构架中，可以从几个维度分析公信力问题。第一个维度是国家的公信力。因为儿童福利服务组织受到政府的业务主管或支持，无论政府是否提供资金，福利服务组织都需要对其负责。第二个分析维度是社会的公信力，涉及对主要资助者负责；如果捐款来自公众，还要对公众负责；如果使用公共财政拨款，还可能存在对整个社会负责的问题。第三个分析维度是机构对自身负责。包括内部管理、员工对职业及使命的定位、行业自律等。第四个分析维度是用户有权利要求服务提供者对其负责。①

除了公信力问题之外，一套支持保障体系对儿童福利服务的落实也有着重要作用。儿童作为弱势群体，对成人社会具有天然的依赖性，这就要求我们在建构儿童福利制度体系时，结合儿童特点和具体国情，坚持一系列制度原则和规则，促进儿童福利服务相关政策制定和实施。这一套支持保障体系涉及的原则或规则大体包括：①儿童最大利益原则，当儿童的利益与其他利益发生冲突的时候，要以儿童最大利益为基本原则去分析处置各项事务。②注重社会性服务原则。将儿童福利的发展看作社会发展的一部分。③普及性与救助性相统一，即指儿童福利既要惠及所有儿童，又要特别关注特困儿童。④政府主导、家庭负责相结合，政府支持或协助家庭实现养育子女的责任。⑤中央统筹和地方推进相结合。只有将中央统筹和地方推进紧密结合，

---

① 参见尚晓援、李敬《用户参与民间儿童福利服务机构的公信力——安琪之家的个案研究》，《学习与实践》2011 年第 2 期。

才能够使儿童福利政策和具体部署得到财力上以及实施体系上最大和最有效的保障。[①]

最后还需强调的是，在儿童福利服务供给方面，除了家庭、政府、社区等作用之外，非营利组织的作用也不容低估。在福利服务领域，非营利组织提供的各种福利服务常被看作一种社会工作。根据国际经验，福利供给效果以及福利水平的高低都与社会工作的发展和介入相关。非营利组织是社会福利的重要提供者。作为政府和民众的中介，非营利组织具有熟悉服务对象需求、开发福利资源和提供多样化服务的功能，由于经常接受政府“委托”或“购买”的服务项目，有机会及时向政府反映弱势群体的需求，帮助政府更有针对性地制订福利计划和项目。因此，要充分发挥非营利组织在儿童福利供给中的作用，就要切实转变政府的社会职能，在分工合作中构建政府与社会工作者之间的关系，形成一个良性运转和健康发展的福利供给网络。只有形成这样一个网络，儿童福利供给才有了组织上的保障，在这个网络当中，家庭、社会组织、社区、政府承担不同的功能，健康的网络运作能顺利实现功能整合。也就是说，这个网络当中，家庭仍然是儿童福利的传统供给方，但如果家庭功能失灵，社区可以有效地弥补家庭功能失灵的不足，而与社区密切相关的就是非营利组织，它与社区共同构成福利供给的社会主体。但是，因为社会提供的福利通常缺乏稳定性，也会有失灵的情况，而政府提供的福利具有强制性和稳定性的特点，当家庭、社会福利供给功能失灵时，政府还能够发挥福利供给的功能，特别是在儿童福利提供方面承担着主要责任。因此，在儿童福利供给网络当中，各福利提供者的地位不可替代，互相补充，这也符合福利多元化的发展趋势。

---

① 参见陆士桢、徐选国《适度普惠视阈下我国儿童社会福利体系构建及其实施路径》，《社会工作》2012 年第 11 期。

主要参考文献

1. 程福财：《家庭、国家与儿童福利供给》，《青年研究》2012 年第 1 期。

2. 高鸿钧：《法律文化与法律移植：中西古今之间》，《比较法研究》2008 年第 5 期。

3. 高鸿钧：《法律移植：隐喻、范式与全球化时代的新趋向》，《中国社会科学》2007 年第 4 期。

4. 何玲：《瑞典儿童福利模式及发展趋势研议》，《中国青年研究》2009 年第 2 期。

5. 黎昌珍：《从西方儿童福利范式的演进看我国农村孤儿救助制度的转型》，《学术论坛》2006 年第 12 期。

6. 刘继同：《儿童健康照顾与国家福利责任重构中国现代儿童福利政策体系》，《中国青年研究》2006 年第 12 期。

7. 刘新亮、雷海潮：《国外儿童与福利状况综合评价研究》，《医学与社会》2007 年第 11 期。

8. 陆士桢、常晶晶：《简论儿童福利和儿童福利政策》，《中国青年政治学院学报》2003 年第 1 期。

9. 陆士祯：《中国儿童社会福利研究》，《社会保障研究》2006 年第 2 期。

10. 关信平：《经济全球化背景下社会工作发展的新趋势——兼论加入 WTO 后中国社会工作专业化发展中的问题及对策》，《社会福利》2002 年第 10 期。

11. 薛在兴：《美国儿童福利政策的最新变革与评价》，《中国青年研究》2009 年第 2 期。

12. 姚建平、朱卫东：《美国儿童福利制度简析》，《青少年犯罪问题》2005 年第 5 期。

13. 姚伟、王宁：《当代美国儿童福利政策的特点》，《外国教育研究》2011 年第 5 期。

14. 周弘：《社会福利制度的理论构架》，《中国人口科学》2001 年第 4 期。

15. 周沛：《论社会福利的体系建构》，《社会保障研究》2007 年第 6 期。

16. 张晓囊：《美法两国儿童福利制度的差异比较》，《社会》2003 年第 6 期。

17. 郑秉文：《“福利模式”比较研究与福利改革实证分析——政治经济学的角度》，《学术界》2005 年第 3 期。

18. 成海军主编《中国特殊儿童社会福利》，中国社会出版社 2003 年版。

19. 范斌：《福利社会学》，社会科学文献出版社 2006 年版。

20. 贺颖清：《福利与权利——挪威儿童福利的法律保障》，中国人民公安大学出版社 2005 年版。

21. 贾洛川：《未成年违法犯罪人员矫正制度研究》，中国人民公安大学出版社 2005 年版。

22. 鞠青主编《中国流浪儿童研究报告》，人民出版社 2008 年版。

23. 刘强编著《美国犯罪未成年人的矫正制度概要》，中国人民公安大学出版社 2005 年版。

24. 陆士桢、王玥：《青少年社会工作》，社会科学文献出版社 2005 年版。

25. 陆士桢、李玲：《揭露，为了预防——我国儿童性侵犯研究报告》，华东理工大学出版社 2011 年版。

26. 刘继同：《国家责任与儿童福利》，中国社会出版社 2010 年版。

27. 卢德平：《中国弱视儿童群体：问题与对策》，社会科学文献出版社 2007 年版。

28. 林胜义：《儿童福利行政》，台湾五南图书出版公司 1995 年版。

29. 皮艺军主编《越轨社会学概论》，中国政法大学出版社 2004 年版。

30. 彭华民：《社会福利与需要满足》，社会科学文献出版社 2008 年版。

31. 尚晓援：《中国弱势儿童群体保护制度》，社会科学文献出版社 2008 年版。

32. 尚晓援、王小林等：《中国儿童福利前沿（2011）》，社会科学文献出版社 2011 年版。

33. 孙云晓、张美英主编《当代未成年人法律译丛》（美国卷），中国检察出版社2006年版。

34. 王彦斌、赵锦云主撰《儿童福利社会化重构："昆明模式"》，社会科学文献出版社2006年版。

35. 王思斌等主编《中国社会福利》，中华书局（香港）有限公司1998年版。

36. 行红芳：《社会支持、污名与需求满足》，社会科学文献出版社2011年版。

37. 姚建龙主编《中国少年司法研究综述》，中国检察出版社2009年版。

38. 姚建龙：《长大成人：少年司法制度的建构》，中国人民公安大学出版社2003年版。

39. 周弘：《福利国家向何处去》，社会科学文献出版社2006年版。

40. 周沛：《社会福利体系研究》，中国劳动社会保障出版社2007年版。

41. 周湘斌、田绪永：《中国社会工作》，河南人民出版社2002年版。

42. 中国残疾人联合会编《中国残疾儿童现状与需求调查研究》，华夏出版社2011年版。

43. 〔法〕埃米尔·迪尔凯姆：《社会学方法的规则》，胡伟译，华夏出版社1999年版。

44. 〔丹麦〕考斯塔·艾斯平-安德森：《福利资本主义的三个世界》，郑秉文译，法律出版社2003年版。

45. 〔美〕查尔斯·H. 查斯特罗：《社会工作与社会福利导论》，孙唐水译，中国人民大学出版社2005年版。

46. 〔美〕巴里·C. 菲尔德：《少年司法制度》，高维俭、蔡伟文、任延峰译，中国人民公安大学出版社2011年版。

47. 〔美〕劳伦斯·斯滕伯格：《青春期：青少年的心理发展和健康成长》，戴俊逸译，上海社会科学院出版社2007年版。

48. 〔美〕玛格丽特·K. 罗森海姆、富兰克林·E. 齐姆林、戴维·S. 坦嫩豪斯、伯纳德·多恩编《少年司法的一个世纪》，高维俭译，商务印书馆2008年版。

49. 〔美〕威廉姆·H. 怀科特、罗纳德·C. 费德里科：《当今世界的社会福利》，谢俊杰译，法律出版社2003年版。

50. 〔美〕W. 法利、L. 史密斯、S. W. 博伊尔：《社会工作概论》，隋玉杰等译，中国人民大学出版社 2005 年版。

51. Asher Ben-Arieh, Natalie Hevener Kaufman (eds.), *Measuring and Monitoring Children's Well-bing*, Kluwer Academic Publishers, 2001.

52. Crerald D. Mallon and Peg McCartt Hess, eds., *Child Welfare for the 21st Century: A Handbook of Practices, Policies and Programa*, NY: Columbia University Press, 2005.

53. Joan Shireman, *Critical Issues in Child Welfare*, New York: Columbia University Press, 2003.

54. Jane Scott and Harriet Ward (eds.), *Safeguarding and Promoting the Well-bing of Children, Families and Communities*, Jessica Kingsley Publishers, 2005.

55. Kathleen Kufeldt and Brad McKenzie (eds.), *Child Welfare: Connecting Research, Policy and Practice*, Welfrid Laurier University Press, 2003.

56. Robert D. Goldstein ed., *Child Abuse and Neglect: Cases and Materials*, WEST GROUP, 1999.

57. William J. Sammon, *Advocacy in Child Welfare Cases: A Praclitioner's Guide*, Toronto: The Carswell Company Limited, 1985.

附录：《儿童福利法》（建议稿）

第一章　总　则

第 1 条　为维护儿童身心健康，促进儿童正常发育和健康成长，增强儿童及其家庭自主能力，保障儿童福利，根据《宪法》规定，制定本法。

第 2 条　本法所称“儿童”指未满十八周岁的中国公民。

第 3 条　婴儿出生后十日内，接生人（单位）应将出生之相关资料通报户籍管理部门及卫生主管机关备查；婴儿出生后一个月内，婴儿的父母或监护人得向婴儿父亲或母亲的户籍所在地，或者婴儿常住地户口登记机关申报出生登记。

第 4 条　儿童不分性别、民族、种族、宗教信仰、出身、家庭及个人生存状况等，均平等享有国家提供的各项福利。

第 5 条　儿童福利工作应当遵循儿童最大利益原则，儿童的合法权益应当得到优先、特殊保护。

第 6 条　各级人民政府应当将儿童福利工作纳入国民经济和社会发展规划以及年度计划，相关经费纳入本级政府财政预算，并将年度执行情况向同级人民代表大会报告。

第 7 条　儿童各项生活补贴、卫生医疗费用、教育费用、各项福利服务等均跟随儿童转移，全国民政、教育、卫生、劳动、司法等部门就儿童福利相关信息实行联网，以便迁移儿童及时得到各项福利保障。

第 8 条　国家鼓励和支持社会力量参与推进儿童福利事业的发展。各级政府及其相关部门应当做好支持、指导和监督工作。

第二章　儿童福利保障机构

第 9 条　儿童福利中央主管机关为民政部，地方为民政局或民政科；民政部设立儿童福利局，地方设立儿童福利处室，专职儿童福利相关事务。司法、教育、卫生等相关单位涉及儿童事务时，应以儿童最大利益为重，全力配合儿童福利局的工作。

第 10 条　民政部儿童福利局职能如下：

1. 制定全国儿童福利法规与政策，并监督落实。

2. 指导和监督全国儿童福利机构的管理工作。

3. 负责儿童福利机构设置标准、地方儿童福利政策的审核。

4. 负责规划全国性的儿童生理、心理卫生及预防犯罪、特殊儿童辅导和残障儿童康复等事项。

5. 提供常规的儿童福利专业人员培训。

6. 国际儿童福利相关事务与合作事宜。

7. 有关儿童福利法律和政策的宣传及推广。

8. 其他全国性儿童福利事项的策划、委办及督导工作。

第 11 条　县以上儿童福利处室的职能包括：

1. 依据宪法、法律法规的规定，制定适宜本地区情况的儿童福利政策及实施办法。

2. 统筹指导本地区儿童福利工作，制定地区儿童福利机构设置规划。

3. 审批本地区儿童福利机构（包括收容孤儿、弃婴的儿童福利院，流浪儿童中心等）的设立。

4. 对儿童福利机构进行管理、监督和检查。

5. 完成上级部门交办的其他儿童福利事项。

第 12 条　市（县）依托政府儿童福利机构，建立儿童福利服务指导中心。具体职能包括：

1. 建立涵盖全体儿童的信息数据库。

2. 负责各类儿童津贴的申请受理和审批。

3. 对各儿童福利服务工作站进行管理和监督。

4. 设立儿童福利热线，协调解决社会反映的和儿童福利服务工作站上报的各类问题。

5. 对有就业需求的困境儿童等进行免费就业培训。

6. 完成民政主管部门安排的其他儿童福利工作。

第 13 条 乡镇、街道设立儿童福利服务工作站。具体职能包括：

1. 汇总儿童福利辅导员上报的儿童基本信息。

2. 负责各类儿童津贴的申请受理，并上报儿童福利服务指导中心。

3. 定期对儿童福利辅导员进行培训。

4. 协调解决社会反映的和儿童福利督导员上报的各类问题。

5. 完成上级部门交付的其他工作。

第 14 条 村（居）委会设置儿童福利督导员，专门负责本村、社区的儿童福利工作。协调解决儿童生活、入学、心理障碍、遭受各种暴力、就业等方面的困难和问题。具体职责包括：

1. 收集儿童基本信息。

2. 宣传儿童福利法律、法规和政策。

3. 帮助儿童及其家庭申请儿童福利津贴。

4. 对遭遇困难的儿童及其家庭做定期探访，协调解决有关问题。

5. 完成上机部门交办的其他工作。

第 15 条 儿童福利服务机构系为儿童健康成长提供抚养、教育、医疗、康复、保护、矫治等服务的机构。包括普通儿童福利服务机构和困境儿童福利服务机构。

普通儿童福利服务机构包括：托儿所、幼儿园、儿童乐园、儿童福利服务中心、儿童心理及家庭咨询中心、儿童医院、儿童图书馆、各类儿童康乐中心及其他儿童福利机构。

困境儿童福利机构是为收容不适于家庭养护或寄养的失依儿童、残障和重症等儿童、其父母被临时或永久剥夺监护权的儿童及其他生活无着的儿童提供的居住、养育康复、矫治场所，包括：儿童福利院、社会福利机构中独立的儿童部、流浪儿童保护救助中心、残疾儿童康复中心、儿童紧急庇护中心、SOS 儿童村、儿童紧急庇护所、智障儿童教养中心、发展迟缓儿童早期疗育中心、其他儿童教养处所。

第 16 条 举办儿童福利机构的组织和个人应当根据机构业务范围到相应的民政、卫生和计生委、教育等主管部门提出申请。未经审批，任何组织和个人不得举办儿童福利机构。

儿童福利机构成立条件包括：

1. 应当达到住建部门出台的儿童福利院、医疗机构、教育机构等建设标准；

2. 应当制定章程。除了列明《公司法》规定的机构成立事项外，还需明确机构的具体职能、机构及处室领导的主要职责。

3. 要配备与其规模、儿童数量相适应的行政管理人员和专业技术服务人员。

4. 应当建立消防安全、卫生防疫等制度。配备专业或兼职保卫人员，采取措施保障儿童的人身安全。

5. 不得在危及儿童人身安全、健康的场所或设施进行活动。

第 17 条 地方儿童福利主管部门应当综合当地人口规模、困境儿童数量和特征、经济水平等因素，统筹规划儿童福利服务机构布局，自行创办或鼓励民间创办儿童福利服务机构。地方儿童福利主管部门制定的儿童福利服务机构设立标准和设立办法，应报请中央主管机关批准并备案。

第 18 条 私人或团体办理儿童福利机构，应向主管机关申请立案，并于许可立案之日起六个月内办理财团法人登记。但私人或团体办理儿童福利机构，不对外接受捐助的，得不办理财团法人登记。

第 19 条 儿童福利机构应当本着儿童利益最大化原则，按照相关规定，通过社会收养、机构内集中供养、家庭寄养等养育方式妥善安置和照料由民政部门监护的儿童。

儿童福利机构不得从事营利行为或利用其事业做任何不当宣传，各级主管机关应辅导、监督、检查及评鉴依据第 16 条、第 17 条、第 18 条成立的儿童福利机构，成绩优良者，应予奖助；办理不善者，令其限期改善或停业。

第三章　儿童福利保障措施

第一节　基本生活措施

第 20 条 政府有义务保障儿童享有基本生活福利，应当采取下列保障措施：

1. 对所有 1 周岁以内儿童，按照每月 30～100 元的标准给付营养补贴。

2. 对所有失去父母或查找不到父母的儿童按月发放基本生活费，确保其日常生活标准不低于当地平均生活水平，并享受免费的教育、医疗服务和照顾。

3. 对无生活来源、无劳动能力、无法定抚养义务人的未满十八周岁的儿童，确保其享有基本的生活保障，并享受免费的教育、医疗服务和照顾。

3. 对生活在单亲家庭且家庭贫困的儿童，按月发放基本生活费，生活费按照孤儿生活费的50%发放。

4. 对父母均为国家残疾标准4级以上残疾人的儿童按月发放基本生活费，生活费按照孤儿生活费的50%发放；对残疾等级为国家残疾标准4级以上的儿童按月发放生活补贴，帮助改善儿童医疗康复条件和营养水平。生活费参照孤儿基本生活费标准发放，并每月额外发放100元的营养费用。

5. 对父母一方或双方在监狱服刑并无人照管的儿童，按月发放基本生活费，生活费按照孤儿生活费的50%发放。

6. 对得到政府救助的流浪儿童在救助期间按月发放津贴。生活费按照孤儿基本生活费的50%发放。

7. 对家庭人均收入低于当地城乡最低生活保障标准的贫困儿童，按月发放最低生活保障金。

8. 对患有白血病、先天性心脏病、恶性肿瘤、艾滋病、脑瘫等重大疾病的儿童按月发放补贴，帮助改善医疗康复和营养水平。生活费参照孤儿基本生活费标准发放，并每月额外发放100元营养费用。

9. 对发育迟缓及身心不健全的特殊儿童，应按其特殊需要，给予早期养育、医疗、就学等方面的特殊照顾。生活费参照孤儿标准，并每月额外发放100元营养费用。

第21条 儿童的父母或者其他法定监护人应当为儿童领取政府发放的生活补贴，并按照儿童成长需求合理使用，同时，要接受相关部门的监督和评估。

第22条 因发生自然灾害等突发公共事件使儿童权益受到严重损害，民政及相关部门应当主动为儿童及其监护人提供救助和生活保障。

第23条 国家建立困境儿童福利分类保障制度，确保困境儿童均等享有各类基本公共服务。根据经济发展水平和困境儿童特点制定基本生活费最低标准，建立基本生活费自然增长机制。

第二节 基本教育福利

第24条 国务院及教育部门应当采取多种措施合理配置教师、设备、图书、校舍等资源，逐步缩小地区、城乡教育差距。应当采取下列保障措施：

1. 政府、学校、家庭应当为儿童提供接受义务教育的条件和机会。

2. 县级以上地方人民政府应当根据本行政区域的学生数量和分布状况等因素，依法制定、调整学校设置规划，保障学生就近入学或者在寄宿制学校入学。

3. 学校要根据情况建立学生公寓，为三公里以外的儿童提供宿舍。教育部门应当根据实际情况给予相应的补贴，相关政策必须向条件艰苦的西部地区倾斜。

4. 教育部门应当推动托幼事业和早期教育事业的发展，逐步实现3～6周岁儿童享有优质的托幼服务和早期教育服务。

5. 大力支持社会力量兴办儿童心理健康机构，为各种原因导致的心理障碍儿童提供心理康复服务。小学、初高中、中专、大学等院校必须开设心理健康课程，并根据情况设立心理咨询室。

6. 应当为贫困儿童给予伙食和住宿补贴。有条件的地区，应当为所有在读儿童提供伙食补贴。

7. 县级以上地方人民政府应当采取措施，发展城市和乡村的公共交通，合理规划、设置公共交通线路和站点，为需要乘车上下学的学生提供方便。对确实难以保障就近入学，并且公共交通不能满足学生上下学需要的农村地区，县级以上地方人民政府应当采取措施，保障接受义务教育的学生获得符合标准的校车服务。

第25条 教育部门应当采取多种形式，对孤儿、残障儿童、贫困家庭儿童等困境儿童提供便利和资助；教育部门应当在市（地）和30万人口以上、残疾儿童较多的县（市）建立一所特殊教育学校。

第26条 教育部门应当大力支持少数民族地区的儿童教育事业，推进双语教学，尊重和保障少数民族儿童使用本民族语言接受教育的权利。

第三节 基本卫生医疗措施

第27条 卫生及相关部门应当制定和完善儿童食品、用品的国家标准、检测标准和质量认证体系，建立食品安全监测、检测和预警机制。

第28条 卫生部门应当优化资源配置，促进儿童基本医疗卫生服务的公平性，保障边远山区儿童及时获得基本的医疗卫生服务。卫生部门应当采取以下保障措施：

1. 应当大力推进产前诊断网络，推行妇幼卫生、优生保健及预防注射措施，提高产前出生缺陷发现率。

2. 鼓励建立儿童保健服务和管理体系，开展新生儿保健、生长发育监测、早期综合发展等服务。流动儿童纳入流入地区儿童保健管理体系。

3. 要推动开展新生儿免费疾病筛查、诊断和治疗。对发展迟缓之特殊儿童建立早期通报系统并提供早期疗育服务。

4. 应当推广儿童计划免疫制度，为所有儿童提供免费计划免疫服务。

5. 应当采取多种措施，对患有重大疾病和罕见病的儿童提供医疗救助，所需费用通过医疗保险和财政资金共同解决。

6. 对儿童及其家庭提供免费咨询辅导服务。

第 29 条 国家应当建立健全儿童医疗保险制度。儿童医疗保险制度在保险范围、保险限额等方面应当高于成年人的医疗保障标准。对贫困家庭儿童、孤儿、残障儿童参加城镇基本医疗保险及新型农村合作医疗制度的，个人缴纳部分应予以补贴。

第 30 条 卫生、民政等相关部门应当为残疾儿童免费配置康复辅具。

第 31 条 省、市、县政府应当建有一所标准化妇幼保健机构、残障儿童康复中心。镇、乡、村应当根据人口规模，建立设有专门儿童科室的医疗服务机构或者配备具有儿童诊疗资质的医生。

第四节 基本福利服务

第 32 条 各级人民政府及相关部门应当保障儿童均等地享有国家基本公共服务。应当采取以下保障措施：

1. 县级以上人民政府及相关部门应当为儿童福利机构建设用地制定专门规划。

2. 国家应当制定儿童乘坐公共交通工具优惠政策。在设计公共交通工具时，应当为低龄儿童、残疾儿童划定专属区域。

3. 经营性公共场所应当给予儿童特别优惠，减免相关费用。公共场所包括公园、图书馆、展览馆、影剧院等对儿童身心发展有益的场所。公共场所均应设有残疾儿童专用设施。

4. 社区、村要建立和配置有益于儿童身心发展的活动设施和场所。

第五节 特别保护措施

第 33 条 任何人对于儿童不得有下列行为：

1. 遗弃或忽视。

2. 对儿童实施身心虐待、性侵害或其他暴力行为。

3. 利用儿童从事危害健康活动、危险活动或欺骗之行为。

4. 利用残障儿童供人参观或行乞。

5. 提供儿童观看、阅读、听闻或使用有碍身心的影视资料、出版物、器物或设施；利用儿童摄制猥亵或暴力之影片、图片。

6. 剥夺或妨碍儿童接受教育。

7. 强迫儿童婚嫁。

8. 拐骗、绑架、买卖、质押儿童或以儿童作为担保。

9. 以各种形式对儿童实施猥亵或奸淫行为。

10. 供应儿童毒药、毒品、麻醉药品、刀械、枪炮、弹药或其他危险物品。

11. 带领或诱使儿童进入有碍其身心健康之场所。

12. 其他对儿童或利用儿童犯罪或为不正当之行为。

第 34 条 儿童的父母或者其他监护人应当依法履行监护职责。查找不到父母和其他监护人的儿童、父母被依法剥夺监护人资格的儿童、父母和其他监护人暂时无法履行监护职责的儿童等由民政部门履行监护职责。

第 35 条 儿童有下列情形之一，其生命、身体或自由有明显而紧迫危险的，相关政府部门应予紧急保护、安置或采取其他必要之处理：

1. 儿童未受适当之养育或照顾。

2. 儿童有立即接受诊治之必要，但未就医者。

3. 儿童遭遇遗弃、虐待、拐卖等紧急情形。

4. 儿童被强迫或引诱从事不正当之行为或工作者。

5. 儿童遭受其他迫害，非立即安置难以有效保护者。

主管机关紧急安置儿童遭遇困难时，公安部门应当予以协助。

保护安置期间，主管机关或主管机关委任的安置机构代行监护职责；非为受保护儿童的最大利益所需，不得使儿童接受访谈、侦讯或身体检查；儿童原来的监护人、亲友、师长经主管机关许可，可以在其指定的时间、地点，以适当方式探视儿童。

对儿童采取保护安置时，应立即通知有管辖权的法院。保护安置不得超过 72 小时，需要超过 72 小时的，须申请法院裁定延长安置，延长安置以三个月为限。必要时，法院可以裁定延长一次。对于延长裁定有不服者，可于裁定送达后五日内提起上诉，上诉法院裁定为终审裁定。上诉期间，原安置机关得继续安置。

保护安置情形消灭时，主管机关或原监护人，得向法院申请裁定停止安置，使儿童返回其家庭。

第 36 条 父母或者其他监护人有下列情形之一，得经人民法院公正审理，撤销监护人的监护资格：

1. 对儿童实施性侵害等严重犯罪行为。

2. 虐待、遗弃、忽视儿童情节严重，经批评教育后仍不改正。

3. 不履行监护职责已经严重威胁儿童生命健康，或已经造成严重后果，或有其他违法或者犯罪行为影响儿童健康成长，经批评教育后仍不改正。

4. 怂恿、教唆儿童实施严重不良行为或者犯罪行为，利用儿童实施犯罪行为，经批评教育后仍不改正的。

5. 其他严重不履行监护职责的行为，经相关部门帮助、指导或者拒绝相关部门帮助、指导，且经批评教育后仍不改正的。

第 37 条 儿童遭遇上述不法侵害等紧急情形的，政府应予适当之协助与保护，并采取下列保护措施：

1. 任何人一经发现儿童已经、正在或可能受到虐待或忽视等紧急情形，均有义务向儿童经常居住地的民政部门或公安部门报告。报告人有关的个人信息资料应予保密。

2. 医师、护士、社会工作者、临床心理工作者、教育人员、保育人员、警察、司法人员以及从事儿童相关工作的国家公职人员在履行法定职责时，发现父母、其他监护人以及其他公民已经或者正在侵害儿童合法权益的或者儿童脱离监护可能遭受伤害的，应于 24 小时内向儿童经常居住地的民政部门或公安部门报告。

3. 接到报告的相关部门应当立即处理并展开调查，在 24 小时之内采取适当措施对受到侵害的儿童给予临时性安置。必要时得自行或委托其他机关包括儿童福利机构进行访视、调查。在调查中，儿童家长、亲属、师长、医护人员及其他与儿童有关之人应予配合并提供相关资料。必要时，请求警察、医疗、学校或其他相关机关或机构协助，被请求协助之机关或机构应予配合。相关部门的承办人员应于受理案件后三日内向其所属单位提出调查报告。

4. 有本法第 36 条规定情形的，受侵害儿童的最近尊亲属、相关部门、儿童福利机构或其他利害关系人，应当向人民法院申请撤销侵害人的监护权；

对于养父母，得申请法院宣告停止其收养关系。人民法院根据有关人员、组织和机构的申请，依法审理儿童侵害案件，根据具体情节，做出是否撤销侵害人的监护人资格，以及依法做出是否另行指定监护人决定。在确定监护人之前，受害儿童由民政部门设立的儿童福利机构临时照料。法院改定监护人的，应通知主管部门辅导、观察其监护，于必要时应向法院提出观察报告及建议。

5. 国家应当设立儿童紧急庇护中心或采取其他各种有效措施，妥善安置因遭受虐待或者其他家庭问题需要帮助的儿童，为其提供救济、保护，以防虐待行为再次发生。

6. 各级政府及公、私立儿童福利部门和机构在处理儿童相关事务时，应以儿童最大利益为优先考虑；有关儿童的特别保护与救助应优先处理。

7. 对于受到保护、安置、访视、调查、辅导的儿童或其家庭，应建立个案数据；在行使职务过程中获得的秘密或隐私及所制作或持有的文书，应予保密，没有正当理由，不得泄露或公开。

第 38 条 儿童因遭受不法侵害或其他情形，致其无法正常生活于其家庭的，其父母、养父母、监护人、利害关系人或儿童福利机构，应当向主管部门申请安置或辅助，主管部门应当将儿童安置于儿童福利机构或寄养家庭。

在家庭情况改善或主管机关认为威胁儿童的情形消失或法院裁定停止安置的，被安置的儿童应当返回其家庭。

第 39 条 在审理未成年人案件时，司法机关应当采取多种措施照顾儿童身心发展特点，尊重其人格尊严，保障儿童的合法权益。

第四章 法律责任

第 40 条 有本法第 33 条、第 34 条、第 36 条规定情形，有能力履行儿童监护责任却未能尽到相应责任或侵害儿童合法权益的父母或者其他监护人，当地儿童福利行政机构应当根据具体情况对其予以劝勉、训诫，责令其立即改正。仍不改正的，应当向当地法院提起撤销监护人资格的诉讼。构成犯罪的，应当依法追究其刑事责任。

被撤销监护人资格的父母必须继续承担子女的抚养费用。

第 41 条 国家机关及其工作人员违反法定职责、不依法履行儿童福利保障的相关职责，或者在提供儿童福利的过程中存在贪污贿赂等违法行为，应当依法追究直接责任人及主要负责人行政责任和民事责任；构成犯罪的，依法追究刑事责任。

第 42 条 儿童福利服务机构不按照相关部门的规定开展活动，或者存在侵害儿童合法权益的行为，上级主管机关应当责令其整改，对相关责任人进行行政处罚。情节严重的，应当取缔该机构，并追究机构与相关责任人的法律责任。

第 43 条 未经县级以上相关部门批准，个人或者组织私自开展与儿童福利有关的工作，符合资质以及条件的，主管部门应当责令其限期到审批登记部门登记；不符合资质和条件的，应当予以取缔。取缔以孤儿、弃婴为服务对象的儿童福利机构的，民政部门应当对被取缔机构内儿童进行妥善安置。

第 44 条 国家机关、儿童福利服务机构、社会团体和组织等有关部门以及工作人员，不依法配合或者阻碍、拒不配合儿童福利行政机构开展工作的，同级人民政府或者上级主管部门应当责令改正。拒不改正的，给予相关责任人以行政处罚。

第 45 条 具有法定报告义务的人员遇有法定情形，没有向儿童福利行政机构报告，导致儿童遭受严重伤害，儿童福利行政机构应当通知其所在单位予以行政处分。构成犯罪的，应当依法追究其刑事责任。

第五章　附　则

第 46 条 下列儿童为本法所称的困境儿童：

1. 丧失父母的孤儿。

2. 查找不到生父母的弃儿。

3. 父母或其他监护人暂时或永久失去监护能力，事实上无人抚养的儿童。

4. 父母或者其他监护人不履行监护职责，合法权利受到侵害的儿童。

5. 父母或者其他监护人外出务工暂时无法履行监护职责，留守于原家庭中的儿童。

6. 跟随外出务工父母或者其他监护人流动到在非户籍所在地长期生活的儿童。

7. 父母或者其他监护人经济能力有限，生活水平较低的儿童。

8. 患有艾滋病、先天性心脏病、白血病等重大疾病和罕见病的儿童。

9. 残障儿童。

第 47 条 本法自×年×月×日施行。

图书在版编目（CIP）数据

儿童福利论／王雪梅著．— 北京：社会科学文献出版社，2014.7
ISBN 978－7－5097－5931－8

Ⅰ．①儿…　Ⅱ．①王…　Ⅲ．①儿童福利－研究
Ⅳ．①C913.7

中国版本图书馆 CIP 数据核字（2014）第 076488 号

儿童福利论

著　　者／王雪梅

出 版 人／谢寿光
出 版 者／社会科学文献出版社
地　　址／北京市西城区北三环中路甲 29 号院 3 号楼华龙大厦
邮政编码／100029

责任部门／社会政法分社（010）59367156　　责任编辑／李娟娟　关晶焱
电子信箱／shekebu@ ssap. cn　　责任校对／牛立明
项目统筹／刘骁军　芮素平　　责任印制／岳　阳
经　　销／社会科学文献出版社市场营销中心（010）59367081　59367089
读者服务／读者服务中心（010）59367028

印　　装／三河市尚艺印装有限公司
开　　本／787mm × 1092mm　1/16　　印　　张／19.25
版　　次／2014 年 7 月第 1 版　　字　　数／335 千字
印　　次／2014 年 7 月第 1 次印刷
书　　号／ISBN 978－7－5097－5931－8
定　　价／75.00 元